New Edition of Political Science

普通高等教育"双一流"建设公共管理类专业数字化精品教材

顾　问：朱立言 ● 全国MPA教育指导委员会原秘书长

中国人民大学教授　博士生导师

主　任：邓大松 ● 全国MPA教育指导委员会原委员

武汉大学政治与公共管理学院原院长　教授　博士生导师

徐晓林 ● 全国MPA教育指导委员会委员

华中科技大学公共管理学院原院长　教授　博士生导师

赵　曼 ● 中南财经政法大学教授　博士生导师

编　委：（以姓氏笔画排序）

马培生 ● 山西财经大学	李春根 ● 江西财经大学
许晓东 ● 华中科技大学	张立荣 ● 华中师范大学
郑志龙 ● 郑州大学	陶学荣 ● 南昌大学
崔运武 ● 云南大学	湛中乐 ● 北京大学
楚明锟 ● 河南大学	廖清成 ● 中共江西省委党校

政治学新编

主编 史云贵（四川大学）

普通高等教育"双一流"建设公共管理类专业数字化精品教材

华中科技大学出版社
http://www.hustp.com
中国·武汉

图书在版编目(CIP)数据

政治学新编/史云贵主编.—武汉:华中科技大学出版社,2021.9
ISBN 978-7-5680-7366-0

Ⅰ.①政… Ⅱ.①史… Ⅲ.①政治学-高等学校-教材 Ⅳ.①D0

中国版本图书馆 CIP 数据核字(2021)第 179871 号

政治学新编　　　　　　　　　　　　　　　　　　　　　　史云贵　主编
Zhengzhixue Xinbian

策划编辑：周晓方　宋　焱
责任编辑：吕蒙蒙　宋　焱
封面设计：原色设计
责任校对：张汇娟
责任监印：周治超
出版发行：华中科技大学出版社(中国·武汉)　　电话：(027)81321913
　　　　　武汉市东湖新技术开发区华工科技园　　邮编：430223
录　　排：华中科技大学惠友文印中心
印　　刷：武汉科源印刷设计有限公司
开　　本：787mm×1092mm　1/16
印　　张：16　插页:2
字　　数：388 千字
版　　次：2021 年 9 月第 1 版第 1 次印刷
定　　价：58.00 元

本书若有印装质量问题,请向出版社营销中心调换
全国免费服务热线：400-6679-118　竭诚为您服务
版权所有　侵权必究

内容提要
Abstract

　　本书在马克思列宁主义、毛泽东思想、邓小平理论、"三个代表"重要思想、科学发展观和习近平新时代中国特色社会主义思想指导下,结合近年来国内外政治学和相关学科研究的最新理论成果和我国公共管理教育发展的实际需要,从政治主体、政治行为、政治过程、政治发展、政治学说、政治制度、政治生态、政治文化、国际政治等维度勾勒出新时代政治学的知识谱系,全方位地介绍了现代政治学的研究对象、主要概念和关键问题。在编写过程中,本书对有关知识体系进行了大胆的创新和探讨,观点新颖、通俗易懂,力图书写科学反映当下中国政治实践的政治学原理教材,并构建富有解释力的政治学话语体系。本书是由四川大学研究生院立项资助的"十四五"规划系列精品教材,是一本面向公共管理普通硕士研究生、MPA研究生教育的专业教材。本书不仅是公共管理类专业的教科书,也可作为对政治学感兴趣者系统学习政治学基础知识的入门读物。

总序

Introduction

《领导科学与艺术》《社会保障概论》《电子政务》《行政法》《公共部门人力资源管理》《公共政策分析》《公共管理学》《政治学新编》《公共经济学》《定量分析方法》作为普通高等教育"双一流"建设公共管理类专业数字化精品教材第一批书目的出版,是在MPA专业教育取得长足发展和公共管理类学科获得进一步深入拓展的基础上应运而生的。

一、编写原则

普通高等教育"双一流"建设公共管理类专业数字化精品教材在编写上主要遵循以下原则。

第一,科学性与思想性相结合的原则。科学性是思想性的基础,思想性是科学性的灵魂。教材编写坚持以马克思列宁主义、毛泽东思想、邓小平理论、"三个代表"重要思想、科学发展观和习近平新时代中国特色社会主义思想为指导,以正确的观点、方法揭示事物的本质规律,建立科学的知识体系,形成正确的概念。

第二,理论联系实际的原则。教材编写注重联系学生的生活经验,以及已有的知识、能力、志趣、品德的实际,联系理论知识在实际工作和社会生活中的实际,联系本学科最新学术成果的实际,通过理论知识的学习和专题研究,培养学生独立分析问题和解决问题的能力。

第三,创新性原则。教材注意吸收国内外最新理论研究与实践成果,特别是我国公共管理教育的理论研究与实践的经验和教训,力求在编写上有所突破、有所发展,进而形成特色。

二、特色定位

普通高等教育"双一流"建设公共管理类专业数字化精品教材的特色定位主要涵盖了以下方面。

(1) 国际化与本土化的平衡,注重本土化。吸收和借鉴国际上比较成熟的理论、方法、概念、范式、案例,切忌照本宣科、拿来就用,脱离中国具体国情和社会现实;要与中国的国情和实际情况密切结合,体现本土化特色,这样才能发现问题,解决问题,有所启发,有所创新。

（2）全面加强案例分析。公共管理学科需要坚实的学术底蕴作为基础，但它更是实践性与应用性很强的学科，只有通过对大量典型的、成熟的案例进行分析、研讨、模拟训练，才能拓展学生的眼界，积累学生的经验，培养学生独立分析问题、解决问题、动手操作的能力。

（3）寻求编写内容上的突破与创新。分析当前已经出版的公共管理系列教材存在的不足之处，结合当前学生在学习和实践中存在的困难以及亟待解决的问题，积极寻求内容上的突破与创新。

普通高等教育"双一流"建设公共管理类专业数字化精品教材的读者对象定位于公共管理普通硕士研究生、MPA 研究生层次，同时可供公共管理类学科专业高年级本科生阅读参考，也可供公务员培训或相关专业本科生教学使用。

普通高等教育"双一流"建设公共管理类专业数字化精品教材的出版除了得到主编及参编此套教材的重点院校及单位的大力支持与帮助外，以下院校及单位的领导、教师对我们的工作不仅给予了较大的支持与帮助，也提出了中肯的建议与意见。它们是：

安徽大学管理学院
东北大学文法学院
国防科学技术大学人文与管理学院
贵州大学管理学院
湖北大学政法与公共管理学院 MPA 教育中心
合肥工业大学管理学院 MPA 中心
湖南大学政治与公共管理学院
华南理工大学政治与公共管理学院
湖南师范大学公共管理学院行政管理学系
暨南大学管理学院行政管理系
兰州大学管理学院
南京农业大学科研处、人文学院
内蒙古大学公共管理学院
清华大学公共管理学院
四川大学公共管理学院行政管理系
山西财经大学公共管理学院
山西大学政治与公共管理学院
苏州大学公共管理学院

武汉理工大学经济学院
新疆大学 MPA 教育中心
湘潭大学管理学院
中国科学技术大学管理学院 MPA 中心
中国政法大学法学院行政法研究所
浙江理工大学法政学院公共管理系
浙江师范大学 MPA 教育中心
中南大学政治与行政管理学院

谨向以上院校各单位领导、老师表示最诚挚的谢意！

需要说明的是，伴随着社会的发展和进步，信息变化日新月异，MPA 专业教育和公共管理各学科专业知识点也将发生相应的变化，为保持普通高等教育"双一流"建设公共管理类专业"十四五"规划系列精品教材长久的生命力，希望广大高等院校教师、学生和读者能关心和支持本套规划教材的发展，及时向每种教材的编写者提出使用本套教材过程中发现的问题和修改建议，以便我们及时修订、完善。

普通高等教育"双一流"建设公共管理类专业
数字化精品教材编委会
2008 年 10 月
2020 年 2 月修改

前言
Preface

本教材是四川大学研究生院2017年立项建设教材。教材在结构上共分为十章,分别从政治概念、政治主体、政治行为、政治过程、政治发展、政治学说、政治制度、政治生态、政治文化、国际政治等维度描绘了新时代政治学的知识图谱。

人类社会基本生活包括政治、经济、社会、文化、生态等多个方面,而政治是其中一个非常重要的领域,并在一定程度上左右着其他领域的发展。实质上,政治是一定的政治主体围绕国家权力进行争取或平衡利益的活动和过程。政治的基础是利益,核心是政治权力,本质是分配工具。作为与经济学、社会学并列的三大社会科学之一,政治学是研究人类生活中的政治现象、政治过程、政治关系,并揭示和总结其本质和规律的一门科学。政治学从哲学脱胎而来,在自身发展过程中与不同学科有着千丝万缕的关系,也与不同国家的经济发展、政治演变、社会变迁、风俗习惯密切相关。

其中,政治主体是一个国家政治生活中最为活跃与最为重要的因素,他们既是政治权利的主要载体,也是各种政治行为的践行者,研究和分析政治现象必须要以观察和分析政治主体为基本出发点,才能够正确理解政治现象和政治发展规律。在人类的生产和实践活动中,政治主体努力获取和运用合法权力的全部活动构成了一系列的政治行为与政治过程,科学分析政治行为和政治过程,对于促进政治主体有序参与政治生活,推动社会政治发展,具有十分重要的意义。政治作为人类社会的一个重要现象,政治形态也并非凝固僵化的体系,而是一个动态的发展过程。任何一个政治体系都不是一成不变的,而是处于由简单到复杂、由低级到高级的演进之中。同时,在政治学发展演进史上,还形成了诸多具有里程碑意义的政治学说和不同类型的政治制度,政治学说是政治制度的反映,同时又能影响政治的发展,正是学说与制度的互动,构成了政治学的生命力。本书除却对政治学基础知识体系与理论体系进行阐发之外,还积极吸收政治学领域前沿理论成果,将政治生态、绿色文化等当前政治生活的重要表述有机融合到政治学知识体系之中,充分发挥学科前沿理论引导知识体系更新的功能,引导学生用最新的政治学理论对政治实践进行政策分析,并通过反思政治实践深刻领会政治学理论的精髓。

概言之,本教材从"立德树人"的角度出发,着力解决重"教"轻"育"、重"知"轻"魂"、有"教"乏"法"、有"识"乏"新"、有"教"乏"类"等教学中的问题。本教材有如下四个"新"意。

(1)体例新。在立足"章、节、目"体例编撰的基础上,本教材还有配套数字资源。在一些重要概念后还会精准插入"背景介绍""案例分析""影视片段"等数字化资源来帮助学生理解概念。

(2)知识新。本教材把政治生态、公共领域、公共理性等政治学前沿知识都融合进来了,能为学生分析政治实践提供最新理论知识。

(3)观点新。本教材把绿色文化、中华民族共同体等新概念、新内涵用平实的语言表达出来了,这些观点对学生而言有耳目一新的感觉。

(4)方法新。本教材高度重视"课前预习—课堂研讨—课后复习—知识拓展—实践领会"等学习环节,帮助学生形成完整的学习链条。教材凸显了以学生为中心,注意引导学生对大量案例进行充分研讨,着重培养学生提出问题、分析问题和解决问题的能力。

总的来说,本书致力于为广大读者架构一个具有系统性、科学性、实践性、时代性的政治学理论体系,特别强调政治与政治学研究的多元化视角,积极正确地吸收政治学的最新理论成果,鼓励读者以多维视角理解政治学的基本概念与关键问题,学会以审视的眼光吸纳与批判不同的观点,在多样性中学会辨析与反思,从而能够更好地把握新时代政治学的全貌和脉络。

目录
Contents

第一章 绪论 /1
  第一节 政治与政治学的概念/1
  第二节 政治学的研究对象/4
  第三节 政治学的发展脉络/5
  第四节 政治学的研究方法与研究视角/8
  本章小结/11
  本章重要概念/13
  本章思考题/13
  本章推荐阅读书目/13

第二章 政治主体 /14
  第一节 政治主体的概念与构成要素/14
  第二节 国家/15
  第三节 民族/21
  第四节 政府/28
  第五节 政党/33
  第六节 利益集团/38
  第七节 公民/42
  本章小结/45
  本章重要概念/46
  本章思考题/47
  本章推荐阅读书目/47

第三章 政治行为 /48
  第一节 政治行为的概念与构成要素/48
  第二节 政治权力/52
  第三节 政治决策/61
  第四节 政治管理/67
  第五节 政治参与/74
  本章小结/79
  本章重要概念/81
  本章思考题/81
  本章推荐阅读书目/81

第四章 政治过程/82

第一节 政治过程的概念与研究内容/82
第二节 政治选举/84
第三节 政治协商/89
第四节 政治领导/93
第五节 政策过程/98
本章小结/106
本章重要概念/107
本章思考题/108
本章推荐阅读书目/108

第五章 政治发展/109

第一节 政治发展的概念与研究内容/109
第二节 政治稳定与政治发展/113
第三节 政治革命与政治改革/116
第四节 政治体制与运行机制/123
第五节 政治民主与治理创新/128
本章小结/133
本章重要概念/134
本章思考题/134
本章推荐阅读书目/135

第六章 政治学说/136

第一节 政体学说/136
第二节 主权学说/139
第三节 法治学说/141
第四节 分权与制衡学说/143
第五节 公共服务理论/144
第六节 公共领域理论/145
第七节 合作治理理论/146
第八节 公共理性理论/148
本章小结/151
本章重要概念/152
本章思考题/152
本章推荐阅读书目/152

第七章 政治制度/154

第一节 政治制度的概念与构成要素/154

　　　　　　　　第二节　国家元首制度/156
　　　　　　　　第三节　议会制度/159
　　　　　　　　第四节　政府首脑制度/162
　　　　　　　　第五节　政党制度/165
　　　　　　　　第六节　公务员制度/170
　　　　　　　　　　本章小结/176
　　　　　　　　　　本章重要概念/177
　　　　　　　　　　本章思考题/177
　　　　　　　　　　本章推荐阅读书目/178

第八章　政治生态/179
　　　　　　　　第一节　政治生态的概念与构成要素/179
　　　　　　　　第二节　国家（政府）政治生态/181
　　　　　　　　第三节　党内政治生态/185
　　　　　　　　第四节　社会政治生态/188
　　　　　　　　第五节　绿色政治生态/191
　　　　　　　　　　本章小结/195
　　　　　　　　　　本章重要概念/196
　　　　　　　　　　本章思考题/197
　　　　　　　　　　本章推荐阅读书目/197

第九章　政治文化/198
　　　　　　　　第一节　政治文化的内涵与构成要素/198
　　　　　　　　第二节　政治文化的结构、类型与功能/201
　　　　　　　　第三节　政治社会化/203
　　　　　　　　第四节　政治文化的变迁与发展/206
　　　　　　　　第五节　绿色文化/210
　　　　　　　　　　本章小结/213
　　　　　　　　　　本章重要概念/214
　　　　　　　　　　本章思考题/214
　　　　　　　　　　本章推荐阅读书目/215

第十章　国际政治/216
　　　　　　　　第一节　国际政治的基本概述/216
　　　　　　　　第二节　国际政治格局的发展演变/220
　　　　　　　　第三节　当代国际政治面临的基本问题/222
　　　　　　　　第四节　国际舞台上的中国角色/229
　　　　　　　　第五节　当代国际政治未来议题/234
　　　　　　　　　　本章小结/237

本章重要概念/238
本章思考题/238
本章推荐阅读书目/238

参考文献/239

后记/241

第一章

绪 论

——本章导言——

人类社会基本生活包括政治、经济、社会、文化、生态等多个方面,而政治是其中一个非常重要的领域,并在一定程度上左右着其他领域的发展。作为与经济学、社会学并列的三大社会科学之一,政治学是研究人类生活中的政治现象、政治过程、政治关系,并揭示和总结其本质和规律的一门科学。要想系统研究政治学,就要对"政治"溯本求源,在中外历代政治学家的政治体认基础上深入探究。

第一节 政治与政治学的概念

政治与政治学在一定程度上是一个历史的概念,不同国家的政治学者对政治与政治学的体认不尽相同;即使是同一国家的不同政治学者,对政治与政治学的认识也不一样;甚至同一国家的同一个政治学者,在不同的历史时期也有可能对二者的认识发生变化。

一、政治的概念

虽然我们每天都直接或间接与政治打交道,但究竟什么是政治?这似乎是个常识性概念,从政治学的开山鼻祖亚里士多德直到今天,从来就没有完全达成共识。"政治"(politics)一词起源于古希腊语中的"波里",即城堡。到了亚里士多德时期,"政治"的意指由城堡演变成了城邦。亚里士多德的"政治"指的是城邦政治,离开了城邦,人就失去了政治属性,"人天生是一个政治动物",离开政治,非神即兽。所以,英语中的politics,在亚里士多德那里就被赋予了政治共同体(城邦)治理性质的公共生活内涵。"政治"一词早在我国先秦时期就出现了。《尚书·毕命》有"道洽政治,泽润生民";《周礼·地官·遂人》有"掌其政治禁令"。但在更多的情况下"政""治"分开使用。"政"主要指国家的权力、制度、秩序和法令;"治"则主要指管理人和教化人等。历史上,中西方的政治家、政治学家对政治有着不同的体认,归纳起来大概有以下几种。

1. 政治是对道德理想生活的追求

柏拉图认为,政治的本质在于公正,理想国就是正义或公正之国。亚里士多德认为,城邦的作用和终极目的就是为了实现"善治",帮助人们过上"优良的生活"。作为政治学的开山之作,亚里士多德的《政治学》始终围绕着"人类究竟能不能过着一种有道德的优良生活",以及"如何才能过上有道德的生活"主题展开讨论,它是一部在反思、批判现实政治的基础上,探讨优良政治生活,即道德生活的书。在功利主义政治学代表人物边沁那里,政治成了根据理性的计算去实现最大多数人的最大幸福。自亚里士多德以来,"研究人类如何过理想的道德生活"始终是政治学的核心话题与神圣使命。与西方先哲一样,我国先秦诸子,尤其是儒家的代表人物孔子也同样把善、正义、幸福等道德理想的信念谓为政治。在孔子看来,"政,正也","其身正,不令而行,其身不正,虽令不从"。

2. 政治是立法和执法的过程

在契约论者看来,国家或政府是人们借助法律转让出来的一部分权利和领域形成的。卢梭认为,政府就是在臣民和主权者之间建立的一个中间体,以便二者得以互相适合,它负责执行法律并维护社会的以及政治的自由,由此,我们才把行政权力的合法运用称之为政府或最高行政。从亚里士多德到孟德斯鸠,很多政治学先哲都是从法律的角度来划分国家(政府)的职能或活动领域的。亚里士多德认为,一切政体都要具有议事机能、行政机能和审判机能,其中议事机能应该具有最高权力。而孟德斯鸠则从政治与法律关系的角度,提出了一个国家(政府)应拥有立法权、行政权、司法权三种基本权力,并要借助法律来实现三者的分权、制约与平衡。

3. 政治是夺取权力和运作权力的过程

在我国古代,以韩非子为代表的法家认为,政治就是"集势以胜众,任法以齐民,因术以御群"的帝王之术。在西方政治学发展史上,马基雅维利在《君主论》一书中,提出了政治就是君主夺取国家权力和维护自身统治的权术活动,从而第一次把政治与伦理真正分开,为政治活动离开伦理的羁绊提供了理论上的合法性。马基雅维利认为,政治就是人与人之间争夺权力的斗争;君主为了国家的利益,就有必要用武力统治人,用权术来欺骗人;为了国家的利益,君主可以不择手段。为此,君主就要像狮子一般凶猛,像狐狸一样狡猾。马基雅维利对政治的诠释对后世影响很大。美国政治学家拉斯韦尔认为,研究政治就是研究权力的形成与分享。德国社会学家马克斯·韦伯也说,政治意指力求分享权力或力求影响权力的分配。

4. 政治是管理公共事务的活动

在西方,不少政治学家都将政治视为国家或政府对社会及其自身的管理或管理活动。如奥克肯特、麦肯齐都认为,政治就是参与一个社会的全面管理进程。在我国,最早把政治看作是公共事务管理的,是伟大的先行者孙中山先生。孙中山在阐述"三民主义"中的民权主义时提出:政治两个字的意思,浅而言之,政就是众人的事,治就是管理,管理众人的事,便是政治。他还认为,国家最大的问题就是政治,如果政治不良,在国家里无论什么问题都不能解决。政治就是"对公共事务的管理"思想,在当前政治学领域有很高的认同度和实践性。

5. 政治是制定和执行公共政策的活动

如果说在专制的传统社会和王朝政治下,政治集中表现为政治主体对国家政权的争夺和维护活动;那么,进入基于人民主权的现代社会,议会的合法竞争代替了你死我活的武力争夺,政治活动就集中表现为国家或政府公共政策的活动。现代社会是治理的社会,作为政府治理的工具,政治是指选择公务员和促进政策的活动。现代政治的核心就是公共政策,政治过程在很大程度上来说就是政策过程。当前,以美国为代表的西方国家,经常把公共政策等同于政治。公民大众对一个执政党和政府的认同在很大程度上也是通过对其施政的公共政策的认同来实现的。

6. 政治是利益集团的博弈

利益集团是由一些有共同利益或共同志趣的人们结成的社会集合体,并通过集合体来进行利益维护和愿望表达。在现代社会,人们通常因各种利益需要结成能够更好维护和发展他们利益的利益集团进行政治参与。以公共政策为基础的政治过程,实际上也是各种利益集团进行利益博弈的过程。公共政策就是各种利益集团在相互博弈中妥协的结果。

7. 政治是经济的集中表现

马克思主义认为,经济基础决定上层建筑。一切政治现象、政治行为背后都有着经济动机的驱动。这是因为,每一个既定社会的经济关系首先表现为利益。各种政治关系最终在本质上体现为利益需求和利益关系。在实际生活中,政治现象集中体现为特定阶级或阶层的利益和利益关系,并同时影响着其他阶级或阶层的利益和利益关系。在社会主义现代化建设中前期,广大人民群众的根本利益就是要发展社会生产力,尽快把整个社会的"蛋糕"做大;因而,经济建设就是政治。

8. 政治是阶级斗争

政治是各阶级间斗争的观点,是马克思主义经典作家的重要观点。马克思、恩格斯认为,一切阶级斗争都是政治斗争。列宁在马克思、恩格斯的基础上进一步指出,政治就是各阶级之间的斗争。毛泽东认为,政治不论是革命的还是反革命的,都是阶级对阶级的斗争,不是少数人的行为。政治是阶级斗争的观点在20世纪下半叶,尤其是在改革开放前盛极一时。

当代政治学界的代表性观点主要有:马克思主义政治学的代表人物王惠岩等认为,政治是阶级社会中以经济为基础的上层建筑,是经济的集中表现,是以政治权力为展开的各种社会活动和社会关系的总和;持利益中心观的政治学代表人物王浦劬认为,政治是在特定社会经济关系及其所表现的利益关系基础上,社会成员通过社会公共权力确认和保障其权利并实现其利益的一种社会关系;持公共政策观的代表人物陈振明等认为,政治是参与公共生活的个人、团体或组织为实现既定的目标,通过支配、影响、获取和运用公共权力,而做出公共决策以及分配社会价值或利益的过程;持权力中心观的代表人物孙关宏等人认为,就狭义而言,当代的政治主要是国家的活动及其形式和关系。就广义而言,当代的政治是在一定经济基础上的社会公共权力的活动、形式及其关系。

以上各种关于"政治"的观点,都从一个或几个侧面说明了政治的特征。因而也都有一定的合理性。但都在某种程度上存在着以偏概全、以现象掩饰本质等不足。从以上表述我们可以看出,政治的基础是经济或利益,核心是政治权力,本质是分配工具。因而,我们认为,政治是一定的政治主体围绕国家权力进行争取或平衡利益的活动和过程。

二、政治学的概念

如同对政治的概念有着不同的理解,各种诠释差异颇大,很难达成共识一样,对什么是政治学,也同样仁者见仁,智者见智。虽然西方和我国很多政治学家对政治概念下过不少定义,但任何一家之言,都难以说服其他诸家,无法形成共识。

1. 西方政治学家对政治学的经典性定义

伽纳：政治学是一门研究国家现象的科学。

拉斯韦尔：政治学所研究的是权力的形成与分配问题；或者是对谁得到什么、何时得到和如何得到问题的研究。

戴维·伊斯顿：政治学是研究一个社会中价值的权威性分配。

《牛津比较政治学手册》：政治学是研究社会权力的约束性行使的学科。

2. 国内政治学家对政治学的代表性诠释

王浦劬：政治学是研究政治现象及其发展规律的科学。

陈振明：政治学可以界定为一门研究政治主体，尤其是国家或政府如何凭借公共权力而做出公共决策和分配社会价值的社会科学学科。

孙关宏：政治学是一门研究政治现象的科学。

杨光斌：政治学是研究公共权力的形式及其运作规律的科学。

虽然中外政治学家基于对"政治"一词理解的不同，从而对政治学的体认差异较大，但他们并不否认政治学的政治性、规律性、科学性。不同的国家，甚至同一国家在不同时期，其政治形态都有不同；不同国家的不同学者在不同历史时期对政治学有不同的认识，也是正常的。我们认为，政治学是研究以国家权力为中心的政治现象、政治规律的一门科学。

第二节 政治学的研究对象

学术界对政治与政治学有着不同的体认与诠释，因而在政治学研究对象或研究内容方面的认识也不尽相同。王惠岩等政治学家认为，以公共权力为中心的政治关系、政治制度、政治思想、政治文化和政治行为及其发展规律，都是政治学的研究对象。结合美国政治学家格林斯坦和波尔斯比主编的《政治手册精选》《中国大百科全书》和国家政治学一级学科博士、硕士点所确定的政治学学习和研究的基本框架，一般可以认为，中国特色政治学的研究对象应主要包括政治学理论、中西政治思想、中西政治制度、公共政策、国际政治，等等。对于政治学理论的学习和研究，既要高度重视马克思主义政治学理论的系统学习和研究，又要充分学习、借鉴西方政治学理论，尤其是人民主权理论、分权制衡理论、新制度主义理论，等等。中西政治思想的研究，主要侧重于对中西政治思想史的梳理。可以紧紧围绕自由、平等、公平等政治学的基本范畴，系统梳理这些基本政治学概念在中西政治思想史上的发展脉络，并在此基础上进行比较分析。中西政治制度的学习和研究，可以抓住中西政治发展史上的里程碑事件，梳理政治制度史发展的基本脉络，在此基础上深层次分析中西政治制度演变的动力、机制、路径与演变规律，并在可能的情况下进行比较分析。现代政治学在很大程度上等同于公共政策学。以公共政策学为中心进行系统的政治学研究，也就抓住了政治学研究的核心问题，即权力和权力运作问题，并让政治学从静态研究走向了动态研究。

本书以绪论、政治主体、政治行为、政治过程、政治发展、政治学说、政治制度、政治形态、政治文化、国际政治等十章进行布局谋篇。我们认为,这样做可以既能保证政治学研究内容的全面性和具体性,又能突出政治学这门学科的重点内容和最新进展。

第三节 政治学的发展脉络

任何一门学科都有着其产生、发展的历史和规律。政治学从哲学脱胎而来,在其自身发展过程中与不同学科有着千丝万缕的关系,更与不同的国家经济发展、政治演变、社会变迁、风俗习惯密切相关。政治学的发展尽管坎坷曲折,但还是有着其自身的发展脉络和规律。系统梳理中西政治学发展史,是系统学习政治学的基础和前提。

一、西方政治学的发展脉络

西方政治学脱胎于古希腊哲学,古希腊时期政治哲学的代表人物是柏拉图和亚里士多德。柏拉图在《理想国》一书中首次论述了"国家的善德""理想城邦""政体"等政治学的基本问题,被称为政治学的萌芽。亚里士多德在《政治学》一书中,以政体研究为基础,确立了如何通过政体设计让人们过上优良道德生活的政治学核心话题;并通过区分群体之善和个人之善,第一次把政治问题与伦理问题区分开了,奠定了西方政治学的理论基础和研究框架。

西方中世纪是被宗教神学支配的世纪。政治学如同其他学科一样,都成了神学政治的附庸。中世纪神学政治学的代表人物奥古斯丁和托马斯·阿奎那都极力鼓吹神创等级理论、人的原罪说和君权神授思想,主张神权高于王权,王权服从教权。与古希腊、罗马时代的政治学相比,中世纪的神权政治是一种倒退。

在西方从中世纪神学政治学向近现代理性政治学转型的过程中,文艺复兴是一个里程碑事件,也是一个非常重要的转折点。在14—17世纪的文艺复兴过程中,人文主义者强调以人为中心,而不是以神为中心;以"人性"反对"神性",用"人权"反对"神权";歌颂人的智慧和力量,赞美人性的完美与崇高,反对宗教的专横统治和封建等级制度,主张个性解放和平等自由,提倡发扬人的个性,要求现世幸福和人间欢乐,提倡科学文化知识。从本质上来说,文艺复兴的思想是人文主义的理念,重点是"人",强调对"人"本能的发挥是"人"追求真、善、美的动力。文艺复兴及其以后的政治思想家们开始用理性和经验来看待和解释政治现象,并直接推动了西方政治学走进近代理性主义政治学。

15—16世纪是西方理性主义政治学开始形成时期。这一时期西方政治学的代表人物是马基雅维利和布丹。马基雅维利从国家的目的出发,论述了政治问题与伦理问题应是两个领域的问题,作为一个国家代表的君主在夺取权力与巩固权力的问题上,可以摆脱伦理的羁绊,即君主为达到国家的目的,可以不择手段。同时代的布丹,第一次提出了国家主权学说,强调要建立完全脱离教权的世俗民族国家。

17—18世纪是自由资本主义政治学走向繁荣,政治学大师人才辈出、群星灿烂的时期。以格劳秀斯、斯宾诺莎、霍布斯、洛克、伏尔泰、孟德斯鸠、卢梭、杰弗逊、潘恩、汉密尔顿为代表的政治学家,从自然权利与自然法理论出发提出的天赋人权理论、社会契约理论、分权制衡学说等理论主张与贯穿这些理论思想之中的自由、平等、公平等价值理念,一起建构了近现代政治学的基本原则和理论基础。

18世纪末到19世纪初,随着资产阶级政权在世界范围内的基本确立与巩固,各国资产阶级与无产阶级的矛盾逐渐成为其国内的主要矛盾。一些资产阶级政治学家也丧失了反封建时期的反思与批判精神,转而围绕资产阶级政权巩固著书立说,以维护资产阶级政权的合法性。这其中,以边沁的功利主义政治学和孔德的实证主义政治学最为典型。边沁的《政府片论》《道德与立法的原理》和穆勒的《论自由》《功利主义》是功利政治学的代表作。孔德的《实证政治体系》、斯宾塞的《社会静力学》奠定了西方实证主义政治学的理论基础。

伴随着自由竞争的资本主义进入帝国主义阶段,西方政治学开始紧紧围绕国家政权与政治生活开展研究。尤其是19世纪80年代美国哥伦比亚大学政治研究院的成立,推动了现代政治学学科体系的建立与政治学在西方地位的巩固。

20世纪以来,是西方政治学派别林立、思潮缤纷、方法多样的百家争鸣时期。概括起来,20世纪以来的西方政治学沿着传统政治学理论和行为主义政治学两个轨迹发展变化。一方面,西方政治学沿着17、18、19世纪以来的政治学理论研究传统,继续著书立说、百家争鸣,形成了新自由主义、新保守主义、多元主义、西方马克思主义、社会民主主义、法西斯主义等形形色色的学派和思潮。但这一时期大师级政治学家与传世名著却寥若晨星。其中,20世纪70年代罗尔斯的《正义论》、诺齐克的《无政府、国家与乌托邦》是这一时期政治学理论的代表性经典论著。另一方面,西方政治学沿着孔德开创的实证主义研究路径继续发展,进一步丰富和发展了行为主义政治学,推动了传统政治学走向政治科学。

20世纪80年代以来的西方政治学在继续沿着传统政治学理论和行为主义政治学两种路径发展的同时,各种政治学思潮与研究路径有日趋融合的趋势。公共政策及其过程日益成为各国政治学研究的中心话题。

二、马克思主义政治学的发展

马克思主义政治学是马克思、恩格斯运用辩证唯物主义和历史唯物主义的立场、观点和方法,在充分反思、批判、吸收前人优秀政治学说的基础上,系统分析人类社会的政治现象、政治本质,并揭示出其内在规律的政治思想体系。首先,马克思、恩格斯反思、批判了德国古典哲学,吸收了黑格尔的辩证法思想和费尔巴哈的唯物主义思想,创立了马克思主义的辩证唯物主义和历史唯物主义学说;批判并吸收了英国亚当·斯密、大卫·李嘉图为代表的英国古典政治经济学,创立了马克思主义的政治经济学;批判性地吸收了以圣西门、傅立叶、欧文为代表的早期空想社会主义思想,以及卢梭的"人民主权"理论。在反思、批判和继承前人优秀成果的基础上,马克思、恩格斯在19世纪30—40年代,著有《1844年经济学哲学手稿》《黑格尔法哲学批判》《英国工人阶级状况》《神圣家族》《德意志意识形态》《共产党宣言》等一系列不朽的论著。其中,1848年2月,《共产党宣言》的发表,标志着马克思主义政治学的形成。后来,马克思、恩格斯又撰写了《法兰西内战》《路易·波拿巴的雾月十八日》《哥达纲领批判》《家庭、私有制和国家的起源》等政治学名著,进一步丰富和完善了马克思主义政治学理论体系。

20世纪80年代末、90年代初,随着东欧剧变和苏联解体,世界共产主义运动走向低潮,马克思主义政治学在世界范围内经历了一场场严峻的考验。

三、中国特色政治学的发展

中国自古以来就有总结治国经验、研究政治得失的政治传统,但帝制时期的中国一直没有建构出自己的学科体系。中国政治学是随着我国近现代化的进程,尤其是随着我国的改革开放逐步建立起来的。为此,我们把中国政治学的发展分为王朝政治研究、近代政治学、现代政治学三个发展阶段来梳理其发展脉络。

王朝时代的政治研究是指从先秦到1840年这一漫长的王朝政治时代,执政集团或知识精英对为政得失的总结与评价性研究。如果按照西方政治学的学科体系和学科话语,我国王朝时代虽然有丰富的政治研究论著,但没有形成政治学的学科体系。在我国整个王朝时代,伦理与政治是交织在一起的;尤其是在儒家思想强调"为政以德""礼治"的背景下,对伦理的研究与对政治的研究具有很大的同一性。实际上,我国王朝时代的政治研究论著可分为三大部分:一是以儒家思想为核心的儒家经典;二是以君主为核心的执政集团组织编撰的治国理政经验史鉴方面的史书;三是以道家、法家为代表的诸子论著。儒家经典以孔子的《论语》、孟轲的《孟子》,以及以此为基础的"四书五经"为代表;治国史鉴以《左传》《战国策》《资治通鉴》等史书为代表;其他诸子的研究论著以《道德经》《韩非子》为代表。儒家思想是王朝时代的社会主流意识形态自不待言,老子的"柔弱胜刚强""无为而治""治大国若烹小鲜",韩非子的"君主专制主义中央集权""法""术""势""治吏引纲"等思想都是我国王朝时代治国理政的政治思想精髓。

我国近代政治学的发展是在鸦片战争后,一部分觉醒的执政集团成员在"开眼看世界"的洋务运动中,在"中学为体、西学为用"的口号下,逐步把西方政治学的概念、理论引入到我国。应该说,严复是推动我国近代政治学形成的第一人。严复翻译了穆勒的《群己权界论》(《论自由》)、孟德斯鸠的《法意》(《论法的精神》)等西方政治学名著,第一次把西方的政治学思想和话语体系带到中国,并进行了身体力行的传播。此外,章炳麟、康有为、梁启超、孙中山等对西方政治学理论和话语在中国大地的传播都有重要的推动作用。

以李大钊、陈独秀、瞿秋白、毛泽东为代表的我国共产主义先驱,在学习、宣传、实践马克思主义的过程中,逐步引入并发展了马克思主义政治学。尤其是毛泽东同志,把马克思主义的普遍原理与中国革命实践相结合,创造了"毛泽东思想",成为我国新民主主义革命和社会主义革命的指导思想。中国共产党的第七次全国代表大会把毛泽东思想确立为全党的指导思想,这也标志着中国特色的马克思主义政治学初步形成。在改革开放和社会主义现代化建设进程中形成的邓小平理论、"三个代表"重要思想、科学发展观、习近平新时代中国特色社会主义思想与毛泽东思想一起构成了中国特色马克思主义政治学理论体系建设的指导思想。

中国特色政治学必须以马克思主义为指导,以中国特色社会主义理论体系为基础,立足改革开放和社会主义现代建设的实践,着力于国家治理体系和治理能力现代化,为实现中华民族伟大复兴的中国梦提供学理支撑。在以毛泽东思想、邓小平理论、三个代表重要思想、科学发展观、习近平新时代中国特色社会主义思想为基础的中国特色社会主义理论体系的指导下,中国特色政治学建设有了很大的发展,并取得了巨大成就。一是我国已经建立了以政治学理论、中外政治制度、党史党建、国际政治与国际关系为基本内容的中国特色的政治学学科体系。二是我国几乎所有的综合性大学和以文科为主的大学都开设了政治学本科生、研究生课程;北京大学、清华大学、中山大学、吉林大学、山东大学、南京大学、武汉大学等综合性大学还获批了政治学一级学科博士点和博士后科研流动站。三是我国广大政治学研究者高度关注国内、国际政治实践的发展,为我国现代国家建设、服务型执政党建设、服务型政府建设、和谐社会建设,尤其是为国家治理体系和治理能力现代化,以及实现伟大中国梦提供了重要的理论基础和学术支撑。面对新形势、新要求,我国政治学建设还存在一些亟待解决的问题:政治学发展战略还不十分明确,学科体系、学术体系、话语体系建设水平总体不高,学术原创能力还不强,学术评价体系不够科学;政治学人才队伍总体素质亟待提高,政治学还处于有数量缺质量、有专家缺大师的状况,对党和国家的贡献与经济学等学科相比还有很大的差距。中国特色政治学要按照立足中国、借鉴国外,挖掘历史、把握当代,关怀人类、面向未来的思路,着力构建中国特色政治学理论,要在指导思想、学科体系、学术体系、话语体系等方面充分体现我国政治学的中国特色、中国风格、中国气派。

第四节　政治学的研究方法与研究视角

政治学的研究方法是研究政治现象、政治活动、政治过程的基本方式、法则、视角、技术、路径的总称。一门学科之所以称为科学,就在于这门学科运用了科学的方法,科学的成功在于科学方法的成功运用。作为一门社会科学,政治学理应遵循科学研究的传统和应用科学的研究路径。

一、政治学的研究方法

如同其他哲学社会科学一样,政治学的研究方法从总体上看来,必须要有"问题意识",走"问题决定方法"的路径。从大的方面而言,政治学研究的方法包括经济分析方法、历史分析方法、阶级阶层分析方法、比较分析方法、跨学科的研究方法、定量分析方法,等等。

政治学的经济研究方法,是指在政治学研究中要高度重视和运用经济学的观点、理论和方法去研究政治现象、政治活动和政治过程。列宁曾说过,政治是经济的集中表现。一切政治问题都直接或间接地体现为经济问题。经济问题与政治问题从来就没有绝对的界限。比如,粮食、蔬菜买卖问题,一般来说是经济交换领域的问题,但近年来这些问题已上升为"米袋子""菜篮子"等"一把手"的政治性问题。尤其是国家经济与政治交互的中枢——公共财政,它表面上是经济问题,本质上却是政治问题。经济学里面的"经济人"、"公共选择"、新制度主义等理论和经济学模型等,都可以为政治学的研究提供新的视角与方法。

政治学的历史分析方法,是政治学最基本的研究方法之一。自古以来,政治与历史不分家。诸如《资治通鉴》等历史上的很多史籍,都是对历代治国理政系统总结的政治智慧和政治理论。克罗齐说过,一切历史都是当代史,意思是说所有的历史本质上都是为当下的政治服务的。能对一个国家的政治史进行系统梳理,是一个政治学研究者从事研究的基本功之一。政治学有一个二级学科叫"中外政治制度",它最核心的内容就是中外政治思想史与中外政治制度史。研究者只有对一个国家政治的历史进行系统的梳理并形成清晰的认识,才能对当下的政治有较好的体认和正确的把握。

　　阶级的观点和阶级分析的方法是政治学研究的基本方法,这在20世纪80年代及以前是最重要的方法。按照马克思主义经典作家的观点,在阶级社会里面,社会是由不同的阶级构成的,阶级和阶级斗争是阶级社会最重要的政治问题,即"一切阶级问题都是政治问题"。阶级的观点和阶级分析的方法是研究阶级社会中包括政治在内的所有问题的基本方法。这正如列宁所说,人类历史上出现过各种各样的政治形式、政治学说、政治见解和政治革命,要弄清楚这一切光怪陆离、异常繁杂的情况……就必须牢牢把握社会阶级划分的事实,阶级统治形式改变的事实,把它作为基本的指导线索,并运用这个观点去分析一切社会问题,即经济、政治、宗教等问题。中华人民共和国成立后,尤其是完成社会主义革命,进入社会主义现代化建设以后,国家的主要任务是迅速发展社会生产力,不断满足人民群众日益增长的物质和文化的需求;我国的主要矛盾已不是阶级矛盾,而转变为各阶层的内部矛盾。社会分层与社会流动的研究方法,开始逐步取代传统的阶级分析的方法。

　　政治学的比较分析方法,是通过对不同的政治理论、政治制度、公共政策、政治模式等政治问题进行对比分析,研究不同类型的政治或政府模式在政治理念、政治思想、政治原则、政治制度、运作机制等方面的差异及其演变异同的研究方法。具体说来,政治学的比较分析方法主要包括纵向的古今比较;横向的国别比较、地域比较;理论比较、制度比较,等等。就中西政治文化比较而言,一般来说,西方的政治文化,是以古希腊、古罗马文化为底蕴,经过基督教文化洗礼后的西方公民文化;长期以来,我国政治文化是以儒、道思想为核心,并经过佛教、基督教等外来宗教文化冲击与融合而形成的帝王文化。帝王思想与臣民文化,造成了我国政体上的长期专制,并对转型中的中国的治理模式产生了深远的影响。在西方国家,公民文化造就了公民的能力,并在长期的路径依赖中,形成了人们追求自由与平等的精神与价值,注重公共领域的培育与呵护,具有契约政治的传统与妥协精神。而在包括中国在内的东方国度里,帝王思想与臣民文化,造成了长期专制的传统与低下的臣民能力,行政权力的运转更多地依赖公共权力机关,特别是执政党的权力运作。不过,即使就西方世界而言,以英、法、美为代表的西方国家,政治文化方面也有很大的差异。英美国家更多地关注自由价值的实现,所以在行政制度和行政模式上突出了自由优先的原则;而法国行政文化与行政伦理追求的是平等作为第一价值的理念。因此,政治学的比较分析法,要求我们要针对不同的国家与地区,或同一国家与地区在不同的历史时期进行历史的、动态的分析比较,尤其注重研究历史上政治思想、政治制度对现实政治的影响与借鉴作用。

　　跨学科的研究方法,是当前包括政治学在内的社会科学基本的研究方法。实际上,政治学的跨学科研究方法,是由"问题决定方法"的总方法论决定的。对"问题意识"的强调,有利于寻找学术前沿、减少浅层次的重复,有利于促进论点的提炼与研究的深入,也有利于多领域甚至跨学科的交叉合作;问题意识涉及"问题"本身,也就是说,在众多可供选择的题目中,有些论题可能更具有实质性的意义,或者说对于全局性的研究更有"牵动"作用。[①] 包括政治学在内的社会科学,研究者秉承问题意识,就意味着解决一个问题所需要

---

① 邓小南.走向"活"的制度史——以宋代官僚政治制度史研究为例的点滴思考[J].浙江学刊,2003(3):98-102.

的方法很可能不止一个,解决问题的路径也是多元的。尤其是我们在用一个或几个学科的研究方法试图解决一个问题的时候,甚至这个问题还不一定能解决的时候,新的问题就开始出现了。问题的复杂性、衍生性也就必然决定了我们解决问题的方法是多元的、跨学科的。对于一个政治问题的分析和解决,除使用传统的政治学方法外,很有可能还会运用经济学、法学、社会学、历史学,甚至是数学等学科的方法。

政治学的计量研究方法是指研究者运用实际观测的数据对一定的政治关系进行计量,并依据计量结果对一些政治学中的假设进行检验或修正的定量研究方法。最常见的政治学的计量研究方法主要有数理统计方法和运筹学方法。数理统计方法主要涉及图表、均值、方差、相关系数、概率等一些概念和过程。运筹学方法主要包括规划论、博弈论、决策论等数学方法。计量法虽然可以为政治学研究提供更为精确的、更有说服力的研究工具,但并不是所有的政治现象、政治活动都适合运用计量法去研究;对包括政治学在内的所有社会科学来说,是研究问题的本身决定研究方法,而不是研究方法决定我们的研究问题;实际上,计量研究也很难保证研究中的客观性,计量研究中的各种数据、参数、系数的选择,也影响着计量研究结果的科学性。

■ 二、政治学的研究视角

政治学的研究视角,本质上来说也是政治学研究方法的范畴。美国学者贝斯特与凯尔纳所建构的视角理论认为,一个视角就是一种观察方法,一种分析特定现象的有利位置或观点;一个视角就是解释特定现象的一个特定的立足点、一个聚焦点、一个位置或是一组位置;一个视角就是一个解释社会现象、过程及关系的特定的切入点。视角这一概念同时也意味着没有哪个人的视点能够充分涵盖任何一个单一现象的丰富性和复杂性,更不用说去说明一切社会现实的无穷的联系和方面了。政治学的研究视角可以是基于某一个重要的政治学概念或政治学理论,从这些独特的政治学概念或理论出发对政治学现象、政治活动、政治过程进行研究。这样看来,政治学的研究视角很多。这里著者仅简单列举权力与权利互动的视角、利益分析的视角、公共政策视角、系统理论视角、治理的视角、利益集团的视角、公共选择的视角、公共领域的视角、公共理性的视角,等等。

政治学研究的核心是权力,基于社会契约论,权力是公民权利让渡出来的那一部分。因而,权力与权利互动的视角是政治学的重要研究视角。政治活动或政治过程很大程度上就是权利与权力博弈与平衡的过程。

利益分析的视角是指在政治学的研究中,必须高度重视利益的观点和利益分析的方法。政治学研究的核心是权力,但与经济学一样,政治学研究的基础还是利益。一切政治关系背后都隐藏着利益关系。一切政治主体选择做什么和不做什么,背后都有着其需求的利益作为驱动力。可以说,利益的观点和利益分析的方法是我们研究政治现象、政治活动,揭示政治本质最基本的方法之一。

现代政治在很大程度上表现为政策政治。作为政府治理最基本的工具,执政党和政府的一切活动都是围绕着公共政策展开;政治活动或政策过程实际上表现为公共政策的活动或过程。在英法美等主要西方大国,经常把公共政策学等同于政治学。

系统理论视角是政治学研究的重要视角。现代政治自身就是一个系统。政治活动实际上就是政治系统与其他系统进行信息和能量交换的过程。比如,公共政策就是政治权力系统与社会系统信息和能量交换的结果与表现:政治权力系统从社会系统输入了大量的信息,在梳理、筛选、甄别后,政治权力系统以公共政策形式去回应社会系统的需求。

现代社会是治理的社会。治理意味着公共部门与私人部门应一起加入社会治理,形成合力。在治理理论中,合作治理视角对政治学研究影响最大,今天我们党提出构建"五位一体"的社会治理体制,加快构建"共建共治共享的社会治理共同体"等,都是合作治理理论在我国政治活动中的现实反映。此外,西方整体性治理理论对我国进一步深化大部门体制改革等方面也有非常重要的指导意义。

利益集团的视角意味着政治学研究者,要看到今天的政治本质也是利益集团的政治;政治活动或过程在很大程度上表现为各种利益集团的利益博弈,而公共政策就是各种利益集团在利益博弈中平衡和妥协的结果。

公共选择理论的视角在方法论上的特点集中表现为运用"经济人"假设,以严格的"理性、自私"预设,以及"追求自身利益最大化"的目的来描述包括政治家、官僚、选民在内的所有公共选择者,在政治这个大市场中,遵循"成本-收益"的逻辑,追求自身私利最大化;通过分析各种公共选择者在政治市场中对不同的决策规则和集体制度的反应,以期建构一种真正能够把个人的自利行为导向公共利益的政治秩序。

作为第三域的公共领域是政治权力领域与私人领域的交汇处,它的大小弹性是衡量国家与社会关系和谐的重要试金石之一。因而,从公共领域角度研究国家与社会关系、政党与社会关系,以及政府与市场、社会关系是一个非常重要的视角。

公共理性是超越一切个体理性而存在的,各种个体理性虽然可以无限接近公共理性,却无法取代公共理性。从公共理性视角出发,我们可以清晰体认各种政治主体理性的缺陷,看清包括执政党、政府在内的一切政治主体都面临着现代化的陷阱;公共理性日益成为引导各种政治主体超越个体理性的局限,更加关注公共利益、走向公共精神的整合机制与共治逻辑。

■ 本章小结

政治在某种程度上来说是一个历史的概念,不同国家的政治学者对政治的体认不尽相同;即使是同一国家的不同政治学者对政治的认识也不一样;甚至同一国家的同一个政治学者,在不同的历史时期对二者的认识也有可能发生变化。从现代政治来看,政治的基础是经济或利益,核心是政治权力,本质是分配工具。实际上,政治是一定的政治主体围绕国家权力进行争取或平衡利益的活动和过程。学术界对政治与政治学有着不同的体认与诠释,因而在政治学研究对象或研究内容方面的认识也不尽相同;但他们并不否认政治学的政治性、规律性、科学性。我们认为,政治学是研究以国家权力为中心的政治现象、政治规律的一门科学。从政治与政治学的基本概念出发,政治学的研究对象应包括政治主体、政治行为、政治过程、政治发展、政治理论、政治制度、政治形态、政治文化等方面。

政治学从哲学脱胎而来,在自身发展过程中与不同学科有着千丝万缕的关系,也与不同国家的经济发展、政治演变、社会变迁、风俗习惯密切相关。柏拉图在《理想国》一书中首次论述了"国家的善德""理想城邦""政体"等政治学的基本问题,被称为政治学的萌芽。亚里士多德的《政治学》一书,以政体研究为基础,确立了如何通过政体设计让人们过上优良道德生活的政治学核心话题;第一次把政治问题与伦理问题区分开,标志着西方政治学的诞生。西方中世纪是被宗教神学支配的世纪,政治学成为神学政治的附庸。欧洲文艺复兴的人本主义思想让文艺复兴时期及以后的政治思想家们开始用理性和经验来看待和解释政治现象,并直接推动了西方政治学走进近代理性主义政治学。15—16世纪是以马基雅维利和布丹为代表的西方理性主义政治学开始形成的时期。马基雅维利从国家的目的出发,论述了作为一个国家代表的君主为达到国家的目的,可以不择手段;布丹第一次提出了国家主权学说,强调要建立完全脱离教权的世俗民族国家。17—18世纪是自由资本主义政治学走向繁荣的时期。以格劳秀斯、斯宾诺莎、霍布斯、洛克、伏尔泰、孟德斯鸠、卢梭、杰弗逊、潘恩、汉密尔顿为代表的政治学家,从自然权利同自然法理论出发提出的天赋人权理论、社会契约理论、分权制衡学说等理论主张与贯穿这些理论思想之中的自由、平等、公平等价值理念,一起建构了近现代政治学的基本原则和理论基础。18—19世纪,以边沁的功利主义政治学和孔德的实证主义政治学为代表,标志着西方政治学走向丧失批判精神、转向切实维护资产阶级国家政权的保守、实用主义政治学时期。20世纪以来,是西方政治学派别林立、思潮缤纷、方法多样的百家争鸣时期。20世纪80年代以来的西方政治学在继续沿着传统政治学理论和行为主义政治学两种路径发展的同时,各种政治学思潮与研究路径有日趋融合的趋势。公共政策及其过程日益成为各国政治学研究的中心话题。

中国自古以来就有总结治国经验、研究政治得失的政治传统,但帝制中国一直没有建构出自己的学科体系。中国政治学是随着我国近现代化的进程,尤其是随着我国的改革开放逐步建立起来的。从先秦到1840年是我国王朝时代政治研究时期。在这一漫长时期,虽然执政集团或知识精英对为政得失有着系统的总结与评价性研究,但一直没有形成自己的学科体系。我国近代政治学的发展是在鸦片战争后,以严复为代表的一部分觉醒的执政集团成员在"开眼看世界"的洋务运动中,在"中学为体、西学为用"的口号下,逐步把西方政治学的概念、理论引入到我国。以李大钊、陈独秀、瞿秋白、毛泽东为代表的我国共产主义先驱,在学习、宣传、实践马克思主义的过程中,逐步引入并发展了马克思主义政治理论。在以毛泽东思想、邓小平理论、"三个代表"重要思想、科学发展观、习近平新时代中国特色社会主义思想为基础的中国特色社会主义理论体系的指导下,中国特色政治学建设有了很大的发展,并取得了巨大成就。

如同其他哲学社会科学一样,政治学的研究方法从总体上看来,必须要有"问题意识",走"问题决定方法"的路径。从大的方面而言,政治学研究的方法包括经济分析方法、历史分析方法、阶级阶层分析方法、比较分析方法、跨学科的研究方法、定量分析方法,等等。政治学的研究视角可以是基于某一个重要的政治学概念或政治学理论,从这些独特的政治学概念或理论出发对政治学现象、政治活动、政治过程进行研究。政治学的研究视角很多,常见的有:权力与权利互动的视角、利益分析的视角、公共政策视角、系统理论视角、治理的视角、利益集团的视角、公共选择的视角、公共领域的视角、公共理性的视角,等等。

本章重要概念

政治(politics)　　政治学(political science)

本章重要概念

本章思考题

1. 简述政治与政治学的概念。
2. 简述西方政治学的发展进程。
3. 简述我国政治学的发展脉络。
4. 谈谈如何打造中国特色的政治学体系。

本章思考题

本章推荐阅读书目

1. 王浦劬,等.政治学基础[M].北京:北京大学出版社,2018.
2. 陈振明.政治学——概念、理论和方法[M].北京:中国社会科学出版社,2007.
3. 孙关宏.政治学概论[M].2版.上海:复旦大学出版社,2008.
4. 杨光斌.政治学导论[M].4版.北京:中国人民大学出版社,2011.
5. 王惠岩.政治学原理[M].2版.北京:高等教育出版社,2006.
6. [美]哈罗斯·D.拉斯韦尔,亚伯拉罕·卡普兰.权利与社会:一项政治研究的框架[M].上海:上海人民出版社,2012.
7. 中国大百科全书出版社编辑部.中国大百科全书:政治学[M].北京:中国大百科全书出版社,1992.

第二章 政治主体

——本章导言——

政治主体主要包括国家、民族、政府、政党、利益集团、公民等。政治主体是一个国家政治生活中最为活跃与最为重要的因素,他们既是政治权利的主要载体,也是各种政治行为的践行者。可见,研究和分析政治现象需要以观察和分析政治主体为基本出发点与基础,尤其要对政治主体的内涵、特征、构成要素以及其在政治生活中的地位与作用有所了解,才能够正确理解政治现象与政治发展规律。

第一节 政治主体的概念与构成要素

掌握政治主体的基本内容需要首先了解其基本内涵与构成要素,本节主要对政治主体的基本概念与构成要素进行简要阐释。

一、政治主体的概念

主体相对于"客体"而言,是指有意识、有实践能力、能够把客观世界的事物变为实践和认识的对象的现实的人。[①] 主体一词引入政治学领域,主要是指在政治活动过程中处于主动地位的群体与个体,属于政治实体的范畴。究竟何为政治主体,学界主要有以下基本论点。

一是"政治活动承担者论"。刘吉发认为政治主体主要是指政治实践活动的承担者,并强调这一政治活动的承担者是处于现实政治互动之中,具有一定的政治实践能力并能够从事政治活动的现实的人。同时,该论点强调,人不一定都能成为政治主体,只有参与到政治实践活动中,才能获得政治实践性的特征,从而获得人的政治主体性。政治主体主要包括群体组织与个体组织。

二是"政治行为主体论"。严强等认为政治活动归根结底是追求自己目的的人的活动,离开了人就无所谓政治。在政治活动中作为人的政治主体的行为活动并非是随心所欲的,而是往往受到一系列政治制度、政治组织、政治态势等客观因素影响与制约的,这些因素构成了人的政治活动环境与约束条件。政治行为主体主要包括作为人的这种行为主

---

① 张永谦.哲学知识全书[M].兰州:甘肃人民出版社,1989:80.

体、作为角色的政治行为主体,以及作为团体的政治行为主体。

三是"政治活动决策者与参与者论"。周治滨等认为政治主体是指具有主体身份,并以其存在与行为对政治资源配置产生作用的政治决策者与参与者。这里的政治主体主要是指具有相对独立政治关系的政治行为的实施者与参与者。这些实施者与参与者主要包括国家、政府、政党、利益集团、公民、政治家等。

综上而言,本书比较赞同"政治活动决策者与参与者论",该定义将"政治活动承担者论"与"政治活动行为主体论"相结合,概括出了较为综合性的主体的内涵,亦即政治主体是指参与政治实践活动的具有主体身份的人,在政治活动中通过一系列政治关系与政治行为对政治利益与政治资源分配产生作用的政治决策者与参与者。

二、政治主体的构成要素

政治主体的主要构成要素可以在宏观上分为群体主体与个体主体两大类。

在群体主体方面,人是天生的社会动物,在此意义上,群体的社会实践活动将伴随人类社会的始终。人又是文明时代的政治动物,因此,政治群体同样在人类社会政治实践活动中占据着重要地位。政治群体主体主要有国家、民族、政党、政府和政治团体等。

在个体主体方面,所有的政治实践活动都要依靠具体的政治个人来进行,美国政治学家罗伯特·达尔从个体性政治主体在政治活动中的态度和作用的维度,分析了政治个人的几个层次:有些人对政治漠不关心;其他人则深深地卷入了政治。在那些深深卷入政治的人中,只有一些人积极谋求权力;在谋求权力的人中,有的人比别人得到了更多的权力。因此,根据个人参与政治生活的程度及其发挥作用的不同,个体主体主要分为公民、政治家和行政官僚三种类型。

第二节 国家

国家是政治活动中的重要政治主体之一,国家是政治学研究的核心范畴,也是理解政治现象的基本点与切入口。因此,理解和掌握国家的基本内涵,是理解政治主体以及分析各种政治现象的基础,无论在理论还是实践方面都具有重要的意义。本节主要对国家的含义、职能、历史发展形态、国家政体与结构形式、国家机构等内容进行阐释。

一、国家的含义与职能

国家的内涵经历了从古到今的演变,中西方关于国家的内涵有不同的解读,现代国家的意涵为何?国家的职能主要包括对内职能与对外职能,二者具体包括哪些内容,又有何关系?本小节将进行一一阐释。

(一)国家的含义

在中国古代,早在两千年前就已有"国家"一词,它由"国"和"家"两个字组成,且有不同的意义,如《大学》中的"家齐而后国治,国治而后天下平",《左传》中的"天子建国,诸侯立家"。这里,"天子"统治的全国称为"天下",诸侯统治的疆域叫"国"(或"邦国"),大夫统治的采邑为"家"(或"家室")。"国家"即为"天下",是"国"和"家"的总称。但是这类国家和现代民族国家有所不同,我国直至晚清才形成民族国家的观念,这主要受西方现代国家观点的影响。

英语中的国家（state）最早源于希腊的城邦概念"polis"，意指通过城墙构筑起来的地方，对生活在里面的人们来说，这个空间是可以共享的，所有人的人身与财产安全能够在这个空间内得到保护。这是国家的原始规定，强调国家的共享性与保护性。后来罗马帝国通过扩张，改变了对国家的理解，只保留了希腊城邦的"城"，称其国家为"civitas"，而通过殖民扩张的领土范围与广大城邦一道称为"imperium"，直到近代民族国家在欧洲兴起，才重新恢复了古希腊时期国家"邦"的意义，首先是意大利政治思想家马基雅维利在著作中使用"stats"一词，该词由拉丁文"status"演化而来，英文则称为"state"，即今天之"国家"。

从国家的词源分析来看，凸显了国家的政治共同体的意义。现代关于国家的内涵的界定可谓是众说纷纭，主要有以下几类观点，现概括如下。

一是"政治共同体说"。政治共同体说主要是从政治共同体的角度来界定国家的内涵，早在古希腊时期就奠定了相应的理论基础。亚里士多德在《政治学》一书中就明确认为国家是超越家庭、村落和团体的，认为国家代表最高的、共同的善，人的价值主要是在国家共同体的政治生活中得以实现。其后受到亚里士多德影响的西塞罗、黑格尔、康德等学者都明确提出了国家所具有的政治共同体的内涵与意蕴。这些古典思想关于国家内涵的探讨展示了国家理想的形态，能够用来观照与判断现实国家的形态。

二是"市民社会说"。该观点将国家看成是市民社会的一部分，认为国家是基于个人利益而建立的，人民正是基于自身利益的考量才不得不联合组成国家。因此，国家存在的根本目的也就是实现个人的根本利益。如霍布斯、洛克等学者从契约论的角度强调国家是个人通过立定契约而形成的，国家的目的是调节个人间的利益纠纷，以保护个人的自然权利为终极目标。"市民社会说"试图解读国家所具有的自然属性，以自然人的本性来追求国家的本性，奠定了近代国家的基本观念与原则，对之后的国家政治学说产生了重大的影响。

三是"统治机构说"。在近代国家逐渐发展与走向成熟之后，许多学者对国家的解读不再拘泥于探讨国家的本性问题，而是将重点转移到对国家现象的描述上，将国家视为具体的统治机构，注重对国家现象的描述。狄骥指出，国家是被统治者和统治者分化的一种社会。龚普洛维奇则指出，国家是借强制力而组织和统治的社会。拉斯基更为明确地指出，国家是借占有在法律上超越任何个人或作为社会一部分的团体的强制威权而统合的社会。对国家的这种理解揭示了国家中所存在的公共权威现象，但是摒弃了国家的抽象意义之后，国家遂等同于政府了。①

四是"构成要素说"。构成要素说主要从客观物质条件来描述国家，并试图不带任何价值判断来解读国家的内涵。如韦伯认为，国家是指在某个特定的疆域内，肯定自身对武力之正当使用的垄断权力的人类共同体。伽纳则认为：国家是由许多人所组成的社会，永久占有一定的领土；不受或几乎不受外来的控制；有一个为人们习惯服从的组织即政府。豪尔指出，国家乃是为政治目的而建立的永久社会，占有一定的土地；不受外来控制。奥康奈尔则从国际法的角度认为，作为国际法上的人，国家应具备下列资格：固定的人口、确

---

① 孙关宏，胡雨春.政治学[M].上海：复旦大学出版社，2010：28-29.

定的领土、政府、与他国建立关系的能力。由此可见，构成要素说主要将国家理解成可以识别的外化的物质特征，将国家的概念更加具象化了。

综上而言，本书认为，现代国家应该是指由固定的居民和特定的领土组成的，有一定的政府组织和对外独立交往能力的政治实体。这是关于现代国家的基本内涵，从概念中我们可以将国家的构成要素概括为：人口、领土、政府、主权。国家首先是一个人口上的概念，没有一定数量的人口和居民，就不可能组成国家；领土组成国家的物质空间，有了一定的领土，才有国家产生和存在的物质基础，从而也才有国家进行活动的必要客观条件；没有政府组织的社会是"无政府"社会，不能构成国家；主权和独立是一个国家最重要的和必不可少的一个属性，一个政治实体仅仅具备人口、领土和政府，仍然不能构成国家，只有享有充分主权和独立，才能成为国家。

（二）国家的职能

国家职能主要是指国家活动的总方向，是国家为实现基本目标而担当的特有任务。国家职能可以分为对内职能与对外职能两个基本方面，对内职能主要包括政治职能与管理职能，对外职能则主要包括保卫国家领土与主权完整、抗击国外势力入侵、调节国与国之间的关系等。

在对内职能方面，国家对内职能主要分为政治统治职能与社会管理职能。政治统治职能主要包括解决民族矛盾、解决阶级与阶级之间矛盾、解决统治阶级内部各利益集团之间的矛盾这三个方面；国家的社会管理职能主要包括经济管理、社会文化管理、科技教育管理、文化体育管理等内容。这两种对内职能，自从国家产生以来就具有，只是不同时期这两种职能的地位与作用有所变化，有时候政治职能是主要的，有时管理职能又是主要的。国家政治职能是国家的主要职能，虽然有时候会有强弱的情况，但是国家的运转是离不开政治职能的，当一个国家政治职能消失的时候，这个国家也就消亡了。国家的政治统治职能与社会管理职能是联系在一起的，二者既通过人治来实现，也通过法治来实现，但是不同的国家在不同时期采取不同的形式；但总的说来，在人类历史发展过程中是逐渐由人治过渡到法治，社会越向前，法制就越健全。

在对外职能方面，国家对外职能主要包括保卫职能、代表职能、交往职能、管理职能等四个方面。其中保卫职能主要是维护国家的尊严与安全，维护本国领土与主权的完整；代表职能主要是代表国家处理国际事务与国际政府间的关系；交往职能主要是指在国际社会中，国家从事政治、经济、文化、军事、技术等方面的交流合作，为国家的发展创造良好的国际环境；管理职能主要是指国家对各种国际交往关系进行管理的职能。① 国家实施其保卫、代表、交往、管理的对外职能的根本依据是维护本国国家利益，国家的根本利益是国家对外职能实施的根本点与出发点。

国家对内与对外职能既有区别也有联系。在区别方面，一是地位与作用不同，对内职能一般情况下是国家职能的主要方面，如果国家不把对内政治职能与管理职能履行好，就很难在对外交往中保护本国的国家利益；二是国家的对内与对外职能并非总是一致，有时候国家对外职能的变化并不一定引起对内职能的变化。在联系方面，一是二者目标都是一致的，并且由国家的性质所决定，二者都是为了有效地实现国家的核心利益；二是国家

---

① 吴少荣.国家理论与实践[M].广州：广东高等教育出版社，1998：77.

的对内职能是对外职能的基础,只有对内职能实施得比较好的时候,对外职能才能够很好地发挥作用;三是国家对外职能是对内职能的继续和延伸,对外职能的成效也会影响对内职能。国家对外职能的正确实施,对国内政权的巩固和社会发展起重要作用。

二、国家发展的历史形态

国家发展的历史形态更替就是一个由奴隶制国家到封建国家,再到资本主义国家和社会主义国家的历史进程,这是国家历史发展形态的一般规律。

(一)奴隶制国家

人类历史上第一个具有剥削性质的国家就是奴隶制国家,其出现主要是由于氏族制的崩溃,奴隶占有制的形成,以及阶级矛盾的尖锐激发。奴隶制国家主要特点表现为:在经济上,奴隶主完全占有生产资料与奴隶;在政治上,奴隶主阶级对奴隶实行严酷的政治控制与残暴的镇压与压榨;在思想上,奴隶主往往通过宗教信仰来欺骗与麻痹奴隶。奴隶制国家的本质是维护奴隶主阶级的根本利益,亦即保护奴隶主阶级的长期专政地位,以及对生产资料与奴隶的绝对支配地位。奴隶制国家完全是建立在大量剥削奴隶劳动力的基础之上,正是因为对奴隶劳动力的全面盘剥,奴隶主才能够从劳动者中分离出来,利用闲暇来发展自我。而广大的奴隶则只能在私人的家政管理领域之中,处于绝对被支配的状态,没有人身与政治自由,不能够参与任何国家事务,甚至完全丧失了自我。

(二)封建国家

人类历史上存在时间最长的剥削类型国家就是封建国家。封建国家主要是建立在封建土地所有制的经济基础之上,在中国这种制度表现为地主土地所有制,在西方则表现为领主土地所有制,虽然二者形式有所区别,但是都具有封建社会生产关系的基本特征,亦即土地完全归享有特权的少部分所有者占有,劳动者以劳役或者实物的形式来维持家庭生产,生活之外的劳动需无偿交给土地占有者。其主要特点为:在权力分配上,主要采取身份等级制度,使权力与土地所有制密切结合;在统治形式上,采取君主专制的中央集权制度;在思想上,广泛利用宗教与宗法思想对农民的思想进行精神麻痹与奴役。封建国家的本质是地主阶级的专政,而这种专政正是通过等级制度来实现的。封建国家权力与土地权力是结合在一起的,土地的所有者同时也是领地上的统治者。在封建社会中,所有成员的等级身份一般是固定不变的,地主牢牢地将农民束缚在土地之上,农民忙于维持基本的生计,基本上丧失了参与政治的可能。

(三)资本主义国家

资本主义国家是人类历史最后一个具有剥削性质的国家。资本主义国家主要建立在封建制度解体、资本主义发展的情况下,是资产阶级通过革命推翻封建统治而建立起来的。资本主义国家的经济基础是生产资料资本主义私有制。资本主义国家的发展主要经历了自由资本主义时期与垄断资本主义时期。在自由资本主义时期,资产阶级强调以自由主义的方式来统治社会,到了垄断资本主义时期,资产阶级在政治上日益走向反动,这也标志着资产阶级建立的民主代议制开始弱化,而作为压迫与对外扩张的军事机构在不断地壮大。资本主义国家与奴隶制国家、封建国家相比,不再实行统治阶级直接掌权、直接出任政府高官的做法,而是通过民主选举的代议制方式间接地控制国家政权。这样,一方面,资本主义国家以宪政的方式保障了个人私有财产,以维护资产阶级私有的经济地位;另一方面,通过意识形态的宣传与渗透瓦解无产者的自我认同,使之无法成为统治阶级。这两种方式不断地强化了资本主义统治的正当性与合法性。

(四) 社会主义国家

社会主义国家在人类历史上第一次真正实现了多数人的统治。社会主义社会打破了既有的带有剥削性质的经济结构,代之以生产资料公有制,广大工人阶级群众掌握了经济权力,进而以人民民主的方式掌握了国家政权。社会主义国家的一切权力属于人民,人民是国家的主人,享有参与管理的广泛权利。社会主义国家是人类历史上唯一的非剥削阶级类型国家。它是由代表先进生产力的工人阶级带领广大人民打碎旧的资本主义国家机器而建立的新型国家。社会主义国家的特点表现在:经济基础上实行社会主义生产资料的公有制;以工人阶级政党的领导为其政治特征;以马克思主义的指导为其思想特征。

三、现代国家政体与国家结构形式

每一个国家都有不同的政体与结构形式,任何国家都是内容与形式的统一。如果一个国家没有一定的政体与形式,就难以形成一定的政治结构,国家就无法构成一个有机的系统,也就无法实现国家的职能,更不能实现有效的政治职能与管理职能。因此,有必要探究国家的政体与结构形式。

(一) 现代国家主要政体形式

现代国家政体主要分为民主政体、威权政体与极权政体三大类。

1. 民主政体

民主政体极力否定君权神授与专制统治的形式,强调人人平等、自由、法治等价值理念。民主政体通过不断地完善与发展逐渐成为现代国家政体的典范。民主政体主要具有以下特征。一是强调宪法至上。强调宪法是最高的权威,是一切权力合法性的来源,具有至高无上的地位,凡是与宪法相抵触的行为都要被追究相应的政治责任与法律责任。二是建立代议制民主。代议制民主是一种间接的民主,在现代民主政体中,议会被认为是最具代表性的代议制机构,其权力来源于人民的委托,而这种委托主要是通过自由、公正、定期的选举来实现的。三是政府权力的大众化控制。在民主制国家,政府的权力来源于民众的授权与委托,因此政府的权力必须受到各种制度与机制的大众化控制。一般来讲,大众控制政府的方式主要包括选举与日常民主参与。四是公民自治。在民主国家中,国家与社会的关系往往具有一定的界限,公民一般在国家的控制之外自愿地、有组织地组织起来,通过经济、社会、文化领域的互动与交流而形成社会的自治系统,这些自治系统具有多元性、开放性与竞争性,公民个人在系统中具有平等的权利与义务。

2. 威权政体

威权政体形成于二战后主要的新兴民族国家之中,这些国家都面临巨大的现代化压力,而在社会力量薄弱、社会结构严重脱序和失范的条件下,借助国家政权的力量推进国内经济建设并实现社会整合便成为唯一的选择,从而催生了威权政体并使之不断强化。[①]

[①] 孙关宏,胡雨春.政治学[M].上海:复旦大学出版社,2010:61.

与民主政体相比,威权政体具有民主政体的基本形式,但是实际运作却与民主政体有较大的区别。威权政体的主要特征有:一是有名无实的民主制度,威权政体的民主制度主要是实现权威统治的合法化,并非是实现民众对政府权力的大众化控制,宪法与法律并未受到尊重,政党或者政府可以根据需要修改宪法与法律,或者行使超越宪法与法律的权力;二是少数人的权威统治,权威统治的政治统治权主要掌握在政治领袖一人手中,也会存在利益集团的控制,但与民主政体相比,威权政体的当权者往往具有较大的权力,且这些权力很难受到制约;三是参与社会经济发展的政府,和民主政体国家与社会二元分立的形式不同,威权政体的政府直接参与社会经济发展,并成为社会经济发展的重要主体,但是威权政体的国家政府并未完全控制经济社会发展,而是积极鼓励社会与市场力量的积极发展;四是微弱的大众化控制,威权政体缺乏有效的大众化控制,社会力量较为弱小,这就容易使政府的权力不太受到控制,容易出现官商勾结的政府腐败现象。综上,威权政体虽然建立了民主政体的框架,但是由于社会力量的弱小,政府权力的不受限制,使威权政体会在一定时期面临合法性危机,这就需要威权政体向民主政体转变。

3. 极权政体

极权政体是法西斯主义者所发明的,用以掩盖、修饰独裁政体,极权政体一般是在大众民主发展与现代科学技术发展的基础上形成的。二战时期的纳粹德国政权更接近极权政体的原型。极权政体是现代国家发展的特有政体,其主要有如下特征。一是以"领袖"为中心的环形政权组织结构。在极权政体中,国家领袖或者元首处于中心地带,极权政体通过意识形态与思想控制使民众对元首或领袖产生了极度狂热的崇拜,从而构成了以元首或领袖为中心的权力等级结构与组织结构。二是严格的意识形态统治。极权政体实行严格的意识形态统治而非法律统治,其运作不依赖法律法规,而是依赖方方面面的意识形态控制,极权政体的维系主要依赖于一个无所不包、渗透于个人生活方方面面的官方意识形态,并借助先进的现代传媒与监控技术实现全方位的思想控制。三是特务、警察系统的恐怖统治。极权政体主要通过强化国家暴力机器来实现意识形态的控制。其以一套秘密的警察、特务组织为后盾,对民众、官员等主体实行严密监控,以确保民众对当局的完全服从与绝对的忠诚。极权政体是现代国家政体的特殊极端形式,它打破了公私领域的界限,对社会实行严格的全面控制,其意识形态与全部的合法性都集中在元首与领袖身上,一旦元首与领袖消亡,那么这个极权政体也就面临根本性的危机。

(二)现代国家结构形式

国家的结构形式主要是指统一国家所构成的方式。一个国家采用什么样的结构形式,主要取决于该国政治、经济、社会、文化、历史、地理、宗教等多种因素,是历史上各种政治力量彼此冲突、磨合的结果。正是基于这样复杂的因素,国家结构形式相比国家政体,其历史延续性更强。就当代国家结构形式而言,单一制和联邦制是最为基本的两种类型。

单一制是由若干行政区域或自治区域构成的单一主权国家的结构形式。中国、法国和日本等国家都实行单一制。单一制的主要特点在于:第一,国民具有单一的国籍身份;第二,只有单一的现行宪法和统一的法律体系;第三,具有统一的最高国家权力机关,立法、行政和司法体系高度统一,最高国家权力归中央政权机关掌握,地方政权机关接受中央政权机关的统一领导;第四,国家主权高度统一,由中央权力机关代表国家主权充任国际法主体,统一行使外交权,各行政单位或自治单位不具有独立的外交权,即使个别地区享有一定的自治权,但这种自治权被限制在统一的国家主权范围之内。①

联邦制是由若干以行政区划为基础形成的相对独立的政治实体(共和国、州、邦)结合而成的国家结构形式,联邦的成员单位是联邦主体,如共和国、邦、州等。在联邦制国家中,除了有全联邦的宪法、法律、法令以及联邦最高立法机关和政府外,每个成员单位也都有各自的宪法、法律、法令,以及自己的最高立法机关和政府。当代的美国、澳大利亚、俄罗斯、瑞士、加拿大、印度等都属于这种类型的国家结构形式。联邦制的主要特点在于:第一,国民享有联邦和各成员单位的双重国籍,对外有统一的联邦国籍;第二,具有统一的宪法和基本法律,但在联邦宪法和基本法律的范围内,各联邦成员单位有自己的宪法和法律;第三,联邦设有最高立法、行政和司法机关来管理全国的共同性事务,各成员单位还拥有自己独立的立法、行政和司法机关,两者并不存在隶属关系,其权限划分是由联邦宪法所规定的,联邦成员政府在各自的辖域内独立行使权力,联邦政府则负责联邦整体的政务;第四,联邦是主权国家,是国际法的主体,国家主权由联邦政府与联邦成员政府分享,联邦政府对外代表国家主权,负责外交和国防事务,但各联邦成员政府也有一定的外交独立性,在联邦宪法允许的范围内,可以与其他外交主体签订某些协定,有些联邦制国家的成员政府还可以以独立身份加入某些国际组织;第五,具有统一的经济关系,各联邦成员在贸易、财政、金融、货币等方面服从联邦的统一管理。

第三节 民族

民族是政治主体的重要组成部分,民族往往与国家问题、宗教问题紧密联系在一起,对政治活动有十分重要的影响。在当今世界,任何一个国家在政治发展过程中都不可避免地面临着民族问题,尤其是要面对民族问题对国家统一与稳定的重要政治影响。一个国家如何在政治发展过程中处理好与各民族的关系,不仅关乎国家的稳定与发展,也会影响国家之间的关系与国际形势的变化。因此,探究民族在政治主体中的地位与作用显得十分重要。本节内容主要包括民族的概念与特征、形成与发展,以及民族问题对政治的影响。

一、民族的概念与特征

要理解民族这个政治主体,首先要对民族的概念与特征进行理解与把握。何为广义的民族?何为狭义的民族?民族包括哪些基本特征?本小节将对这些问题进行重点阐释。

(一)民族的概念

从词源上来看,民族一词与英文"nation"相对应。我国古代主要使用的"族",没有现代"民族"的含义,在许多古书典籍中出现的"民族"也没有现代地域共同体的意涵。英语中"nation"除了"民族"的含义,还有国家的内涵。随着时代的发展,为了适应中西文化交流的需要,现代意义上的民族主要是指现象意义上的地域共同体。

关于民族的概念,不同的学者有不同的理解。如安东尼·史密斯认为,民族的组成要

---

① 赵丽江,翟桔红.政治学[M].武汉:武汉大学出版社,2012:38.

素包括领土、政治与法律共同体、政治与法律上的平等权利、共同的文化意识形态。布伦奇里认为，民族包括共同的地域、血统、肢体形状、语言、文化、宗教、风俗、生计等八个方面的要素。马克思、恩格斯、列宁也在地域、语言、经济生活等方面对民族的内涵进行了探讨。这些定义仅仅归纳了民族的一部分合理因素，并不完整。斯大林在1913年对欧洲各国民族进行考察之后，结合马克思、恩格斯、列宁关于民族的讨论，在《马克思主义与民族问题》一书中首次进行了完整的界定。他认为，民族是人们在历史上形成的有共同语言、共同地域、共同经济生活以及表现于共同的民族文化特点上的共同心理素质这四个基本特征的稳定的共同体。这一定义是比较科学、完整的关于民族的界定，其揭示了民族的本质特征，概括了不同民族带有决定性意义的主要特征，具一定的科学指导意义。这一定义主要具有三方面的特征：一是民族是一个社会历史范畴，亦即民族不是一开始就存在的，而是在社会历史发展过程中所形成的；二是民族是一个社会共同体，民族并不是一个"群"，而是许多成员因为相互信任、相互认同等因素所联合成的共同体，具有相对的稳定性；三是民族包括语言、文化、地域、经济生活等四要素，这四要素是判断民族的重要参考标准。

我国学术界关于民族的定义主要也是参考和沿用斯大林的"四要素说"。改革开放以来，随着社会科学的蓬勃发展，民族问题受到了极大的重视，许多学者开始重新审视民族的内涵。这些学者对民族内涵的审视基本上都是在斯大林"四要素说"基础之上进行延伸与拓展。如万明刚、王亚鹏认为：民族认同是指民族成员在民族互动和民族交往的过程中基于对自己民族身份的反观和思考而形成的对自民族（内群体）和他民族（外群体）的态度、信念、归属感和行为卷入，以及其对民族文化、民族语言和民族历史等的认同。宁骚认为，民族具有"原生形态""次生形态"和"再次生形态"，不同形态的民族在特征上不完全一致。另外还有学者认为，关于民族的定义不应该拘泥于现有定义的束缚，而应该根据现实的实际情况来理解民族的概念。

综上所言，本书主要借鉴斯大林关于民族定义的这一经典论述，亦即民族是人们在一定的历史发展阶段形成的有共同语言、共同地域、共同经济生活以及表现于共同的文化特点上的共同心理素质的稳定的共同体。

（二）民族的特征

从当前学界广泛接受的民族定义来看，民族主要包括以下几方面特征。

一是共同的语言。语言是一个民族交流的重要工具，也是一个民族发展程度的重要标志。语言在民族形成过程中发挥了十分重要的作用。马克思曾经强调民族的语言应该是方言，或者是由方言发展而成的。同一民族只有通过共同的语言才能实现彼此密切的交流，一般一个民族只使用一种语言。但是也存在特殊情况，如在民族的融合与流动中，容易出现一个民族使用几种语言，或者几个民族使用一种语言的情况。总的来说，共同的语言是一个民族继承与发展的重要条件，也是一个民族存在的必要条件。

二是共同的地域。共同的地域是一个民族最基本的特征。共同的地域主要是指一个民族生存的自然生态环境，它是一个民族在长期的生产、生活以及不断交往中形成的。共同的地域是一个民族生存的重要物质基础，也是一个民族形成的重要外部条件。一个民族只有长期生活在同一个地域之内，才能够形成共同的语言、经济生活、心理素质。但是，当一个民族形成之后，其共同的地域并不是固定不变的，有时候为了谋生或者躲避战乱等,有些民族也会进行大规模的迁徙,从而使其共同地域发生一定的变化。

三是共同的经济生活。共同的经济生活是形成一个民族整体的重要物质力量。共同的经济生活主要是指在一个民族内部通过生产、交换与其他活动所形成的内部经济联系。这种经济联系是一种自然、长期的经济联系,这种联系是紧密的,又是必不可少的。如果一个民族没有紧密的经济联系,而是相互孤立与闭塞,那么就很难形成一个具有整体性质的民族。每一个民族都有自己的生产方式与交换方式,这些都是一个民族形成与发展的物质基础,对民族的其他特征起着决定性的作用。

四是共同的心理素质。任何民族都有自己的性格特质,这种性格特质属于民族心理层面,外在地表现为民族的主要文化。民族的心理素质是指一个民族在共同的地域环境里,在长期的发展过程中所形成的心理状态、民族意识、民族情感、民族尊严等,这种心理素质主要通过本民族的语言文字、风俗习惯、宗教信仰、社会活动等表现出来。这也是一个民族区别于其他民族的重要特点。民族的共同心理素质是长期积淀形成的,具有较强的稳定性,变化相对缓慢,是维系一个民族团结与发展的重要纽带。当然,民族的心理素质也会随着民族生活条件及其他情况的改变而发生变化。

上述民族的四个特征,并非相互孤立地存在,而是相互联系、互为补充。共同地域为共同的经济生活创造了前提;共同的经济生活为共同语言与共同的心理素质提供了物质条件;共同语言与心理素质作为一个民族最稳定的两个特征,反过来又能够进一步巩固民族的共同地域,促进民族共同经济生活的发展。因此,上述四个特征是相互联系、相互制约的整体。

二、民族的形成与发展

民族作为一个社会现象,是人类历史发展到一定阶段的产物。民族最早形成于原始社会末期,经历了氏族、部落、部落联盟等历史发展过程。

在民族形成之前,由于社会生产力十分低下,人类只能以血缘的氏族、胞族、部落、部落联盟等形式过着原始群居的生活。在原始社会末期,随着生产力的不断提升,贸易交换的兴起与发展,人类开始流动、杂居起来,以血缘为纽带的亲属性质联系逐渐让位于地域性质的联系,进而也使部落之间的地域联系起来,从而形成了部落之间的共同地域。随着共同地域的商业发展不断加深,推动了共同市场的出现,这就必然产生共同的经济联系与经济生活。随着共同地域、共同语言以及共同经济生活的形成,民族在发展过程中自然就形成了共同的风俗习惯、共同的宗教信仰等,进而表现在共同的文化心理素质方面。

在民族发展过程中,会伴随着出现民族的同化与融合现象,这一现象使民族发展过程充满了复杂性与特殊性。民族同化主要是指在各民族相互影响与相互交流的过程中,一个民族丧失本民族的特性,而接受另外一个民族的特征,亦即由一个民族逐渐过渡到另外一个民族,如完全遵从另一个民族的语言、文字、风俗习惯等。民族融合则是指两个或者两个以上的民族相互影响、相互接近,最终形成一个民族的现象。民族融合是人类历史发展的必然趋势,也是一个长期与自然的发展过程。

民族是一种历史现象,随着社会的不断发展,各个民族之间的经济交流和文化联系日益频繁,民族融合的因素不断增加,民族最终是要消亡的。

三、民族问题与政治

民族问题是影响国家政治的一个重要因素,是一个国家稳定与发展的重要基础。因此,政治与民族问题的关系尤为密切。一方面,为了维护国家政治稳定,政治往往会对民族问题进行制约与调节;另一方面,由于民族问题往往具有普遍性、长期性、复杂性、国际性、敏感性等特征,民族问题也会对政治产生深远的影响。

(一) 民族问题的内涵与特征

民族问题是一个内容宽泛的社会问题,民族问题主要有广义与狭义之分。广义的民族问题既包括民族自身的发展,又包括民族之间、民族与阶级之间、民族与国家之间的关系。这表明民族问题并不是一个孤立的社会现象,而是涉及与民族、阶级以及国家之间的关系而引起的问题。狭义的民族问题主要是指在民族活动与交往过程中所发生的,具体表现在民族特征及其具体形式上的民族间复杂的社会矛盾问题,这也是我们一般强调的民族问题。民族问题作为国家政治发展中的普遍政治与社会现象,有其自身的特点与发展规律,了解民族问题的特点是掌握民族问题规律的关键,也是正确解决民族问题、减少民族问题对政治产生负面影响的重要前提。民族问题主要具有以下特征。

一是民族问题的普遍性。民族问题从范围来讲,具有一定的普遍性,自从民族产生以来,在民族不断发展、融合与交流过程中,都会产生一定的民族问题。民族与民族问题相伴而生,因而民族问题也就成为一个普遍性的问题。二是民族问题的复杂性。民族问题的特殊性使民族问题变得较为复杂。民族问题既具有社会性,也具有民族性质所引起的社会矛盾,这些矛盾涉及面较为广泛,同时又夹杂着诸多历史因素与现实因素。三是民族问题的长期性。只要有国家的存在,民族问题就会存在,民族的产生、发展、消亡是一个长期的历史过程,只有当国家消亡、阶级消亡的时候民族才会消失,民族问题才会消失。四是民族问题的国际性。民族问题的国际性主要是指民族问题的国际联系与国际反应,民族问题的国际性是由民族问题本身的特殊性以及国际政治的复杂性所决定的。五是民族问题的敏感性。从对民族的关心程度来讲,民族问题具有一定的敏感性,民族是一个有共同地域、经济生活、心理素质、语言的共同体,每个民族都有其过去与现在,这不仅是一个民族区别于其他民族的特点,也在很大程度上反映了一个民族的自豪、自信与自爱。同时民族也是一个客观实体,它随时会关注自身在一国之中的经济与社会权利。随着社会主义初级阶段各民族商品经济的发展,各民族人民对自己民族的平等地位、平等权利,对民族关系和民族矛盾的关心程度和敏感度普遍提高和加强。

(二) 民族问题与政治稳定

民族问题与政治稳定对当今任何一个国家来说都是一个需要面对的重大现实问题。如何处理好民族问题,对一个国家保持安定团结的局面,创造良好的社会发展环境,维护国家政权稳定具有十分重要的现实意义。可见,民族问题对一个国家的政治稳定具有重要的影响,民族问题处理得好,一个国家的政治发展就更加稳定;民族问题处理不好,一个国家的政治发展就面临众多风险与威胁,甚至会严重影响国家的政治安定与团结。在众多民族问题中,影响政治稳定的因素主要包括以下几方面。

一是民族关系问题。在多民族国家中,民族关系是民族问题的主要内容,也是影响政治稳定的重要因素。民族关系与民族相伴而生,既是一种特殊的社会关系,也是一个历史发展过程,民族关系的每一个发展阶段都对今后的民族关系发展产生重要的影响。因此,我国在处理民族关系的过程中需要坚持民族平等、民族团结的原则,加强马克思主义民族观教育,从而建立和完善各民族良好的关系,进而维护国家政治稳定。

二是民族发展问题。民族发展与民族地区政治稳定具有十分密切的关系。当前我国正处于全面建成小康社会的攻坚期,国家也正在大力实施"精准扶贫"的政策来推动民族地区的发展。但是我国区域发展不平衡的历史由来已久,尤其是民族地区发展相对落后。随着经济社会的发展,民族地区群众日益增长的美好生活需求与民族地区的发展现状形成了强烈的反差,这一矛盾与张力无疑对政治稳定发展产生了重要的影响。当前我国要推动民族地区的发展,需要民族地区政治、经济、文化、社会等方面的协调发展,不能偏废其一,才能有力地保障政治稳定的局面。

三是民族宗教问题。宗教作为一种文化现象,与民族问题息息相关,当宗教作为一种精神思想与信仰支撑内化于一个民族情感、意识与文化传统之中,宗教问题就与民族问题具有十分密切的联系,这使得宗教问题与民族问题相互纠缠,触动一方就会引起另一方的反应。因此,探讨民族问题与政治稳定的关系,宗教问题是一个不可回避的重要因素。因此,我国要正确引导和处理好宗教与社会主义的关系,积极推动宗教与社会主义相适应,严厉打击宗教极端主义,从而维护国家政治安全与政治稳定。

四是全球化背景的民族问题。当前,全球化大潮已经成为不可逆转的趋势,全球化不仅促进了经济贸易的发展,也对民族问题产生了深远的影响。当前全球化的发展超越了民族国家的界限,淡化了主权国家的意识,也弱化了民族对国家的认同,这推动了世界民族主义的浪潮。当前我国也在全球化背景下面临着较为严峻的民族问题,尤其是"三股恶势力"对国家政治安全与政治稳定的影响,使我们在全球化过程中不可掉以轻心。这就需要我国认清全球化的本质,立足于历史,把握于现实,着眼于未来,把握机遇,应对全球化民族问题的挑战,从而在稳定政治大局中推进国家治理体系和治理能力的现代化。

四、中华民族共同体

在夺取伟大胜利、实现伟大中国梦的新时代,中华民族的复兴伟业呈现出前所未有的光明前景。"铸牢中华民族共同体意识"作为习近平新时代中国特色社会主义思想的重要组成部分,为促进民族关系和谐发展,形成一个超越族际差异的共同体认同,实现国家治理现代化的目标,提供了极具中国特色和中国智慧的思想指引。

(一)中华民族共同体的基本概念

中华民族共同体是由"中华民族"和"共同体"构成的一个复合词。"中华民族"这一核心概念是20世纪初由梁启超提出的,百余年来始终在中国政治话语体系中占据重要地位。习近平总书记在"中华民族"使用了百余年后,使之与"共同体"一词连接起来,成为推动中华民族理论创新的关键概念。这就要求我们必须厘清"中华民族"和"共同体"两个词汇的基本语义,及其在继承既有话语基础上的拓展内涵,才能做出符合时代特征的理论创新。

"中华民族"由"中华"和"民族"两部分构成,现代意义上的"中华民族"一词,是1902年由梁启超在《论中国学术思想变迁之大势》中首次提出。"中华"是传统中国延续至今的一个固有词语。"中"是"居中""居正"的意思,"华"则有"美""善""大"的含义,"中华"连用,意即"居中而美善",尽管历经了传统天下观向现代国家观的转变,"中华"一词仍相对稳定,保留着两层基本含义:一是中华民族起源和生息于同一片中华大地,二是中华民族源远流长、不断壮大的机理是文化多元和政治统一。① "民族"一词是近代西学东渐过程中由英文词单词"nation"或"nationality"翻译、移植而来,"民族"之所以成为中国政治话语体系中的关键概念,不在于各民族有不同的语言、风俗习惯、宗教信仰等,而在于民族本质上是一个带有政治性的社会文化共同体。概言之,"中华民族"是指拥有不同语言、风俗、宗教、聚集地等差异的人群,在中华大地上所形成的特定共同体。苏联学者安东诺维奇认为,共同体是指组成共同体的成员之间在某一或某些特征方面具有同质性。德国社会学家滕尼斯认为,共同体本身是一种生机勃勃的有机体,如基于血缘的共同体、基于地缘的共同体、基于宗教信仰的共同体等。那么,中华民族共同体是指生活在同一地域的各民族"你中有我、我中有你、谁也离不开谁",享有共同文化、共同利益的民族共同体。"中华民族"与"共同体"连用,凸显了中华民族这个共同体内部有机结合、相互交融、不可分离。正如詹进伟所言,"从中华民族到中华民族共同体,既不是语义上的重复,也不是'中华民族'与'共同体'二者的简单相加,而是具有一个明显的认知和内涵转变过程——即从自在到自觉的辩证逻辑过程。加上'共同体'一词,它突出的是共同的历史记忆、共同的精神文化、共同的责任、共同的命运和共同的价值目标,凸显了中国各民族是一个'同呼吸、共命运的整体'"②。

党的十八大以来,以实现中华民族伟大复兴的中国梦为指引,习近平总书记就"中华民族"理论提出了许多富有创见性的新观点、新论断和新思想。2014年,习近平总书记在第二次中央新疆工作座谈会上提出了"铸牢中华民族共同体意识"的论断,在各民族中牢固树立国家意识、公民意识、中华民族共同体意识,最大限度团结依靠各族群众,使每个民族、每个公民都为实现中华民族伟大复兴的中国梦贡献力量,共享祖国繁荣发展的成果。各民族要相互了解、相互尊重、相互包容、相互学习、相互帮助,像石榴籽那样紧紧抱在一起。同年12月,中共中央、国务院印发了《关于加强和改进新形势下民族工作的意见》,"铸牢中华民族共同体意识"被提升到前所未有的高度。2017年,党的十九大报告明确指出,深化民族团结进步教育,铸牢中华民族共同体意识,加强各民族交往交流交融,促进各民族像石榴籽一样紧紧抱在一起,共同团结奋斗、共同繁荣发展。同时,"铸牢中华民族共同体意识"第一次被写入党章,这标志着"中华民族共同体意识"被提升到了国家顶层战略的高度。2019年,党的十九届四中全会又提出"打牢中华民族共同体思想基础"这一重要命题。可见,"中华民族共同体"理论是回应中华民族伟大复兴历史使命的创新理论,必将成为新时代中国特色的民族话语体系的核心议题。

(二)中华民族共同体的多维内涵

习近平总书记在全国民族团结进步表彰大会上明确指出,实现中华民族伟大复兴的中国梦,就要以铸牢中华民族共同体意识为主线,把民族团结进步事业作为基础性事业抓紧抓好。深入解读"中华民族共同体"所蕴含的丰富而深刻的内涵,也是对新时代中国特色民族理论体系建构的科学回答。

---

① 曹为.共同体视域下的中华民族:基本内涵与建设逻辑[J].上海行政学院学报,2020(4):13-23.
② 詹进伟.论中华民族共同体意识的理论进路与生成逻辑[J].广西民族研究,2019(3):10-14.

其一,中华民族共同体是一个命运共同体。中华民族是在长期的历史进程中不断融合发展起来的。费孝通先生认为,中华民族作为一个自觉的民族实体,是近百年来中国和西方列强对抗中出现的,但作为一个自在的民族实体则是几千年的历史过程所形成的。近代中国面临帝国主义列强入侵,各族人民团结起来一致对外,形成了休戚与共的命运共同体。在中国共产党的领导下,各族人民在取得了人民解放、民族独立后,又相继实现了社会主义革命、改革开放等伟大奋斗目标,中华民族大踏步地跟上了经济社会发展的潮流,深刻改变了中华民族的面貌,傲然屹立于世界民族之林。进入中国特色社会主义新时代,各民族努力奋斗、实现中华民族伟大复兴的中国梦已近在咫尺,通往美好生活的时代之门已经开启,正如习近平总书记多次强调的,我国56个民族都是中华民族大家庭的平等一员,共同构成了你中有我、我中有你、谁也离不开谁的中华民族命运共同体。

其二,中华民族共同体是一个利益共同体。在长期的历史发展中,各民族早已形成了相互依存、互惠互利的共同利益格局,这种长期形成的相互交流、互通有无的利益关系,决定了各民族之间必然是一个利益共同体。习近平总书记早在2014年召开的中央民族工作会议上就指出,民族地区集"六区"于一身,既是我国的基本国情,也是民族工作的"家底"。新中国成立70多年来,我们充分发挥了社会主义制度的优越性,高度重视各民族之间优势互补、各展所长,开展多种形式的"对口支援",取得了较为显著的成果,使各民族之间的利益相关性大大增强,互惠互利关系进一步加深,中华民族利益共同体进一步深化发展。

其三,中华民族共同体是一个政治共同体。中华民族所创造的中华文明是世界上唯一从未断流过的文明形态,这是因为自秦汉以来,各民族就长期生活在统一的多民族国家的政治框架之内,确保了中华民族共同体拥有共同的政治文化传统以及基于此而形成的政治认同。即便是在中华民族最羸弱的时刻,大一统仍然是各民族恪守的基本共识,大一统的政治共同体的制度实践总能够使中华民族从分裂走向统一。新中国成立70多年以来,中国特色社会主义道路和政治制度体系得到了各族人民的广泛认同,各族人民在政治生活中拥有共同的价值观、共同的行为规范、共同的政治利益,已经成为一个真正的政治共同体。

其四,中华民族共同体是一个文化共同体。最早使用"共同体"这一概念的社会学家滕尼斯,将共同体划分为血缘共同体、地缘共同体、精神共同体三种形式,血缘共同体作为行为的统一体,发展和分离为地缘共同体,地缘共同体直接表现为居住在一起,而地缘共同体又发展为精神共同体,在相同的方向上和意义上的纯粹地相互作用和支配。据此,中华民族共同体并非单纯意义上的血缘或地缘共同体,在长期的历史发展中,各民族文化相互交融、相互影响、相互渗透,早已形成了拥有共同风俗习惯、精神文化的中华民族文化共同体。迈入新时代,各民族共同缔造的中华文化早已成为一种强大、包容的整体性文化,以马克思主义为指导的主流意识形态早已成为中国特色社会主义的理论指南与精神坐标,社会主义核心价值观也早已融入社会生活的方方面面,愈发深入人心。正如习近平总书记所言,加强中华民族大团结,长远和根本的是增强文化认同,建设各民族共有精神家园,积极培养中华民族共同体意识。

第四节 政府

政府是政治活动的主要主体与载体,也是政治学研究的主体对象与核心内容之一。当今世界,任何一个国家都有政府,政府不仅承担国家基本职能,也是国家治理的"大本营",是国家政治运作的核心枢纽,在政治活动与政治学研究中占有十分重要的地位。要深入理解政府在政治活动中的作用,就需要首先了解政府的概念、特征、组织体系、权力结构、职能等基本内容。

一、政府的内涵与特征

政府的内涵有广义与狭义之分,广义的政府内涵包括行政、立法、司法等机构,狭义的政府内涵主要是指行政机构。政府具有区分一般组织的不同特征,本小节将对政府的内涵与特征进行阐释。

（一）政府的概念

政府一词,英文为"government",其动词形式"govern"源于拉丁文"gubinere",意指驾驭、掌舵,后引申为指导、管理、统治之意。在政治学研究中,中西方学者对政府内涵的界定并不完全一致,并没有一个大家公认的、权威的政府概念。

西方关于政府的概念具有多种解释,有许多学者对政府的概念进行了探究。如美国学者罗杰·威廉斯在 17 世纪中叶最早给政府下了一个明确的定义：政府是表达社会意愿的具体机构,是为公众服务的联合体,目的纯粹在于增进人民的福利。英国的洛克把政府界定为"人们自愿通过协议联合组成一个共同体",共同体的权力属于大多数人,而政府也就是代替大多数人行使权力的"裁判者"。法国的卢梭则认为政府是在臣民和主权者之间所建立的一个中间体,使两者得以互相适合,它负责执行法律并维护社会的以及政治的自由。英国功利主义大师边沁认为,政府就是引导人们走向幸福的功利性政治组织。英国自由主义理论家密尔在《代议制政府》中将政府称为"政府机器",这台机器包括立法、行政、司法等部分；他对政府所下的定义是：政府既是对人类精神起作用的巨大力量,又是为了公共事务的一套有组织的安排。以上学者都是从静态的政府体制角度界定政府的,而美国行为主义政治学先驱阿瑟·本特利则在《政府过程》一书中,从动态的政府过程角度出发,认为所有存在着的就是政府本身,而政府又表现为政府中的群体和利益集团的活动构成。

在中国典籍中也有"政府"一词,但是和现代的政府有很大的区别。中国古代的政府主要是由"政"和"府"两个词所组成,"政"主要指政务,"府"主要指办公场所。在晚清时期,西方的"政府"概念引入中国。中国学者在引进西方政治学关于政府的概念时,注重将政府视作"机构"或者"机关",亦即将政府看作是国家权力执行、控制和管理社会公共事务的机关,这也是我国关于政府内涵界定的一个重要特征。如中国政治学的开拓者邓初民在其《新政治学大纲》中指出,政府不过是执行政治任务、运用国家权力的一种机关罢了。政治学家杨幼炯在其《政治科学总论》中指出,政府就是国家表示意志、发布命令和处理事务的机关。目前,从政治学和行政学的视角看,我国学术界对政府主要有广义与狭义两方面的界定。在广义的界定方面,政府主要是指国家各类权力机关,包括立法、行政、司法机关等的总称。从这个意义上来讲,国家公共部门机关都可以称之为政府,政府所对应的范畴主要是公民。在狭义的界定方面,政府主要是指国家机构中执掌国家行政权力、履行行政职权的行政机关。从这一角度来讲,政府是公共组织的一部分,其对应的范畴不仅包括公民,还包括立法机关、司法机关。

综上所言,本书认为,政府是指执掌国家公共权力的主体,是国家按照一定规则组织起来的进行政治统治、权力执行与社会管理的机构。这里的政府主要是指广义的政府,主要包括立法、行政与司法机关。

(二) 政府的主要特征

政府作为履行国家权力的执行机构,其目的、资源和功能都具有某种特殊性,与一般社会组织存在本质的区别。一般而言,政府具有下述一些特性。

一是公共性。公共性是政府行使公共权力的内在要求,这主要是从政府公共权力的性质与效果方面来讲。一方面,政府作为国家权力的具体执行者,代表国家主权开展活动,因此,政府的权力必须要通过一定的程序与途径上升为普遍的公共利益诉求代表才能够行使;另一方面,从政府权力作用与效果来看,政府的权力具有普遍的效力,政府制定的法律、法规以及政策对社会具有普遍的影响力与约束力。政府的所有权力都是以公共性界定自身,公共权力只能用于公共事务与公共福利、公共利益有关的事情上,这是政府公共性本质的体现,也是政府合法性的重要来源。

二是权威性。任何政府都以强制性的权力作为其有效运转的基础。政府权力的产生,政府对国家意志的执行,都是以法律制度为依托,以暴力机构为重要后盾。因此,政府就具有普遍凌驾于社会之上的强制力与权威性。这种权威性建立在强力的暴力手段的基础之上,当然这种权威也不是政府天然就有的,而是公民以各种民主方式同意与授予的,因此,任何政府的权力都必须具有权威性。也就是说,政府之所以具有一定的合法权力来执行国家意志、推行公共政策、进行社会管理,主要基于公民对这种权力的授予与委托,以及广泛的认同。

三是整体性。尽管现代政府都形成了严格的职能分工和权力划分,但是就政府机构各部分之间的关系而言,则构成了组织严密的有机整体。各政府机构按照一定的原则和程序结成有机联系的组织系统,共同运作,共同发生作用,以保证其管理社会公共事务的有效性。通过整体性政府的建设,能够有效发挥各个机构的合力,有力地推动政府提供高质量的公共服务与公共产品,从而提升政府的治理能力。因此,政府的整体性特征是衡量一国政府体制是否成熟的重要标志,也是政府自我完善的基本方向。

四是服务性。"服务"一词的普通含义,是指为集体和他人的利益或为某种事业而工作。从利益关系层面上来看,服务的内涵包含了两层意思:其一,将被服务对象的利益放在首位,少考虑、甚至不考虑自身的利益;其二,在从事某种事业时,既为自己营利,也为别人提供方便。政府存在的价值并非营利,而是最大限度地为实现公共利益而提供服务。为了更好地组织社会生活和管理社会公共事务,政府为社会承担着大量的服务性工作。总之,政府的根本宗旨是为国民经济的发展和社会的进步服务,这就使其职能具有了较强的服务性质。

二、政府组织机构

广义的政府主要包括立法、行政与司法等范畴,因此,政府的组织机构也就包括立法机构、行政机构与司法机构,这些机构构成了现代政府的基本组织体系。

(一)立法机构

立法机构是行使国家立法权,有权制定、修改和废止法律的政府机构,西方国家将立法机构称为议会或者国会,我国的立法机构为全国人民代表大会。立法机构作为国家的权力机关,主要有两方面的功能:一是立法功能,立法机构的重要功能就是将人民的意志通过合法的程序上升为国家的意志,从而形成有普遍约束力的法律法规,真正体现"民治"的原则;二是监督功能,立法机构以各种形式的监督方式对政府机构的权力进行监督与制约,由于立法机关是国家最高权力机关,代表人民的意志,是人民主权的重要彰显,因此立法机构对行政机关进行监督是权力大众化控制的需要。基于此,宪法赋予了立法机构主要的职权:第一,立法权,主要是指立法机构依据合法的程序对法律进行制定、修改与废止的权力;第二,决定权,亦即立法机构具有决定国家重大内外事务的权力;第三,任免权,亦即国家立法机构具有对政府主要官员进行职务任免的权力;第四,监督权,主要是指立法机构有权对政府机构的活动、政策、行为进行监督。

(二)行政机构

行政机构是行使国家行政权力的机构。行政机构主要是执行立法机构制定的法律与做出的重大决定,管理国家内政外交、军事、社会等方面的公共行政事务。一般而言,行政机构的形式主要包括以下几方面:一是职能机构,职能机构主要是指负责落实行政机构的具体职能,进行行政管理的机构;二是办公机构,办公机构主要是协助行政首长的日常工作,处理日常事务,协调行政组织内部各机构有效运转的机构;三是直属机构,政府除了通过职能机构进行宏观的管理之外,还设置一些专门进行特殊公共事务管理的机构,这些机构统称为直属机构,作为政府履行相关职能的辅助机构。行政机构的职权主要包括以下四方面:一是执行宪法与法律,参与国家立法;二是决定并实施国家内外政策,任免政府官员;三是组织与管理国家公共事务;四是编制并向国家立法机构提出预算,调节与干预社会经济。

(三)司法机构

司法机构是行使审判权与监督权的政府机构。司法机构都具有一定的独立性,且权力互不从属,独立行使司法权力,不受其他组织与团体的干涉。司法机构通常包括审判机关与检察机关。审判机关主要是指法院系统,法院系统按照其权力等级形成了初审法院、上诉法院与终审法院。法院的一般职权主要包括以下三方面:一是解释宪法与法律;二是受理各类诉讼案件,进行司法审判;三是处理非诉讼事务,如财政等级、公证结婚等。检察机关是监督法律执行、行使法律监督权的机构,许多大陆法系国家并不设置独立的检察机关,而是将其归入法院系统或者附属于司法部门。英美法系则设立了专门的检察部门。检察机关的主要职责是参与刑事案件的侦查,并提出公诉,追究被告人的刑事责任。检察机关在一定程度上弥补了司法权"不告不理"的局限性,使司法权具有了某种积极性特征,同时也对法院审判工作进行了有效的敦促与监督。

三、政府的权力结构

政府组织体系是政府权力布局的重要彰显,政府各机构之间的关系实际上是一种权力关系,政府的权力主要由横向权力与纵向权力所组成,这也构成了现代政府完整的组织体系。

(一)政府权力的横向结构

现代政府组织体系主要由四个要素所组成,分别是国家元首、立法机关、行政机关、司法机关,它们之间的力量对比关系决定着政府的横向结构。它们之间呈现相互分离、联合、钳制、隶属或者平行等关系,从而形成了多种多样的现代政府组织类型。

一是集权型。这一权力结构主要存在于半总统制国家中。总统作为国家最高元首,集行政、立法、司法等权力于一身,并且凌驾于各政府机构之上,成为"三权"的"仲裁人"与"保障人"。国家元首无须对任何政府机构负责,而是直接对选民负责。虽然集权型结构也有行政、立法、司法的三权分立,但这更多是职能分工意义上的,实际上它们并不能相互制衡,它们之间的关系主要是由国家元首来进行协调与掌控,如议会的重组主要取决于国家元首的意见。法国是典型的集权结构特征的国家。

二是议行合一型。议行合一型权力结构主要体现于议会内阁制国家。在这一权力结构中,三权的分工也只是职能分工意义上的,并非相互制衡,三权的地位并非相互平等和相互独立,而是以议会为中心,相互融合在一起。在这一权力结构中,立法机关拥有最高权力,行政机关与司法机关由立法机关产生,并对立法机关负责。我国是议行合一国家的典型代表。

三是分权制衡型。分权制衡型权力结构主要体现于总统制国家中。立法、行政、司法分别由议会、总统、法院承担,这些权力机构之间的地位是平等的,由选民选举产生,并对选民负责。一方面,这三者之间的权力是交错的,存在共同的权力部分,这样能够实现不同权力之间的相互监督与否决,从而达到相互制衡的目的;另一方面,三权之间又尽量保持独立,避免出现一种权力凌驾于其他权力之上的现象。美国是分权制衡权力结构的典型代表国家。

(二)政府权力的纵向机构

为了便于进行国家治理,现代政府往往将国家划分成不同的行政管理区域,并相应地设立各级政府,进行分级分片管理,这就形成了政府体系的纵向权力结构,产生了中央政府与地方政府,或者某个地方政府的各级部门之间的权力配置问题。现代政府纵向权力体系主要包括以下几方面。

一是中央集权结构。中央集权结构的核心是强调中央集权,亦即强调中央政府的作用和权威,中央政府在整个社会调控中处于核心地位。在这一权力结构中,中央政府将部分权力授予地方政府行使,地方政府在权力行使过程中必须严格服从中央的指令、要求与政策,维护中央的权威。法国是典型的中央集权制国家。

二是联邦结构。在联邦结构中,中央与地方是相互独立的两个体系,两者之间并不形成权力源的关系,而是由宪法对权力进行划分。在联邦结构的国家中,中央政府与地方政府之间是协调与合作的关系,而非领导与被领导、控制与被控制的关系。美国是联邦结构的典型代表。

三是地方分权结构。地方分权结构中,中央政府与地方政府的权力严格按照宪法规定来划分,地方政府拥有较大的自治权,而外交、军事权力则由中央政府把持,中央政府一般不干预地方政府的自治活动,而是通过立法、行政、财政监督来实现对地方政府的指导与控制。英国是地方分权结构的典型国家。

四是均权结构。均权结构是地方分权结构与中央集权结构的折中,是在综合二者优势基础上而形成的,目的是在中央集权的框架下,实现地方政府的自主性与中央政府的管控性之间的良好平衡。在均权结构下,地方政府的权力是由中央政府授予的,但是中央政府与地方政府之间通过法律进行了明确的职能划分,中央政府尽量避免在职能层次上直接干预地方政府事务,而更多地通过法律调控和人事控制等间接途径来实现对地方政府的领导。

四、政府的职能

政府职能,指政府作为社会中最大的公共组织,在维持社会稳定、保护社会公平、促进社会发展诸方面所应该担负的职责和能够发挥的功能。政府职能的范围很广,涉及政治、经济、文化、社会、生态等诸方面。政府从不同层次和不同角度对社会生活进行干预与协调,从而使社会各方面工作稳定、有序、协调推进,实现预期的公共目标。总括起来,政府的主要职能包括以下几点。

(一)政治职能

政治职能是政府最主要的职能。政府是国家安定有序的重要保障主体,其职能关系到社会方方面面的公共事务。社会矛盾的调节、社会秩序的维护以及社会的发展都需要政府来处理,因此政府的政治职能主要表现为:一是构建和维护既有政治、经济、文化、社会的制度与环境,政府的首要功能就是构建和完善维护国家稳定发展的法律与制度,构建开放创新的制度文化,从而保障社会的有序运转;二是制定维护国家与社会公共利益的政治、经济、文化政策,政府在制定公共政策过程中,旨在建立和维护公共利益,为社会治理现代化选择目标,引导社会治理朝着健康、良性、和谐的方向发展,从而推动政治、经济、社会、文化、生态政策的有机衔接与良性互动;三是建立和维护军队、警察、监狱等暴力机器,通过暴力机器的构建与维护,一方面对外能够有效地保卫国家的主权,另一方面对内能够镇压破坏政治秩序的动乱者,打击各种危害社会秩序的犯罪分子。

(二)经济职能

政府的经济职能是随着经济社会发展而逐渐产生与扩张的。国家经济财富的不断增长为政府履行经济职能准备了物质条件,而市场经济的各种问题也为政府的合法、合理干预提供了动力。经济职能已经成为现代政府重要的职能之一,主要包括:一是政府通过财税与货币政策调节经济发展,保障宏观经济健康增长,政府根据市场具体发展状况,利用货币政策与财政支持来有效维持经济发展的平衡性,保障经济健康增长;二是通过税收与财政政策,对社会财富进行再分配,从而保障社会的公平与稳定;三是控制垄断行为与外部的不经济行为,提高市场资源的配置效率,有时候市场会在资源配置方面出现失灵的现象,这就需要政府进行积极干预,推动资源的优化配置;四是积极创造条件,促进经济结构的优化与转型,政府不仅要对经济发展提供充分的制度环境与政策的支持,还要积极投入资金鼓励新兴产业的成长,通过建设畅通的经济交流渠道促进企业之间的沟通与交流,使其有能力参与产业的更新与换代,从而提高自身的竞争力;五是提供公共产品与公共服务,在市场中除了大部分产品由私人提供之外,还有一类牵涉全民的普遍公共产品,必须由政府来提供,政府要担起这个职责,为社会提供更好的公共产品与公共服务。

(三)社会职能

政府的社会职能主要是指除政治与经济领域之外的其他领域职能,诸如社会管理、社会服务、社会保障等方面。政府的社会职能不同于具有较强政治性的政治职能,也不同于具有较强经济性的经济职能,其往往是非营利性与社会服务性的,主要是以提供社会福利为依归的公共活动。具体包括:一是维护社会治安与社会秩序,政府作为社会秩序的主要维护者,具有保障社会安定有序的职责,政府通过暴力机器,调动各种资源有效地协调社会矛盾、控制社会犯罪,维护社会的稳定与发展;二是管理政治、经济之外的社会事务,如交通、通信、科技、教育、文化、卫生等社会事务;三是防止环境污染与破坏行为,保护自然环境,维护生态平衡,政府要通过加快建设生态主体功能区、推动低碳循环的绿色发展、全面节约和高效利用资源、加大环境保护与治理力度、筑牢生态安全屏障、培育环保非政府组织(NGO)等主要措施来推动生态环境保护;四是制定和实施社会保障的政策措施,提供社会救济、社会福利、社会保险、慈善服务等社会保障服务,政府通过制定有效的社会保障政策,协助市场有效提供各种社会保障服务,能够有效地维护社会稳定,实现社会公平。

第五节 政党

政党是现代政治活动的一个基本构成要素与主体,政党制度是一个国家政治制度的重要组成部分,政党政治是现代民主政治的主要表现形式。探究政党的演变与发展,以及由此产生的政党制度、政党政治是现代政治学研究的核心问题之一。可以说,不了解现代政治活动中政党这一主体,以及相关政党制度与政党政治,就不可能理解现代政治的实质。本节将对政党的基本概念、特征、类型、政党制度以及政党政治进行简要阐释。

一、政党的基本概述

何谓政党?政党具有哪些基本的特征?按照不同的划分标准,政党又可以分为哪些基本的类型?本小节将对政党的概念、特征以及类型进行简要阐释。

(一)政党的概念

政党一词,英文为"party",从拉丁文演变而来,原义是指一部分,后来被引申为一种社会组织。因此,政党乃是整个社会中的一部分,是一种政治性的社会组织。

作为社会组织或者政治派别的"党",在我国古代就出现了。学者张雷将中国古籍中关于"党"的论述总结为四种含义。一是指居民基层单位,如古代有"五族为党"的说法。二是指有首领的群体,如古代的朋党。三是指官僚帮派相互勾结的组织,如古代的钩党、清流党、元祐党、东林党等。四是指一般存在于下层社会,为了实现某种目的和利益,往往以宗教迷信结成的民间团体,一般称之为"会党"。但是总体而言,帝制时期的人们在专制制度的统治之下并没有结社、言论、集会等方面的自由,虽然出现了"党",但这并不是现代意义上的政党。

西方学者主要从政党的外部特征来探讨政党的定义,从政党的组成、作用、目的、地位等方面对政党进行界定。如英国政治家伯克认为,政党是指一群人以共同的努力,实现一致同意的特定主义,以增进国家利益的联合团体。美国政治学家索拉福认为,政党是政治权力的组织机构,其特征是独占政治功能、稳定的结构、排他性的党员以及支配选举的能力。美国现代政治学家戴维·杜鲁门指出,政党被认为是一种工具,那些期望获得职位的人可以通过它来达到目的。

马克思主义经典作家从辩证唯物主义与历史唯物主义出发,将政党与阶级利益紧密结合,从而揭示了政党的本质。列宁指出,阶级是由政党来主导的,政党是由最有威信、最有影响、最有经验、被选出担任最重要的职务而被称为领袖的人们所组成的比较稳定的集团来主持的。毛泽东也曾经指出:政党就是一种社会,一种政治的社会。

综上,结合马克思主义经典作家关于政党的论述,本书认为政党是指代表一定阶级、阶层或者利益集团根本利益的一部分政治骨干分子,在共同的政治理论与纲领的引导下,为实现执政或者参政目的而在政治活动中采取共同行动的政治组织。

(二)政党的特征

政党作为一个政治组织,有别于国家组织与其他政治性的社会团体。政党一般具有以下四个方面的特征。

一是政党具有鲜明的阶级性特征。政党是阶级的组织,具有鲜明的阶级性。政党的阶级性与阶层性是政党的本质。首先,政党是在一定阶级基础上产生的政治组织,也是阶级斗争发展到一定阶段的产物。其次,政党集中代表了本阶级或阶层的利益。每一个政党背后都有明确的阶级或阶层利益驱动,判断一个政党的性质,需要看他为哪一个阶级服务,代表哪一个阶级的利益。再次,政党是阶级的核心。每个阶级的骨干分子能代表整个阶级的意志,这部分人组织成为政党,成为本阶级的核心。最后,政党是阶级斗争的集中表现。政党是阶级的核心与领导,集中代表本阶级的利益,因此政党之间的斗争也就直接反映了阶级之间的斗争与冲突,这在西方国家表现得尤为突出。

二是政党有自己的政治纲领。政治纲领即根据政党代表的阶级利益与根本宗旨而规定相应的奋斗目标与行动路线。政治纲领是一个政党阶级性的具体体现,其通常包括政党的政治目标、任务以及政策。政治纲领的形式多种多样。从内容方面看,有长远、系统、根本性特征的政治纲领,也有局部、短期的政治纲领,也有二者兼有的政治纲领。从形式上看,有成文、正式的政治纲领,也有不成文、只包含在领导者演讲、报告之中的政治纲领。不论形式与内容如何,政治纲领都反映一个政党关于社会与政治制度方面的主张与观点,在这些观点与主张的指导下,政党主要通过明确的行动目标来实现本阶级、阶层、集团的根本利益。

三是政党是由特定阶级或阶层的骨干分子所组成的。政党一般都有较好的群众基础,由相当数量的党员所组成,并在政治活动中采取共同的行动。群众和党员的共同行动一般由政党中最有经验、最有影响、最有权威的领导集团来领导。同时,由骨干分子所组成的政党也有相应的组织机构,政党的组织形式也是多种多样的。从政党的党员范围来看,有全国性的大型政党,也有地方性的小型政党。从政党的组织系统来看,有的政党从中央到地方基层都有相应的组织,有的政党则没有基层组织,党员也不固定。

四是政党有特定的组织纪律。为了促使各成员在政治活动中采取共同的行动,政党一般都会有一套以层级结构为特征的组织体系来动员本党成员与群众参与到政治生活中来,与此相适应,政党组织活动中就具有与组织相配套的纪律来约束本党成员的行为。这种组织纪律主要通过成文或者不成文的规定来约束成员行为,组织纪律的内容与形式主要根据政党的性质来决定,同时政党组织纪律的严密程度会因国家与政党的不同而不同。

(三) 政党的基本类型

当前世界上的政党大约有5000多个,从不同的标准对政党进行划分,可以得出不同类型的政党。主要有以下几方面的划分。一是从政党的阶级属性来划分,可以将政党分为资产阶级政党与无产阶级政党。在马克思主义看来,这是划分政党类型所使用的根本性标准。二是从政党是否被法律所认可来划分,可以将政党分为合法的政党与非法的政党。合法的政党认同现行制度,为该国法律所认可,可以公开地展开各种政治活动,而非法的政党则往往以推翻现行制度为目标,不被现行法律所认可,只能秘密地开展活动。三是根据政党在一国生活中所起作用的大小来划分,可以将政党分为体制内政党与体制外政党。体制内政党主要对国家政治运作起长期主导作用,而体制外政党则在政党竞争与政治生活中发挥的作用较小,一般为在野党或参政党。四是根据政党的活动与组织范围来划分,如根据政党的组织主体的差别,可以将政党分为精英党、干部党、群众党。又如,根据政党在一国内的活动范围,可以将政党划分为全国性政党、地区性政党与国际性政党。

二、政党制度

政党制度主要是指根据一国的法律规定或者长期的政治实践而固定下来的政党结构模式。政党制度主要包括两方面的内涵:一是一国的执政、参政与党际关系模式,亦即政党制度的体制模式;二是政党的内部构成与活动规则,亦即政党的组织结构。

(一) 政党制度的体制模式

一般来讲,人们所理解的政党制度主要是指政党制度的体制模式,也就是政党执掌、参与或者影响国家政权的方式和党际之间的关系模式。这也是诸多政治学者在研究政党制度时重点关注的地方。目前最常见的政党制度体制模式主要有以下几种。

一是竞争型政党制度。竞争型政党制度主要是指一国政党通过选举或者议席的方式而上台执政的政党体制模式。由于竞争型政党有着不同的产生与发展过程,因此竞争型政党内部也分为不同的政党类型。一般根据政党的数量与竞争性程度可以将政党分为极端多党制、有限多党制、两党制与一党独大制四种类型。极端多党制主要是指五个以上的政党存在并在政治力量中扮演重要角色,政党之间的分布呈现分散化与离心化竞争。如1948—1972年的意大利、1951—1972的芬兰就曾出现这种极端多党制的情况;有限多党制的政党数量一般在3～5个,政党之间的竞争是一种向心力作用下的竞争,比较容易形成政党联盟执政与政党集团两极分化现状,如德国、爱尔兰、冰岛;两党制一般指两个实力相当的政党相互竞争选票与席位而轮流上台执政,如英国、美国、新西兰;一党独大制主要指由一党占绝对优势长期执政,虽然各党之间存在一定的竞争,但并不影响一党的绝对优势,如20世纪70年代以前的印度、日本、土耳其等国家。

二是非竞争性政党制度。在政治力量的互动关系中,除了竞争性的关系外,还存在合作、冲突、互助等多种关系。非竞争性政党制度主要呈现了一党制或者一党领导的鲜明特征,其主要包括以下几种类型。一是一党下的独裁政党制度。二战时期法西斯政党制度就是典型的一党独裁制,一党独裁以党魁的形式独揽政权,以暴力维持统治。二是民族主义一党制。这种非竞争政党主要存在于二战后新兴独立的民族国家,通过一党制来实现经济社会的平稳发展。三是一党领导下的多党合作制。中国是典型的代表,在这种体制下,共产党既是国家政权的领导力量,也是各种政治性社会团体的领导力量,同时还与多个参政党展开合作。

(二)政党的组织结构与特征

任何一个组织的运作都离不开一定的组织结构,现代政党不管其性质如何,也都有一定的组织形式和相应的机构设置。

[拓展阅读]中国新型政党制度带给世界的启示

现代政党的主要组织结构体系包括以下两方面。一是政府外的政党组织。政府外政党组织结构主要是指政党在政府机构体系之外,各自建立起来的组织结构体系。一般包括党的中央组织、党的领袖、党的地方组织与外围组织四个层次。二是政府内的政党组织。政府内的政党组织是指在正式的政府机关内设立,统一其党员意识与行动的政党组织。现代政党已经全面介入到政府活动之中,主要有议会内的政党组织、行政机关内的政党组织、司法机关内的政党组织、军队内的政党组织。

尽管现代政党都有从全国到地方的各级组织,各国的政党也都有一定的组织原则或组织纪律来约束政党成员的行动,但不同政党的组织原则的严密性并不一样。根据严密性的程度,人们一般把现代政党的组织原则分为三种类型。一是民主松散型,主要是指政党的组织原则很松散,政党的组织纪律对党员的约束程度不高,党员个人与地方基层组织自主性较高。美国的民主党与共和党是典型的民主松散型政党。二是民主紧密型,民主紧密型政党有完整的组织原则与机构,其组织的产生与活动多按照比例原则或者多数原则进行,上下级之间经常有联系,党的纪律对全体党员也有较强的约束力。三是民主集中型,这是无产阶级政党的组织原则,在这种原则下的党组织活动中,贯彻的党组织原则就是党员个人服从组织、少数服从多数、下级服从上级、全党服从中央,其典型特征是在民主的基础上集中,在集中的指导下民主。

三、政党政治

通常意义上的政党政治主要是指一个国家通过政党来运行国家政权的政治形式。狭义的政党政治主要是指政党执掌政权的活动,广义的政党政治主要是指政党执掌或者参与国家政权的行使,并在国家政治生活中处于中心地位的一种政治现象。本小节主要从政党的政治功能与政党政治的运作机制来阐释政党政治。

(一)政党的主要政治功能

由于国情的差异以及政党制度的不同,政党的政治功能相应地也就不同,但是总括起来,政党的主要政治功能包括以下几方面。

一是主导或者影响政治过程。政党始终代表了一部分阶级或阶层的利益,要实现本阶级或阶层的利益,政党就要主导国家政治发展,将本阶层或本阶级的利益集中起来,上升为国家意志,来实现本阶级与本阶层的利益。在现代西方国家中,政党获得国家政权主要是通过大选实现的,政党一旦在大选中获胜,一般会通过控制议会与组织政府这两种方式来执掌政权,从而掌控国家政治发展。此外,那些没有执政的政党也往往会以在野党或者参政党的身份来影响执政党或国家政权,起监督的作用,从而以另一种方式来有效参与政治过程。

二是表达与整合民众利益。现代民主国家的许多政党普遍将主权在民作为执政的重要合法性基础,民众的要求与利益诉求成为多数政党的政治中心议题。但是现代公众数量庞大以及利益诉求的多元性与复杂性,不可能要求所有民众都直接参与政治活动来维护自身的利益,这就需要政党成为民众利益输入的中介与桥梁。因为只有政党才能够将民众的利益诉求加以整合后上升为国家意志,成为政府的公共政策。因此,政党表达的利益往往是整合过后的利益,具有一定的普遍性。

三是政治社会化。政党在将利益整合进政治系统的同时,也要传播政治游戏的规则,使社会各阶级、阶层对国家的基本制度、价值观念、政策原则达成基本一致的认识,从而提高政治认同,确保政治秩序的稳定。同时,为了提升本党的执政能力,政党还要通过各种学习培训、社会实践等来加强本党党员的政治能力。此外,政党还通过各种政治动员的方式来拓展本党的支持力量。

四是政治录用与精英输送。要治理一个国家,不可能通过一两个人就能实现,这就需要一个能够代表人民利益的政治集团来掌握政权,处理国家事务,需要具有广泛群众基础的政党选举国家领导人团队来治理国家。因此,政党在选举中不仅要促使选民支持本党政治纲领,还要推动选民支持其候选人。一旦政党上台,政党还要通过国家法定程序将本党的党员输送到各级政府机关中去,从而担任一定的职务,进而有效地贯彻本党的方针、政策。

五是监督与完善政治运作。现代政府大多数是在政党的领导下组织运作,政党不仅要组织政府,而且要监督政府的运作。在政府领导人选举之前,政党要监督选民和候选人的资格、经费来源、程序合法与公正等。在政党组成政府之后,政党还要对政府的行为、从政道德、人事任免、政策执行等方面进行监督。

(二)政党政治的主要运作机制

现代政党除了发挥上述政治功能、拥有现代民主政治的内在需求外,还必须依托政党自身的一系列运作。这就要求我们深入分析政党的内在运行机制。透视现代政党的自身运作机制可以从以下几方面来进行。

一是组织的建立与发展。政党自身的有效运作,首先要依赖于政党组织的建立。政党在建立自己的组织之后,为了提升自身在国家政治中的影响力与地位,需要努力扩展与壮大自身的规模。大部分政党是通过组织与成员的扩大来壮大自己。许多政党都是通过设立从全国到地方的各级组织,通过各种组织网络来扩大自己的影响力,从而提升其在国家政治中的影响力。

二是成员的吸纳与更新。政党的稳定运作必然要有一批积极骨干分子加入其中,并适时吸纳各类社会人才,从而更新本党成员。在吸纳党员的过程中,各国都规定了加入本党的规则与资格。一般来讲,只有享有法定政治权利的公民才有资格成为被吸纳对象。除此之外,政党还要求新成员遵守本党的党章、党纲,并愿意积极执行本党的方针、政策。成员的吸纳与更新能够使政党随时保持发展的活力,提升政党的政治能力。

三是经费的来源与管理。任何一个组织的发展都面临其活动顺利开展的经费筹措问题。政党的竞选活动与执政活动同样需要大量的经费,对大多数政党来说,每一个党员所缴纳的党费是政党经费的重要来源。同时,还有一些政党的活动经费主要依赖私人或者利益团体捐助,但是不管经费的来源如何,大部分国家都有严格的法律来规范政党经费来源与管理。在实行公开竞选的国家,一般也要求政党在竞选的过程中向社会公开经费的来源和使用情况,以保持选举的公正。

四是选举的组织与开展。许多政党为了赢得执政权力或者继续执掌国家政权,都会积极组织本党党员紧张地投入到选举过程之中。在正式选举之前,各党都要推选出自己的候选人,政党候选人的产生方式主要包括政党提名、选民预选或签署、个人登记、临时写人这四种方式。政党赢得大选,除了需要有有影响力的候选人外,还需要有满足选民需要的政治纲领,这是政党参与政治选举的重要筹码。同时,政党在候选人与政治纲领确定之后就要组织专门的竞选班子,全力争取竞选席位,一旦选举结果公布,获胜的政党就会开展对议会以及政府的重新整合与完善,进而开展其执政活动。而未获胜的政党则成为在野党或者参政党,监督执政党的政治活动,并积极准备下一届的选举活动。

第六节 利益集团

在现代国家政治生活中,利益集团是现代民主政治的重要主体,也是公民结社权利的重要表现形式。与政党一样,利益集团是政府联系公众的主要中介与渠道之一,无论在东方还是西方,虽然利益集团有不同的称谓与特征,但是随着社会的发展,它们已经日益成为隐性或者显性的政治行为主体,并以各种不同的方式影响着各国的政治进程。本节主要对利益集团的内涵、特征、主要类型、活动方式及作用等进行简要阐释。

一、利益集团的内涵与特征

利益集团与政党以及其他社会团体有较大的区别,要把握这些区别,就需要对利益集团的概念以及特征进行了解。本小节将对利益集团的概念与内涵进行简要阐释。

(一)利益集团的概念

利益集团(interest group)作为一种政治现象,最早出现于18世纪末的北美13州(今美国),随后在英国、法国等欧洲国家相继出现。利益集团的概念最早在第一次世界大战后由美国的政治学家所提出,是20世纪50—60年代政治学家主要研究的对象,也是现代资本主义国家政治社团的主要形式。利益集团在现实社会中的重要性使之成为学术研究的重要热点之一。在西方,关于利益集团的研究渗透于政治学、社会学、经济学、公共管理学等多门学科,属于一个综合性范畴。然而关于利益集团的概念,学术界并没有统一的意见,不同的学者从不同的角度进行过界定。

詹姆斯·麦迪逊被公认为是研究利益集团问题的第一个重要的美国理论家,他将利益集团定义为:为某种共同的利益冲动所驱使而联合起来的一些公民,不管他们占全部公民的多数或少数,而他们的利益是损害公民的权利或社会永久的和总利益的。被称为美国系统研究利益集团的最有影响的政治学教授大卫·杜鲁门,1951年在其《政治过程》一书中指出:利益集团是一个持有共同态度,向社会其他集团提出要求的集团。如果它向政府的任何机构提出其要求,它就变成一个政治性利益集团。美国耶鲁大学政治学教授罗伯特·达文在《美国的民主》一书中认为:从最广泛的含义上说,任何一群为了争取利益和维护某一种共同的利益或目标而一起行动的人,就是一个利益集团。美国学者阿尔蒙德认为,所谓的利益集团,我们仅仅是指因兴趣或利益而联系在一起,并意识到这些共同利益的人的结合。哈佛大学教授乔治·科索拉斯夫称,利益集团就是那些有共同利益和共同目标的个人所组成的集团。

改革开放以来,我国学者也对利益集团下过各种定义。《社会科学新辞典》指出,利益集团是指那些为了自身利益而有目的、有计划地影响政府机构、立法人员或行政管理者的活动,但并不谋求控制政府及有关机构的社会集团。王沪宁认为,利益集团就是在政治共同体中具有特殊利益的团体,它们力图通过自己的活动来实现自己的特殊利益。姬亚平认为,所谓利益集团,是指在参与行政决策过程中,具有共同利益,为争取共同利益而组织起来采取共同行为以影响决策的团体。

综合以上观点,本书将利益集团界定为:具有共同利益要求和社会政治主张的人为了维护自己的利益和主张,通过向政府施加压力,影响政府政策制定、修改和执行而形成的政治性社会团体。

(二)利益集团的主要特征

由利益集团的概念可知,利益集团是一个潜在的政治性利益团体,利益集团与政党等其他政治组织相比主要具有以下特征。

[案例]从丹佛枪击案看美国利益集团

一是利益集团的社会基础是具体、集中、有单一目标和利益的人群。利益集团所追求的利益相对单一,一般是在同一社会问题的共同利益要求的基础上,或者是在社会成员形形色色关系的基础之上形成的。二是利益集团以影响政府公共政策为主要活动目标。在社会政治生活中,大部分利益集团以影响政府行为、方针、政策、法规等作为自己的活动目标,从而以参与、影响这些政策、方针、法规等的制定、修订与实施过程作为自己的主要活动。三是利益集团一般没有独立的政治纲领。与政党不同,利益集团不以获取政权来实现自己的利益,而主要通过参与和影响政府的决策来实现自身目标。四是利益集团是非政府组织。利益集团是一种群众性的政治组织,政府一般无权干涉和介入这些组织。利益集团是独立运作的,其目标、方针、活动方式、内部组织构成都由集团内部成员通过一定程序、规则来决定。五是利益集团是一种政治组织。利益集团是社会成员按照特定的规则形成的政治组织,无论是松散、临时的利益集团,还是严密、长久的利益集团,都有一定的组织形态。

二、利益集团的基本类型

利益集团自产生以来已经经历了两个多世纪,当今世界上利益集团的种类繁多且复杂。为了认识和把握不同利益集团的性质与特征,需要对利益集团进行基本的分类。当前关于利益集团的分类,多是从组织目标与受益对象来划分的,具体的有以下几种。

(一)非正规性利益集团

非正规性利益集团主要是指无组织的暴徒与骚乱,其或多或少是人们不满或者抗议形式的表现。这种利益集团形式通常来得快,平息得也快。当然,的确有很多骚乱与示威游行,主要是通过有组织的利益集团所推动。尤其是当社会各成员缺乏有组织的集团,或者现存的组织集团无法代表其利益时,一个偶然发生的事件或者一个领袖的突然出现,都会助推人们释放出心中的不满情绪,而不满情绪会以难以预料的方式爆发出来。虽然非正规利益集团从未形成促成本身利益并保持连续性的专门角色,但是个人之间的交互作用,尤其是新媒体等工具将相关的谣言、消息跨时跨地传播,使非正规利益集团随时都有可能出现。

(二)非社团性利益集团

非社团性利益集团也没有一个专门的组织,但是这种集团不同于非正规性利益集团,因为它是建立在种族、语言、宗教、地区以及职业利益基础之上的,也可能是建立在家族关系与血统基础之上的。由于经济与社会的紧密联系性,非社团性利益集团比非正规性利益集团更具有连续性。最为典型的非社团性利益集团有两类。一是具有共同切身利益,但是没有像大型社团一样建立相应组织的大型集团。消费者利益集团就是典型的实例,同时许多区域性、职业性、种族性集团也属于这一类。奥尔森和其他研究社会组织问题的理论家指出,把这类集团有效地组织成配有专门角色的社团特别困难,因为在参与上所花的时间和精力代价太大,而每个成员能分享的集团利益又太小,所以难以建立组织。二是较小类型的、面对面的宗族关系、血统、经济或种族集团。这里也存在长期连续性以及只是间断性的专业化利益表达的区别。尤其是在社会变革时期,这种小型的利益集团可能是个人与新的大型机构之间至关重要的联系纽带。

(三)机构性利益集团

机构性利益集团主要存在于政党、公司、立法部门、军队、行政机构以及教会之中,属于正式的利益团体,具有高度分化的角色结构,这种结构的构建主要是为了执行利益表达以外的功能。除了具有正式、较高的组织程度之外,机构性利益集团与面对面的宗族、血亲利益集团有一定的相似之处,其社会交互作用网被用来提供一个可以付诸应用的组织基础,其成员一般掌握着大量的社会资源或者公共权力,并为该集团的利益表达提供丰富的支持。机构性利益集团,无论是作为整个机构性结构还是次级集团,它们强有力的组织基础,为其提供了许多资源与接近权力的机会。

(四)社团性利益集团

社团性利益集团是从事利益表达的专门组织,是为了实现特定利益集团目标而专门建立起来的。这种利益集团有一批专职工作人员集中致力于利益表达目标的实现,以及制定符合利益要求的有条理的程序。如工会、为某些工业或商业服务的组织、通过民政改革或外交政策而建立起来的协会等,都是社团性利益集团的典型代表。社团性利益集团主要分为两类:一类是以社会集团为基础而建立的,一类是围绕某一特殊政策利益而建立的。在庞大复杂的现代社会中,社团性利益集团变得越来越普遍,它们具有公开表达目的和提出利益诉求的合法性地位,它们的整个集体代表广泛的利益,因而能够在某种程度上限制或者控制机构性集团和非正式小集团比较隐蔽的行动。

三、利益集团的活动方式及功能

在现代社会,各个利益集团要想达到既定目标,必须积极开展各种活动,综合运用各种方式和渠道,接近、影响主要决策者,从而影响公共政策的制定和实施过程。同时,利益集团在这种活动过程中也发挥了一定的功能和作用,不仅维护和促进了社会成员的特定利益要求,而且在促进社会成员政治社会化、监督政府活动、维护社会稳定和促进政治系统的平衡等方面起了很大的作用。

(一)利益集团的活动方式

利益集团在政治生活中的主要目标是向国家公共权力机构施加影响,通过一系列利益表达活动来影响政策,从而维护其利益。在不同的国家以及不同的发展阶段,利益集团的活动方式会有很大的不同,主要分为正常的活动方式与非正常的活动方式两种。

利益集团正常的活动方式主要是指利益集团利用常规的非对抗、合法途径进行相应的利益诉求表达。这也是现代利益集团所采取的一般方式,这种方式能够更有效、更体面地维护利益集团的利益。利益集团正常的活动方式主要包括直接或间接游说、影响选举、为决策提供资讯等。游说活动一般可以分为直接游说活动与间接游说活动。直接游说活动又称"内部游说",主要是指利益集团面对面与被游说对象的游说交流,目前许多发达国家的游说活动已经渗入到政治、行政的各个方面。间接游说主要是通过媒体游说、草根游说、利益集团联盟等方式对议员和政府施加压力;在影响选举方面,利益集团为了增强其对公共政策的影响力,往往系统性地介入政治选举,一般利益集团并不直接推选自己的候选人,而是通过组织政治动员委员会、募集竞选捐款等方式积极地为自己支持的候选人提供帮助;在为政府提供决策资讯方面,一般利益集团会为政府的公共决策提供资讯与材料,从而通过这种方式来影响公共政策。一般政府在进行公共决策的时候,往往需要准确、可靠、站得住脚的资讯,这个时候利益集团往往会乘虚而入,通过为政府官员提供各种资讯与材料来影响政府的公共政策。

利益集团的非正常活动方式主要是指除正常方式以外的活动方式。西方国家的许多利益集团除了使用正常的活动方式之外,还会使用一些非正常、带有强制性的利益表达方式。主要包括:一是司法诉讼,许多人权组织、环保组织等利益集团经常采用司法诉讼的方式影响政府的公共政策;二是和平示威,当利益集团的利益诉求得不到回应与满足的时候,他们就会采取非暴力不合作的方式来表达自身的利益诉求,从而通过游行示威的方式向政府请愿,使政府作出妥协与退让;三是非法的政变与示威,极少数的利益集团会在当局高压的政治态势下,采取一些诸如恐怖活动、武装政变以及非法示威的方式来表达自身的利益。

除了以上各种方式之外,现代国家的利益集团也在不断地创新各种方式,使其意愿引起社会与领导层的注意,从而达到利益集团自身的目的。当然,利益集团在达到目标的过程中,也会对国家政治与社会生活产生重要的影响。因此,利益集团是现代国家政治生活中不可忽视的重要主体。

(二)利益集团的功能

利益集团作为现代政治的有机组成部分,与一定的政治制度与体制有一定的联系,并在一定的政治体系中占有一定的地位,发挥着重要作用。总的来说,利益集团的功能主要有以下几方面。

一是利益集团的象征功能。利益集团的象征功能主要强调利益集团能够为其成员提供象征性与表示性的权益,从而使利益集团的成员有了组织性的身份,并享有与身份有关的各种权利。二是利益集团的平衡功能。利益集团的平衡功能主要是指利益集团能够有效地平衡社会各种利益分歧,调节和缓和多元利益主体之间的矛盾,从而保持政局与社会的稳定。三是利益集团的工具功能。利益集团的工具功能主要是指利益集团主要是其众多成员实现利益目标的工具,这也是利益集团必备的功能。在现代政治生活中,个体的力量显得微不足道,而相同利益个体力量聚集而成的组织力量则能够对政治与社会生活产生重要的影响。四是利益集团的情报功能。利益集团的情报功能主要是指利益集团能为政府决策者提供各种准确、可靠的资讯与资料。利益集团为了影响政府的公共决策,往往主动为政府提供各种信息资讯与资料,其情报功能主要取决于资讯与资料的数量与质量。五是利益集团的意识形态功能。利益集团的意识形态功能主要是指利益集团能够有效地反映其成员的意识形态与信仰。这种功能表明了利益集团的特定需要,以及利益集团是为了促进本组织成员的自身利益或实现某种主张而组织起来的。六是利益集团的政治社会化功能。政治社会化是公民对特定政治文化的习得过程。在传统社会,公民的政治社会化的主要途径是家庭、教会、学校、政府等,后来又增加了政党、大众媒体等形式。利益集团可以通过组织其成员参加集团活动与内部学习,使他们养成一定的政治人格,从而获得一定的政治文化与政治技能,这就使得利益集团成为政治社会化的重要媒介与场所。

第七节 公民

公民是社会关系的重要主体,在国家政治生活中有十分重要的作用。现代民主国家的政治权力主体并非政治权力的所有者,公民才是国家政治权力的真正主人。公民是现代政治关系的基础,决定着政治的一般过程,它既是政治过程的起点,也是政治过程的终点。因此,公民在现代政治生活中具有举足轻重的地位。本节主要对公民的概念、公民资格、公民权利与义务等进行简要阐释。

一、公民的概念与资格

公民的概念经历漫长的发展历程,形成了今天人们普遍接受的法律、政治意义上的公民内涵;公民资格不仅包括国籍因素,还包括公民身份、公民权利、政治权利、社会权利、公共精神等主要因素。本小节将对公民的内涵与资格进行简要阐释。

（一）公民的概念

公民(citizen/civil)的概念最早源于古希腊时期，原意是指属于城邦的人，依据共同的法律而分享共同的权利与义务，并有权参与城邦公共事务；公民是城邦的主人，是一种政治法律身份。但是古希腊时期的公民概念还是狭小地限定在了"奴隶主"与"自由民"的范围之内。在古罗马时期，公民也只不过是具有全部政治权利的罗马公社成员。古罗马时期还曾颁布过"市民法"，也就是公民法，用以调整与罗马市民的关系。欧洲进入封建社会以后，奴隶制的民主共和形式就消失了，相应的公民概念也就不再使用。西方资产阶级革命以后，公民的概念再度被提出来，且欧洲各国在宪法中普遍使用了"公民"的概念，同时欧洲资本主义国家建立了宪法国家以后，明确强调国家属于全体人民，并强调凡是属于本国国籍的人都是公民，公民在法律面前人人平等。

中国古代帝制时期实行专制主义的宗法制度，社会的基本单位是家族、家庭、户，而不是个人；个人依附于国家与家庭，没有独立的法律地位，是臣民。"公民"在中国语境中是一个舶来品，于19世纪末至20世纪初期出现在中国人的生活中。"公民"的出现，可以说是中国社会普遍认同西方社会结构的一个表现。"公民"是西方的产物，它主要强调的是个人与国家之间的权利和义务，国家不能随意侵入个人生活领域。因此，公民是市民社会中的个人。公民是一个法律概念，通常是指具有一个国家的国籍，并根据该国的宪法和法律规定，享有权利和承担义务的人。合格的公民是政治社会化了的公民。在公民的意识中，包含着政治文化对他们的影响作用，表露着他们的政治价值，体现着公民对政治制度的态度。①

关于公民的内涵，本书主要从法律层面来界定。《中华人民共和国宪法》规定：凡具有中华人民共和国国籍的人都是中华人民共和国公民。简而言之，公民是指具有一国国籍，根据该国宪法和法律规定，平等地享有权利和承担义务的自然人。

（二）公民的资格

在现代民主社会中，公民资格主要是指个人在一个国家中正式的和负责的成员资格，是国家授予在其控制地域内的所有人的权利。拥有公民资格的人享有平等权利。当然，从法律的角度来看，在一个国家土生土长，获得国籍与公民资格是再容易不过的事情。如果从政治与现实的角度来看，真正公民资格的获得是与人们的政治追求与自身发展联系在一起的。因此，一个自然人要真正达到政治与社会层面的公民资格条件，就不能仅仅从法律层面的国籍因素来考量，还需要从平等的公民身份、公民权利、政治权利、社会权利、公共精神等方面进行全面考察。

一是平等的公民身份。现代国家普遍呈现多民族、多文化、多宗教的多元化特征，在这样多元化的国家里，平等的公民身份超越了差异，为所有公民所认同。平等的意义不仅包括程序的平等，也包括实质的平等。

二是公民权利。公民权利(法律权利)是公民资格所蕴含的其他权利的基础。1966年12月16日联合国大会通过的《公民权利和政治权利国际公约》规定：公民权利包括生命权、人身自由、财产权、自由迁徙权、思想、良心和宗教自由、获得正义的权利、言论自由、

---

① 姜涌.哲学与政治：当代中国政治哲学研究[M].济南：山东大学出版社，2007：33.

和平集会的权利、结社的自由。公民权利是维持一个人存在必不可少的前提。作为个体,公民有对自己身体和精神的支配权,及为了满足自己的生命所需进行物品交换和社会交往的权利。

三是政治权利。政治权利是公民资格各项权利得到落实的关键。政治权利主要是指公民能够参与政治过程的权利,这不仅是公民个人通过参与、提出要求以实现个人利益最大化的途径,也是公民了解公共利益以及协调个人利益与公共利益之间关系的途径。在国家政治生活中,每个公民都有资格平等地参与到决定整个命运共同体的一切公共事务中来,这种政治权利具有公共性;通过政治参与,能够有效加强政治权力的合法性。

四是社会权利。社会权利是公民行使权利的物质保障与精神保障。社会权利主要是指国家对社会的再分配表现,社会权利不像公民权利与政治权利那样具有普遍的主动行为选择,它是从公共利益出发,把国家消除贫困、文盲和保障生命的权利转化为一种国家必须为公民提供的积极的公共服务。因此,我们可以认为,社会权利是对个人同意接受政治共同体的规则和治理而由国家代理人作出的一种补偿。社会权利主要包括保障权、受教育权、医疗健康权,等等。

五是公共精神。公共精神是指在公共生活中,涉及公共事务的治理与公共利益的分配,公共管理者与公民在公共行政领域内所形成的信念、价值和习惯。公共精神是公民对自己的自由和行为的主动限制,通过公共精神的强调和培育,可以引导价值内化,提升公民行为的主动性,达到降低治理成本的目的。足够数量的拥有公共精神的公民,是一个共同体的决策及其执行的公正性的最坚实的基础。

二、公民与臣民、人民、群众的区别

公民的概念最早源于古希腊时期,随着现代国家的发展,公民的概念得到了重新修正与扩展。在现代社会,公民已经被普遍认为是具有一国国籍,并依据该国宪法与法律享有权利与承担义务的人,它有别于臣民、人民、群众等概念。

臣民主要是指在君主制国家服从君主的人。我国古代帝制时期以及西方国家封建时期都曾是臣民的世界。臣民包含了身份的差别、人种的对立以及政治歧视等许多因素,区别于近代与现代出现的国民或者公民。虽然现代国家已经没有了臣民的身份,但是臣民的意识依然存在,臣民意识主要表现为对权威的绝对服从,自身的权益受到侵害往往无动于衷,缺乏自治要求。因此,自主独立还是被动依附是公民与臣民的区别所在。

人民是一个集合性的政治范畴的概念,主要是指对社会发展起推动作用的大多数人。公民与人民有较大的区别。一是范畴不同。公民更多的是一个法律范畴的概念,而人民更多的是一个政治范畴的概念,具有阶级与阶层性。二是二者的范围确定性不同,公民的范围相对确定,是指具有一国国籍的所有人,而人民的范畴则在不同的时期会发生变化。三是二者的广泛性程度不同。公民的范围比人民广,人民只是公民的一部分;四是二者的指代范围不尽相同。公民一词虽然有时也可作为集体概念使用,但通常情况下多指代个人,而人民一词则通常用来指代整体、集团。

群众主要是指人民大众,是"人民"的同义词。在我国的语境下,"群众"一词往往取代"公民"一词,群众往往也指未加入党派的人,是相对干部、党员、团员而言的。群众也是相对执政党而言的,强调处理执政党与被治理群体的双边关系,是争取社会力量,获得政治胜利,保障国家长治久安的需要。因此,"群众"一词在中国具有很强的政治意义。

■ 本章小结

政治主体是参与政治实践活动的具有主体身份的人,在政治活动中通过一系列政治关系与政治行为对政治利益与政治资源分配产生作用的政治决策者与参与者。常见的政治主体主要包括国家、民族、政府、政党、利益集团、公民等。

国家是政治活动中的重要政治主体之一,现代国家是指由固定的居民和特定的领土组成的,有一定的政府组织和对外独立交往能力的政治实体。国家承担着两大职能,对内职能主要包括政治职能与管理职能,对外职能则主要包括保卫国家领土与主权完整、抗击国外势力入侵、调节国与国之间的关系等。国家发展的历史形态更替是一个由奴隶制国家到封建国家,再到资本主义国家和社会主义国家的历史进程。每一个国家都有不同的政体与结构形式,任何国家都是内容与形式的统一,现代国家政体主要分为民主政体、威权政体与极权政体三大类;而一个国家采用什么样的结构形式,主要取决于该国政治、经济、社会、文化、历史、地理、宗教等多种因素,是历史上各种政治力量彼此冲突、磨合的结果。基于这样复杂的因素,国家结构形式相比国家政体,其历史延续性更强。就当代国家结构形式而言,有单一制和联邦制两种最为基本的类型。

民族是政治主体的重要组成部分,民族往往与国家问题、宗教问题紧密联系在一起,对政治活动有十分重大的影响。民族实质上是人们在一定的历史发展阶段形成的有共同语言、共同地域、共同经济生活以及表现于共同的文化特点上的共同心理素质的稳定的共同体。民族作为一个社会现象,是人类历史发展到一定阶段的产物,在民族发展过程中,会伴随着出现民族的同化与融合现象,作为一种历史现象,民族最终是要消亡的。民族产生以后,在其存在和发展的过程中,各民族都不可避免地要和其他民族发生联系和交往,各民族自身的政治、经济、文化、生活方式等的特点和差别,在一定条件下会引起民族交往中的矛盾。民族问题处理得好,一个国家的政治发展就更加稳定;民族问题处理不好,一个国家的政治发展就面临众多风险与威胁,甚至会严重影响国家的政治安定与团结。在夺取伟大胜利、实现伟大中国梦的新时代,要以铸牢中华民族共同体意识为主线,把民族团结进步事业作为基础性事业抓紧抓好。

当今世界任何一个国家都有政府,政府不仅承担国家基本职能,也是国家治理的"大本营",是国家政治运作的核心枢纽。政府是指执掌国家公共权力的主体,是国家按照一定规则组织起来的进行政治统治、权力执行与社会管理的机构。广义的政府主要包括立法、行政与司法等范畴,因此,政府的组织机构也就包括立法机构、行政机构与司法机构,这些机构构成了现代政府的基本组织体系。政府各机构之间的关系实际上是一种权力关系,政府的权力主要由横向权力与纵向权力所组成,这也构成了现代政府完整的组织体系。政府从不同层次和不同角度对社会生活进行干预与协调,从而使社会各方面工作稳定、有序、协调推进,实现预期的公共目标。

政党是现代政治活动的一个基本构成要素与主体,政党制度是一个国家政治制度的重要组成部分,政党政治是现代民主政治的主要表现形式。根据马克思主义经典作家关于政党的总结,政党是指代表一定阶级、阶层或者利益集团根本利益的一部分政治骨干分子,在共同的政治理论与纲领的引导下,为实现执政或者参政目的而在政治活动中采取共同行动的政治组织。作为一个政治组织,政党有别于国家组织与其他政治性的社会团体。政党一般具有鲜明的阶级性特征、有自己的政治纲领、是由特定阶级或阶层的骨干分子所组成、有特定的组织纪律。政党制度主要是指根据一国的法律规定或者长期的政治实践而固定下来的政党结构模式,一般来讲,最常见的政党制度体制模式主要有竞争型政党制度和非竞争性政党制度两种类型。通常意义上的政党政治主要是指一个国家通过政党来行使国家政权的政治形式。由于国情的差异以及政党制度的不同,政党的政治功能相应地也就不同,但是总括起来,政党的主要政治功能包括主导或者影响政治过程、表达与整合民众利益、政治社会化、政治录用与精英输送以及监督与完善政治运作。现代政党除了发挥上述政治功能、拥有现代民主政治的内在需求外,还必须依托政党自身的一系列运作。现代政党的自身运作机制主要包括组织的建立与发展、成员的吸纳与更新、经费的来源与管理以及选举的组织与开展。

与政党一样,利益集团是政府联系公众的主要中介与渠道之一,无论在东方还是西方,虽然利益集团有不同的称谓与特征,但是随着社会的发展,它们已经日益成为隐性或者显性的政治行为主体。利益集团是指具有共同利益要求和社会政治主张的人为了维护自己的利益和主张,通过向政府施加压力,影响政府政策制定、修改和执行而形成的政治性社会团体。当前关于利益集团的分类,多从组织目标与受益对象来划分,具体又可以划分为非正规性利益集团、非社团性利益集团、机构性利益集团和社团性利益集团。在现代社会,各个利益集团要想达到既定目标,必须积极开展各种活动,综合运用各种方式和渠道,接近、影响主要决策者,从而影响公共政策的制定和实施过程。利益集团作为现代政治的有机组成部分,与一定的政治制度与体制有一定的联系,并在一定的政治体系中占有一定的地位,发挥着重要作用。

《中华人民共和国宪法》规定:凡具有中华人民共和国国籍的人都是中华人民共和国公民。在现代民主社会中,公民资格主要是指个人在一个国家中正式的和负责的成员资格,是国家授予在其控制地域内的所有人的权利。拥有公民资格的人享有平等权利。公民政治参与是衡量现代国家民主政治的重要标志,也是民主制社会的重要特征。现代民主国家的发展过程也就是公民政治参与不断扩大的过程。一个国家公民政治参与程度与水平越高,这个国家的政治发展程度就越高。在公民政治意愿充分表达的基础上形成政府治理的合法性与正当性,这样的国家治理才会长久持续。

◆ 本章重要概念

政治主体(political subject)　国家(state)

民族(nation)　政府(government)

政党(party)　利益集团(interest group)

公民(citizen)

本章重要概念

本章思考题

1. 简述现代主要的国家政体与国家结构形式。
2. 论述民族问题中影响政治稳定的主要因素。
3. 简述政府的权力结构。
4. 简述政党制度的主要体制模式。
5. 简述利益集团的活动方式。
6. 简述公民与臣民、人民、群众的主要区别。

本章思考题

本章推荐阅读书目

1. [美]莱斯利·里普森.政治学的重大问题——政治学导论[M].10版.北京：华夏出版社,2001.
2. 俞可平.政治与政治学[M].北京：社会科学文献出版社,2003.
3. 安德鲁·海伍德.政治学[M].3版.北京：中国人民大学出版社,2013.
4. 朱光磊.当代中国政府过程[M].3版.天津：天津人民出版社,2008.
5. 周平.民族政治学导论[M].北京：中国社会科学出版社,2001.
6. 谭融.美国利益集团政治研究[M].北京：中国社会科学出版社,2002.
7. 李路曲.政党政治与政治发展[M].北京：中央编译出版社,2016.

第三章 政治行为

——本章导言——

政治行为(political behavior)是政治体系的动态表现,着重回答政治体系如何运行的问题。政治行为并不是从来就有的,它是政治社会化的产物,是国家、公民、政府等政治主体在政治体系中围绕政治权力而展开的权威性价值分配活动。在人类的生产和实践活动中,政治行为是各政治主体接触政治、参与政治生活最直接的方式和途径。因此,了解和把握政治行为的概念、特征和构成要素,科学分析政治行为活动,对于实现政治行为的规范化、秩序化,促进政治主体有序参与政治生活,推动社会政治发展,具有十分重要的意义。本章主要阐述政治行为的概念、特征及其构成要素,并重点分析特定政治主体围绕政治权力展开的几种主要的政治行为,即政治决策、政治管理和政治参与。

第一节 政治行为的概念与构成要素

人类社会的实践活动,表现为各种各样的具体行为,然而并非社会主体的所有行为都可以界定为政治行为的范畴,即使在政治社会中,社会主体的各种行为也并非都是政治行为,这就涉及政治行为的范围问题,或者说政治行为的本质特征问题。因此,明确社会主体的哪些活动属于政治行为,政治行为作为一个重要的概念应该如何界定,政治行为的特征应如何概括、归纳,对于我们理解现代政治科学的研究领域、研究视角具有重要的意义,对于我们更进一步理解政治生活的本质也尤为关键。

一、政治行为的概念

政治行为是 20 世纪初政治科学发生行为主义革命后,被引入政治学的一个重要学术概念,一度成为政治科学分析的出发点和核心内容,并由此得到行为主义(behavioralism)政治学的盛名。尽管"政治行为"这一词在政治生活中被广泛使用,但是这一概念的确切含义至今尚未有统一的说法,目前存在的各种观点之间也存在着明显的分歧。

在当代政治学领域,政治行为有两种解释。首先是把政治行为作为一种研究方法来使用。政治行为作为一种研究方法,是一些学者努力使政治学科学化的结果,起始于 1944 年美国学者保罗·拉扎斯菲尔德的著作《人民的选择》一书,它以选民个体的投票行为为研究对象,为民主政治的研究提供了新路径。政治行为作为一种研究方法,是以单个行为者作为政治科学的研究单位的,通过运用问卷调查、模型构建等计量方法,使政治学向科学化的方向迈进。政治行为研究已经成为政治科学的一个重要而独立的研究领域，美国政治学者杰克·普拉诺在《政治学分析辞典》中，除将政治行为界定为一种政治科学的研究方法外，还认为政治行为是指与政治过程有关的人的思想和行为。它既包括可观察到的人的行为（投票、反抗、游说政治秘密会议、竞选），也包括人的内心反映（思想、知觉、判断、态度、信仰）。我们容易发现，杰克·普拉诺将政治思想、政治态度等内容也视为政治行为，甚至将一些政治社会学和政治心理学的内容也纳入政治行为的范畴。那么，政治行为的内涵究竟应该如何界定，成为亟待解决的重要问题。

现有的关于政治行为的研究中有两种主流的界定方法。一种是分类列举法，它侧重于直接将政治行为分为政治治理、政治决策、政治参与等内容，从而模糊对政治行为概念的界定。另一种界定方法是提取政治行为的某些特性作为政治行为的定义，但是由于现实政治行为的复杂性，以及各位学者研究旨趣的不同，因此形成了各具特色的概念界定。比较有代表性的定义有如下几种。

王浦劬以特定利益为基础，将政治行为界定为动态的政治关系，认为政治行为是政治关系的直接动态表现，是人们在特定利益基础上，围绕着政治权力的获得和运用、政治权利的获得和实现而展开的社会活动。杨光斌从政治行为特有的手段和目的出发，认为政治行为是政治主体围绕政治权力而展开的分配权威性价值的活动。燕继荣认为，狭义地讲，政治行为是公民作为个人或团体参与政治过程所采取的行动；广义来说，政治行为就是政治体系中所有政治角色（政府、政党、利益集团和社会组织、选民等）参与其中为实现社会资源管理和分配而采取的活动或行动。李景鹏从政治主体和政治环境相互作用的角度出发，认为政治行为是政治主体能动性的集中表现。政治主体在一定政治环境中不断地受到来自政治环境的各种作用和影响，因而产生某种政治感受或政治意识，从而产生一定的政治行为，并反作用于环境。《中国大百科全书·政治学》将政治行为界定为人们关于政治生活的各种活动，主要指可见的政治行为，如竞选、抗议、罢工、战争等。

通过对以上若干较为典型的政治行为的定义进行梳理得知，不同的学者对政治行为有各自不同的表述，综合各方观点的要旨，为政治行为下一个较为科学准确的定义，必须要明确三个方面的问题。首先，政治行为的产生要有明确的主体。在现代政治学中，政治行为主体既包括国家、政府、利益集团这样的社会政治组织，也包括公民等政治个体。其次，政治行为活动要有明确的方向。这一问题涉及政治行为的指向性问题，或者是政治行为的本质特征问题。政治行为是围绕政治权力展开的一系列价值分配活动，衡量各种社会行为是否属于政治行为的范畴，关键在于判断这些行为是否围绕政治权力这个中心方向。最后，政治行为活动要有明确的范围。究竟政治主体的哪些活动属于政治行为，正如前述杰克·普拉诺在《政治学分析辞典》中对政治行为的界定，政治行为仅指外在的、可观察到的人的行为，还是也包括诸如政治思想、政治态度等在内的人的内心反映。关于这个问题，不同的学者存在着不同的看法。通常认为，个体或团体政治行为活动受政治环境的刺激或影响，因而产生某种政治判断、政治心理和政治意识等，进而产生了一定的政治行为。尽管政治思想、意识、心理等与政治行为密切相关，但是政治行为与政治思想、意识、心理等的确存在明显的差异，相提并论只能使政治行为的概念更加宽泛、模糊。因此，我们有必要将政治行为界定为一种可观察的人的行为，以明确区分其与政治思想、政治心理、政治意识等活动的差异。

综上所述,本章所研究的政治行为并非一种研究方法,而是侧重于政治行为主体的活动方面。我们认为,政治行为是政治主体在政治体系中围绕政治权力而展开的权威性价值分配的活动。

二、政治行为的特征

为了概括政治行为的本质特征,我们有必要将政治行为与其他社会行为进行比较区分,力求揭示出政治行为的独特性质。

首先,政治行为不同于经济行为。在当代社会,政治系统和经济系统相互交织、相互渗透,使个体的经济行为与政治行为的边界日益模糊、不可分割,尽管这两大系统之间的互动日益密切,但不容置疑的是,经济行为与政治行为之间有本质性的区别。人类的经济行为种类繁多、丰富多彩,既包括个人经济行为,也包括企业经济行为等,这些行为的共同点是以货币为媒介,实现物质产品的生产、消费和分配。而政治行为的载体是政治权力,权力现象是政治行为中最重要、最本质的现象。因此,现代政治中政治行为的具体形态虽然多种多样,但其最终指向都是围绕政治权力而进行的分配和运作活动,这也决定了政治行为本身具有方向性的特征。

其次,政治行为不同于文化行为。文化行为是一种复杂的行为,有多种论说方式。民族文化是一个民族在长期的生产生活实践中产生和形成的物质和精神财富,既反映了该民族的历史发展水平,也决定着这一民族人民群众的行为方式和行为选择。宗教文化也是一种特殊的文化现象,主要是从精神层面去探寻人生意义、道德价值、宇宙本质等一系列终极问题,在人类历史的长河中,有许多民族长时期的政治行为是附属于宗教信仰活动的,并不具有独立的内涵,欧洲中世纪的政教合一就是典型的证明。文化行为通过教化和感染使个体行为者形成各种文化样式和观念体系,从而影响人的行为选择方式。一般而言,文化行为从来不具备规范性和强制性的特征,而政治行为通常要求行为者在从事政治活动的过程中必须遵守行为准则和行为规范。由此看来,文化行为同政治行为相比也有显著性的差异,通过对比可以归纳出,政治行为具有规范性的特征。

再次,政治行为不同于私人行为。政治行为主要体现在对公共事务的关注和参与上,然而在当今社会,行为者却不再将积极参与公共生活视为一种重要的实践价值,反而日益满足于私人生活的种种好处。诚如法国思想家贡斯当所言,人的生活并不仅仅是为了快乐,我们还需要完善、发展自己的天性,就此而言,参与公共事务、分享政治权力具有无可替代的价值。从公共治理的角度而言,现代公共事务的治理越来越离不开个体行为者的积极有效参与,治理主体正在走向多元化,行为者通过积极参与政治生活,不仅能够摆脱狭隘的私人生活的局限,而且能帮助我们实现某些利益诉求,对于人的充分发展、自我价值的实现更是具有无法取代的价值。因此,承载着关注和参与公共生活重任的政治行为同私人行为显然是不能混为一谈的,政治行为更具公共性的特征。

最后,政治行为不同于战争行为。著名的军事学家克劳塞维茨认为,战争不仅是一种政治行为,而且是一种真正的政治工具,是政治交往的继续,是政治交往通过另一种手段的实现。这一论点常给人们造成一种误解,把战争、革命、叛乱等行为都视为政治行为,这实质上是将暴力与权力混为一谈了。政治行为是通过谈判、协商、妥协等方式来解决政治过程中的摩擦与冲突,其本身意味着对暴力在一定程度上的驯化与回避,而战争、革命等行为的出现,恰恰是政治行为的终结而非延续。因此,从政治行为化解矛盾冲突的手段来讲,政治行为还具有非暴力性的基本特征。

通过将政治行为同其他行为进行对比分析,我们概括归纳出了政治行为的四个基本特征,分别是方向性特征、规范性特征、公共性特征和非暴力性特征。除此之外,政治行为还有一些其他特征,如价值性特征、妥协性特征、复杂性特征等。

(1) 政治行为的价值性特征。在当代政治学话语中,政治行为已经成为一个具有重要价值的关键概念和研究领域,对政治行为的研究,有助于我们理解20世纪初发生的政治学研究的转向,把握现代政治科学的研究视角和研究方法,促使我们更进一步地了解政治生活的本质。此外,此前提到的个体行为者积极参与政治生活,这种参与实质上就是政治行为本身,其意义不仅在于通过政治行为介入公共生活,实现人们某些利益诉求,而且对于人的充分发展,培养人的高尚品格都具有无可替代的价值。

(2) 政治行为的妥协性特征。利益是政治关系的基础,公共资源的稀缺性与个体的趋利性之间的无限张力使得利益冲突不可避免。按照社会学家的分析来讲,当行为者之间发生冲突时,其围绕的目标越是具体,也就是说越是围绕着利益关系展开,就越不容易演化成不可调和的暴力行为,相反,也就更容易达成妥协。正是由于政治行为更多涉及的是利益关系问题,行为者之间通过谈判、协商可以克服暴力行为带来的不确定性,更好地预估目标的效能和实现程度,因此,在一定程度上,政治行为具有妥协性的特征。

(3) 政治行为的复杂性特征。古希腊先哲亚里士多德在《政治学》一书中曾鲜明地阐释"人类本性上是政治动物",政治生活是人类特有的高级社会生活,正是由于人类政治生活的丰富多彩、变化多端,使得政治行为在内容和形式上表现出复杂性。在政治生活中,人们的经济地位、文化层次、价值取向、利益诉求、人生经历等,都成为影响社会成员产生不同的政治知觉、态度、心理,进而产生不同的政治行为的重要因素。根据不同的标准,政治行为又可以分为合法的政治行为和非法的政治行为,个体的政治行为和群体的政治行为,理性的政治行为和非理性的政治行为等,这些都表现出政治行为的复杂性特征。

■ 三、政治行为的类型

政治行为是人类政治生活的重要方面,由于政治主体的多元性、政治环境的多样性等特征,政治行为有着丰富的内容和复杂的形式。为了系统全面地认识和把握政治行为的类型,我们有必要对杂乱无章的政治行为进行分类,从多个不同的视角,按照不同的标准可以将政治行为划分为以下几类。

(1) 以政治行为的规范性为标准,可以将政治行为划分为合法的政治行为和非法的政治行为。政治行为作为一种特殊的社会活动,必须符合一定的社会规范,包括法律规范、道德规范、习俗规范、宗教信仰等。其中,法律规范是政治行为规范中的基本规范,一切政治行为都必须受制于这一规范。合法的政治行为是指符合法律要求的,行为过程和结果受到法律规范约束的政治行为;反之,非法的政治行为是指不符合法律要求的,或者说违反法律规范的政治行为。

(2) 以政治行为主体的数量为标准,可以将政治行为划分为个体的政治行为和群体的政治行为。个体的政治行为是指政治成员在特定利益的驱动下,为追求特定的政治目标,所产生的对政治生活有一定影响的行为活动。群体的政治行为是指两个或两个以上的个体,为表达和实现共同的政治愿望和利益诉求而采取的行为活动。一般而言,群体政治行为又可以分为有组织和无组织两种类型。有组织的群体政治行为普遍具有共同的政治目标、强烈的自觉性和高度的一致性;而无组织的群体政治行为则不具备以上特征,政治成员往往是因偶然政治事件而集聚到一起的,缺乏组织纪律,行为具有一定的盲目性,也难以实现任何政治目标。

(3)以政治行为的属性为标准,可以将政治行为分为理性的政治行为和非理性的政治行为。理性的政治行为通常表现为经过理性思考的有计划、有目的的政治行为,如政治谈判、政治协商等活动,这种政治行为通常是政治主体经过深思熟虑而产生的行为活动,因此更容易达成特定的政治目标。非理性的政治行为往往是受情绪和环境影响而产生的一种盲从行为,缺乏计划性和目的性,难以达成特定的政治目标,甚至会破坏良性的政治秩序,致使政治生活陷入无序混乱的状态。

(4)以政治行为的作用方式为标准,可以将政治行为分为直接的政治行为和间接的政治行为。直接的政治行为是政治主体面对政治环境的刺激,不通过任何中介环节,直接对政治客体产生影响的行为。例如,总统竞选所发表的演说,选民投票选举活动,候选人面对面的政治辩论等。而间接的政治行为是指政治主体面对政治环境的刺激,经过中间媒介对政治客体做出反应的行为。例如,候选人通过大众传媒等工具影响选民的意愿,选民通过大众传媒影响公共政策等的行为都属于间接的政治行为。

(5)以政治行为的活动范围为标准,可以将政治行为分为宏观的政治行为和微观的政治行为。宏观的政治行为是指涉及国家和民族整体利益的全局性的行为活动,通常具有间接性和抽象性的特征,比如制定国家的大政方针、党的基本路线等。微观的政治行为是为了谋求具体的、局部的政治利益而产生的小规模行为活动,通常具有直接性和具体性的特征,比如选民的选举行为、城管的执法行为等都属于微观的政治行为。

除上述政治行为的划分标准外,还可以从其他视角对政治行为进行划分,如根据政治行为的道德价值划分,可以将政治行为划分为正义的政治行为和非正义的政治行为;根据政治行为同社会发展的关系划分,将政治行为划分为进步的政治行为与保守的政治行为;根据政治行为的作用对象划分,将政治行为划分为国内的政治行为与国际的政治行为;根据政治行为主体的自发程度划分,可以将政治行为划分为自愿性的政治行为和强制性的政治行为;根据政治行为的表现方式划分,将政治行为划分为公开的政治行为和秘密的政治行为。

总而言之,对政治行为的分类是相对性的,确立新的标准还可以划分出更多的类型。在现代政治社会中,政治行为主要表现为政治权力机构的决策行为,政治管理机构的政治管理行为以及民众的政治参与行为,而这三种政治行为无一不是围绕政治权力展开的。一切政治行为都是以政治权力为中心运行的,政治权力是政治行为的引导和方向,反过来说,政治行为又是政治权力的载体和表现形式,在现实政治过程中,任何政治权力都要通过具体的政治行为得以表现。因此,为了更好地研究政治行为的具体类型,以及每一种类型与政治权力的关系,深入了解政治权力的运行问题尤为关键。

■ 第二节 政治权力

政治权力是政治学最重要的概念之一,是政治学最基本的研究领域。在现实政治体系中,政治权力不断地运行、发展、相互制约,以此推动政治体制的运转,促进人类政治生活的进步。政治权力不仅是最基本的政治现象,同时也是研究人类政治生活最关键的线索,一切政治行为、政治过程都是围绕政治权力展开的。对于一个国家而言,政治权力的运用,既可以安邦定国,使国家繁荣昌盛,也可以祸国殃民,使国家危在旦夕,离开政治权力就难以解释人类社会复杂的政治现象,离开政治权力,也就无所谓政治生活。在此种意义上,要想科学认识和把握政治生活的本质和发展规律,就要从研究政治权力开始,那么首先需要阐明的是政治权力的内涵与外延。

一、权力与政治权力

(一)权力的含义

政治权力是权力的一种基本表现形式,要了解政治权力的含义,首先必须了解权力的含义。权力,是人们在日常经济生活和政治生活中经常遇到并切身感受到的一种社会现象。一直以来,权力是人人使用而无须适当定义的字眼,然而"权力"并非一个简单的概念,它是一个本质上有争议的概念。

"权力"一词,在中西方文化中都是一个古老的概念。在古汉语中,"权力"一词往往分解成"权"和"力"两个单字来解读。"权"字有两层含义,一作动词,有衡量审度之义,如孔子所言"谨权量,审法度,修废官,四方之政行焉",孟子所言"权,然后知轻重";二作名词,是指制约别人的能力,如先秦法家代表人物慎到认为"贤而屈于不肖者,权轻也",又如《管子·霸言》指出,"欲用天下之权者,必先布德诸侯"。"力"则是"力量、能力"之义。在现代汉语中,多倾向于把"权力"引申为一个人依据自身的需要,影响乃至支配他人的一种力量。在《现代汉语词典》中,"权力"也有两层含义,一是政治上的强制力量,二是职责范围内的支配力量。

在西方,"权力"一词对应的英文是"power",主要含义是指能够做出某种行为的能力,以及通过影响他人而取得一致行动,达到某种结果的能力。因此,"能力"是"权力"一词最基本的本源内涵。近代以来,对权力的解释更是众说纷纭,各有侧重。英国哲学家霍布斯在《利维坦》一书中写道,全人类共同具有一种普遍的倾向,即一种至死方休、永无止境的追求权力的欲望。权力是获得未来明显利益的当前手段和工具。霍布斯关于权力的论述,奠定了西方社会权力理论的基础。此后,"权力"的概念随着学者们对权力的认识,以及"权力"自身的演变发展不断变化,且与学者的学术研究视角和旨趣密切相关,因此给权力简单地设定一个定义肯定是行不通的,因为这非但没有避免概念之争,相反却陷入了这场争论之中。一般来说,大致有以下五种关于权力的观点。

第一种观点是"能力说",即"权力"最基本的内涵是一种能力,如美国学者亨利·艾伯斯将权力界定为"改变个人或团体行为的能力"。第二种观点是"关系说",将权力界定为一种控制或影响的关系。西奥多·A·哥伦比斯认为,权力作为一个综合概念,是由诸如威信、地位、尊严等复杂的性质所说明的;理解"权力"概念的最好方法是将其视为冲突的意志之间的关系。第三种观点是"影响力说",罗伯特·A·达尔在《现代政治分析》一书中认为,权力是一个或更多行动者的需要、愿望、倾向或意图影响另一个或其他更多行动者的行动,或行动倾向,也就是"合法的影响力"。第四种观点是"强制力说",哈耶克在其《自由秩序原理》一书中提出,仅从一面讨论权力则是误导。所恶者,恰恰不是权力本身——即实现一个人愿望的能力,真正的恶只是强制的权力,亦即一个人通过施加损害的威胁而迫使其他人去实现其意志的权力。哈耶克认为,被许多政治哲学家视为万恶的权力本身并非恶,权力只有成为强制性的权力,才可能导致强制之恶。第五种观点是"决策说",戴维·伊斯顿在《政治生活的系统分析》一书中论述说,过去的政治研究,主要探讨的就是这种形成和实施政策的政治权力之来源。权力是决定"谁得到什么"的力量,是影响他人政策的一个过程,因而可以把权力看作一种决策活动。

通过对权力概念的回顾与反思,我们发现权力具有广泛的"普适性",当我们从理论上论述权力时,我们其实是在论述整个社会世界的运作方式,也就是说,我们在表达一种世界观。政治权力作为权力在政治领域的特殊表现,是一切权力中最核心的部分,中外学者在研究政治权力的过程中,提出了很多富有启发性的见解,并将政治权力的研究引向深入。

(二) 政治权力的含义

政治权力和权力的含义一样,至今仍然没有一个统一的界定。有些学者从权力的角度定义政治,把人类社会的所有权力现象都称之为政治。政治发生在人类社会的各个角落,小到家庭、大到国家都可以称为政治现象,如"性别政治"、"单位政治"等正是如此。这种对政治的宽泛认识使我们可以将权力和政治权力画上等号,从而不必界定政治权力的概念。另一些学者以社会领域的区分为前提对政治权力进行界定,将权力现象按照领域划分为经济权力、政治权力、宗教权力等,与其他领域的权力相比,政治权力是一种发生在政治组织或政治共同体中的权力关系。

理解政治权力的含义必须把握政治权力的基本要素。首先,政治权力的主体。任何政治权力的行使必然涉及政治权力的施行者和受动者,这两者都是政治权力的主体,只是在政治权力运行过程中所处的地位不同。从一般意义上来说,国家、政党、利益集团、社会团体、公民等都可以成为政治权力的主体。其次,政治权力的范畴。政治权力是一种管理公共事务的约束力和影响力。只有管理公共事务行使的影响力量和支配力量才是政治权力,个人事务、家庭事务等其他事务仅表现为一般权力,而非政治权力的范畴。再次,政治权力的目标。任何政治主体行使政治权力都是为达到一定的政治目标,主要体现在与政治主体密切相关的根本利益方面。最后,政治权力的实现方式。政治权力是一种强迫性的制约力量,这并不是说政治权力等同于强制力,而是说政治权力的作用方式是多种多样的,政治权力通过强制性或非强制性的方式交互作用,既可以是命令式的强制性方式,也可以是协商、妥协等非强制性的方式。综上所述,本节对"政治权力"的概念界定,引用《中国大百科全书》对"政治权力"的定义,即政治权力是政治主体对一定政治客体的制约能力和力量。它体现在政治主体为实现某种利益或原则的实际过程之中。

(三) 政治权力的特征

政治权力是一种发生在政治领域的权力关系,它是政治生活权威性的治理工具和手段。政治权力作为权力中最核心的组成部分,除了具有一般权力现象的属性之外,还有自身独特的运行规律。我们认为,政治权力具有以下基本特征。

1. 政治权力具有强制性

从本质上说,政治权力是一种强制性的社会约束力。一种权力的存在意味着一个集体的文化体制建立起了正式的不平等关系,把统治他人的权力赋予某些人(他们被称为权威),并且被统治者必须服从统治者。政治权力的不平等性,主要是以强制力量为后盾而发挥作用的,这一强制性体现在政治权力的受动者无论是否出于自愿都必须接受权力施行者带有命令性的指令。在现实的政治生活中,政治权力的强制性一般呈现隐性状态,内化为一种权力受动者的自觉服从,在平时只是一种威慑性的手段,只有在政治权力的受动者出现不服从的状况,强制力才会发生作用,政治权力是以合法垄断和使用强制手段作为运行方式的。需要明确的是,尽管政治权力是以强制力为后盾的,但政治权力的运行并非都是以强制方式表现出来的,忽视政治权力与强制力的区别,将二者等同起来势必会使政治权力走向歧途。

2. 政治权力具有工具性

政治权力的运行总是以一定的目标为内在动力,政治权力本身并非权力主体追求的终极目标,而是达到目标所运用的一种工具和手段。正如霍布斯曾在《利维坦》中指出的,政治权力是获得未来明显利益的当前手段和工具。政治权力之所以成为政治主体追求的目标,其真正价值并非权力本身,而在于行使政治权力所获得的其他利益和价值。任何现实的政治权力都是以一定的利益诉求和利益目标为作用对象的,可以说,没有任何利益倾向的政治权力在现实政治生活中是不存在的。

3. 政治权力具有稳定性

任何政治权力都以追求稳定为目标,政治权力关系一旦确立起来,政治权力主体就会采取各种手段尽可能将这种权力关系长久稳定下来。在社会生活中,政治权力在任何时候都不能缺失,否则整个社会将陷入无序的混乱状态,政治权力是在社会生活中持续存在和发挥作用的一种权力。只有保障政治权力的稳定,才能保证受政治权力影响和约束的其他政治力量的稳定性,才有助于政治权力功能的充分发挥,保障社会秩序的和谐稳定。众所周知,政治权力是一种动态平衡的关系,政治权力的稳定性具有相对性与能动性,绝对的、永恒的政治权力关系是不存在的,它往往要随着政治利益结构的失衡,以及政治秩序、社会政治关系等的变化而变化,但这种变化不会影响和打破政治权力关系的基本稳定。

4. 政治权力具有能动性

政治权力的运行是以特定的利益为目标的,它是政治权力主体追求和维护自身利益的能动性杠杆,对其他政治力量具有强大的支配和约束作用。政治权力的能动性是由政治权力主体利益形式上的主观性和内容上的客观性之间的矛盾造成的,这种内在矛盾要求利益主体转化成的政治权力主体有意识地集聚能量,主动自觉地争取和实现利益的客观内容。然而,政治权力的能动性也并非绝对的,它受特定的社会关系、历史条件和政治权力主客体之间的相互关系影响和制约,同时也受到其自身作用后果的影响。一般而言,政治权力主体的能力越强,政治权力的能动性就越明显;相反,政治权力客体的独立性、抗争性越强,政治权力的能动性就越弱。在实际的政治生活中,政治权力的能动性表现为一种合力作用。

5. 政治权力具有整合性

政治权力承担着对整个社会的公共生活进行协调、组织、影响和约束的重要职责,它能使分散的社会权力趋于一体化,从而在宏观上实现对政治秩序的维护和规范。政治权力巨大的整合性源于政治权力的渗透性,在经济领域、文化领域、社会生活领域等,政治权力都具有渗透性。当然,政治权力的渗透性因不同性质的国家、不同的社会历史时期表现出一定的差异和不同,这是政治权力的限度性问题。政治权力主体对政治权力客体的影响和约束只能达到一定的强度,而非具有无限性。

二、政治权力的合法性

(一)政治权力合法性的内涵

在政治共同体中,政治权力是确立和维护社会秩序的必要手段。然而,构建起一个良序社会,仅仅靠政治权力的作用是远远不够的,一种政治制度或秩序得以维持,还取决于人们对其认可和接受的程度。换言之,这种制度或秩序的确立必须具备合法性。正如美国政治学家迈克尔·罗斯金所言,合法性意指人们内心的一种态度,这种态度认为政府的统治是合法的和公正的。

"合法性"(legitimacy)是政治学理论中一个古老而又基本的问题,"合法性"的基本含义是正当性或正统性。"合法性"与"合法"(legality)密切相关,时常混用,但实际上"合法"是一个法律概念,指符合法律的要求,它只是合法性的一个层面。政治权力的合法性不仅仅是指政治权力的运行合乎法律的规定,更是涉及政治权力必须得到人们的认可和接受。早在古希腊时期,亚里士多德就对城邦政权的合法性展开了研究,在《政治学》一书中,他认为一种政体要达到长治久安的目的,必须使全邦各部分的人民都能参加而且怀抱着让它存在和延续的意愿,并且有适用于一切政体的公理,一邦之内,愿意保持其政体的部分必须强于反对这一政体的部分。亚里士多德虽未直接提及合法性的问题,但其所谓的"公理",实质上就是城邦政治的合法性问题,城邦内的人民基于内心意愿怀抱使政体延续的意愿,正是出于内心的认可、支持和服从。最早对合法性问题进行系统探究的是德国社会学者马克斯·韦伯,他认为合法性与建立在物质动机、情绪动机或价值合理性动机上的服从愿望不一样,后者不是构成统治的可靠基础,任何统治要巩固和持久存在,都要唤起对合法性的信仰。继韦伯对合法性的研究之后,许多学者展开了对合法性更深入的探索研究。行为主义代表人物李普塞特认为,合法性是指政治系统使人们产生和坚持现有政治制度是社会的最适宜制度之信仰的能力。政治系统论代表人物戴维·伊斯顿指出,通常的合法性概念意味着在合法原则界限内,当局的统治权利力成员的服从权利。法国学者马克·夸克也将合法性定义为"统治权利",认为合法性意味着同时证明了权力与服从的合法性。正如我们前面提及的,一切政治权力要想获得长久的稳定,必须获得人民的认可和支持,从这个意义上来说,戴维·伊斯顿和马克·夸克将合法性仅仅视为"统治权利",视为统治阶层独占的资源,这种观点有失偏颇。尽管在政治权力关系中,公民在一定程度上处于被动地位,但是他们在面对政治权力时并非消极无为,合法性的意义在于为民众争取和维护基本权利提供了重要价值。德国哲学家哈贝马斯进一步拓展了合法性的意义,他认为合法性意味着一种政治秩序总是要求人们把它作为正确的和正义的事物加以承认,意味着有充分的理由被承认,一种合法的秩序理应得到承认;合法性意味着一种值得认可的政治秩序。哈贝马斯不再仅将合法性置于国家规范秩序中,以及公民对国家政权的忠诚和信仰范围之内,而将合法性拓展到政治系统之外,从社会文化传统的角度判定政治系统是否符合正义的要求。

总而言之,不同的学者根据自己的研究领域和研究旨趣对合法性展开了充分的解读,综合各位学者的观点,政治权力的合法性最终都可以归结为在政治生活中,政治权力是否能够获得民众的普遍认可、接受和服从的问题。然而,究竟何种因素才能促使公民对政治权力认可呢?这就涉及政治权力的合法性来源,也就是政治权力的合法性基础是什么。

(二)政治权力合法性的基础

在当代政治学中,关于合法性基础的最为经典的表述是马克斯·韦伯概括的传统型、法理型和克里斯玛型(个人魅力型)三种合法性基础。传统型建立在一般的相信历来适用的传统的神圣性和由传统授命实施权威的统治者的合法性之上;法理型建立在相信统治者的章程所规定的制度和指令权利的合法性之上;克里斯玛型建立在非凡的献身于一个人以及由他所默示和创立的制度的神圣性,或者英雄气概,或者楷模原型上。在韦伯看来,克里斯玛型是最不具有持久性的,尤其是一旦政治领袖出现致命失误或者个人政治生涯、甚至生命的终结,都会使合法性基础荡然无存;传统型和法理型相较而言更具稳定性,这两种类型通常依赖稳定持久的制度来维持。尽管如此,韦伯认为这三种合法性基础都是"理想类型",人类历史中存在的合法性形式,在一定程度上都依赖于这三种合法性基础的混合。此外,戴维·伊斯顿认为,合法性存在意识形态、结构和个人品质三种来源,意识形态来源是指基于道义上的理由而信任典则和当局是有效度的,结构来源是源于对结构和规范的效度的信仰而产生的对政治权力的信任,个人品质来源是指基于对统治者的个人品质的信任而产生的对政治权力的认可。马克·夸克认为,合法性作为对统治权力的认可,这种认可是建立在一系列条件基础上的,而这些条件主要与认同、价值观及同一性和法律有关,他提出了合法性的三个基本条件,一是被统治者的首肯,二是社会价值观念和社会认同,三则涉及法律的性质和作用。

由此可见,在不同的学者看来,政治权力的合法性基础是各不相同的。在近代政治中,政治权力的合法性越来越依赖于政治权力自身的合法性和有效性的结合。李普塞特认为,政治权力的有效性,是指实际的行动,即在大多数居民和大企业或武装力量这类有力的团体看政府的基本功能时,政治系统满足这种功能的程度;在他看来,所谓的有效性主要是指持续不断的经济发展。政治权力的合法性主要依赖于国家政权自上而下地管理社会公共事务的有效性而获得。一般而言,在传统力量根深蒂固的社会中,由于国家政权可以在严重缺乏治理水平和治理能力的条件下仍维持其政治合法性,因此,政治权力的合法性与有效性并无直接关系,相反,那些试图破坏传统的新政权即使有效性很强,其政治权力的合法性也是不稳定的;在传统力量式微的社会中,国家政权越是具有有效性,政治权力的合法性就越能得到巩固,政治权力的合法性和有效性成正比发展。当然,一旦国家政权不能有效地治理社会公共事务,难以维持经济的增长和社会的稳定,那么政治权力就会面临合法化危机。

(三)政治权力的合法化危机

在当今社会,大多数国家政权都进入了相对稳定的和平发展时期,然而,这并不意味着所有的社会问题都得到了解决,合法化危机是许多国家共同面临的一个普遍性问题,无论是经历了长期"理性化"的西方发达国家,还是正处于现代化进程中的发展中国家,都不可避免地陷入合法化危机的漩涡。政治权力的合法性是指公民对国家政权的认可和接受,而政治权力的合法化是借助论证的力量说服人们去服从,政治权力的合法性取决于合法化自身的论证水平。

西方发达国家政治权力的合法化主要建立在韦伯确立的"法理型权威"的基础上,实现了较高程度的政治民主化和法制化,促进了社会秩序的和谐稳定。然而,西方发达国家也难以逃脱合法化危机的困扰,其中哈贝马斯对于合法化危机的分析最具代表性。哈贝马斯认为,随着资本主义社会国家干预主义的兴起,政治系统和经济系统、文化系统的相互交融使政治权力不断渗透其中,一旦国家不能在有限的条件下将经济失调、文化贫困等负面效应维持在选民可以接受的范围内,那么合法化危机就不可避免地出现了。哈贝马斯将国家干预条件下晚期资本主义所出现的四种危机倾向概括为:一是经济危机,即国家机器不自觉充当了价值规律的执行机构,充当了联合起来的"垄断资本"的计划代理人;二是合理性危机,即资本主义不同利益之间的对立和系统异质结构的产生破坏了行政合理性;三是合法化危机,即系统的局限性和行政干预文化传统所带来的意外副作用(政治化);四是动机危机,即传统遭到腐蚀和普遍主义的价值系统超载。

与西方发达国家相比,发展中国家在向现代社会转型的过程中,经历着经济、政治、文化等多方面的调整与重建,发展中国家的种族冲突、政治独裁、内战、起义、腐败等一系列的政治问题屡屡发生,引发了社会成员对国家政权的质疑和不满,正如亨廷顿所言,社会及经济现代化对政治与政治体制所起的破坏性影响有许多形式。社会和经济的变化必然使传统社会与政治集团瓦解,并削弱对传统权威的忠诚。通过对发展中国家政治权力合法化危机进行考察,美国学者派伊将发展中国家的合法化危机总结为六个类型,分别是认同危机、合法性危机、贯彻危机、参与危机、整合危机和分配危机。这六大危机与合法化危机密切相连,一些发展中国家的合法化危机通常是由于政治系统的整合、社会结构的剧烈变革而引发的。一方面,剧烈的社会变革使文化传统的整合作用在变革过程中迅速消失殆尽,而新的文化价值的认同又尚未确立;另一方面,社会变革为新兴的社会力量提供了实现自身政治要求的机遇,如果政治系统不能对这些新兴力量的要求加以有效整合,他们势必会对政治系统的运行造成巨大压力,从而动摇政治权力的合法性基础。

三、政治权力的作用

(一)政治权力的作用方式

在政治权力运行的过程中,政治权力有不同的作用方式。本节以政治权力的作用方式是否以强制力为后盾作为划分依据,将其分为强制性的作用方式和非强制性的作用方式。强制性的作用方式主要包括:暴力方式、压力方式、命令方式和规范方式;非强制性的作用方式主要包括:奖励方式、说服方式、训诫方式和诱导方式。

1. 强制性方式

强制性方式是最为普遍的一种政治权力作用方式,以强制力量为后盾而发挥作用,政治权力的客体无论是否出于自愿都必须接受的一种政治权力作用方式。强制性方式发生作用的过程中,政治客体因作为或不作为而产生的政治后果的"可执行性",是强制性方式得以施行、政治权威得以树立的重要条件。

一是暴力方式。暴力方式是指政治权力主体直接以暴力手段行使政治权力。这种方式一般出现于根本对立的政治权力关系之中,当然,当非根本对立的政治力量双方矛盾激化到一定程度,呈现出对抗状态时,暴力方式也可能出现。二是压力方式。压力方式是指政治权力主体通过营造一定的心理氛围和强制形势,使政治权力客体意识到自己作为或者不作为的政治后果,从而影响政治权力客体的行为选择,进而达到政治权力主体对政治权力客体的预期目标和要求。三是命令方式。命令方式是指政治权力主体以明示的语言和形式直接表达自己的意志和对政治权力客体的要求,从而要求政治权力客体照此行动。在现实的政治生活中,命令方式是政治权力发生作用经常采用的一种典型形式。四是规范方式。规范方式是指政治权力主体制定或借助社会规范贯彻自己的意志,规范政治权力客体的行为。

2. 非强制性方式

非强制性方式是指政治权力主体采取温和的非暴力手段,对政治权力客体的行为予以奖励、说服、训诫或诱导的政治权力作用方式。

一是奖励方式。奖励方式是指政治权力主体根据政治权力客体的表现是否符合预定的目标行为,从而给予政治权力客体某种物质性、精神性或身份性的奖励,并引导其未来行为。比如表扬、记功、授予荣誉称号、晋升职位等都属于奖励方式。二是说服方式。说服方式是指政治权力主体依据特定的理论、规范实现与政治权力客体思想和心理的交流与沟通,进而贯彻自己的意志。三是训诫方式。训诫方式是指政治权力主体借助某种规范、原则或要求对政治权力客体的越轨行为进行程度不同的训诫。比如撤销职位、取消荣誉称号等都属于训诫方式的范围。四是诱导方式。诱导方式指的是政治权力主体通过宣传、教育等方式试图影响和改变政治权力客体的思想观念和行为选择,从而达到贯彻政治权力主体意图的目的。

(二)政治权力的作用

政治权力既是政治生活的重要组成部分,又是政治关系的核心内容,在政治权力运行过程中,政治权力主体为了实现特定的目标和要求,必然与其他政治力量发生密切联系,这就形成了政治权力的特定作用。政治权力的作用可以归结为以下几个方面。

一是政治权力具有整合作用。政治权力的整合作用主要表现为政治权力主体能使受其支配的社会力量趋向一体化,将其整合成一个有机的政治单元,从而在宏观上实现对政治秩序的维护和规范。一方面,政治权力为了确保政治体系的稳定和完整,通过多样化的手段和方式协调各种政治力量之间的矛盾和冲突,正如国家政权要协调各个国家机关之间的关系、国家与公民之间的关系、国家与社会组织之间的关系等;另一方面,政治权力在运行过程中,政治权力的主体为了实现自身的政治要求和目标,都会在力所能及的范围内组织一切人力、物力、财力,以确保决策的实现和政治目标的达成。如国家动员全社会的力量保证国家大政方针的实现,社团组织调动全体组织成员的积极性以实现本社团的目标和宗旨等。同时,政治权力还通过各种媒介向民众推行其价值观,使民众遵守现行的行为规范和政策措施,从而忠诚于这些规范和价值观念,自觉维护良好的社会秩序。

二是政治权力具有支配作用。政治权力以国家政权的名义,通过政治权力本身所释放的具有控制能力的能量,运用多种政策、法律、规范等形式,规定基本的政治、经济、文化等制度,从而在政治权力的主客体之间建立一种积极的、稳定的、能动的支配与被支配的关系。政治权力的支配作用能够保证建立起稳定的政治权力结构,以此结构为基础形成稳定的政治力量,通过政治权力主体不断释放能量,实现对政治权力客体的网状式和层级式的支配。因此,任何有效政治力量的形成都是通过政治权力的支配作用来完成和实现的。

三是政治权力具有决策作用。政治权力承担着对整个政治生活进行协调、组织的重要职责。政治权力的运行过程,实质上是一种决策活动,决策是政治权力的一种基本的功能。政治生活中的任何公共事务都要通过政治权力主体的决策行为来寻求解决的对策和方案,尽管任何公民都可以对公共事务提供解决的对策和方案,但是只有政治权力主体的决策行为才具有普遍的执行力和合法性。政治权力主体制定决策的方式是多种多样的,比如国家制定大政方针,颁布法律、法令,政党制定政治纲领,社会团体制定规章制度等都是政治权力主体的决策活动。

四是政治权力具有监督作用。对权力进行监督和制约是政治权力运行过程的题中应有之义。政治权力的监督是一定的监督主体对政治机关及其工作人员的政治行为进行检查、监察、督促和纠正的一种活动。在现代社会,政治权力的监督通常是一种双向的相互监督,国家权力机关、政党、政府机构、司法机关、检察机关、社会组织和公民都是相互监督的行为主体。监督是权力相互制约的一种形式,通过监督使各种权力在既定的轨道上运行,维持政治体系的正常运转,保证社会秩序的良性运行和长久稳定。

(三)政治权力的制约

政治权力作为一种支配性的力量,从人类历史长河中的众多经验来看,是一把"双刃剑"。就其积极作用而言,政治权力的运行有利于推进公共福祉,保障社会安定有序;从消极作用来看,政治权力与腐败相伴而生,腐败的本质就是政治权力的异化和腐化。正如法国大思想家孟德斯鸠所言:一切有权力的人都容易滥用权力,这是万古不易的一条经验。有权力的人们使用权力一直到遇有界限的地方才休止。而且,就是品德本身也是需要界限的。因此,为了避免政治权力的不正当使用,规范政治权力的有效运行,遏制人的无止境的欲望和要求,必须对政治权力进行有效制约。从一般意义上来讲,制约政治权力主要有以下几个方式。

[视频+案例] 四中全会给权力制约和监督开出了什么良方?

一是以权力制约权力。以权力制约权力是一种政治权力内部相互分权、制衡的思想。以洛克和孟德斯鸠为代表的分权制衡学说,对西方国家的政治实践产生了深刻的影响。孟德斯鸠认为:从事务的性质来说,要防止滥用权力,就必须以权力制约权力;当立法权和行政权集中在同一个人或同一机关之手,自由便不复存在了……如果司法权不同立法权和行政权分立,自由也就不存在了。洛克认为,如果同一批人同时拥有制定和执行法律的权力,这就会给人们的弱点以绝大诱惑,使他们动辄要攫取权力,借以使他们自己免于服从他们制定的法律,并且在制定和执行法律时,使法律适合于他们自己的私人利益,因而他们就与社会的其他成员有不相同的利益,违反了社会和政府的目的。美国的政治体制所确立的三权分立与制衡机制是最典型的以权力制约权力的模式。

二是以法律制约权力。以法律制约权力是一种静态的权力制约方式,在构建法治社会的过程中,政治权力的来源、基础、边界、责任等都应在法治的轨道上进行限定,禁止政治权力的运行超越其界限。通过宪法和法律明确规定每一个国家机关、政治权力主体的职权范围,使其必须在法律规定的范围内行使自己的权力,达到以法律制约政治权力的目的,并将政治权力置于法律之下。这一制约方式有助于防止政治权力内部发生冲突,也有助于防止政治权力的滥用和失控。

三是以舆论监督制约权力。舆论监督产生于西方的自由主义思想中的新闻自由理论,英国政治学家弥尔顿在《论出版自由》中将言论自由看作是"一切伟大智慧的母乳",是一切自由的重中之重。舆论监督有广义和狭义之分,狭义的舆论监督仅指新闻舆论监督,指的是新闻媒体等社会组织在公共领域的言论空间中,通过公开的指控、谴责、提出意见和建议等手段所体现出来的舆论力量对政治机关及其工作人员的滥用权力等越轨行为的监督和制约。新闻舆论对国家、政党等政治权力主体的活动具有重要的监督制约功能,对政治权力主体行使权力的活动都发挥着重要的监督约束作用。广义的舆论监督是指,公民通过一定的传播媒介和组织形式,充分表达自身的观点、意见,以达到影响公共政策、监督一切不良行为的目的。

四是以道德制约权力。在现代社会中,人们已经达成共识,政治权力的主体只是人民的代理人,其存在的合法性在于政治权力是维护公共利益的重要手段,这也是政治权力运行中应遵循的基本道德和准则。当这些道德准则转化为社会舆论时,就对政治权力的运行起到了巨大的制约作用,政治权力的运行一旦越轨必然遭到社会成员的谴责。此外,政治权力主体自身的道德素质也受到道德舆论力量的约束,如今,大众传播媒介是一支重要的政治力量,以其广泛性、威慑性、时效性等特点,对政治权力的运行以及政治权力主体的行为拥有相当大的监督制约作用。

五是以社会制约权力。美国学者达尔对以社会制约权力的方式进行了系统的阐释分析,他在《现代政治分析》一书中提到,对于政治权力的行使加以限制的真正保证不可能从政府的内部安排中找到……对于专横地行使权力的有效限制来源于这样一些情况的某种组合,这些情况是:政治精英们对于限制行使权力所作出的承诺,多种利益集团的存在,而最重要的是多种自治组织的存在;各种自治团体和独立的社会组织在制约国家权力、维持民主秩序方面具有重要的作用。而民主的真实含义就是权力由众多的社会利益群体、政治组织和自治团体所分享,只有允许大众广泛参政的多头政制,才能实现政府与民众关系的"双边控制",才能使政府受到有效的约束和控制。在当今社会,社会利益的分化形成了各种政治力量,他们往往通过公开发表意见、向政府议员游说,甚至游行示威等方式表达政治要求,从客观上说,多种社会力量的政治行为对政治权力运行起到了纠偏作用。

■ 第三节 政治决策

一切政治行为都是以政治权力为中心运行的,政治权力是政治行为的引导和方向,政治行为又是政治权力的载体和表现形式,在现实政治过程中,任何政治权力都要通过具体的政治行为得以表现。在现代政治生活中,政治行为主要表现为政治决策行为、政治管理行为和政治参与行为。政治决策是国家、政党、社会组织和公民等政治主体为了实现特定的利益,达到既定的政治目标,都要进行的一种政治行为。随着社会经济的迅猛发展和现代科学技术的日益进步,政治决策的对象日益庞大、复杂,决策的内容也日益丰富多样;因此,努力提升决策者的素养,充分利用现代化的决策手段和工具优化政治决策的过程,才能实现决策的科学化、系统化。

一、决策和政治决策

(一) 决策的含义

决策是人类社会自古以来就有的活动,渗透于政治、经济、文化、军事等各个领域。早在先秦时期,韩非子就曾说,"智者决策于愚人,贤士程行于不肖,则贤智之士羞而人主之论悖矣"。这里的"决策"是一个名词概念,可以称之为计谋或者是计划形成的最终方案。"决策"作为动词,是指计划形成的过程,也就是做出决定的过程。现代意义上的"决策"一词来源于西方管理学理论:决策是选择一个可供贯彻执行的方案的过程。形成决策通常需要有一个决策者(做出最后选择的人)和一个决策机构(所有参与决策的人组成的小组、团体或政府)。他们通过分析信息、确定目标、提出各种方案、对这些方案做出评价、然后提出一个结论来对一个确定的问题做出反应。对个体行为者而言,决策的结果一般称为"决定";对团体或组织而言,决策的结果一般称为"政策"或"决定"。在政治学研究中,人们有时会混用这两个概念,严格地讲,"决策"和"政策"的含义各有侧重,"决策"更多强调一个计划的制定、形成的过程,而"政策"则倾向于指产生和形成的结果。

一般而言,决策有五个特点:首先,决策有明显的目的性,任何决策活动都与特定的目标密切相关,没有具体的目标,决策活动就失去了方向,从而会影响决策的输出;其次,决策具有科学性,决策活动往往是在特定的条件下对若干解决方案的优化选择,从而寻找达到目标的最佳途径和方法;再次,决策具有可操作性,决策活动的目的是达到既定的目标,这就要求解决方案具有高度的可执行性,不具备实施条件或者行动方案不具备操作性,决策行为就没有任何意义;另外,决策具有充分的预见性,决策活动是对未来实践活动所做的决定,因此,决策过程中必须预想未来实践的多方面因素,从而面对未知的行动做出尽可能准确的预测;最后,决策具有风险性,决策是针对复杂多样的客观环境而做出选择的一种行为,而客观环境的复杂性、多变性和不可预测性以及决策者自身知识的有限性,都使得决策行为带有不确定性,因此,决策的结果也不一定在正常预期的范围内。

(二) 政治决策的含义

概括地说,政治决策也是一种对策和方案,不同于一般决策的是,政治决策是由政治系统做出的决定,也就是制定公共政策的过程,政治决策反映的是政治系统内的各种政治力量参与公共事务、协调政治关系、规定政治生活的内容、方式和原则的一个政治过程。政治决策决定着整个政治系统的运行方向和根本目标,是一个关键的政治过程,它与其他类型的决策活动有着显著的差异,深入了解政治决策,可以从以下几个方面着手。

第一,政治决策的主体。决策主体即是政治系统中能够直接或间接影响和参与政治决策的行为主体,既包括国家权力机关、政党、政治社团、利益集团等政治组织,也包括公民等行为个体。从是否直接参与政治决策过程来划分,可以将政治决策的主体划分为直接决策者和间接决策者两类。直接决策者是指拥有直接决策权的政治力量,这些政治组织和个人往往对政治决策具有直接的发言权;间接决策者是指不直接拥有决策权但能够对政治决策施加影响的政治力量。在现代社会中,普通公民通过多种途径参与政治生活,试图影响和制约政治决策的制定过程,是最广泛意义上的间接政治决策的制定者。

第二,政治决策的客体。政治决策的客体即政治决策发挥作用所影响的对象,一方面是指要解决的社会公共事务,另一方面是指政治决策所要影响到的个人和群体。政治决策的客体是一切政治决策活动产生和发展的前提条件,凡是涉及社会公共事务的内容和方向,关系到政治生活发展进步的重大问题都会成为政治决策的客体。

第三,政治决策的过程。每一项政治决策的输出都是多种因素交互作用的结果,在特定的政策环境中,政治决策的主体、客体共同作用于政治决策过程。政治决策从提出到输出有一个漫长的过程,也就是政治决策的发展周期,一般而言,政治决策的过程包括四个阶段:信息收集阶段、设计可行性方案阶段、方案优化抉择阶段和方案的实施评估阶段。每一个阶段都是多种政治力量和复杂因素综合作用的结果,因此,政治决策是政策主体和政策客体互动的过程,也是一个理性选择的政治过程。

综上所述,我们将政治决策界定为:政治系统中的多种政治力量参与公共事务、协调政治关系、规定政治生活的内容和方向,进而力求达到政治目标和要求的一种理性选择的过程。

(三)政治决策的特点

1. 政治决策具有公共性

政治决策的作用对象是社会公共生活,也就是说,政治决策是公共决策,是政治系统解决公共事务,协调多种多样的政治关系,确保社会稳定发展的措施与手段。因此,政治决策必须立足于整个社会的协调发展,从社会生活中绝大多数人的公共利益角度出发制定和实施公共政策,其目的是促进公共福祉,协调公共关系,化解公共矛盾。总之,政治决策具有维护或增进多数人利益的价值目标。

2. 政治决策具有权威性

政治决策的权威性,首先来源于政治决策主体的权威性,决策主体包括直接或间接影响政治决策制定的个人或组织;其次来源于决策产生的合法性,政治决策的输出是经过一定的组织程序或法定程序产生的,拥有特定的社会政治组织或社会成员赋予的权力,对每一个组织或个体都具有强制力量。政治决策的权威性保证了政治决策执行的效力。

3. 政治决策具有专业性

由于社会政治生活复杂多样,社会组织和个体之间的互动性增强,使被纳入政治决策范畴的社会问题不断增多。为了更高效、科学地解决各种社会问题,政治决策主体必须根据问题的性质、特点进行具体详细的分析,做出相应的解决方案。而在当今社会,社会问题大多集中于某一专业领域,使政治决策的专业性明显增强。因此,由于政治决策者自身知识的有限性,专家咨询在现代政治决策中就扮演着越来越重要的角色,专家往往根据自身拥有的专业知识直接参与决策的制定和执行,使得政治决策日益科学化。

4. 政治决策具有技术性

当今科学技术迅猛发展,科技成果也广泛运用到政治决策之中,决策制定的技术化成为当下的特色和发展趋势。根据规定的程序和要求将各种技术手段运用到政治决策中去,决策主体根据量化的结果制定政治决策。如构建决策模型,将各种信息和数据经过复杂的计算转换为数字模型,使政治决策不仅可以通过定性分析的方法确定数据信息的关系,提高了决策的科学性和准确性,而且决策的技术性手段也为政治政策的输出提供了更高的可检验性和操作的可行性,大大增强了政治决策的效益和效率。

二、政治决策的模式

政治决策的制定是多种因素相互作用的结果,为了提高决策制定的速度和准确性,政治学家根据已知的政治决策的理论研究和实践经验,抽象和总结出了决策分析时可供参考的标准形式和分析框架,这被称为政治决策的模式。政治决策分析过程中的决策模式形成了一些不同理论,其中最重要的包括理性决策模式、有限理性决策模式、渐进决策模式、精英决策模式和利益集团决策模式。

(一)理性决策模式

自19世纪以来,政治学家们力图将政治学发展成一门科学化、精确化的学科,开始强调人的理性在政治学研究中的重要地位,甚至借用经济学中"经济人""理性人"的概念作为其研究假设,进而构建政治决策的分析模型,理性决策模式正是在这一趋势下形成的。

理性决策模式最重要的一个假设条件就是决策者具有"全知理性",决策者知道所面临的问题是什么,也知道可供选择的全部方案,而且这些方案通过决策者的理性分析,最终能够排出优先次序,在经过一番理性分析之后,决策者能够从中找出一个解决问题的最优方案。然而,在政治实践活动中,决策者并非全知全能,因此,理性决策模式受到了新理论的严重挑战,分别是赫伯特·西蒙的"有限理性决策模式"和查尔斯·林德布洛姆的"渐进理性决策模式"。

(二)有限理性决策模式

西蒙在对"理性决策模式"进行批评分析的基础上提出了"有限理性决策模式",他认为,决策者的理性是有限度的,并非具有完全的理性。西蒙认为,可以把那类考虑到活动者信息处理能力限度的理论,称为有限理性论;理性就是要用评价行为后果的某个价值体系,去选择令人满意的备选行为方案。通过西蒙的理论分析,我们可以得知,西蒙认为人的理性受到三个方面的限制:第一,人所处的社会环境复杂多变,任何人都不可能全知全能,掌握全部的问题和解决方案;第二,人的理性是以个人所拥有的知识为基础的,因此人的理性必然受到个体知识层次的限制;第三,理性还要受到价值体系的影响和限制,然而每个人的价值观、价值体系不尽相同,对于最优决策的标准就会因人而异,因此,西蒙认为应该选择令人满意的备选行为方案,而非最优方案。

(三)渐进决策模式

美国学者林德布洛姆在《"渐进调试"的科学》一文中提出了"渐进理性决策模式",他认为"理性决策模式"的最优化和科学化的原则应当成为政治决策的目标,然而,理性决策模式在运行过程中存在着诸多的局限性:首先,决策者并不是面对一个既定的问题,而是必须指认并明确说明他们的问题;其次,不充分的信息、时间限制、昂贵的分析代价将阻碍决策者的理性选择;第三,决策过程中随时面临确立目标或价值观的困难;最后,人们对分析的抵制。为了突破这些局限性,林德布洛姆提出以"渐进决策模式"代替"理性决策模式",渐进决策模式所强调的是各个决策主体能够通过政治互动和渐进调适来实现决策的动态平衡,而非像理性决策模式那样的理性算计。

（四）精英决策模式

"精英决策模式"是托马斯·戴伊和哈蒙·齐格勒在《民主政治的讽刺》一文中提出来的，精英决策模式实质上就是精英在政治决策过程中占主导地位的一种模式。精英理论的另一代表人物拉斯韦尔在其著作中曾经提出：政治研究是对权势和权势人物的研究……权势人物是在可以取得的价值中获得最多的那些人们。可望获取的价值可以分为尊重、收入、安全等类。取得价值最多的人是精英；其余的是群众。在现实的政治生活中，由于政治精英控制、垄断着社会价值的权威性分配，因此，在决策活动中他们总是倾向于制定出为他们自身利益和政治目标服务的政策。

（五）利益集团决策模式

现代社会的一个显著特征就是多元化的趋势日益明显，在政治生活的方方面面都有利益集团的身影。各种社会组织或个人借助利益集团的力量，向政治决策过程施加压力以求达到特定的政治目标，这在一定程度上影响和制约了政治决策的形成和输出。最早提出"利益集团决策模式"的是厄尔·莱瑟姆，他认为公共政策是指某一特定时间里团体间的争斗所达到的平衡，它体现了那些一直试图获取优势的并相互竞争着的派系或团体之间出现的均势。在莱瑟姆看来，政治决策的输出是利益集团之间相互争斗、相互作用的结果，利益集团在现代民主社会中固然起着不可替代的作用，但是政治决策的形成并非只是利益集团作用的结果，如果政治决策过程完全由利益集团所左右，那么整个政治生活将走向失序。

三、政治决策的原则和过程

（一）政治决策的原则

现代政治决策与传统的经验决策不仅在决策的方法和工具上存在着巨大的差异，而且现代政治决策面临的政策环境高度综合又极端复杂，为了保证决策的科学性、专业性，避免决策的失误，政治决策的过程必须遵循以下几个方面的原则。

第一，科学性原则。科学性原则体现在，在制定决策的过程中，必须从决策主体的客观条件出发，面对纷繁的社会问题和自身知识的有限性，力求通过理性的分析寻求令人满意的决策方案；从决策环境和决策对象出发，把握事物的内在规律，多视角把握事物整体运行的过程，对社会问题进行科学、全面的分析和论证。此外，科学的决策方法和技术手段也能帮助决策者预测事务发展的方向和趋势，提高决策的科学化程度，提高政治决策的效率。

第二，目标性原则。每一项政治决策的输出必然与既定的政治目标紧密相连，决策具备一个明确而合理的政治目标是政治决策的良好开端，目标的明确性和合理性是决定政治决策成败和效能高低的关键，只有确立正确合理的目标，才能保障政治决策的过程不偏离既定的方向；同时，目标的可分解性也是保证政治决策具有可操作性的基础。

第三，可行性原则。可行性涉及政治决策的可操作性问题，政治决策输出后，决策主体需要调动尽可能多的政治力量和政治资源将决策方案付诸实施，任何政治决策如果不具备可操作性那就毫无决策制定的意义。这就要求在决策制定过程中要有良好的物质和组织基础，指标的设置要具备合理性，决策者要能够预测执行过程中的难度和可能出现的问题,且应有预先的应对措施。此外,决策执行的过程要经历相当长的一段时间,决策还应具备可调节性以适应客观环境的变化。政治决策要在众多备选方案中选择令人满意的方案,可行性是其生命力的基础。

第四,渐进性原则。现代政治决策面临的社会问题大多都是多种政治力量相互交织、相互作用的,这就决定了政治决策要遵循渐进性的原则。决策者要根据不断变化的决策环境,及时修改决策的内容,并根据决策执行过程中产生的效果和效能不断调整、修改甚至重新分析做出判断。无论是在决策理论上还是在决策施行的过程中,那些"毕其功于一役"的想法和做法都是不可取的。

第五,稳定性原则。政治决策的渐进性原则并不影响决策的稳定性,相反,决策的渐进性原则是为了保证优质决策的输出,使重大决策在时间上能够保持一定的连续性和继承性。由此看来,稳定性原则对不同的决策是有不同的要求的,通常情况下,具有长期性、全局性的政治决策更应保持相对的稳定性,而各种针对某一具体问题做出的决策往往需要在实践过程中不断修改、完善和发展。因此,政治决策既不能一成不变,也不能朝令夕改,否则不仅会对决策的执行者造成混乱、使其无所适从,更会对决策者、决策机构和决策本身的权威性和严肃性造成严重损害。

(二) 政治决策的过程

现代政治决策的实际过程极为复杂,决策是一个将输入政治系统的多种利益要求、政治诉求等转换成决策输出的过程。不同的政治决策,其决策过程往往不尽相同,即使是同一个政治决策,其决策过程也具有多样性、复杂性的特点,为了简化这种复杂的决策过程,就必须从决策过程的多样性上进行概括和抽象。政治决策是一个动态的连续过程,政治决策的过程一般分为政策动议、政策预估、政策选择、政策实施、政策评估和政策终结六个阶段。

1. 政策动议

政策动议是政治决策过程的开端。政策的发起可能来自政治体系的任何一个部分:政策可能产生于'上层',即来自政治领袖、议会议员、政府机关等,也可能产生于"下层",即来自公共舆论、大众传媒、政党、利益集团和"思想库"等。在这个阶段,决策者发现问题,确定问题的特性,通过收集真实、准确的信息,理性分析如何面对和解决这些问题,初步形成决策议程。值得注意的是,在现代政治决策过程中,越是民主化、多元化的政治系统,政策动议的压力越是没有"上层""下层"之分,甚至越是来自"下层"的政策动议压力越重要。

2. 政策预估

政策预估是决策者在掌握大量信息的基础上设计出备选方案,并对方案的成本、收益、风险等做出预判的过程。设计备选方案是决策的创造性思维过程,要对所收集的信息进行系统、反复地分析和研究,并在此基础上初步拟定备选方案,进而通过运用科学的决策方法和决策工具对各个备选方案进行科学评估和论证,从而为政策的选择提供充足的科学依据和准确的分析判断。政策预估阶段仅凭决策者个人的知识经验来评估和判定各个备选方案是有失妥当的,必须依靠有关政策专家的力量,从多个角度进行可行性论证,增强决策的科学性。

3. 政策选择

经过政策预估阶段,备选方案已经得到了初步的综合性评价,政策选择就是决策者对可供选择的备选方案进行全面的比较、权衡,从众多的备选方案中选择一个最佳方案,或者将各种方案进行综合形成一个新的方案,同时这也是决策者以自己的合法身份和职权使政治决策具有法律效力和执行力的过程。政策的选择是决策过程的核心,然而在此阶段,决策的参与者范围有所缩小,政策的选择基本上是由政府官员、政策顾问、咨询专家等决定的,其他政治力量对决策的选择影响较小。因此,决策过程要充分发扬民主,防止这些决策者利用职务之便对决策的形成产生不适当的影响。

4. 政策实施

政治决策的实施是将决策方案转换为政策现实的过程,任何政治决策都要付诸实施,并在执行过程中进一步修改完善。政策实施不仅决定着是否能够实现既定的决策目标,而且为完善原有决策、制定新决策提供了重要依据。在决策方案的执行过程中,首先要拟定执行方案,然后将执行方案层层分解,逐步落实到具体部门执行实施;政策实施这一环节最重要的是保证政治决策方案及时、有效、真实、准确得到落实。

5. 政策评估

一个完整的决策过程不仅仅包括决策的制定和执行,对已施行的决策进行反馈和评估也是决策过程的重要阶段。一项决策在具体的实施过程中总要暴露出这样那样的问题,只有对这些问题进行及时修正和完善才能使后续政策的执行不受影响。政策评估首先来源于决策执行情况的反馈,通过分析执行结果与决策目标之间的差异,及时将评估信息反馈回政策动议和政策形成阶段,从而改进和完善现有的政策方案。政治决策过程只有经过政策反馈评估阶段,一次完整的政治决策才算终结,同时也为下一次决策的制定提供了理论和实践经验。

6. 政策终结

政策终结是政治决策过程的总结阶段。一项政策走向终结有两种具体的方式,一是通过对决策执行结果的反馈评估,决策者发现有些针对具体问题的政治决策的目标已经实现,社会问题得到了及时有效的解决,政治决策达到了预期的目标和效果,因此,这些没有存在必要的政治决策必然会走向终结;二是一些具体的政治决策在执行过程中,逐渐背离了既定的政策目标,或是经过政策实践证明这项政策完全是多余、无效的,甚至发现政策的实施引发了更为严重的社会问题,继续执行下去不仅无法解决现实的政治问题,甚至会延误解决问题的有利时机。因此,这两种类型的政策都会走向政策终结,并有新的政治决策加以取代。

综上所述,政治决策是政治行为中的一个重要方面,是一种重要的政治管理活动,也是政治管理活动中的一个重要环节。任何政治活动始终都围绕着政治决策的制定、选择、执行、评估而进行。政治决策贯穿国家政治管理活动的全过程,直接关系着政治管理活动的成败。

第四节 政治管理

政治管理作为一种普遍存在于社会政治生活中的政治行为由来已久,然而政治管理真正成为政治学研究的一个独立领域则是近代以来的事情。在政治管理发展的初期,由于政治领域内部的功能分化并不明显,政治管理往往与政治、政治统治相提并论,直到政治分工高度发达的近现代社会,政治管理才成为一个独立的研究领域在政治学研究中得以凸显。政治管理作为政治系统中客观存在的一种政治现象,是与每一个人都休戚相关的政治活动,深入学习研究政治管理的基本内容,对于分析现代政治生活,提高政治管理的水平,推动政治管理现代化的进程具有重要的意义。

一、政治管理的内涵

"管理"一词古已有之,在中国古代典籍中,"管""理"二字往往拆开使用。"管"字有"掌管、规约"的含义,如《商君书·修权》中提到"管一国之重,以便其私,此国之所以危也",这里的"管"有"掌管、掌握"之义;再如《荀子·富国》中提及的"不富不厚之不足以管下也,不威不强之不足以禁暴胜悍也",此时的"管"字有"规约、管理"的含义。"理"字的本义在《说文》中有提及,"理,治玉也",这里的"理"是指加工玉石,《战国策》中"玉未理者为璞"也正是此意;《荀子·天论》中提到"政令不明,举措不时,本事不理,夫是之谓人妖",这里可以将"理"引申为"整治、整理"之义;然而在大部分古籍中,"理"字都是作为名词使用,意为"道德、法则"。由此,"管""理"二字合到一起,便有"规约、整治"之义。

在英语中,"管理"的英文单词是"administer""management",基本的含义是"掌管、处理、指导、分配",已经基本接近现代词语中管理的含义。尽管中西方政治管理的思想都产生已久,但把"政治"和"管理"联系在一起使用,却是近代以来的现象。对于"管理"一词的含义,不同的学者从不同的角度给予过剖析。"经营管理理论之父"法约尔在其著作《工业管理与一般管理》中认为,管理活动指的是计划、组织、指挥、协调、控制;美国著名的管理学家西蒙认为管理就是决策;美国学者小詹姆斯·H·唐纳利认为,管理就是由一个或者更多的人来协调他人的活动,以便收到个人单独活动所不能收到的效果而进行的活动。综合上述定义,我们可以将管理界定为一定组织中的专门人员通过实施计划、组织、协调、沟通等职能来协调他人的活动,共同实现组织目标的过程。

那么,什么是政治管理呢?政治管理的思想古已有之,中外思想家在思考政治问题时,都不约而同地将其与治国理政联系起来,人们对政治管理思想进行研究的轨迹也反映出政治管理的内涵在不断地丰富发展。然而,在政治管理理论的研究中,由于学者们各自的研究角度和背景知识不同,对政治管理的看法也不尽相同,总体上有以下几种观点。

第一种观点认为,政治管理就是对整个社会的管理。最具代表性的是苏联学者奥马罗夫,他在《社会管理》一书中认为,"与资本主义相比,社会主义实质上具有无与伦比的、更高水平的完整性,无论在经济领域还是在社会政治领域和思想精神领域都是如此。在社会主义社会,生产资料公有制保证了经济、政治、社会和思想上的统一性,也就是社会的统一性。这就在历史上第一次开始了对整个社会——作为社会生活的经济领域、社会领域、政治领域和思想精神领域综合的整个社会组织进行理性的统一的集中管理"①。这种观点是高度集中的计划经济体制下的产物。显然,这种观点即是对政治管理内涵的误解,也是对社会主义制度的误解,将政治管理等同于社会管理,实质上是把政治管理的范围扩

---

① [苏]A.M.奥马罗夫.社会管理:某些理论与实践问题[M].王思斌,等译.杭州:浙江人民出版社,1987:2.

大化了,将政治管理理解为事无巨细、越俎代庖的过分集中的管理,无疑会造成对公民权利的干预和侵犯。

第二种观点认为,政治管理就是行政管理。马克斯·韦伯和伍德罗·威尔逊对政治管理和行政管理进行了开创性的研究,然而,他们却没有将二者准确地区分开来。韦伯虽然注意到了政治管理不同于企业管理,却把政治管理等同于行政管理;威尔逊在《行政学之研究》中提到,行政管理的领域是一种事务性的领域,行政管理是置身于"政治"所特有的范围之外的。行政管理的问题并不属于政治问题。威尔逊的政治行政二分其后得到了古德诺的发展,古德诺认为行政是对国家意志的执行,政治则是国家意志的表达。在这里,他们虽然认识到政治管理不同于政治统治,但又被行政管理的特殊作用所迷惑,用行政管理来泛指政治管理。实际上,行政只是政治的一部分,行政管理只是政治管理的一种具体表现形式而已。

第三种观点认为,政治管理是政治生活的全部。最具代表性的是我国民主革命的先行者孙中山先生,他提出:政治两字的意思,浅而言之,政就是众人的事,治就是管理,管理众人的事,便是政治。这种观点夸大了政治的社会职能,有失偏颇,而且把政治管理完全等同于政治活动,无限扩大了政治管理的外延,使政治管理现象捉摸不透。

显然,以上几种观点都没有全面把握政治管理的内涵,所谓政治管理,就是国家权力按照某种特定的秩序和目标对政治生活进行自觉的、有计划的约束或制约的一种方式。就是说,通过这种特殊的约束方式使政治生活的各方面都能按照某种既定的秩序和目标来运行和发展。简单地说,政治管理是国家权力对社会政治生活的协调和约束。政治管理行为的主体是政治权力主体及其延伸而构成的政治体系,客体是全体社会成员,政治管理行为的方向是自觉、自上而下地进行协调和约束,其目的是保障政治系统的良性运转。

值得注意的是,目前的政治学研究中,有一种"政治治理"的提法。尽管对政治管理和政治治理的异同还需进一步考察,但我们必须注意到这种学科发展的动向。政治治理是基于"治理"提出的。"治理"这一术语已成为国际社会科学文献中最为流行的术语之一。自1989年世界银行在其报告中首次使用了"治理危机"之后,"治理"一词便被广泛地应用于政治学研究之中。当然,治理理论还不够成熟,其基本的内容框架还十分模糊,但它对政治学研究的意义是显而易见的。"治理"强调管理就是合作,把有效的管理看作是一种合作的过程。目前关于"政治治理"的提法,必然深化人们对政治管理的理解和把握。

■ 二、政治管理的发展

在人类社会管理实践的发展过程中,政治管理与政治权力是相伴相生的,因而,政治权力本质的变化也就决定着政治管理类型的变化。同时,政治管理作为一种独特的管理行为,又遵循着管理活动的发展规律,因此,在政治权力和管理活动的交织下,政治管理也在不断地发生变化。时至今日,政治管理大体可以划分为传统政治管理和现代政治管理两种基本类型。这两种基本类型的划分依据是其所依赖的社会形态,传统社会的政治管理就是传统政治管理,现代社会的政治管理则为现代政治管理,而以层级制和法理权威为基础的官僚制的出现,恰恰是传统政治管理和现代政治管理的一个分水岭。因此,传统政治管理即前官僚制形态,包括家产制政治管理和历史官僚帝国的政治管理;现代政治管理即官僚制形态,又分为官僚制形态的政治管理和后官僚制形态的政治管理。①

(一) 传统政治管理

传统政治管理(前官僚制形态)是指这种政治管理是在官僚制出现之前就存在的,是以工业社会的到来为划分点,也就是说,前官僚制形态的存在基础是传统社会。因而,考察传统社会的政治管理对于掌握政治管理的发展趋势,揭示其不同阶段的特征具有重要意义。前官僚制有两种基本的形态:家产制政治管理和历史官僚帝国的政治管理。

1. 家产制政治管理

在家产制的政治管理模式中,政治管理的主体是萌生于氏族的世袭家长制首脑,其还未从生产活动中解脱出来,也缺乏明确的政治管理目标,还没有实现和社会的相对分离。世袭家长制首脑与其他政治管理主体之间属于主人与臣仆的严格的孝敬关系,因而,马克斯·韦伯认为,对传统的虔敬和对家长本人的孝敬构成了权威行使的两大基础,也就成了政治管理活动所依凭的两大规则。正是由于管理者与被管理者还没有从诸如亲缘关系等社会角色中完全分离,那么此时的政治管理活动与其他的管理活动也很难实现真正的分离。游牧社会和农业社会的早期政治管理模式多属于家产制的政治管理形态。

2. 历史官僚帝国的政治管理

在历史官僚帝国的政治管理模式中,政治管理的组织基本上实现了政治权力从地方向中央的有限集中,政治管理活动也具有了一定的自主化水平,政治管理体系已经发展出了有限的自主性目标,但是最高的政治管理者仍然通过世袭制产生,其合法性主要源于魅力型的统治和传统型的统治。与家产制政治管理模式不同的是,参与政治管理活动的其他的政治管理主体是通过一定的个人能力考核而获得官职录用机会的,这使政治管理的主体向专业化方向发展,政治管理活动所凭借的规则也具有了一些法理成分。而与现代官僚制政治管理相比,这种政治管理模式中的许多亲缘共同体仍然发挥着重要的政治管理作用,政治管理活动的范围和作用的发挥都受到严重的制约。因而,历史官僚帝国的政治管理模式可以说是介于家产制的政治管理模式和现代官僚制政治管理模式之间的一种过渡性的政治管理模式。传统的帝制中国、古埃及、古巴比伦、古罗马帝国和古希腊等国家大致都属于这一类型。

总而言之,传统政治管理形态是一种与传统社会相适应的政治管理模式,具体而言有以下几方面的特征:一是从政治管理活动凭借的经济基础来看,传统的政治管理形态基本上是建立在自然经济为基础的农业社会之上的;二是从政治管理主体来看,这一阶段的社会分化和社会利益结构相对简单,还未出现政党等其他政治团体,因而,传统政治管理的主体一般仅限于政府机关以及与国家政权机关相联系的某些宗族组织或宗教组织;三是从政治权力特性来看,由于传统的政治管理内容相对单一,其组织结构和功能的分化程度也相对较低,因此传统的政治管理权力更多以权力的高度集中、专制集权的形式表现出来,因而在权力的行使方面较容易产生个人专断,使政治管理缺乏连续性,从而导致政治不稳定;四是从政治管理的方法来看,传统的政治管理方法一般采取行政强制和思想教化的方式,管理方法比较单一,管理的效率较为低下,具有明显的人治色彩;五是从政治管理

---

① 孙关宏,胡雨春.政治学[M].上海:复旦大学出版社,2002:181-186.

功能的角度看,传统的政治管理形态具有明显的排他性,在社会经济领域和思想文化领域尤为明显,在经济领域,传统的政治管理通常以官本位作为其社会利益分配的依据,权力支配财富的现象异常严重,在文化领域,通过国家政权机关对社会思想文化进行严格的控制和管理。

(二)现代政治管理

现代政治管理的存在基础是工业社会,它是随着资本主义生产方式的充分发展和资产阶级政治地位的确立而形成和发展起来的一种新的政治管理形态。大工业时代的商品生产和商品交换、市场经济的快速发展使社会利益结构日趋复杂、社会分工日益明显,整个社会联为一体,为现代政治管理的产生创造了重要条件。现代政治管理的主要形态包括官僚制形态的政治管理和后官僚制形态的政治管理,这也是现代政治管理从工业社会发展至今的演进过程。

1. 官僚制形态的政治管理

官僚制形态的政治管理是从前官僚制形态的政治管理过渡而来的,从规范意义上讲,官僚制是现代政府的一种基本组织形式,即以层级结构和法理权威为基础而建立,在指挥和控制现代社会方面发挥着重要作用的统治和管理体制及方式。官僚制的政治管理形态主要包括三大特点:一是政治管理的专业化和技术化,指的是官僚制与现代民主体制相结合,使官员按照产生方式的不同可分为三类,任命产生的官员、选举产生的官员和考试产生的官员,他们按照各自的特点实现了细致的分工与合作,也充分体现了现代政治运作的不同机制;二是政治管理的规范化和法制化,指的是政党必须在宪法和法律的框架内活动,政策必须经过合法化的过程之后以法律规范的形式出现才能成为实际政治管理活动的依据,从而将个人专断和任意妄为排除在现代政治管理的进程之外;三是政治管理手段的多样化,指的是在官僚制与市场经济、民主政治结合之后,在传统的政治管理的行政强制和思想教化手段之外,现代政治管理诞生了新的经济和法律管理方式,因而,现代政治管理形成了四大基本管理手段,即行政手段、道德手段、经济手段和法律手段。

2. 后官僚制形态的政治管理

后官僚制形态的政治管理是为发展和完善官僚制形态的政治管理带来的重大弊病而产生的。尽管官僚制政治管理因为现代社会的发展而提高了管理效率,使政治管理活动逐步迈向科学化和规范化;但是随着官僚制在形式上的理性化和科学化的程度越高,它就越有可能成为一座将个人的内心和精神排除在外的冷酷牢笼,身处其中的个体将逐渐异化为没有个性的机器零件,因而官僚制的扩大必然会使社会的自主性和创造性受到极大的压抑,同时也必然带来市场功能的萎缩。不少西方国家自 20 世纪六七十年代开始,尝试进行新的政治管理模式变革,后官僚制形态的政治管理是伴随一场号称"新公共管理"的政治管理变革运动崭露头角的。"新公共管理"最早起源于英国、美国、新西兰和澳大利亚等国家,随后迅速扩展到其他西方国家,它是在对传统的公共行政理论进行批判的基础上逐步形成起来的。经济合作与发展组织组织 1995 年度公共管理发展报告《转变中的治理》把新公共管理的特征归纳为如下八个方面:一是转移权威,提供灵活性;二是保证绩效、控制和责任制;三是发展竞争和选择;四是提供灵活性;五是改善人力资源管理;六是优化信息技术;七是改善管制质量;八是加强中央指导职能。① 这场"新公共管理"的政治管理变革运动在西方国家已经持续了几十年,尽管对传统的官僚制形态的政治管理带来的非人性的缺陷而言产生了巨大的冲击,但目前这一模式仍处于探索之中。作为一种正在成长的实践模式,"新公共管理"是与人类社会由工业社会向后工业社会转变相适应的一种政治管理模式,反映了当代西方政治管理的发展和变革趋势。

总而言之,现代政治管理形态的经济基础是工业社会的市场经济,市场经济和商品经济的发展促进了现代政治管理的形成和发展,商品交换的开放格局、资源配置的市场机制以及社会利益的相互关联,决定了现代社会管理具有与传统社会管理不同的政治管理特征:一是从政治管理的主体来看,在现代国家中,由于社会结构的分化和社会利益的多元化,政治管理的主体越来越多,呈现出多元化的特征,除了高度分工的政府之外,还有政党和其他政治社团等政治组织在一定条件下起着政治管理主体的作用;二是从政治管理的权力特性来看,现代政治管理权力相对于传统的政治管理来说,更加强调政治管理进程中的分权与制衡,只有严格按照相关的规范和程序进行,才能避免政治管理中的盲目性和随意性,才能保障政治管理的合理化,增强政治管理的科学性和时效性;三是从政治管理的功能来看,现代政治管理是建立在利益多元的基础之上的,要兼容多种利益的存在,并且以宏观调控者的身份对复杂的利益关系进行协调,同时现代政治管理为适应市场经济发展的需要,将政治管理活动置于社会大众的监督之下,透明度大大增强,日益呈现出开放性的特征;四是从政治管理的方法来看,现代政治管理以法律手段为根本,综合运用行政手段、经济手段、思想教化手段等多种方式,不断推进政治管理决策的民主化进程,并且广泛采用现代科学手段和方法进行政治管理,使管理的效率极大提高。

三、政治管理的方式

所谓政治管理的方式,是指在政治管理活动中为实现管理目标和完成管理任务所采用的手段和方法。这些管理目标和任务是通过政治管理的行为过程来具体实现的,实质上就是国家权力体系对社会政治生活进行调节和控制的过程,我们称之为某种政治管理方式或政治管理模式,具体而言主要包括政治领导、政治决策、政治组织、政治协调、政治沟通和政治监督等。同时,政治管理对于巩固经济基础、维护政治稳定、推进民主进程都具有重要意义。

(一)政治领导

政治管理活动中的政治领导是指政府、政党、政治团体等政治管理主体运用权力和权威,确定社会政治活动的基本任务、基本方向和主要内容,并对政治生活的根本性问题做出权威性的指导。政治领导在国家政治生活中起着主导性作用,它与其他政治管理活动的显著区别之一即它着眼于社会整体利益和长远利益,为社会政治生活确定目标、方向、价值、规范等主要内容,因而,政治领导的正确与否事关全局,关系到国家的前途、民族的希望和人民的利益。同时,政治领导是一个动态的过程,这一动态过程大致包括以下几个基本的环节:首先是政治判断,要对社会政治生活的发展态势和民众的需求做出合乎实际的预测和认定,在此基础上确立政治管理的方向、目标和主要任务,这是政治管理的先决

---

① 陈振明.评西方的"新公共管理"范式[J].中国社会科学,2000(6):73-82+207.

条件;其次是政治动员,政治管理主体为实现政治管理的目标和任务,尽最大可能调集人力、物力、财力的活动过程,这一进程中要积极调动政治管理客体的积极性,激发他们的政治热情,一同实现既定的政治目标;最后是政治指挥,是政治管理主体发挥其权威性的引导作用,对政治管理客体的意志和行为进行约束和支配,并对其中可能出现的偏差予以纠正的活动过程。

(二) 政治决策

政治管理活动中的政治决策是指政治管理主体面对社会政治生活中的重大问题,制定并选择行动方案的过程,这一过程主要涉及确定政治生活的方向、目标、原则、方法和步骤等。政治决策作为一种特殊的决策活动,具有区别于一般决策活动的基本特征:第一是公共性,政治决策是对社会政治生活的重大问题所做出的选择,关系到国家和社会的整体和长远利益,其结果会影响或改变政治系统的权力分配格局;第二是权威性,政治决策的主体是掌握和行使国家权力的政治组织及其成员,代表和反映的是国家意志,这为决策带来了权威性;第三是强制性,政治决策是以国家强制力为后盾的一种决策活动,要求全体社会成员必须普遍服从和执行。可以说,政治决策活动是全部政治管理活动的基础,对政治管理活动具有决定性的意义。

(三) 政治组织

政治管理活动中的政治组织是指政治管理的主体为实现某种特定的政治目标和任务,通过权责分配、机构设置、人员安排等确立起某种组织构架的过程。政治组织既可以在政治管理过程中产生内聚力,使政治管理活动具有明确的目的性,又可以在政治管理过程中产生约束力,使政治管理活动具有有序性。政治组织是政治管理活动程序化的重要保障。作为一种动态的政治行为过程,政治组织主要由以下运行过程构成:一是要提出政治纲领,制定政治计划;二是要设计政治结构,组建政治组织;三是确定政治关系,制定政治规范;四是整合政治行为,聚集政治力量。这四个环节构成了政治组织运行的动态过程。

(四) 政治协调

政治管理活动中的政治协调是指政治管理主体对社会政治生活中存在的矛盾和冲突进行调节,使之趋于平衡和谐,从而维持社会政治生活稳定发展的活动过程。政治协调的产生源于社会利益的分化与政治整合的要求,其核心是调节人们的利益关系和政治矛盾,其根本目的是将政治冲突转化为建设性力量,使政治生活达到总体运行上的和谐一致。政治协调必须通过特定的方式进行,良好的政治协调效果需要有效的协调方式的保障,主要的政治协调方式包括:一是政治干预,指的是政治主体利用职权对社会生活中发生冲突的各方实施合理干预,促使其做出让步,从而平息冲突;二是权威仲裁,指的是在政治冲突陷入僵局时,选择共同信任的权威机构进行仲裁;三是协商拖延,指的是冲突各方的领导人之间进行谈判,求同存异、做出让步、解决问题;四是协同合作,指的是冲突各方通过建立相互信赖的合作关系,变对立为合作,主动解决矛盾冲突,从而求得共同发展;五是拖延回避,指的是对无碍于社会政治生活大局的冲突暂时搁置、不予解决,等待政治环境出现转机时再予以解决。

(五) 政治沟通

政治管理活动中的政治沟通是指政治管理主体与政治管理客体之间的一种信息交流

活动。一个完整的政治沟通过程是一套复杂的网络结构,组成这一结构的基本要素主要包括:首先,政治沟通的主体是政府、政党以及各类政治组织,在现代政治体系中,一般由官方机构对社会上的各种信息进行收集、整理、甄别和筛选;其次,政治沟通的内容主要是输入、转换和输出政治信息;再次,政治沟通的信息发布通常是以国家权力机构公布决议、命令或政治领袖做出指示的方式来进行;然后,政治沟通的信息接受是指政治管理客体对政治信息的学习和认识过程,并且根据政治决策的内容转变为相应的政治行为;最后,政治沟通的信息反馈是指政治管理客体对接受的政治信息,以建议或意见的方式返回政治决策中心,为下一轮政治决策提供参考依据。政治沟通是现代政治管理的中枢神经,对整个政治管理活动起着无可替代的重要作用。

(六)政治监督

政治管理活动中的政治监督是指政治管理者为防止权力腐败和滥用,保障权力体系的正常运行,使公共权力机关在职权范围内活动而进行的自上而下的监视、检查、控制和纠偏的活动。政治监督实质上是以权力制约权力的政治管理过程,其目的在于保证权力的高效和廉洁运作,保障社会公共利益和公民的合法权益,实现政治管理的长远目标。政治监督主要由以下监督机制构成:第一是宪法监督,一般由国家最高权力机关、专门的宪法法院或普通法院来审查国家立法机关、行政机关和司法机关在行使国家权力过程中是否有违反宪法的行为,并对违宪行为给予必要的纠正和制裁;第二是立法监督,是指由立法机关依据宪法对行政机关、司法机关及其他国家机关进行监督;第三是行政监督,由国家行政管理机关及内部专设的监察机关对公民、法人和其他社会组织的违法、违纪行为进行检查、惩戒等活动;第四是司法监督,司法机关为保证法律的适用而通过审判活动对违法行为进行防范、纠正和制裁;第五是政党监督,它既要对自己内部的违纪现象进行监督,还要对国家机关及其工作人员实施监督。

第五节 政治参与

政治参与是现代政治体系中的重要概念之一,政治参与是公民的一种政治行为,是公民依据其所享有的政治权利进行的旨在影响公共政策制定、干预政治过程的一切行为和活动。政治参与在很大程度上代表了民主政治的进步和成果,其有效性及其规模、程度是衡量一种政体是否民主的重要指标。政治参与是实现人民主权的基本保障,公民政治参与的根本目的在于维护公民权利、保障公民利益,从而实现社会公正。由此,政治参与通常能够对社会政治过程产生广泛、深刻和持久的影响,成为必须予以高度重视的一种政治行为。

一、政治参与的概念与特征

(一)政治参与的概念

在现代政治科学中,"政治参与"这一概念是第二次世界大战后,通过西方学者对选举问题的研究拓展演变而来。较为经典的政治参与的定义主要有以下几种:第一种是影响决策论,美国当代政治学家萨缪尔·亨廷顿认为,政治参与是平民试图影响政府决策过程的活动;第二种是合法程序论,诺曼·尼和西德尼·伏巴认为,就政治参与这个术语来说,我们指的是平民或多或少以影响政府人员的选择及他们采取的行动为直接目的而进行的合法活动;第三种是自愿活动说,帕特里克·J·孔奇认为,政治参与是在政治体制的各个层次中,意图直接或间接影响政治抉择的个别公民的一切自愿活动。由此可见,关于政治参与的研究开展得如火如荼,并且形成了多种多样的政治参与的论说,当然,这些对政治参与的不同界定论述了政治参与某些方面的基本内容,也从不同的角度片面强调了某些特点,这在我国现代政治科学语境中未必恰当。为了将政治参与行为的多种特征都囊括进去,我们不妨从一般的角度将政治参与看作是以公民为主体,对政治活动的介入过程。作为一种以公民为主体的政治行为,政治参与也具有区别于其他类型的政治活动的特定属性。

(二)政治参与的特征

第一,从政治参与的主体来看,它是指普通公民或公民团体的政治行为,这就有别于专门从事政治活动或公共事务的公务人员。公民的政治参与活动是业余性质的,一般不具有持续性,而如果将国家权力机构及其工作人员的行为都纳入政治参与的范畴,那么我们就难以区分政治参与行为与政治决策、政治管理等其他政治行为的区别。值得注意的是,我们并非将职业政治人员的所有政治活动都排除在政治参与行为之外,他们所进行的制定公共政策的活动属于政治决策或政治管理行为,而他们在进行投票等行为活动时仍然属于政治参与行为。

第二,从政治参与的客体来看,它的作用对象是政治权力和政治体系,公民的政治参与就是通过表达政治意愿,试图影响政治权力的运作和政治体系的常规运行,来实现政治参与主体的利益诉求。不管政治参与最终是否对权力当局产生压力,能够实现政治参与主体的意愿,只要其行为旨在影响社会政治过程,这种行为就属于政治参与行为。

第三,从政治参与的外延来看,需要明确的是政治参与是公民或公民团体介入社会政治过程的实际行为,并不是一种思想意识活动。威廉·F·斯通极大地扩展了政治参与的含义,他认为"追踪报纸和电视报道"是间接进行政治参与的主要形式。尽管公民对政治生活的关注、了解有关政治方面的知识及其他的政治意识活动都可能对其政治参与产生深刻的影响,但这并非真正的政治参与行为,公民并没有实际参与到政治活动之中。

综上所述,我们认为,政治参与是指特定体制框架内的普通公民或公民团体为满足自身的利益诉求,运用政治权利以多种途径介入政治生活、影响政治权力和政治体系的实际行为。这一定义内含了我们上述的三大特征:其一是政治参与的主体是普通公民或公民团体,其二是政治参与的客体是政治权力和政治体系,其三是政治参与是一种实际的行为,并不包括政治意识、政治思想等内容。此外,需要特别强调的是,这一定义并没有涉及政治参与的合法性问题,因为政治参与的这一性质在学界尚未达成一致。政治参与的合法性与其所处的时代背景和政治体制密切相关,一些在特定时期出现的非常态行为,在某一具体的时代背景下可能明确属于公民的基本权利,合法与否不能一概而论,但是政治参与的目的绝非推翻政权本身,以推翻政权为目的的政治革命显然已经超出了政治参与的范畴。因而,本定义倾向于将政治参与界定为一种特定体制框架内的公民或公民团体运用政治权利介入政治过程的非暴力行为。

二、政治参与的形式

政治参与的形式是政治参与研究的重点之一,在现代政治生活中,公民的政治参与形式不再局限于单一的投票活动,而是积极主动地参与到各种政治活动之中,参与形式也不断向多元化方向发展。归纳起来,公民政治参与的形式主要有政治投票、政治选举、政治结社、政治表达四大类型。

(一)政治投票

政治投票是公民表达其政治偏好或政治态度的一种政治行为,是政治参与最普遍、最基本的一种行为方式。具体而言,政治投票是公民在竞争性的政策或候选人之间,或其他有争议的政治问题面前表达自己的政治态度或政治偏好的一种政治行为方式。目前,政治投票涉及选举、罢免、决策等各种政治过程,是现代民主国家进行政治管理不可或缺的重要手段。尽管在投票活动中可能存在贿赂、操纵等不良行为,但是以投票的方式决定政治官员的前途、民主解决有争议的政治问题仍是目前最好的办法。值得注意的是,全民公投未必一定能够获得积极的结果,在特定的时代背景下,这一方式可能为少数人所利用,这也意味着在特定情况下,多数人的意见并非绝对正确。

(二)政治选举

政治选举是多种政治参与方式中规模最大、影响最大的政治活动。政治选举是由一系列政治活动组成的,其中宣传动员、组织选民、政治捐助、政治投票等都是政治选举的重要组成部分,这些活动需要投入大量的人力、物力、财力,与政治投票相比,缺乏政治主动性是很难投入政治选举活动中的。具体而言,政治选举是指政府或其他政治组织依照一定的程序和规则,由全部或部分成员抉择一个或少数人充任该组织某种权威性职务的一种政治过程。在现代政治过程中,政治选举的普遍意义是使当选者或特定政治组织获得某种权威地位的合法化,这是政治管理获得合法性的基本依据。

(三)政治结社

政治结社是指具有共同政治理想的公民为了相同的政治目标而组成持久性的集团组织的行为。一般来说,政治结社包括两方面的内容:一是参加政党和社团等政治组织,二是以团体或组织的方式去解决特定的社会政治问题。法国政治学家托克维尔曾提到,人们把自己的力量同自己的同志的力量联合起来共同活动的自由,是仅次于自己活动自由的最自然的自由。因此,结社权在性质上几乎与个人自由一样是不能转让的。在现代民主国家中,公民具有广泛的结社权,各种政治社团纷纷成立,它们都具有明确的政治目标、组织原则与活动规则,对政治民主化起到重要的作用。公民的结社权是法律赋予公民的基本政治权利,同时结社也要符合法律的要求,非法政治社团严重危害国家政治稳定,因而为各国法律所明令禁止。

(四)政治表达

在现代民主国家中,公民拥有广泛的表达权。政治表达是公民在参与政治活动、行使政治权利的过程中,通过法律规定的途径表达自己的政治观点、利益诉求或政治态度等,从而影响政治过程的一种政治行为。政治表达的形式多种多样,主要包括以下三类。一是集会、游行、示威,这里的集会特指政治性的集会,是公民为了表明某种政治态度而临时集合起来举行会议,向政府或公职人员提出某种政治诉求或者表明某种政治态度;游行示威也是一种常见的政治表达形式,是公民表达对某个政治事件的庆祝、纪念、支持、抗议等的活动。二是个别接触、院外活动、信访等,在西方国家,公民为解决个别的政治问题,通常采用个别接触或院外活动的特殊政治表达形式与政府官员接触,从而试图影响有关政府官员的行为活动。在我国,公民可以通过信访、座谈会、意见箱等形式向政府及公职人员表达自己的政治意愿或政治诉求。三是通过大众传媒表达政治意愿,公民通过广播、电视、报纸杂志、互联网等媒介直接向政府及其公职人员表达政治诉求,并且利用社会舆论形成社会影响力,试图影响政治决策的过程,这已经成为公民政治表达的主要形式。

三、政治参与的主要制约因素

政治参与是现代民主政治的产物,在不同的国家、地区,公民政治参与的广度和深度都存在巨大的差异,即使是在同一国家的不同时代背景中,公民政治参与的程度也千差万别。为了能够更好地调动公民政治参与的积极性、引导公民更好地参与社会政治生活,我们需要对影响公民实际政治参与意愿的因素进行全面的分析。综合起来看,影响公民政治参与的主要因素包括以下几个方面。

(一)社会经济发展水平

社会经济发展水平是决定公民政治参与的一个重要因素,一般而言,社会经济发展水平与公民政治参与的程度成正相关,经济发展水平越高,公民的政治参与程度也越高,反之亦然。具体而言,社会经济发展水平对政治参与的影响是多方面的。首先,社会经济发展为公民政治参与提供了基本的物质基础。科恩曾说,严重贫困的群众根本无法获知参与公共事务的足够的信息,以及对公共事务进行有效的讨论,只有当社会经济发展到一定的水平,社会成员才有时间、精力、金钱等参与政治生活;并且经济发展直接推动了文化教育的不断发展,公民的政治参与意愿和政治参与能力也随之不断提高,更多受过高等教育的公民为谋求其政治权益,积极介入政治生活,从而在全社会形成一种良好的政治参与氛围,塑造更多的参与型公民。其次,社会经济的发展促使原有的社会利益格局发生变化,社会阶层的分化与组合促使社会成员结成新的利益群体,不同利益群体之间必然会出现利益纠纷或矛盾,致使社会成员诉诸多种政治参与渠道来解决矛盾,从而实现自身的利益诉求。最后,每个国家社会经济发展过程中所采用的经济体制模式以及社会成员的经济地位与公民的政治参与也密切相关,通常来说,相比于计划经济体制,市场经济体制下的公民有相对较高的社会经济地位,为实现物质利益的诉求更能够积极参与社会政治生活。

(二)政治制度环境

一个国家所采用的各项具体政治制度与公民的政治参与有直接关系。如果说社会经济发展水平是公民政治参与的基础,那么具体的政治制度则为营造公民政治参与气氛、促使公民政治参与合法化提供了强有力的保障。政治制度规定了政治参与的范围、形式以及成员资格等内容,对公民的政治参与有着重大影响。具体而言,选举制度、政党制度直接影响和制约着公民政治参与的程度。首先,在现代社会中,随着选举制度的不断发展、完善以及公民选举权的不断扩大,公民的政治参与范围、程度也不断扩大和深化,政治选举已经成为公民参与政治生活的一种最广泛、最普遍的形式;其次,政党制度是政党掌握政权或干预政治的一种制度形式,政党制度的存在一方面可以吸纳更多公民的利益诉求,建立起公民与公共政策制定者之间的桥梁,另一方面政党组织利用其信息共享机制为公民提供政治参与过程中的多种信息,简化了公民政治参与的程序,由此可见,政党制度在公民的政治参与过程中发挥着至关重要的作用。

(三)政治心理

政治参与活动离不开公民心理因素的驱动,而政治心理作为政治文化的表层部分,通常指的是在特定的政治环境中,公民个体对政治事件、政治人物和各种政治活动所形成的一系列政治态度、政治立场等心理倾向。公民在政治社会化的过程中,逐渐形成对现实政治生活的认知和理解,从而产生相应的政治认知和政治情感,形成明确的政治动机,并以此为指导开展各种政治活动,实现既定的政治目标和政治需求。由此可见,政治心理因素会影响公民的政治参与程度和参与形式。总体而言,一个国家公民的政治参与现状与其民主意识是相辅相成、相互促进的。

(四)社会因素

尽管随着现代社会的发展和进步,政治参与的限制性因素正在逐步减少,但是公民的政治参与仍然要受到社会经济发展水平、政治制度环境、政治心理等因素的制约,并且还受到诸多社会因素的影响,包括年龄、性别、种族、宗教信仰、职业、收入、受教育程度等多种因素,以上因素综合影响,形成了公民在现实政治生活中的社会地位和社会机会。一般而言,受教育程度、职业、收入等处于较高层次的公民,其政治参与程度更高、参与方式更加多样化,在社会分层中处于较低层次的公民,其政治参与程度相对较低。具体而言,对年龄条件的限制在大多数国家是普遍的和自然的,未满18周岁的公民不具有选举和被选举权;就公民受教育程度而言,受过良好教育的公民的政治参与程度相对较高,这也在一定程度上强化了教育与政治参与的关系;就职业和收入层次而言,从事受政治活动影响较大的工作的公民或收入较高的公民,相对而言更容易参与到政治活动中去;当然,在特定的历史条件下,政治参与还受到性别、种族、宗教信仰等因素的限制,这些本不应该作为限制条件的因素随着人类历史的发展,在多数国家已不再成为公民政治参与的限制性条件。

四、政治参与的作用

在现代政治生活中,政治参与是社会活力的源泉,是公民与政治系统发生联系的最直接的形式,也是国家政权正常运转的重要保障。公民政治参与水平的高低决定了一个国家政治民主化的程度,也是衡量国家现代化的主要指标。从这一意义上讲,政治参与不只具有工具价值,它本身就是一种目的,在现实政治生活中发挥着多方面的作用。

(一)政治参与和经济发展

由于各国现代化道路的差异,政治参与对经济发展的作用呈现出复杂的色彩,具有明显的双重性。一方面,治参与促进经济发展,与其呈现出正比例关系,在19世纪末20世纪初,资本主义民主政治的范围扩大到中下层阶级,这就意味着获得了政治权力的资产阶级有了更多表达自己利益诉求的机会,也得到了更多经济发展的保护,因而,资本主义经济获得了前所未有的迅猛发展,并且在极短的时间内创造了巨大的社会财富;另一方面,政治参与在特定条件下又会制约经济的发展,对大多数发展中国家而言,盲目扩大政治参与的范围会引起政治不稳定,进而导致"参与爆炸",并且,在发展中国家经济腾飞之前,政治参与的扩大会消耗为经济发展而进行的资本积累,即使是在民主政治发展比较成熟的发达资本主义国家,剧烈的政治参与仍会带来一系列的政治问题。

(二)政治参与和民主政治

民主政治历来是衡量一个国家现代化水平的重要价值之一,纵观现代国家的民主化进程,我们得知,政治参与是政治民主的体现,政治民主的发展也有赖于公民广泛的政治参与。在不同的政治系统中,政治民主的表现形式和发展程度有着显著差异,但无论是在何种政治体系中,民主制度一旦建立起来,就存在一个正常运作和监督维护的关键问题。在民主政治的背景下,权力总是归属于多数,并由少数人行使,这表明虽然人民是政治权力的拥有者,但却难以具体地执掌权力,因而,政治民主就体现为政治权力的实际行使者需要由人民通过政治选举产生,从而按照人民的意志行使权力,维护人民的根本利益,并且人民能够对政治权力进行有效监督和制约。

(三)政治参与和社会稳定

从长远发展来看,公民的政治参与终将推动政治民主的发展,实现社会和谐稳定。然而,从20世纪发展中国家迈向现代化的进程中我们可以得知,政治参与并不必然会促进政治发展,甚至可能会引起"政治衰退",进而影响整个社会的稳定发展。政治参与缘何会致使政治不稳定,实际上这是由扩大的政治参与和政治制度化水平之间的矛盾引起的。发展中国家的政治现代化是从政治动员和经济快速发展开始的,政治动员提高了公民的期望和希冀,然而经济的发展速度却难以满足这些诉求,这就刺激了公民个人和团体利用政治手段实现自身的要求,如果公民个人的多种诉求难以得到满足,加之政治腐败、两极分化等政治现实,极易引起不利于政治稳定的群体性突发事件。更为关键的是,扩大的政治参与面对的是制度化水平低下的政治系统,这就致使那些经济迅猛发展的新兴发展中国家一方面获得了政治上的独立,另一方面却陷入了政治管理的混乱;在这种情形下,剧烈的政治参与不仅会造成政治不稳定,而且会威胁到新政权的合法性,因此,在经济腾飞的过程中,不仅要努力满足公民多样化的需求,还要重视政治制度化的建设。政治参与是一个渐进的过程,任何远远超越政治民主化进程的政治参与行为都将会危及政治稳定。

本章小结

政治行为是政治主体在政治体系中围绕政治权力而展开的权威性价值分配活动。与其他社会行为相比,政治行为具有以下特征。一是政治行为的价值性特征。对政治行为的研究,有助于我们理解20世纪初发生的政治学研究的转向,把握现代政治科学的研究视角和研究方法,促使我们更进一步了解政治生活的本质。二是政治行为的妥协性特征。由于政治行为更多涉及的是利益关系问题,行为者之间通过谈判、协商可以克服暴力行为带来的不确定性,更好地预估目标的效能和实现程度,因此,在一定程度上,政治行为具有妥协性的特征。三是政治行为的复杂性特征。政治生活是人类特有的高级社会生活,正是由于人类政治生活的丰富多彩、变化多端,所以政治行为在内容和形式上表现出复杂性。政治行为有着丰富的内容和复杂的形式,从不同的视角看,政治行为有不同的分类标准,在现代政治社会中,政治行为主要表现为政治权力机构的决策行为,政治管理机构的政治管理行为以及民众的政治参与行为。

政治权力是政治学最重要的概念之一。政治权力是政治主体对一定政治客体的制约能力和力量,它体现在政治主体为实现某种利益或原则的实际过程之中。除了具有一般权力现象的属性之外,政治权力还有强制性、工具性、稳定性、能动性和整合性的独有特征。在政治共同体中,政治权力是确立和维护社会秩序的必要手段。然而,构建起一个良序社会,仅仅靠政治权力的作用是远远不够的,还取决于人们对其认可和接受的程度。换言之,这种制度或秩序的确立必须具备合法性。究竟何种因素才能促使公民对政治权力认可呢?在近代政治中,政治权力的合法性越来越依赖于政治权力自身的合法性和有效性的结合。一旦国家政权不能有效地治理社会公共事务,难以维持经济的增长和社会的稳定,那么政治权力就会面临合法性危机。

在现代政治生活中,政治行为主要表现为政治决策行为、政治管理行为和政治参与行为。政治决策是国家、政党、社会组织和公民等政治主体为了实现特定的利益,达到既定的政治目标,都要进行的一种政治行为。政治决策决定着整个政治系统的运行方向和根本目标,是一个关键的政治过程,它与其他类型的决策活动有着显著的差异。一是政治决策具有公共性。政治决策的作用对象是社会公共生活,也就是说,政治决策是公共决策,是政治系统解决公共事务,协调多种多样的政治关系,确保社会稳定发展的措施与手段。二是政治决策具有权威性。政治决策的权威性,首先来源于政治决策主体的权威性,其次来源于决策产生的合法性,政治决策的权威性保证了政治决策执行的效力。三是政治决策具有专业性。在当今社会,社会问题大多集中于某一专业领域,使政治决策的专业性明显增强。四是政治决策具有技术性。当今科学技术迅猛发展,科技成果也广泛运用到政治决策之中,决策制定的技术化成为当下的特色和发展趋势。政治决策的制定是多种因素相互作用的结果,为了提高决策制定的速度和准确性,政治学家根据已知的政治决策的理论研究和实践经验,抽象和总结出了决策分析时可供参考的标准形式和分析框架,这被称为政治决策的模式。政治决策分析过程中的决策模式形成了一些不同的理论,其中最重要的包括:理性决策模式、有限理性决策模式、渐进决策模式、精英决策模式和利益集团决策模式。政治决策是一个动态的连续过程,政治决策的过程一般分为政策动议、政策预估、政策选择、政策实施、政策评估和政策终结六个阶段。政治决策是政治行为中的一个重要方面,是一种重要的政治管理活动,政治决策贯穿国家政治管理活动的全过程,直接关系着政治管理活动的成败。

政治管理是国家权力按照某种特定的秩序和目标对政治生活进行自觉的、有计划的约束或制约的一种方式。在人类社会管理实践的发展过程中,政治管理与政治权力是相伴相生的,因而,政治权力本质的变化也就决定着政治管理类型的变化。时至今日,政治管理大体可以划分为传统政治管理和现代政治管理两种基本类型。这两种基本类型的划分依据是其所依赖的社会形态,传统社会的政治管理就是传统政治管理,现代社会的政治管理则为现代政治管理,而以层级制和法理权威为基础的官僚制的出现,恰恰是传统政治管理和现代政治管理的一个分水岭。因此,传统政治管理即前官僚制形态,包括家产制政治管理和历史官僚帝国的政治管理;现代政治管理即官僚制形态,又分为官僚制形态的政治管理和后官僚制形态的政治管理。在政治管理活动中为实现管理目标和完成管理任务所采用的手段和方法就是政治管理的方式。这些管理目标和任务是通过政治管理的行为过程来具体实现的,实质上就是国家权力体系对社会政治生活进行调节和控制的过程,具体而言主要包括政治领导、政治决策、政治组织、政治协调、政治沟通和政治监督等。

政治参与是公民的一种政治行为,是公民依据其所享有的政治权利进行的旨在影响公共政策制定、干预政治过程的一切行为和活动。从政治参与的主体来看,它是指普通公民或公民团体的政治行为;从政治参与的客体来看,它的作用对象是政治权力和政治体系;从政治参与的外延来看,政治参与是公民或公民团体介入社会政治过程的实际行为,并不是一种思想意识活动。在现代政治生活中,公民的政治参与形式不再局限于单一的投票活动,而是积极主动地参与到各种政治活动之中,参与形式也不断向多元化方向发展。归纳起来,公民政治参与的形式主要有政治投票、政治选举、政治结社、政治表达四大类型。政治参与是现代民主政治的产物,在不同的国家、地区,公民政治参与的广度和深度都存在巨大的差异,即使是在同一国家的不同时代背景中,公民政治参与的程度也千差万别。综合起来看,影响公民政治参与的主要因素包括社会经济发展水平、政治制度环境、政治心理和社会因素四个方面。

本章重要概念

政治行为(political behavior)
政治权力(political power)
政治决策(political decisions)
政治管理(political management)
政治参与(political participation)

本章重要概念

本章思考题

1. 什么是政治权力的合法化危机?
2. 简述政治决策的模式。
3. 简述政治管理的方式。
4. 简述政治参与的形式。

本章思考题

本章推荐阅读书目

1. [美]亨利·艾伯斯.现代管理原理[M].北京:商务印书馆,1980.
2. [美]西奥多·A·哥伦比斯等,杰姆斯·H·沃尔夫.权力与正义——国际关系学导论[M].北京:华夏出版社,1990.
3. [英]罗德里克·马丁.权力社会学[M].石家庄:河北人民出版社,1992.
4. [美]罗伯特·A·达尔.现代政治分析[M].上海:上海译文出版社,1987.
5. [法]让-马克·夸克.合法性与政治[M].北京:中央编译出版社,2002.
6. [美]赫伯特·西蒙.现代决策理论的基石——有限理性说[M].北京:北京经济学院出版社,1989.
7. [美]查尔斯·林德布洛姆.决策过程[M].上海:上海译文出版社,1988.

第四章

政治过程

——本章导言——

过程思维是人们认识世界、改造世界的一种重要的思维方式。政治过程的兴起与发展是与新的研究方法的出现密切相关的,它强调用一种动态的方法对政治系统中的各项制度和行为进行细致的审视与分析。政治过程作为一种中观层次的研究方法,关注的是在特定的时空背景下,政治主体、政治客体及主客体之间的关系演变与发展历程,政治过程理论的繁荣与发展离不开政治生活开放性的提高。自20世纪以来,伴随运用动态过程观分析现实政治生活而形成了诸多颇有影响力的政治学理论,如政治沟通理论、政策过程理论、政治系统理论等,并且政治选举过程、政治协商过程等具体的政治过程,在现实政治生活中也受到人们的广泛关注。时至今日,政治学家们仍然在努力推动这一动态过程方法向动静结合的方向发展,并且致力于使这一新的研究方法能够真正预示政治生活的方向。

第一节 政治过程的概念与研究内容

在现代政治学中,学者们通常把"政治过程"与"政府过程"的概念等同起来,当然,这一概念中的政府指的是一般意义上的大政府。在研究政治过程之前,我们必须厘清"政治过程"和"政府过程"的异同。政府过程研究的是可能影响政府决策和运行过程的各种动态因素,着重强调以政府的运作为重点;政治过程研究除却政府这一中心外,还涉及普通公民在政治活动中的交流互动和政治心理的变化等多种因素,因而政治过程相对于政府过程而言,其概念涵盖范围更加广泛。在学术研究领域,对政治过程的研究始于对政府过程的研究。

一、政治过程研究的缘起

政治过程是一种动态的研究方法,早在19世纪中期,就已有学者运用动态视角观察和分析政治制度和政治体系。美国总统威尔逊在其1885年问世的《国会政体》一书中,阐明了美国国会是以议案为中心运作的。正式提出"政府过程"理论的学者是美国政治学家亚瑟·F·本特利,其在1908年出版的《政府过程:社会压力研究》一书中提出,政府过程是集团以利益为中心展开的达成目标的活动,换言之,政府过程是由利益集团所追求的利益决定的。本特利还认为,由于每个集团都代表具体的特定的利益,那么,那些声称代表大多数人利益的集团并不属于政治过程的主体。很显然,本特利的政治过程思想是以美国的政治现实为基础的,他将政治过程视为一种极端异变的过程,并且对于集团的活动过程如何约束,如何制约集团不为自身的利益而为所欲为,他也没有给出强有力的建议。政治过程思想为人们所普遍接受,得益于戴维·杜鲁门在《政治过程》一书中对本特利政治过程思想的修正,杜鲁门已经意识到集团的利益活动必须受到多种因素的制约,并且特别强调了政治因素和社会因素对集团活动的限制;他在书中还指出了利益集团在政治活动中会逐渐发展出组织特性,活动过程要受到制度体系等的制约,这样一来多个利益集团之间的关系就会稳定下来。尽管杜鲁门在政治过程理论中做出了巨大的贡献,产生了重大的研究成果,但仍未跳出美国利益集团政治的范畴,仍是强调利益集团对政府过程的影响与制约。

诚然,政治生活的开放性才是真正促使政治过程研究走向繁荣昌盛的重要因素,政治生活的开放性意味着在一个政治共同体中,多个行为主体都能够介入并影响政治过程。尽管我们在描述古希腊的书籍中早已洞察政治生活具有一定程度的开放性,但是这种开放性仅仅局限于奴隶主阶级,"在某种意义上,政治过程的封闭性与绝对君主政制有密切的关系。在人类社会的历史—社会—文化条件没有超越君主政制以前,政治过程的开放性无从谈起"①。具体来说,政治生活的开放性是随着资产阶级革命的胜利而得到发展的,人类政治生活中的利益和阶层分化,促使各种多元主体为谋求自身利益而参与到政治过程之中,尽管在任何政治体系之下,政治过程或者政府过程都真实存在,但是只有开放性的政治生活才能促使政治过程的研究转变成现实。

■ 二、政治过程的概念及主要内容

一般地说,政治过程的分析方法属于一种中观层次的研究方法,但是直到现在,这种研究方法仍没有形成清晰的理论框架,原因之一在于这一研究方法并未受到学者们的高度重视,或者是由于学者们在日常的政治分析中早已习惯于运用动态分析方法而忽视了相应政治理论的发展。自 20 世纪以来,确实存在一种运用政治过程思想分析现实政治生活的传统,然而这一政治过程分析框架究竟包含哪些特征和要素,以及政治过程思想在政治生活中到底是如何运用的,鲜少有学者进行具体的阐释。因而,为了厘清政治过程的具体研究内容,我们必须理解政治过程这一概念,但是从学术界的研究现状来看,政治过程这一概念本身就不太好界定,并且对这一概念进行直接界定的研究也较少。

较为权威的对政治过程的直接界定有以下几种。中国社会科学院世界政治与经济研究所在其编著的《当代世界政治实用百科全书》中对政治过程进行了如下界定:一般指狭义的政治过程,即政治行为的准则和法则的形成、实施和演变过程,诸如政治立法过程,政治制度之建立和建设过程,政治结构的分化过程等,因此,这种政治过程又称政治程序过程。政治过程均取决于政治主体的意愿、才能和不同政体之间的利益分配关系,同时受政治环境、机会等多种因素的制约和影响。这一界定更多把政治过程的范围局限于政治规则、法则等政治客体方面,因此显然不能用此定义概括政治过程的丰富内涵。北京大学政府管理学院王浦劬教授指出,在现代政治科学中,动态研究主要指对于政治行为、政治过

---

① 王沪宁.比较政治分析[M].上海:上海人民出版社,1987:95.

程及社会政治的变化的研究,包括对政治斗争、政治革命、政治改革、政治参与、政治过程、政治权力运行和运行机制、决策和政策实施过程等方面的研究。这一定义明确将政治过程归为动态研究的范畴,对政治过程的内容也有清晰的界定;政治斗争、政治改革、政治革命等的确具有某些动态变化特征,倘若我们将研究视角聚焦于政治改革或革命的某一特定阶段,可以运用政治过程的分析方法进行研究,但是我们认为,将它们全部纳入政治过程的研究范畴并不合适,需要运用历史主义的方法等更加宏大的研究方法来进行分析。林尚立教授指出:政治过程是政治行为的表达……政治过程既是从政治哲学意义上研究广义政治的方法论,又是研究政治方法与政治艺术的重要方面。

在本章中,我们采用《政治学分析辞典》对"政治过程"的概念界定,即每一社会中人们努力获取和运用合法权力的全部活动。并且我们倾向于选择某一特定的、相对短暂的政治活动的变化发展过程来运用政治过程分析框架具体开展研究,这是由于我们始终将政治过程视为一种中观的研究方法,倘若我们开展具体研究的特定时间段过长,例如对我国改革开放将近四十年的全过程进行分析,将会有不少学者否认这是一个政治过程分析研究。尽管我们的政治生活处于不断的变化发展之中,但是在特定的时空中,将政治过程分析方法的适用范围过于扩大或者过于缩小都是不可取的。综上所述,我们可以发现,对政治过程的研究已经产生了大量研究成果,显然,以往仅仅将政治过程看作是利益集团参与政治生活的过程是不可取的,除利益集团之外,政治过程活动中存在多种政治主体,其研究所涵盖的内容也更为广泛。本章将政治选举、政治协商、政治领导和政策过程看作政治过程的主要研究视角,尽管不同的研究视角体现的具体政治过程有所差异,但是这些主要研究视角都具有一个共同特征,那就是用动态化的分析方法研究政治生活。

第二节 政治选举

政治选举是现代政治科学中最重要和最普遍的政治过程之一,在一定程度上,政治选举可以说是现代政治过程的核心。在本节中,我们将从三个部分探讨选举的基本问题。首先从政治选举的基本概况谈起,继而介绍政治选举的历史发展,最后分别叙述资本主义国家的政治选举制度和我国的政治选举制度,以期对这一重要的政治过程有系统完备的阐述。

一、政治选举的概述

(一)政治选举的含义

"选举"一词来源于英语"election",意为挑选。在西方,通过选举选拔官吏的形式在古希腊、古罗马时期早已出现,只是选举条件极为严苛,可以说是一种贵族阶级维护统治的方式。西方社会选举权的逐步放宽是近代资产阶级同封建贵族长期斗争的结果,同样也是工人阶级与资产阶级斗争的产物。在古汉语中,"选举"一词的基本含义是选贤举能,如《史记·孝文本纪》中记载:今不选举焉,而曰必子,人其以朕为忘贤有德者而专于子,非所以忧天下也,朕甚不取也。尽管中西方的"选举"都有择优的含义,但二者又有所区别。在我国古代最常见的择优方式是科举考试,其所依据的标准包含才能、品德和声望等,而西方的选举则是通过投票的形式来完成的,其所依据的规则是少数服从多数。具体而言,现代意义上的政治选举是指政府或其他政治组织依照一定的程序和规则,由全部或部分成员抉择一个或少数人充任该组织某种权威性职务的一种政治过程。政治选举是代议制民主的直接体现,其过程体现了"多数裁定的基本原则",明确规定了公民与国家政权、政治组织之间的关系;而选举制度是公民通过投票选拔国家公职人员,赋予国家政治合法性的一系列政治规范和制度的总称。总体而言,政治选举是现代民主政治的基石,是国家公权力获取政治合法性的重要依据。

(二)政治选举的原则

政治选举的原则指的是选举过程中必须遵循的基本规范,一般而言,政治选举主要包括以下五项原则,即普遍原则、公开原则、秘密原则、平等原则和自由原则。当然,这些原则并非即刻确立的,而是在选举权不断扩大的进程中逐渐形成并深入人心的,时至今日,这些原则在全世界范围内已经获得了广泛的共识,同时,也是衡量政治选举民主性程度高低的重要标准。

1. 普遍原则

选举的普遍原则意即公民的选举权、被选举权不受性别、年龄、职业、财产、种族、宗教信仰、受教育程度等的限制。最早宣布实行不受性别、财产、种族、受教育程度限制的普选的纲领性文件是1789年法国大革命时期颁布的《人权宣言》,年龄、国籍、选举人的行为能力等属于必要且合理的限制性条件。然而,在早发国家的民主发展进程中,由性别和种族而产生的选举资格的限制历经了漫长的斗争。女性获得普遍的投票权是从20世纪之后开始的,在1918年,老牌民主国家英国才开始让女性享有选举权,但男性选民的年龄资格是21岁,女性选民却是30岁。直到20世纪60年代,美国社会仍然存在着严重的种族歧视,这同样也体现在选举制度之中,至1964年,随着美国黑人民权运动的发展,黑人参加选举必须缴纳的人头税才取消。选举的普遍性意味着享有选举与被选举权的公民的广泛程度。

2. 公开原则

选举的公开原则是指在选举规则、程序、过程和结果方面,保持充分的开放和透明。选举规则和程序方面的公开,意即在选举开始之前,要对其规则和程序予以公布,其产生具有公开合法性;选举的过程和结果方面的公开,意即在整个政治选举的过程中包括选民登记、确定和提名候选人、经费来源、计票、唱票等环节公开透明,自觉接受选民的监督。选举是现代民主的重要表现形式,保证选举过程的公开透明也是现代民主政治的基本要求,实现政治选举的公开透明,一方面能够调动选民的积极性,使选民认识和更加了解选举过程,提高选举的质量和水平;另一方面,公开选举也是为了选民能够更好地监督选举过程,防止选举中出现贿选、徇私舞弊等现象。

3. 秘密原则

选举的秘密原则并非与选举的公开原则相矛盾,公开原则侧重于选举规则、程序、过程和结果的公开透明,防止选举过程中出现暗箱操作;而秘密选举指的是政治选举中的一种表决方式,选民按照选举法的相关规定,根据自己的意愿以无记名的方式亲自填写选票并秘密投票,这一投票方式是相对公开投票来说的,又被称为无记名投票。实行秘密投票,一方面能够最大限度减少贿选、舞弊、恐吓、胁迫等违法选举行为的发生;另一方面,秘密选举能够尽最大可能保证选举是个人的自主选择行为,确保选民的独立人格不受外界事务的干扰。秘密选举原则的确立,标志着现代国家民主化程度的进一步提高,有助于选民更加自由地选择自己信任的代表,更好地表达自己的意志。

4. 平等原则

选举的平等原则意即每个选民的选票具有同等的分量,选票在价值或效力上是相等的,也就是说"一人一票,票票等值",这一原则的确立是为改变早期选举制度存在的一人多票或同票不同权等现象,它规定了在一次选举过程中,每个选民只有一次投票权,且每张选票的效力相等,从而排斥由性别、种族、职业、财产等引发的不平等现象。然而,在相当长的历史时期内,不平等的选举方式长期存在,一种是每个选民所拥有的选票数不相等,另一种是每个选民的选票数相等但选票效力不等,最著名的例子莫过于英国下议院选举中存在的"复数投票制度",赋予某些阶层复数投票权,或以财产资格给予某些选民多次选举权。复数投票制度的存在使某些特殊阶层享有更多的政治特权,造成了选民之间的严重不平等,直至1948年,英国才确立了"一人一票"的平等投票原则,废除了"复数投票制度"。

5. 自由原则

选举的自由原则指的是选民在选举过程中不受任何非法约束,投票行为完全出于自愿并且能够自行决定是否行使自己的投票权,选民能够自己决定投票或弃权等方式,任何人不得加以强制。它一般涉及四个方面的问题,即秘密投票的问题、强制投票的问题、选举的物质保障问题和选举的自由度问题。首先,上述的秘密选举原则是选民在选举过程中享有自由意志的保障条件之一,有利于选民更加真实地表达自己的意愿,从公开投票向秘密投票的发展,是选举提升民主性的关键步骤。其次,相对自由选举原则而言的是强制选举原则,这一选举方式认为公民的选举行为是一种必须履行的政治义务,又称为"义务投票",这一选举方式鲜有国家仍在采用。再次,为了推动选举的顺利进行,需要强有力的物质保障来支撑,国库开支制度和费用自筹制度是两种基本的保障制度,西方民主国家一般采用的是费用自筹制度,这一制度易导致财富支配选举进程,难以保障选举自由,而我国各级人大的选择则采用国库开支制度。最后,选举的自由度问题实质上涉及的是差额选举问题,众所周知,选举一词包含着选择的含义,倘若实行等额选举制,候选人的数量和当选人的数量一致,那么选民就失去了自由选择的余地,从根本上说选民是没有选举自由的。因此,民主选举必定是选民可以对候选人自由选择的差额选举方式,当然,差额选举也要兼顾自由与效率,并非差额幅度越大越好,差额选举的幅度过大会损害选举的效率。

二、政治选举的功能

在现代政治生活中,政治选举的意义不言而喻,政治选举的发展历程是与社会民主化进程相一致的,对整个社会政治生活的现代化有着重要的推动作用。目前学术界对政治选举的功能持两种对立的观点,第一种观点认为政治选举发挥着自上而下的控制功能,通过选举过程选拔政治精英以确立政治统治的合法性;第二种观点认为政治选举发挥着自下而上的联系功能,选举过程不仅确立了国家公权力的合法性,为政治体系输送了大量政治精英,还要不断回应选民的政治诉求,并且要制定和推行符合民意的各项政策。上述两种观点所代表的主张较为极端,实质上在现实政治生活中,政治选举更多地表现为一种双向沟通的渠道。具体而言,政治选举的功能主要表现在以下几个方面。

(一)政治选举赋予国家公共权力合法性

政治统治的合法性意味着一个国家政权能否得到被统治者的接受和认可,是一个政治系统存在、持续和发展的必要前提。任何国家政权要想持久且稳定,那么必须要建立在民意的基础之上,正如卢梭所言,人民的公意是政治权威合法性的唯一基础。作为近代西方政治学理论基础的社会契约理论,主张国家公共权力来源于人民的委托和让渡,通过选举产生政府和国家公职人员的过程正是公民与国家、政府等公权力的代表订立契约的过程,政权是否稳固在很大程度上取决于政治选举的过程是否正当合理,是否符合多数公民的意愿。因此,通过暴力等外在的力量夺取政权的方式往往难以得到公民的认可,这是因为这些国家获取公权力的依据并非来自公众,因此会失去其政治统治的合法性。

(二)政治选举是选拔录用国家公职人员的民主程序

众所周知,选举的基本含义即为选拔录用工作人员的一种方式,因此,政治选举最直接的一个功能就是择优录取,将大量的精英人才输送到政治体系中去。现代民主政体普遍实行的是代议制民主,从国家行政首脑到地方政府中的行政长官,从国会议员到地方各级权力机构中的委员,无不是通过选举方式产生的。值得注意的是,在西方民主国家中,国家公职人员分为两类,一类是政务官,一类是事务官,那些需要丰富的专业知识和实践经验的事务官一般而言并非通过选举产生。迄今,选举制度已经发展成为一种理念成熟的范式,成为世界各国政治制度的重要组成部分,在现代民主政体中占有举足轻重的地位。

(三)政治选举是公民形成和表达民意、影响公共政策制定的重要过程

政治选举的过程是选民根据自己的意志挑选自己满意的候选人的过程,从选民登记、写票、投票、计票等环节中显示出选民的意愿和倾向,这一过程实质上是一个形成和汇集民意的过程。当然,在实际的选举过程中,可能存在由于具体的操作方法而影响民意形成的质量的问题,但是,总体而言,整个选举过程还是可以反映出民意倾向的。政治选举的过程不单是一个形成和表达民意的过程,它还影响着公共政策的制定。选民挑选的执政者为了在下一轮的选举中保持其执政地位,要持续关注和回应民意,并且根据选民的意愿及时地调整公共政策。政治选举的定期性消解了政治统治合法性一劳永逸的基础,从而迫使执政者必须对其政策和行为负责。

(四)政治选举是公民对国家公共权力进行有效监督的有力手段

诚如美国《独立宣言》所言:政府的正当权利,系得自被统治者的同意。如果遇有任何一种形式的政府损害这些目的,那么,人民就有权利来改变它或废除它,以建立新的政府。在政治选举过程中,选民赋予了国家公权力以政治合法性,选民与当选者之间形成了一种强制性的委托关系,当选者在代表选民的意愿行使权力的过程中也要了解选民的利益诉求,尊重选民的委托和意愿;选民也有权对其执行权力的过程进行监督和评价,如果被选出的代表违背了选民的意愿,将会严重损害政府的权威和政治统治的合法性,这就需要再次通过政治选举来改组政府,重建符合公民意志的政府。

三、当代中国的政治选举制度

(一) 我国政治选举制度的理论基础

政治选举制度的产生、存在和发展是近代民主政治理论作用于实践的结果,作为一项重要的民主政治制度,我们必须要考察和厘清其理论来源。

首先,我国政治选举制度诞生于对资产阶级选举理论和实践的批判继承,社会的全面进步也总是在对历史的批判继承中才能得到发展和进步。资产阶级的选举制度是在与各国封建制度斗争的过程中成长起来的,针对封建社会的"君权神授""主权在君"等谬论,资产阶级启蒙思想家提出了"主权在民"的反封建专制的理论,它提倡国家政权是按照"主权在民"的原则建立起来的,公民与国家政权之间是一种委托关系,由公民选举出来的代议机构行使委托权力。这一政权组织形式和选举制度其后被社会主义各国在不同程度上进行了吸收和改造。就我国而言,民主革命先驱孙中山先生将资产阶级的民主制度移植到中国,并结合中国的具体国情,在吸收和借鉴资本主义的选举制和代议制的基础上创新了选举制度和政体设计。新中国成立之后,我国在批判继承孙中山先生的资产阶级民主革命理论和实践,以及欧美资本主义民主制度的基础上,最终形成了具有中国特色的社会主义民主政治制度。

其次,我国的选举制度体现了马克思主义的民主理论与中国民主选举实践的结合。恩格斯在《家庭、私有制和国家的起源》一书中揭示出,在私有制的国家中,公民的选举等权利实质上是掌握在资产阶级手中的,公民的权利是按照财产状况分级规定的,这直接地宣告国家是有产阶级用来防御无产阶级的组织。因此,在马列主义的著作当中,有一个观点被反复提及和强调,那就是工人阶级要想得到彻底解放,就必须建立自己的国家,尤其是建立自己的代表机关。就我国而言,以毛泽东、邓小平、江泽民、习近平等同志为核心的中央领导集体,积极将马列主义的民主政治理论与中国的革命、改革和建设相结合,坚持实行工人阶级领导的、工农联盟为基础的国体,不断完善人民代表大会制度的国家政体,并且确立起了具有中国特色的政治选举制度。

最后,我国选举制度的确立还源于对苏联政治选举制度的学习借鉴。众所周知,"苏联模式"对我国以及诸多社会主义国家的民主政治制度的形成和完善影响重大。1918年,苏维埃俄国颁布了第一部社会主义宪法,并对选举制度做出了专门的规定,这部苏俄宪法要求凡年满18周岁的劳动者,不论其民族、信仰、居住情况,都有选举权和被选举权;选举采用公开投票的方式。1936年的苏联宪法将选举制度中的公开投票改为无记名投票,将多级选举改为直接选举。我国的选举制度的形成和发展更多地吸收借鉴了苏俄的宪法。

(二) 我国政治选举制度的历史发展

第一阶段:在新中国成立初期,按照《中国人民政治协商会议共同纲领》的规定,由政治协商会议暂行全国人大的职权,地方各级政协会议暂行地方人大的职权。尽管当时民主政治的建设受各方面条件的限制,但中央人民政府还是在肯定广大人民群众的选举权和被选举权基础上,制订了一系列政治选举程序和形式的变通办法,人民代表主要通过指选、派选、特邀等形式产生,表决方式也多以举手为主。随着社会主义人民民主政权的巩固,土地改革的基本完成,人民群众的政治觉悟有所提高,社会秩序趋于稳定,新中国已经具备了召开普选的人民代表大会的条件。由此,我国的政治选举制度迈向了第二个发展阶段。

第二阶段:1953年,中央人民政府委员会举行会议,会议讨论通过了《关于召开全国人民代表大会及地方各级人民代表大会的决议》,决定召开人民普选产生的乡、县、省(市)各级人民代表大会,并且在此基础上召开全国人民代表大会。同年3月,新中国第一部较为完备的选举法《中华人民共和国全国人民代表大会和地方各级人民代表大会选举法》审议通过,选举法的颁布标志着我国人大代表选举制度初步确立,我国人民民主政治发展迈上了新的台阶。1979年,第二部选举法对1953年通过的选举法做了较大修改,其后分别于1982年、1986年、1995年先后对选举法做了三次修正。这一阶段,从第一部选举法的诞生到后续选举法的修改完善,都对完善我国的选举制度、深化民主质量发挥了不可替代的作用。

第三阶段:随着我国政治经济体制改革的不断深化,人民群众参与公共事务管理的积极性增强,以及我国选举制度的不断完善,1987年召开的第六届全国人大常委会决定在全国农村实行村民自治,并审议通过了《中华人民共和国村民委员会组织法(试行)》,自此,我国农村广大基层组织和城镇基层组织都由人民群众直接选举产生。1998年,第九届全国人大常委会修订通过了《中华人民共和国村民委员会组织法》,基层民主选举制度得到进一步扩大和完善,民主选举方式也有了重大突破。在基层村委会、居委会选举中,采用"海选"和"直选"相结合的方式,分别放开了候选人的提名权和领导人的选举权。基层民主自治制度使我国公民享有的选举和被选举权得到了更深入、更直观、更广泛的体现,使我国选举制度向民主化方向迈出了更为坚实的步伐,同时也为我国的民主选举提供了法律保障。

■ 第三节 政治协商

一般而言,政治过程是指在社会中人们努力获取和使用合法权利的一切活动。中国共产党领导的多党合作和政治协商的政治过程,就是执政党和各民主党派、无党派人士围绕国家大政方针、社会公共事务管理所展开的一系列沟通与协调的政治活动。《中共中央关于进一步加强中国共产党领导的多党合作和政治协商制度建设的意见》规定:政治协商是中国共产党领导的多党合作和政治协商制度的重要组成部分,是实行科学民主决策的重要环节,是中国共产党提高执政能力的重要途径。把政治协商纳入决策程序,就重大问题在决策前和决策执行中进行协商,是政治协商的重要原则。由此可见,政治协商是实行科学民主决策不可或缺的重要内容,运用协商的手段和方式开展对话、沟通、讨论、协调,既能够尊重多数人的意见,又能够兼顾少数人的利益诉求。本节我们从政治过程的视角考察和分析政治协商,就必须要对政治协商过程中的两个重要环节——政治沟通和政治协调展开深入的研究。

■ 一、政治协商的概述

■ (一)政治协商的概念

政治协商是一种具有中国特色的民主形式,是"政治生活领域内主体政治力量与次主体政治力量之间的合作、协商与联合"①,它既与中国传统政治文化相契合,又满足了中国民主政治建设的内在要求。我国的政治协商特指在中国共产党的领导下,执政党联合各民主党派、无党派人士和社会各界等,围绕国家和地方大政方针、政治、经济、文化和社会生活中的重要公共事务等问题进行协商、合作与联合,以便中国共产党实行科学民主的决策,提高执政能力和政治水平。值得注意的是,我国的政治协商与西方的协商民主并不等同,协商民主是20世纪末兴起的一种民主理论范式,它涉及的政治主体是自由平等的公民,通过协商民主的形式赋予立法和决策等活动以正当性,从而实现自身参与政治生活的诉求。但是我国的政治协商,从本质上来说并不能直接运用于社会民主政治生活领域,尽管它涉及社会各界人士,但其主体仍然是以党派与界别组织为主。本节中的政治协商采用广义上的协商政治的说法,要使协商成为我国民主政治运行的基本行为方式和价值偏好,这自然包括政治协商与社会协商,涉及政治生活领域内的多元政治力量,着重强调政治主体通过有效的政治沟通和协调过程,最终实现其自身利益诉求。

(二)政治沟通与政治协调的概念

政治沟通来源于英文中的"political communication"一词。在英语语境中,因研究者的研究角度不同,对"communication"这一单词的翻译和理解产生了三种不同的研究路径:第一种是政治传播路径,第二种是政治沟通路径,第三种是政治交往路径。其中,研究政治沟通路径以阿尔蒙德、伊斯顿为主要代表。在伊斯顿看来,政治沟通是政治系统进行输入-输出的工具,来自社会系统的诉求对政治系统的运行产生压力且进入到政治系统之中与其产生互动,政治系统为回应这些需求,对输入的各类信息进行转换与加工并且输出为决策,从而又对社会系统产生了一定的影响,在这一循环过程中,政治信息在政治系统中的输入、输出、反馈等活动就是政治沟通功能的表现。阿尔蒙德认为,政治沟通等同于政治交流,对政治系统的自我运转与修复具有最直接的影响力。而我国学者往往从较为宽泛的角度界定政治沟通,王浦劬认为政治沟通有广义与狭义之分,广义的政治沟通就是传递政治信息、交流政治思想的全部活动。狭义的政治沟通是政治体系在输入输出过程中政治信息的交流和转换。俞可平认为政治沟通包含两个层次,其一是政治信息、思想和态度的传播活动,其二是政治系统与环境发生的互动联系。胡伟在《政府过程》一书中将政府过程视为一个对各种信息进行交流和处理的过程,这种信息交流就是政治沟通。基于对上述政治沟通概念的考察和分析,在本节中我们认为,政治沟通是公共领域中不同的政治主体围绕着公共事务而进行的一系列政治信息的传递、交流与反馈的过程。

政治协调是指政治主体对社会政治生活中存在的矛盾和冲突进行调节,使之趋于平衡和谐,从而维持社会政治生活稳定发展的活动过程。政治协调的产生源于社会利益的分化与政治整合的要求,其核心是调节人们的利益关系和政治矛盾,其根本目的是要将政治冲突转化为建设性力量,使政治生活达到总体运行的和谐一致。

二、政治沟通的过程

(一)政治沟通的要素

政治沟通是指政治主体通过多种信息通道将政治信息传递给信息接收者,信息的接

---

① 林尚立.协商政治:对中国民主政治发展的一种思考[J].学术月刊,2003(4):19-25.

收者对信息进行一系列的分析与交流并通过特定渠道再反馈给信息发送者的过程。因此,一个完整的政治沟通过程包括政治信息、信息发送者、信息接收者、信息通道和信息反馈五大要素。

1. 政治信息

政治信息特指那些进入政治系统的信息,政治沟通最基本的含义即为在政治系统中的输入、输出、反馈的流动过程,换言之,理解政治沟通的前提条件就是先理解何为政治信息。具体而言,信息表现为多种形态,而政治信息则是信息在政治领域的表现形态,它是贯穿于国家权力体系的一种信息流动,既包括政治系统向社会公众提供的决策信息、制度形态信息、意识形态等信息,又包括公民个体在政治生活中的政治心理、政治意愿和政治倾向等信息。

2. 信息发送者

根据伊斯顿构建的政治系统的输入、输出、反馈模型,信息发送者属于政治系统模型的输入一环,这也是政治沟通行为的发生起点。信息发送者既可以是国家权力机关,也可以是公民、社会团体或大众媒体等行为主体,信息发送者作为政治系统的主体,通过将自身的意愿、需求等传递给政治系统及其他主体,形成一种输入性压力,不管输入信息是否对政治系统及其他接收者产生影响,信息发送者在政治系统中的地位都不会发生改变。

3. 信息接收者

与信息发送者相对应的自然就是信息接收者,他们是政治系统中信息传递的客观对象。信息接收者通过特定的信息通道接收信息发送者所传递的政治信息,并且根据个体的判断做出相应的行为。信息发送者和信息接收者的身份并非固定不变,随着政治沟通过程的演进发展,在某些情况下,二者的身份会相互转换,或者同时具有信息发送者和信息接收者的双重身份。作为政治信息传递的客体,信息接收者对政治信息的理解能力以及自身的政治素养通常决定着政治沟通的成败。

4. 信息通道

信息通道亦可称为信息渠道,它是指满足政治信息传递和流动的载体或媒介,其功能在于为信息传输提供介质。然而信息渠道也有好坏优劣之分,政治信息传输和接收的多寡、真实程度以及信息传输的完整程度都是其评判标准。就政治系统而言,保证自身稳定运行的关键在于选择合适的信息渠道,及时、准确地接收和发送正确、完整的政治信息,倘若选取不相匹配的信息通道,就易造成政治信息的流失和失真。

5. 信息反馈

信息反馈是指在政治系统中,信息接收者在接收到政治信息之后,对政治信息进行加工处理、做出相应的判断,并向信息发送者做出反馈的过程。信息反馈对于政治系统而言至关重要,信息反馈这一环节有效检验了政治信息的处理与反馈是否达到了预期效果。信息反馈又可以分为正反馈和负反馈两种类型,正反馈是指信息接收者对政治信息的处理、判断及其行动符合政治系统的预期目标,先前的政策、方针和计划等可以继续执行;而负反馈是指信息接收者对政治信息的处理、判断和行动没有达到预期目标,这意味着政治系统必须改变原有的政策方案,重新制定政策和行动。

(二)政治沟通的类型和结构

1. 正式的政治沟通

正式的政治沟通是指在国家权力体系中,各政治主体按照法律规定的规则、规范、制度等明文规定进行政治信息的传递和交流。政党和政府组织、团体机构、议会机构、大众媒体、司法检查制度、信访制度、派出制度等都属于正式的政治沟通的范畴。

根据正式政治沟通过程的结构特征,我们将正式政治沟通的结构分为五种形态。第一种是链式政治沟通结构。这是一个纵向的沟通体系,在政治系统中政治信息只在政治主体之间单线、顺序传递,信息是通过一种自上而下或自下而上的结构进行传输的。这一沟通结构的优点在于在等级制的组织中,便于上级对政治信息的层层控制,缺点在于信息经过层层传递容易失真。第二种是轮式沟通结构。在这一集约化的沟通结构中,所有的信息均通过位于沟通中心的主体向其他主体进行传播,沟通中心掌握着政治系统中的全部信息并能够阻止不利信息的传输,极大提高了信息处理的效率,但这一沟通结构易陷入信息超载的困境。第三种是环式沟通结构。在这一沟通结构中不存在信息沟通的中心,每一个政治主体都是地位平等地与其他主体进行沟通和联络,从而形成一个封闭式的控制网络,这一沟通结构利于政治主体之间的充分沟通与交流。第四种是全通道式沟通结构。这一沟通结构的特点在于其独有的开放性,网络结构中的每一个主体相互之间都有联系并相互了解,政治信息可以通过多种渠道进行传播,主体之间的沟通相对自由畅通。当然这一结构也有其缺点,如沟通渠道过多且缺乏有效控制,难以提高沟通效率。第五种是Y式沟通结构。在这一纵向沟通结构中,有且只有一个政治沟通的中心,掌握着政治信息传输的内容和方向,一方面,这一沟通结构的集中化特点使政治沟通的中心易于控制政治系统;另一方面,政治沟通的单中心结构易造成信息扭曲或失真,信息传输的准确性和效率都难以保证。

2. 非正式的政治沟通

非正式的政治沟通指的是政治主体之间非制度化的、随意性较强的沟通制度和形态。相对于正式的政治沟通,这一形态无论从沟通对象、沟通时间到沟通的内容,都具有不确定性和偶然性,传递信息的真伪性也难以辨别,因而不能作为政治系统做出决策的依据。在这一沟通形态中,信息的传输渠道通常借助口耳相传的人际关系网络,具体表现为私人谈话、小道消息等非制度化的、非固定的通道。显然,非正式的政治沟通是正式的政治沟通的一种补充,仅能作为一种辅助性的沟通渠道,实质上,非正式的沟通渠道正是正式沟通渠道不畅通的产物,当正式的沟通渠道自由畅通时,信息发送者通常会更加信赖正式的沟通渠道;当正式沟通渠道受到人为控制和约束时,信息发送者才会倾向于选择非正式的沟通渠道来传递重要信息,但是不得不承认的是,在某些特定的场域中,非正式沟通渠道对政治系统的输出结构所产生的重要作用也是不能忽视的。

三、政治协调的过程

美国著名学者柯林斯曾提到,人类是既具有合群性又具有冲突倾向的动物;从根本上来说,生活就是一场地位斗争,在这场斗争中没有人会对他周围那些人的权力漠然处之,毫不关心。换言之,政治冲突无论在政治层面、经济层面还是文化层面都是客观存在、无法避免的,而要使政治冲突消弭,现代民主的政府就必须在及时、有效的政治沟通前提下协调各个政治主体之间的利益关系,将冲突控制在政治系统可以承受的范围之内。当前,我国现代化转型时期面临着阶层利益矛盾冲突、收入分配差距过大等严峻问题,这些问题已经超越了经济领域并逐渐向政治领域转移,因此,要维持政治系统的良好运行和稳定发展,就需要在政治领域内通过政治协调等手段,促使政治主体之间不断地沟通、交流,以解决彼此之间的矛盾和冲突。

那么,具体而言,如何协调和化解各个利益阶层的矛盾和冲突呢?恩格斯曾经指出:这个社会陷入了不可解决的自我矛盾,分裂为不可调和的对立面而又无力摆脱这些对立面,而为了使这些对立面,这些经济利益互相冲突的阶级,不致在无谓的斗争中把自己和社会消灭,就需要有一种表面上凌驾于社会之上的力量,这种力量应当缓和冲突,把冲突保持在秩序的范围以内。这一所谓凌驾于社会之上的力量自然指的是国家政治职能,而作为国家政治职能之一的政治协调,正是政治整合和社会利益分化的共同要求。政治协调站在全局性利益的视角来协调利益关系,其最大的优势在于党和政府可以通过制度设计来协调、缓和不同利益阶层之间的矛盾,这是经济协调、法律协调、道德协调等协调方式所不具有的特定的属性和作用。在当前利益主体分化严重的社会中,利益上的矛盾和冲突是不可避免的,只有构建和完善化解矛盾的协调制度和机制,及时化解利益矛盾和冲突,才能真正走向和谐社会。

总的来说,政治协调必须通过特定的方式进行,良好的政治协调效果需要有效的协调方式的保障,主要的政治协调方式包括:一是政治干预,指的是政治主体利用职权对社会生活中发生冲突的各方实施合理干预,促使其做出让步从而平息冲突;二是权威仲裁,指的是在政治冲突陷入僵局时,选择共同信任的权威机构进行仲裁;三是协商拖延,指的是冲突各方的领导人之间进行谈判,求同存异、做出让步、解决问题;四是协同合作,指的是冲突各方通过建立相互信赖的合作关系,变对立为合作,主动解决矛盾冲突,从而求得共同发展;五是拖延回避,指的是对无碍于社会政治生活大局的冲突暂时搁置、不予解决,等待政治环境出现转机时再予以解决。政治协调的作用在于消除政治过程中由于政治力量的不均衡、政治主体利益的多元化而导致的各种不合理现象和冲突矛盾,从而使政治系统中的个体和团体的努力统一到政治系统的总目标上来,达到局部步调一致、整体平衡发展、总体优势充分发挥。

第四节　政治领导

政治领导是一个动态的过程,是政治权力运行的过程和结果。具体而言,政治领导是指政府、政党、政治团体等政治管理主体运用权力和权威,确定社会政治活动的基本任务、基本方向和主要内容,并对政治生活的根本性问题做出权威性指导的过程。在本节中,我们着重考察政治领导的主体——在国家和政治体系中起主导作用的中国共产党。中国共产党对国家政权的领导是最重要的政治领导,也是执政党政治生活的核心内容。

一、政治领导的概述

(一)政治领导的概念

关于政治领导的概念,学界目前还没有统一而权威的界定。伯恩斯将"政治领导"视为政治权力运行的过程,认为政治领导是通过领导者与追随者的交互作用,使用他们的权力基础,实现真正预期的变革的过程。根据伯恩斯的观点可知,政治领导这一概念尽管跳出了其仅作为政治角色的局限,但归根到底政治领导仍然是一种依靠领导者的个人权力,从而使追随者认同和服从的角色集。我国学者马宝成认为,政治领导是一个包含局势判断、政策制定、功效评估三大环节的动态过程:政治领导是指政党、政府、政治集团、政治领袖等政治领导主体运用政治权力或政治权威,通过有目的地对政治领导客体的作用和影响,实现一定的政治原则和方向的动态过程。

在我国国家政治体系和政治制度中,一个不容忽视的起主导作用的政治主体——中国共产党,对国家政权的领导方式为政治领导。1978年,邓小平在全国科学大会开幕式上的讲话中明确指出:党委的领导,主要是政治上的领导。1987年,党的十三大进一步明确了"党的领导"和党的"领导方式"的重要表述:党的领导是政治领导,即政治原则、政治方向、重大决策的领导和向国家政权机关推荐重要干部。党对国家事务实行政治领导的主要方式是使党的主张经过法定程序变成国家意志,通过党组织的活动和党员的模范作用带动广大人民群众,实现党的路线、方针、政策。中国共产党的政治领导地位是在长期的革命、建设和改革实践中确立起来的,是近代中国历史发展的客观结果和必然选择,也是当代中国社会呼吁强有力的政治主体发挥领导作用的内在要求。综上所述,在本章中我们倾向于将政治领导界定为"党的政治领导",从狭义上来说,政治领导是指在政治方向、政治路线、政治原则和重大方针政策上的领导;从广义上看,党的政治领导还包括思想领导和组织领导。

(二) 当代中国政治领导的主要特点

1. 宏观性

政治领导是中国共产党从宏观上把握我国社会政治生活的总体方向,确立我国人民政治生活的性质和目的,实现对全社会统一领导的过程。这一政治领导模式是在历史实践中逐渐形成的,以邓小平同志为核心的党的第二代中央领导集体对宏观性、全局性的政治领导方式和执政方式形成了深刻的理解。党的十三大明确指出,党的领导是政治领导,即政治原则、政治方向、重大决策的领导和向国家机关推荐重要干部。这对党的政治领导模式提出了明确的要求,中国共产党的政治领导过程侧重于从宏观层面领导人民的社会政治生活。党的十九届四中全会也明确指出,党是最高领导力量,必须坚持党政军民学、东西南北中,党是领导一切的,坚决维护党中央权威,健全总揽全局、协调各方的党的领导制度体系,把党的领导落实到国家治理各领域各方面各环节。党从国家和社会的整体利益和长远利益出发考虑重大问题,为国家发展和人民福祉制定宏观目标,"把方向、谋大局、定政策、促改革"。

2. 目标性

胡锦涛同志在谈到贯彻十六大精神时指出,回顾我们党的奋斗历程,在革命、建设、改革的历史时期,我们党都根据人民的意愿和事业发展的需要,提出了具有感召力的目标,并团结和带领广大人民为之奋斗。这是我们党的一个十分重要的政治领导艺术。党的政治领导首先是政治方向的领导,关键要靠制定合理并具有感召力的目标来实现,中国共产党无论是在革命、建设还是改革阶段,都将目标性上升为中国共产党政治领导的一个重要特征,提出一个对广大人民群众真正具有号召力的目标是中国共产党取得革命胜利、加快推进现代化建设的重要法宝,对于全面建成小康社会,开创中国特色社会主义事业新局面都具有深远而重大的意义。党的十九大报告指出,当前,我国正处于重要的战略机遇期,解决人民温饱问题、人民生活总体上达到小康水平这两个目标已提前实现,新时代中国特色社会主义的伟大胜利近在咫尺,这些成就是党中央坚强领导的结果,也是全党全国各族人民共同奋斗的结果。经济的高速发展、人民生活水平的稳步提高无疑都证明了中国共产党所提出的奋斗目标的正确性,正是这一深得人心的奋斗目标激发和鼓舞着广大人民群众万众一心,不断进取。

3. 统一性

党的十九大明确提出,我国国家制度和国家治理体系具有多方面的显著优势,最为关键的就是,坚持党的集中统一领导,坚持党的科学理论,保持政治稳定,确保国家始终沿着社会主义方向前进的显著优势。保证全党服从中央,坚持党中央权威和集中统一领导,是党的政治建设的首要任务。首先,要健全、维护党的集中统一的组织制度,形成党的中央组织、地方组织、基层组织上下贯通、执行有力的严密体系,实现党的组织和党的工作全覆盖。其次,坚决维护党中央权威和集中统一领导,严明党的政治纪律和政治规矩,层层落实管党治党政治责任。再次,必须健全党统一领导、全面覆盖、权威高效的监督体系,增强监督严肃性、协同性、有效性,形成决策科学、执行坚决、监督有力的权力运行机制,确保党和人民赋予的权力始终用来为人民谋幸福。最后,加强党的集中统一领导,支持人大、政府、政协和法院、检察院依法依章程履行职能、开展工作、发挥作用。

4. 稳定性

改革开放40多年以来,中国共产党实施的政治领导总体而言具有稳定性、整体性和连贯性,党领导全国各族人民走适合中国国情的中国特色社会主义道路,致力于实现中国经济的稳步高质量发展,并取得了举世瞩目的成就。尽管在此期间,党的政治领导受到资产阶级自由化的影响,有些人主张全盘西化,走资本主义的道路,但是邓小平同志在中共中央工作会议上明确指出了资产阶级自由化的核心就是反对共产党的领导,及时解决了中国共产党政治领导的根本原则和根本方向的问题,使人民群众的政治和社会生活迅速回归到正确的轨道上来,我国的社会主义事业发展也取得了巨大的成就。中国特色社会主义进入新时代,我国稳定解决了十几亿人的温饱问题,总体上实现小康,不久将全面建成小康社会,人民美好生活需要也日益广泛,同时,我国社会生产力水平总体上显著提高,社会生产能力在很多方面进入世界前列。正如学者俞可平所言:我们党始终坚持稳步发展和改革开放的方针,坚持对人民政治生活的宏观指导,抓大放小,致力于发展经济,增强综合国力,令我国取得了举世瞩目的成就,以至于中国社会主义建设的模式被公认为"北京模式",被其他国家所研究并效仿。中国共产党的政治领导是推进改革发展、在改革发展中实现社会和谐稳定的重要保障。

二、当代中国政治领导的基本原则与内容

(一)当代中国政治领导的基本原则

从政治领导的概念界定出发,结合中国共产党的执政实践经验,我们认为政治领导包括以下几方面的原则。

一是政治领导是对政治路线、政治原则和重大方针政策的领导。党的十九大报告指

出,健全提高党的执政能力和领导水平,要提高党把方向、谋大局、定政策、促改革的能力。党的政治领导是从路线、方针、政策上对国家政权进行领导建设,并通过指导、规划国家政权结构形式、国家法制建设,为国家政治生活的发展把握和指引方向,从而确保广大人民群众的主体地位、保障全体人民有效地参与到国家和社会公共事务的管理进程中。换言之,党的政治领导是在国家重大政治事件和重要历史关头规划政治路线、方针、政策,以指引国家政治生活和社会生活的重大行动,这一领导是从国家和社会发展的总方针的视角引领国家政治生活的总体方向,而非陷于具体的、琐碎的公共行政事务和经济管理事务之中,是国家政治生活和社会生活的最高层次的领导。

二是政治领导实质上是党通过国家政权进行的领导。党通过国家政权进行领导的具体方式主要有三种。一是指导立法。党的十三大明确指出,党对国家事务实行政治领导的主要方式是:使党的主张经过法定程序变成国家意志。党的十九大报告更是特别强调,坚持科学立法、民主立法、依法立法,完善党委领导、人大主导、政府依托、各方参与的立法工作格局,立改废释并举,不断提高立法质量和效率。二是党的领导是通过共产党员及党团的先锋模范作用来贯彻落实党的路线、方针、政策,影响国家机关的工作。党的领导及各项政策应该充分地通过政权和群众团体去实现。三是党的政治领导是通过选拔和分配重要干部到国家机关中来实现对国家政权的领导。十九大报告指出,坚持党管干部原则,落实好干部标准,树立正确用人导向,把制度执行力和治理能力作为干部选拔任用、考核评价的重要依据。

三是政治领导是一种对国家全局工作发挥全面作用的领导。中国共产党在领导我国的革命、改革和建设的过程中明确指出,中国共产党作为执政党在全部国家工作中具有领导地位,中国共产党是全中国人民的领导核心。换言之,党在国家的政治、经济、文化、社会生活的各个领域和各个方面都发挥着总揽全局、协调各方的作用,它在国家政权中居于领导核心地位。党的十九大报告也明确指出,坚持党对一切工作的领导。党政军民学,东西南北中,党是领导一切的。必须增强政治意识、大局意识、核心意识、看齐意识,自觉维护党中央权威和集中统一领导,自觉在思想上、政治上、行动上同党中央保持高度一致,完善坚持党的领导的体制机制,坚持稳中求进的工作总基调,统筹推进"五位一体"总体布局,协调推进"四个全面"战略布局,提高党把方向、谋大局、定政策、促改革的能力和定力,确保党始终总揽全局、协调各方。

四是政治领导侧重点是国家重大政治事件以及群众性工作。一方面,党的领导的侧重点在于解决重大的"政治问题"和"组织问题",而非干涉经济事务或者其他琐碎事务,在这个问题上,邓小平明确指出:党委如何领导? 应该只管大事,不能管小事。党委不要设经济管理部门,那些部门的工作应该由政府去管。另一方面,党的领导还重在组织和开展群众性工作,党的领导机关除了掌握方针政策和决定重要干部的使用之外,要腾出主要的时间和精力来做思想政治工作,做人的工作,做群众的工作;贯彻党的群众路线,完善党员、干部联系群众制度,创新互联网时代群众工作机制,始终做到为了群众、相信群众、依靠群众、引领群众、深入群众、深入基层。

(二)当代中国政治领导的内容

党的政治领导主要是政治方向、政治路线、政治原则和重大方针政策上的领导,由此基本定义可推知,与之相对应的政治领导的主要内容可划分为三项:立法与国策建议权、修宪建议权、宪法解释与审查建议权。①

一是立法与国策建议权。党的十八届四中全会明确指出,凡立法涉及重大体制和重大政策调整的,必须报党中央讨论决定;法律制定和修改的重大问题由全国人大常委会党组向党中央报告。也就是说,党拥有提出立法动议、审议立法议案以及制定国家重大方针政策的权力,这一权力要通过全国人大及其常委会、国务院和中央军委等机构来发挥作用。具言之,党中央对重大问题提出的方针、政策、决定等,在实践证明行之有效后,要通过全国人大及其常委会及时地上升为国家意志;按照党中央的统一部署,由国务院根据宪法和法律的要求制定行政法规;由中央军委根据宪法转化为军事法规。

二是修宪建议权。我国现行宪法第六十四条规定,宪法的修改由全国人民代表大会常务委员会或者五分之一以上的全国人民代表大会代表提议,并由全国人民代表大会以全体代表的三分之二以上的多数通过。修宪建议权即为一种根据宪法规定提出修改宪法的权力。这一宪法规定表明,修宪建议权的作用对象是全国人大及其常委会,但是在现实的提案过程中,全国人大及其常委会不能置党中央的修宪建议于不顾而另提议案。实质上,党的修宪建议权是一种具有宪法效力的重要权力。

三是宪法解释与审查建议权。我国《宪法》第六十七条明确规定,全国人民代表大会常务委员会行使解释宪法、监督宪法的实施的职权。换言之,对宪法有关规定的解释,以及对有关法律法规的合宪性审查提出审查建议的权力,隶属于全国人民代表大会常务委员会,而从我国现实的宪制结构来看,各级法院并不具有宪法解释和审查建议的权力,全国人大尽管具有宪法解释和审查建议的权力,但是其作为人民当家作主的组织也必须接受中国共产党的领导。因此,事实上,无论是全国人民代表大会还是最高法院都无法真正意义上监督宪法的实施,行使违宪审查权,中国共产党在事实上具有违宪审查权。

三、政治领导的一般过程

政治领导是政治权力运行的过程和结果,政治领导表现为一个动态的活动过程,这一活动过程大致包括以下几个基本的环节。

一是政治判断。这是开展政治领导的先决条件,即政治领导者面对重大问题要保持清醒的头脑,通过洞察和鉴别社会政治、经济、思想、文化等领域的各种现象,实事求是地分析问题,透过现象抓住事物的本质,明晰重大问题可能带来的社会后果,善于对社会政治生活的发展态势和民众的需求做出合乎实际的预测和认定,并且能够在原则性问题上划清是非界限,从而在此基础上科学合理地确定我们的政治领导态度和行为,确立起政治领导的方向、目标和主要任务。

二是政治动员。政治领导主体为实现政治管理的目标和任务,以其自身的价值信仰引导和说服被领导者自愿服从和主动配合,赢得政治领导客体的信任和支持,这一进程中要积极调动政治领导客体的积极性,激发他们的政治热情去一道实现既定的政治目标。实质上,如美国学者詹姆斯·R·汤森和布兰特利·沃马克在《中国政治》一书中所言,政治动员是一种获取资源来为政治权威服务的过程。在我国,为不断实现好、维护好、发展好最广大人民的根本利益,坚定不移地沿着中国特色社会主义的方向前进,把广大人民群

---

① 陈云良,蒋清华.中国共产党领导权法理分析论纲[J].法制与社会发展,2015(3):46-56.

众动员和组织起来,并且为实现他们自身的利益而奋斗是政治领导者必须掌握的重要领导能力。

三是政治指挥。这是政治领导主体遵循党的大政方针、政治方向和政治原则,为实现特定的政治目标和任务,发挥其权威性的指挥和引导作用,影响、约束和支配政治领导客体的意志和行为,并对其可能出现的行为偏差予以纠正的活动过程。政治领导作为一个影响组织未来发展方向的指挥者,在政治领导过程中必须做到指挥得当、调控有力、激励有方,为使政治决策得到充分的贯彻和落实,政治领导者要善于因地制宜、因人而异,采取灵活多变的指挥方式,充分发挥组织内外部资源和人才的最大优势,切实提高和履行政治领导者的职责。

第五节 政策过程

政策过程一般包含这样几个阶段:政策议程、政策规划、政策执行、政策评估、政策反馈、政策终结等。探讨"好"的政策过程,是政治学发展中的一个永恒的主题。"好"的政策过程是一个能够动员不同知识、立场、观念、利益、资源等解决政策问题的动态过程,是一个能够输出有效政策产出的动态过程,也是一个能够经得起人类理性分析与合法性解释的政策过程。它既是不同政治力量角逐的过程,也是一个融入人的理性认知成果与理性分析行为的过程。由于政策过程涉及的因素非常复杂,政策过程及分析的难度是极大的,同时也是政治学研究极为重要的内容。

一、政策过程的概述

(一)政策过程的概念

对于政策过程,至少存在两种角度的理解。一是从政策问题的角度出发,将政策过程看作是从问题界定开始,到政策方案的形成、选择、执行、评估、调整或终结的一个动态甚至是循环的过程;二是从体制的角度出发,将政策过程看作是政策行动者基于体制约束下的行动过程。前者侧重探讨更好的问题界定方式与角度、更好的政策方案、更好的政策实施、更好的政策效果评定、更好的政策调整与完善;后者侧重探讨更好的政策体制以及基于这种体制约束条件的"实际与动态的政策过程"。无论从哪种角度理解政策过程,它都是一个动员一定知识、立场、观念、利益、资源等解决政策问题的动态过程。因此,能否动员以及以何种组织方式动员不同的知识、立场、观念与利益,并成功地将这些知识、立场与观念集聚,关系到政策过程本身以及政策产出的合理性程度。而能否动员不同的利益与资源主体形成共识或基于相互妥协的认同,则关系到政策过程本身及其政策产出的合法性。

(二)政策过程的理性设计视角

拉斯维尔是较早从理性分析的角度建构规范的政策过程的学者。他将政策的理性过程界定为七个阶段,分别是情报、提议、规定、合法化、应用、终止和评估。他的学生加里·布鲁尔对这一过程进行了改造,重新界定为创始、预评、选择、执行、评估和终止六个阶段。许多学者从这种清晰、连续的政策过程划分框架中或多或少地受益,查尔斯·琼斯的《公共政策研究导论》和詹姆斯·安德森的《公共政策制定》是首批采纳这种阶段性政策过程分析框架的书籍。此后,布鲁尔和德利翁对政策终止的完整研究进一步丰富了政策过程理论。这种将政策过程划分为不同阶段的分析框架的做法,实际上认同了关于政策的一个基本假定,即政策自身是对目标的追求,是一种有目的的行动过程,它开始于思考,通过行动,并结束于解决。并且,这些阶段经常不是以直线的方式展现的,而是一个循环。政策的这种周期性运动后来被学者们分为政策的生命周期和政策的变动周期两种类型。所谓政策的生命周期,是指公共政策经历了从问题的认定至政策出台,再经过执行、评估、监控、调整、终结的过程;而所谓政策的变动周期,是指公共政策在一定的时间范围内,同样或相似的政策现象有规律地反复出现。一般说来,政策目标越大越长远,环境情况变化越复杂,实施难度越大,政策的周期就越长;反之,政策周期越短。

在大批学者将政策过程研究聚焦于理性规范研究的同时,查尔斯·林德布洛姆等学者却从另外一个角度思考了政策过程。查尔斯·林德布洛姆认为,要了解政策制定过程,人们就必须了解政治生活和政治机能的全部内容,在这个基础上,林德布洛姆提出"渐进主义分析模式",将政策过程看作是政治互动的结果。这种观点在团体主义决策模式中更为明显。上述对政策过程的探讨,体现了政策研究学者对复杂的政策过程世界的简化所做出的努力,这种简化从单个的解释框架来看,都必然会存在种种问题,并不能准确反映实际的政策过程。但是,这种简化也为我们认识复杂的政策过程提供了可能,并在此基础上越来越接近复杂的政策世界。总而言之,政策过程包括界定问题并提交给政府,由政府寻找解决的途径或确立行动边界与规则,形成相应的备选方案,并选择行动方案,进而将方案予以实施、评估和修正,在这一过程中,我们结合问题的演化,具体的行动者围绕具体的过程予以具体考察,从而分析政策纵向与横向运作过程及其问题与特征等。

(三)政策过程的政治互动视角

不管政策是由理性过程的设计形成,还是由政治妥协的过程产生,或者由这两者复杂过程综合形成;也不管它是冲突的结果还是历史趋势的产物,政策在认识论上正如兰多所强调的,它是一种假设,也就是说,一切政策属于其妥当性并不明确的命题。一项政策是为了改变现有的条件或行为方式而提议的,其提案的目的表述都以未来的目标与行动为对象。即便是在科学世界里,一切理论和假设都被看成是危险的,其科学方法论也只能起到防止和消除错误的作用。而在政策的世界里,尽管可以借鉴科学的方法,但是从根本上看,它是一个充满价值分歧和利益争议的领域。因此,政策既是一个过程的产物,也是一个人工制品,事实上,政策过程本身也是一个人工制品。

政策领域必然存在以下问题:一是基于问题自身、未来行动等产生的不确定性;二是利益和主张的竞争以及由这种竞争所产生的不确定性和矛盾;三是基于垂直与横向的政策组织过程的不确定性和矛盾。在这种情况下,政策要得以形成就需要达到某种程度的一致性。这种一致性必然要求政策过程自身需要建立在一定的标准和政治程序的基础之上,即使标准或政治程序自身也是一种主观性的建构。显然,这种标准就是合理性与合法性,基于合理性与合法性的政策过程不仅可以动员不同理性、立场、价值、知识参与政策过程,而且还为这一过程自身提供一致性认同的基础。更重要的是,建立在合理性与合法性的基础上,能得到人们高度认同的政治程序原则、政治程序互动平台以及程序化的政治互动规则。因为,只有这样,政策过程才能体现其广泛参与与协商的特性,才能将种种分歧通过一种和平而不是暴力的政治互动过程去平衡与解决,才能将人们对问题与环境的不确定性及时通过一个可以预期的政治过程予以理性探讨,才能通过严格的参与与监督来规范政治权力拥有者,使之不会以权谋私,或将这种可能性尽可能降低。正因如此,政策过程自身始终是政策学家关注的中心问题。学者们一直在努力寻求"好"的政策过程,以及由"好"的政策过程所产生的"好"的政策。

二、政策议程

确认政策问题和进入政策议程是政策过程的第一环节。在实际的决策环境中,政策制定者所面对的常常是多个界限尚不分明的问题。因此,要制定政策首先必须挖掘和确认问题,分析它产生的背景、原因以及问题的影响范围和影响程度。在自然科学领域人们常说,发现问题往往比解决问题更重要。在政策分析中也是如此。美国学者利文斯指出,问题的挖掘和确认比问题的解决更为重要,对一个决策者来说,用一个完整而优雅的方案去解决一个错误问题对其机构产生的不良影响,比用较不完整的方案去解决一个正确的问题大得多。所以,在政策制定过程中,必须对问题做全面而深入的分析。

公共问题、社会问题只有通过个体与集团的行动向政府有关部门提出,而且该问题又属于该部门管理权限,政府又试图采取行动去解决时,才会把它们列入政府议程,此时的问题就成为政策问题。公共问题或社会问题是客观的,而政策问题是主观的。这主要表现在:政策问题的外在条件常常被有选择地加以确认、分类、解释和评估,因此政策问题实际上是一种主观认定;政策问题是察觉或体验的,这种人为的确认又是以个人的利益、价值或观念为基础的,不同的人对同一问题会有不同的看法。尽量削弱政策问题的主观性,对制定正确的政策非常重要。

问题分析程序包括认定问题、说明偏差、确定原因、问题陈述各环节。认定问题是找出实际现象与期望现象,经过比较发现偏差。说明偏差是分析确定问题的类型,发生在何时、何地,以及问题及其影响的程度。确定原因是找出导致问题的各种可能的原因,并对原因进行论证。问题陈述是运用一种可操作性的语言,如数学模型,把实质问题转化为一个详细和特殊的形式问题的过程。当社会或公共问题进入政策议程后,才转化成政策问题。政策议程就是将政策问题纳入政治或政策机构的行动计划的过程,它提供了一条政策问题进入政策过程的渠道和一些需要给予考虑的事项。将一个问题提到政府机构的议程之上,是解决该问题的关键一步。一个公共问题只有以一定的形式,经过一定的渠道进入政策过程,成为决策者研究和分析人员分析的对象,才能通过政策途径得到解决或处理。

现实社会存在大量需要解决的问题,任何一个组织或政府的解决社会问题的能力是有限的,因此,总有一些社会问题能够顺利进入政策议程,另一些很难进入政策议程,还有一些社会问题则被排斥在政策议程之外。要使社会或公共问题能够较容易地进入政策议程,必须满足几个基本条件:第一,必须具备问题察觉机制;第二,社会政治系统必须具备通畅的信息传递和反馈机制;第三,国家政治组织必须充分发扬民主;第四,社会政治团体和利益集团应发挥其应有的作用。第五,应有完善的新闻与社会监督机制。

三、政策规划

政策问题确认后就转入政策规划阶段,它是整个政策过程中政策制定环节的核心。

一个社会问题一旦被列入政策议程,就变成政策问题。政策问题只有经过政策规划才能形成政策方案,并最终得到解决。政策规划是指为解决某个政策问题而提出一系列可接受的方案或计划,并进而制定出政策的过程。政策规划的目的是解决某个政策问题;政策规划的基本内容是政策方案设计和政策择优。它是由一系列的活动组成的,包括政策目标确定、政策方案设计和政策择优。

一旦社会问题被列为政策问题,进入政策规划阶段,就需要回答如何解决这个问题,即提出一系列如何解决问题的方案,并从中选出较优方案。这就是政策规划过程。通常,政策规划过程包括以下阶段。

(一) 政策目标的确定

规划政策方案必须首先确定政策目标,这是政策规划的第一步。政策目标是政策规划者希望通过政策实施所达到的效果。政策目标是政策规划过程中的一项重要内容,它不仅是政策设计和政策择优的基础,同时也是政策制定的指导方针,并为政策评估提供了标准。

在分析和确定政策目标时,要遵循以下原则。第一,政策目标的具体性。政策目标应具体明确,否则制定政策方案就没有依据。第二,政策目标的可行性。政策目标决不能说大话、说空话,必须建立在现实的基础之上。第三,政策目标的规范性。政策目标要体现政策规划者所代表的社会利益。第四,政策目标的协调性。这是指多个目标之间要一致,不能相互矛盾,或在执行中相互牵制。

(二) 政策方案的设计

政策方案设计是一个动态过程,可以分成若干步骤,包括设想、分析、初选、评定、淘汰等环节。一般认为,政策方案设计可分成政策方案轮廓构想和细节设计两个基本步骤。轮廓构想要大胆,细节设计要精心。

轮廓构想是方案设计的第一步,也是政策规划中关键性的一步。它主要包括两个方面的内容:一是为实现既定目标,尽可能多地提出相应方案;二是将各方案的轮廓勾画出来。政策方案的轮廓至少包括行动原则、指导方针、基本措施、政策的发展阶段等主要内容。政策方案轮廓的构想应该遵守三个原则:要保证方案的多样性,只有方案数量多,可选择的余地才能大;构想政策方案轮廓要满足整体上的完备性和个体间的互斥性;构想政策方案轮廓要运用创造性思维。

政策方案轮廓构想阶段只是大致勾画出粗线条的方案雏形,尚未构成一个完整的方案。所以,要形成实用的、可行的、具有操作性的具体方案,还需要进行精心的细节设计。细节设计主要是按照所构想的方案轮廓,确定实现政策目标的具体途径、措施和手段,包括政策界限的规定和相关的机构设置、人员配备、财政资金的保障等。细节设计注重方案的效果、可行性、可操作性,并应充分考虑各种外部条件和环境。方案细节设计也是方案轮廓的初步筛选过程,可将那些不具备现实性、不满足社会条件以及难以实现既定目标的方案剔除。

(三) 政策方案择优评估

经过政策规划设计出的若干初步可行的政策方案,并非都能实现预定的政策目标而不会产生有害的社会后果,而且在解决某一政策问题时也不可能同时出台几个完全不同的政策。因此,经方案规划提出的政策必须经过择优评估,以形成政策草案。政策评估就是对规划出的政策方案进行全面的评价。由于这种评估活动发生在政策执行之前,所以带有一种预测分析的性质,因而也称预评估。政策规划者利用所获得的有关信息资料,对每一个政策方案的收益、成本以及可能遇到的各种问题进行预测,对该方案的可靠性、可行性和绩效等方面进行评估,并且说明各方案的优缺点。在评估上,必须十分注意紧紧围绕所确定的政策目标进行。在一般情况下,应选择能更好实现政策目标且不良后果最小的方案。进行政策方案评估应综合采用各种评估方法,决不能只凭借单一方法和评估指标进行。通常,政策优化评估可采用经验分析、抽象分析、比较分析、试点分析、效益分析、风险分析、条件分析、成本分析、综合分析等方法。

(四)可行性论证

当多种政策备选方案经过评估择优,制定出政策方案后,还要对其进行充分的可行性论证,以确保政策的顺利实施。政策方案的可行性论证就是围绕政策目标,运用定性和定量相结合的分析方法,对政策方案实际上是否可行的问题进行系统分析和研究。政策方案的可行性包括政治可行性、经济可行性和技术可行性。

政策方案论证的方式有以下几种:一是权威式,即政策主张以权威的论点为基础;二是统计式,即政策主张以样本的抽样调查与统计分析中获得的可靠论据为基础;三是类别式,即政策主张是以从不同类别的成员那里获得的结论为基础;四是直觉式,即政策主张的论证基础来自政策制定者的见识、洞察力、判断力与难以言传的知识;五是分析式,即政策主张是以从多种科学的方法中得出的论据为基础;六是解析式,即政策主张是以从原因中得出的论据为基础;七是重实效式,即政策主张是以从动机、相似案例或类比中得出的论据为基础;八是价值批判式,即政策主张是以伦理学所提供的论据为基础。上述论证方式都有合理之处,但又都是不完备的。因此,在政策方案论证时,应综合运用这些方式。

在政策规划的四个阶段中,各个阶段并不是单向性的,在实际的政策规划过程以及整个政策过程中,还包含双向、多通道的反馈环节。在政策系统运行时,当某一步骤出现问题时,系统就会跳到前一个步骤,或直接返回程序的起点。通过不断的反馈、调整和总结,规划出最终的政策。

四、政策执行

政策经某些合法化程序后,一经采纳即进入政策执行阶段。政策执行是政策被采纳后,把政策所规定的内容转变为现实的过程。具体地说,政策执行本质上是遵循政策指令所进行的变革,是为了实现政策目标而重新调整行为模式的过程,是将一种政策付诸实施的各项活动。政策执行是政策过程中最重要的环节。一项好的政策如果得不到严格贯彻执行,它的效用就无法体现出来,它的目标也就无法实现。政策执行的重要作用主要体现在以下几方面:第一,政策执行是解决政策问题的根本性环节;第二,政策执行决定了政策方案能否实现以及实现的程度和范围;第三,政策执行活动及其后果是后继政策制定的重要依据。

理想化的政策制定与执行机构是政策执行的组织保证,而目标群体和环境因素也会影响政策执行。除了理想的政策制定本身需要科学化、民主化并具备高质量的政策方案之外,有效的政策执行还应具备以下条件。

第一,必要的政策资源。无论政策本身制定得多么理想,如果缺乏必要的用于政策执行的资源,政策执行的结果也不可能达到政策规定的要求。第二,顺从的目标群体。政策能否达到目的,不是政策制定者一厢情愿或者能完全决定的事情,它需要目标群体的认同、接受,甚至作出必要的牺牲。第三,正确的执行策略。作为一种政治现象,政策的执行需要采取正确的策略,否则,政策目标就难以顺利实现。第四,合格的执行者。任何一项政策总是要靠一定的执行者来贯彻实施,它是政策执行所需要的最基本的资源之一,在政策执行过程中发挥关键性作用。第五,有效的沟通。沟通的目的在于统一认识,消除误解,互相依赖,增强参与意识,增进合作,发挥整体效应,提高政策执行的效率,保证政策目标的顺利实现。第六,正确的协调。协调的重要作用在于使每一个执行机构、每一位执行人员的工作都成为实现共同政策目标的整体工作的一部分,从而保证整个执行活动有条不紊、井然有序地开展。第七,适宜的环境。政策执行的环境因素包括政治经济环境,如文化、民众的支持与传播媒介、国内外政治环境、经济环境等;社会心理环境,如感情、风俗、习惯、成见、信仰、宗教、自发倾向和信念等。第八,有效的监督。为有效地削弱和消除政策失真,必须建立有效的监督机制。

[视频+案例]
康辉:政策红利绝对不能被随意截留

政策的制定是为了调整社会价值和利益关系,调整人们的行为规范,指导人们的行动,一项公共政策可能会使一部分人或一些部门的利益受到损害,所以保证政策执行准确、及时、顺利,难度和阻力很大。为此,必须树立个人利益服从整体利益、局部利益服从全局利益、地方利益服从中央利益的观念。否则,一项好的政策可能变成一纸空文,达不到预期的政策目标。

五、政策评估

政策评估就是对政策的效果进行的研究,它所要回答的基本问题包括:政策执行后,是否达到了政策制定者预期的目标?该项政策给国家及社会生活带来了什么样的影响?政策的前途如何,是继续执行,进行调整,还是马上终止?通过政策评估,人们不仅能够判断某项政策本身的价值,从而决定政策的延续、调整或终结,而且还能够对政策过程的各个阶段进行全面的考察和分析,总结经验,吸取教训,为以后的政策实践提供良好的基础。因此,政策评估不仅是政策过程的关键一环,也是通向高质量的政策决策的必由之路。政策评估的具体作用是:政策评估是决定政策前途的依据,是合理配置政策资源的基础,是迈向决策科学化的途径。

政策评估是有计划、按步骤的一种活动,政策评估的基本步骤包括评估的组织准备、实施评估和撰写评估报告三个相互关联的阶段。

(一)评估的准备工作

政策评估在实施前都要进行周密的组织准备工作。组织准备阶段的主要任务包括：第一，根据理论研究以及实际工作的需要，遵循有效性与可行性相结合的原则，选择、确定评估对象，即评估什么政策；第二，针对所要评估的政策，根据实际需要或有关部门的要求，明确评估的目的、意义和要求；第三，提出评估的基本设想，根据评估目标确定评估的内容或范围；第四，确定评估标准，决定评估的类型，包括非正式评估和正式评估、内部评估和外部评估、预评估、执行评估和后评估等，并选择评估的具体方法；第五，制订评估方案；第六，挑选和培训评估人员。准备阶段对于政策评估具有重要意义。如果组织准备工作做得比较充分，就能抓住关键性政策问题，明确评估的中心和重点，避免盲目性，使评估工作顺利进行。

（二）实施评估

实施评估是政策评估活动中最重要的阶段，其主要任务是利用各种调查手段全面搜集有关政策制定、执行的第一手材料，并在此基础上进行系统的整理、分类、统计和分析，运用相应的评估方法，对政策进行评估，作出评估的结论。在评估过程中，必须依据完整、可靠的调查或统计数据，必须采用科学、合理的方法，必须客观、公正地对待各种政策结果，只有这样，才能使评估工作反映政策执行的真实情况。

（三）撰写评估报告和总结

撰写评估报告和总结有两方面内容：一是撰写评估报告，二是总结。撰写评估报告的目的是将评估结论用书面报告的形式反映出来，提交给政策制定者或有关部门，使其能应用于实际的政策过程，为政府决定政策的前途提供依据。评估报告的内容除了对政策本身进行价值判断外，还包括政策建议的提出，以及对评估过程、评估方法和评估中一些重要问题的说明。总结是通过对评估活动的全面回顾，评价工作中的优缺点，总结经验，吸取教训，为今后的政策评估活动服务。

在政策科学发展过程中，逐渐形成了一整套政策研究和政策评估方法。评估方法对于政策评估具有十分重要的意义，从某种程度上可以说，政策评估的成功与否取决于评估方法的有效运用。评估方法的不断发展和有效运用，是政策评估向科学化迈进的关键。评估方法多种多样，从方法论角度划分，可以是经验分析的方法，也可以是演绎推理的方法；从事物质和量的角度划分，可以是定性方法，也可以是定量方法；从评估所涉及的工具来划分，包括传统方法、模型分析和仿真方法。

六、政策反馈

所谓反馈，是指将控制系统的输出信号回送到系统输入端，通过与输入信号的对比调节信号，使控制系统按希望的方式工作或产生希望的输出。政策系统也可以抽象为一个控制系统，在政策过程中，有关环节的信息回送到前面的某个或某些环节上，再通过比较或分析对需要修正的环节进行调整。这就是政策系统的反馈。

在政策执行过程中，反馈环节包括许多因素，如基层政府、统计部门、执行部门、上级政府派驻的调研人员、舆论和公众等。在一项政策执行过程中，如果执行机构和执行人员有足够的能力，有充分的资源，有坚定的责任感，政策对象也能理解、支持和配合政策执行，那么是可以达到预期的政策效果的。但是，在实际的政策执行过程中，由于诸多主客观原因的影响，政策执行的效果与预期目标相比往往会存在程度不同的偏差。在这种情况下，反馈环节就会发挥应有的作用。一方面，它通过对执行效果的检测，分析影响政策正常执行的内在和外在的原因,进而向政策制定者提出对政策执行的改进意见;另一方面,它通过对政策制定、执行以及效果方面的整体分析,提出对政策的改进和优化意见。两方面的共同结果是促进政策制定更加科学、合理,政策执行更加准确、有效。

由于反馈环节的重要性,对其进行优化就显得异常重要。为保证反馈环节反馈政策执行信息的准确、公正、及时,不带个人利益色彩,应当发挥舆论和公众监督的作用,发挥跨地区、跨行业的统计部门的作用,发挥非官方的政策研究组织和思想库的作用。另外,可以建立直接隶属于中央政府的政策监控机构,直接负责政策执行各环节的监控,并综合各民间机构的反馈信息,共同促进政策的正常执行。

改进反馈机制的原则、思想和具体措施应包括:第一,反馈信息准确、及时、全面;第二,各环节因素不能矛盾、重叠;第三,强调独立性、科学性;第四,可控性,即政策制定者能对政策过程各环节进行有效控制,能通过这些因素将有关政策准确传达下去,并准确执行;第五,可观性,即从政策问题出发,使上级各项政策都能被最终的执行监测到;第六,高效性,即政策规划、政策评价、政策执行、政策反馈、政策评估和政策改进各个阶段不应有过长的时间延迟。

七、政策终结

政策终结是依据政策评估的结果,对实施中的现行政策进行修改、补充、调整和终止的动态过程。通过政策评估,政策制定者会发现:有些政策,目标已实现,问题已经解决,因而没有必要继续存在;有些政策,在执行过程中取得了某些积极效果,但还没有实现预定目标,在其不良影响可接受的前提下,这类政策可以继续执行;有些政策,被证明是无效的或失败的,根本不能解决需要解决的政策问题,这就需要由新的政策来替代。对现行政策的命运及时作出必要的决断,对于增加政策收益,降低政策成本,节约政策资源,更好地解决政策问题,避免政策失误具有重要意义。

政策终结的对象包括功能、组织、政策。功能是政府为了满足人民的需要而提供的服务,它代表着政府活动的基本方向,政策的效果就是通过具体的功能来体现的。功能的终结就是终止由政策执行而带来的某种服务。当服务终止时,会给政策对象的利益带来影响,因而会受到抵制。另外,由于某种功能往往不是由某项政策单独承担的,而是由许多不同的政策和机构共同承担的,要予以终止往往需要做大量的组织准备和协调工作。通常,功能终结是难度最大的。组织是承担各级政府的各项活动,负责政策实施的机构。政策终结常常伴随相应组织的缩减或撤销,这就是组织的终结。裁减人员、削减经费等措施会影响到相关人员的切身利益,因此组织终结也是比较难的。政策终结即停止执行该项政策。通常政策终结遭遇到的阻力较前两种终结小得多。

政策终结的方式有以下几种。一是替代。替代指旧的政策由新的政策所代替,但所面对的政策问题,所要满足的各种需求和所要实现的政策目标基本上没有改变。产生的新政策或者是方法上的变化,或者是操作程序上的更改,其目的是更好地解决旧政策所没有解决的政策问题,实现原定的政策目标。二是合并。合并指的是旧的政策虽被终止,但政策所要实现的功能并不取消,而是将其合并到其他的政策或是其他机构的工作中。合并有两种情况:一是将被终止的政策内容合并到一项已有的政策当中,二是两项或多项被终止的政策合并起来,组成一个新政策。三是分解。分解指的是将旧政策的内容按照一定的规则分成几个部分,每一部分各自形成一项新政策。运用分解的方式进行政策终结,虽然原来的政策从形式上看已不再存在,但政策的实际内容却通过各个新政策的实施而保留了下来。当原有政策由于内容繁杂、目标众多而影响到政策绩效时,运用分解的方法往往能收到良好的效果。四是缩减。缩减是采用渐近的方式对政策进行终结,以缓冲终结所带来的巨大冲击,逐步协调好各方面的关系,减少损失。一般说来,缩减通过逐步减少对政策的投入、减小政策实施范围、放松对政策执行的控制等措施,最终达到完全终止政策的目的。

由于种种原因,政策终结具有相当的难度。人们经常可以看到,大量低效、无效,甚至完全没有必要的政策充斥于各级政府的政策活动中,许多应该终止的政策得不到及时终止,结果造成不同时期的政策相互冲突、相互矛盾,令政策执行者难以取舍、执行。各个部门间的政策也常常出现各种各样的矛盾,造成种种难以解决的不必要麻烦。所以,作为政策过程的最终环节,政策终结必须引起高度重视,及时终结那些失效的、已完成使命的、无效的和矛盾的政策规范管理的要求。此外,政策终结总会带来正反两方面影响,使一些人和组织的利益受到损害。因此,政策制定者必须运用高度的智慧和技巧妥善地进行处理。

■ 本章小结

政治过程是每一社会中人们努力获取和运用合法权力的全部活动。政治过程的兴起与发展是与新的研究方法的出现密切相关的,它强调用一种动态的方法对政治系统中的各项制度和行为进行细致的审视与分析。政治过程作为一种中观层次的研究方法,关注的是在特定的时空背景下,政治主体、政治客体及主客体之间的关系演变与发展历程。时至今日,政治学家们仍然在努力推动这一动态过程方法向动静结合的方向发展,并且致力于使这一新的研究方法能够真正预示政治生活的方向。

政治选举是现代政治科学中最重要和最普遍的政治过程之一,在一定程度上,政治选举可以说是现代政治过程的核心。现代意义上的政治选举是指政府或其他政治组织依照一定的程序和规则,由全部或部分成员抉择一个或少数人充任该组织某种权威性职务的一种政治过程。一般而言,政治选举主要包括以下五项原则,即普遍原则、公开原则、秘密原则、平等原则和自由原则。当然,这些原则并非即刻确立的,而是在选举权不断扩大的进程中逐渐形成并深入人心的,时至今日,这些原则在全世界范围内已经获得了广泛的共识,同时,也是衡量政治选举民主性程度高低的重要标准。政治选举制度的产生、存在和发展是近代民主政治理论作用于实践的结果,我国政治选举制度诞生于对资产阶级选举理论和实践的批判继承,体现了马克思主义的民主理论与中国民主选举实践的结合,我国选举制度的确立还源于对苏联政治选举制度的学习借鉴。

政治协商是中国共产党领导的多党合作和政治协商制度的重要组成部分,是实行科学民主决策的重要环节,是中国共产党提高执政能力的重要途径。它既与中国传统政治文化相契合,又满足了中国民主政治建设的内在要求。我国的政治协商特指在中国共产党的领导下,执政党联合各民主党派、无党派人士和社会各界等,围绕国家和地方大政方针、政治、经济、文化和社会生活中的重要公共事务等问题进行协商、合作与联合,以便中国共产党实行科学民主的决策,提高执政能力和政治水平。本章中的政治协商采用广义上的协商政治的说法,要使协商成为我国民主政治运行的基本行为方式和价值偏好,这自然包括政治协商与社会协商,涉及政治生活领域内的多元政治力量,着重强调政治主体通过有效的政治沟通和协调过程,最终实现其自身利益诉求。政治沟通是政治主体通过多种信息通道将政治信息传递给信息接收者,信息的接收者对信息进行一系列的分析与交流并通过特定渠道再反馈给信息发送者。因此,一个完整的政治沟通过程包括政治信息、信息发送者、信息接收者、信息通道和信息反馈五大要素。在当前利益主体分化严重的社会中,利益上的矛盾和冲突是不可避免的,而要使政治冲突消弭,现代民主的政府就必须在及时、有效的政治沟通前提下协调各个政治主体之间的利益关系,将冲突控制在政治系统可以承受的范围之内。

政治领导是政治权力运行的过程和结果。政治领导是指政府、政党、政治团体等政治管理主体运用权力和权威,确定社会政治活动的基本任务、基本方向和主要内容,并对政治生活的根本性问题做出权威性指导的过程。与其他领导方式相比,政治领导具有以下特点:一是宏观性,政治领导是中国共产党从宏观上把握我国社会政治生活的总体方向,确立我国人民政治生活的性质和目的,实现对全社会统一领导的过程;二是目标性,党的政治领导首先是政治方向的领导,关键要靠制定合理并具有感召力的目标来实现;三是统一性,党的政治、思想、组织领导是有机统一、不可分割的;四是稳定性,改革开放 40 多年以来,中国共产党实施的政治领导总体而言具有稳定性、整体性和连贯性,党领导全国各族人民走适合中国国情的中国特色社会主义道路,致力于实现中国经济的稳步高质量发展。党的政治领导主要是政治方向、政治路线、政治原则和重大方针政策上的领导,与之相对应的政治领导的主要内容可划分为三项:立法与国策建议权、修宪建议权、宪法解释与审查建议权。政治领导是政治权力运行的过程和结果,政治领导表现为一个动态的活动过程,这一活动过程大致包括政治判断、政治动员和政治指挥三个基本环节。

对于政策过程,至少存在两种角度的理解。一是从政策问题的角度出发,将政策过程看作是从问题界定开始,到政策方案的形成、选择、执行、评估、调整或终结的一个动态甚至是循环的过程;二是从体制的角度出发,将政策过程看作是政策行动者基于体制约束下的行动过程。无论从哪种角度理解政策过程,它都是一个动员一定知识、立场、观念、利益、资源等解决政策问题的动态过程。政策过程一般包含这样几个阶段:政策议程、政策规划、政策执行、政策评估、政策反馈、政策终结等。

本章重要概念

政治过程(political process)
政治选举(political election)
政治协商(political consultation)
政治领导(political leadership)
政策过程(policy process)

本章重要概念

本章思考题

1. 政治选举有哪些原则?
2. 如何区分政治协商、政治沟通与政治协调的概念?
3. 政治领导有哪些主要内容?
4. 什么是好的政策过程,政策过程有几个阶段?

本章思考题

本章推荐阅读书目

1. 林尚立.当代中国政治形态研究[M].2版.天津:天津人民出版社,2017.
2. 胡伟.政府过程[M].杭州:浙江人民出版社,1998.
3. [美]詹姆斯·麦格雷戈·伯恩斯.领袖论[M].北京:中国社会科学出版社,1996.
4. [美]詹姆斯·R·汤森,布兰特利·沃马克.中国政治[M].南京:江苏人民出版社,2003.

第五章

政治发展

---- 本章导言 ----

政治发展(political development)是任何一个政治社会的基本活动和基本现象之一。任何一个政治体系都不是一成不变的,而是处于由简单到复杂、由低级到高级的演进之中。尤其是在工业革命之后,社会生产力水平的提高,推动着人类政治生活探寻一种更加理性、更加科学的政治文明。不管是西方发达资本主义国家,还是在发展中国家,政治发展均成为各种社会政治形态所面临的共同问题。政治发展作为人类社会发展的重要组成部分,是有规律可循的,了解什么是政治发展,政治发展的特征是什么,政治发展与政治稳定、政治发展与政治民主之间有何关系,是政治学探讨的重要领域。

第一节 政治发展的概念与研究内容

任何事物都有其产生、发展的历史进程,如同社会形态的演进与发展,政治作为人类社会的一个重要现象,政治形态也并非凝固僵化的体系,而是一个动态的发展过程。从这个意义上说,只要有政治现象的存在,就会有政治发展的问题。掌握政治发展研究的兴起,明确政治发展的基本含义与特点,挖掘政治发展的终极目标,能对我们进一步研究政治发展的道路与策略提供基础性的学理支撑。

一、政治发展研究的兴起

政治发展作为一个政治学的概念范畴开始流行的时间并不长,政治发展的研究起源于20世纪50年代,但是有意识地使这一研究概念化和系统化是20世纪60年代的事情。作为当代政治学研究的一个重要领域,政治发展是当时国际政治形势发生重大变革的产物,与现代化这一特定的历史进程紧密相关。如美国著名政治学家亨廷顿所言,促成政治发展研究兴起大体上有两个潮流,一是20世纪40年代末和20世纪50年代区域研究的发展。随着一大批独立的发展中国家的出现,学术研究视野从原先局限于西欧和北美扩大到了亚洲、中东、拉美和非洲,掀起了一股研究发展中国家的热潮。二是政治学研究方法中的"行为主义革命",要求把理论的严密性与经验研究相结合并通过系统的跨国比较来考察普遍性,从而在概念、方法、数据统计等方面大大促进了发展理论的研究。

二战以后,一大批亚非拉国家相继获得民族独立,成为国家政治格局中的一股重要力量。这些新兴的民族国家面临着经济上消除贫困和政治体制选择的问题。西方学者普遍认为,西方的政治发展道路是普适性的,是发展中国家可以效仿的对象。然而,现实却并非如此,无论是复制西方民主体制还是自己探索发展道路,许多第三世界国家的政治现代化进程都不同程度地出现了经济停滞、军事政变、种族冲突、政治腐败、社会失序等政治发展问题。刚刚完成民族解放任务的第三世界国家,如何实现政治现代化,引起了学术界研究发展中国家的广泛兴趣,也为政治发展研究提供了动力和素材。如果说现实需要是政治发展研究兴起的根本推动因素,那么政治学的"行为主义革命"则为政治发展研究提供了理论和方法基础。行为主义革命要求把理论的严密性与经验研究相结合并通过系统的多国比较来考验普遍性;要求理论严密的愿望促使政治学家插足并从当代主要的心理分析学家那里吸收了诸如结构、功能、输入、输出、反馈和体系这样的一些概念。这些概念给政治学家提供了可以在分析和比较不同国家的政治中运用的有系统的框架。政治发展研究的主题包括发展中国家政治发展的价值、目标、历史背景、体制选择、政治参与、文化因素等,在研究方法上,形成了以体系功能方法、社会进程方法、比较历史方法等为主的方法系统。

迄今为止,西方政治发展理论大体上经历了三个发展阶段。第一个阶段是从20世纪50年代初到60年代初政治发展研究的奠基时期。这一时期西方政治学者研究的主题是"现代化"理论。政治学者使用现代化理论来解释发达国家与发展中国家之间的差异,他们认为,广大发展中国家仍处于传统社会阶段,这些国家所面临的问题就是如何从传统社会向现代社会过渡,他们坚定地相信进步的西方工业社会的条件可以应用到"第三世界",企图将西方自由民主制度向"第三世界"推广。第二阶段是从20世纪60年代初到70年代政治发展研究的理论体系形成时期。这一时期政治发展研究学者比较重视从不同的侧面寻求对政治发展的宏大理论的建构,以期对第三世界国家的政治发展实践有所裨益。其中,阿尔蒙德和鲍威尔合著的《比较政治学——发展的方法》、布莱克的《现代化的动力》等著作,集中反映了西方政治学者的观点;最重要的代表人物是亨廷顿,他的研究脱离了上一阶段对民主的强调,而着重于秩序,其1969年出版的《变化社会中的政治秩序》一书大大丰富发展了政治发展理论,特别强调了发展中国家最重要的目标是维持政治稳定。第三阶段是从20世纪70年代至今政治发展研究的稳步发展时期。这一时期西方主流现代化理论和政治发展理论遭到一些发展中国家学者的强烈抵制,因而政治发展理论研究逐步走向衰落,研究的重点也由政治发展道路转向政策研究。后来的政治发展研究大多是在对前一阶段建立的发展理论框架做补充性的研究工作,或重新予以解释,或运用前人的理论架构印证现实的政治问题。但西方国家政治发展理论研究的衰落,并不意味着政治发展研究问题的终结。相反,20世纪70年代后期一批新兴国家异军突起,80年代末90年代初东欧剧变及由此引发的世界冲击波,仍不时引起学者们对政治发展理论的关注,这在包括我国在内的许多发展中国家尤为突出。

■ 二、政治发展的概念

政治发展概念是西方政治发展理论的基础和核心,也是我们研究政治发展必须首先搞清楚的关键问题。政治发展研究兴起于西方,因此对西方学者的政治发展概念进行梳理可以为我们提供一些有益的启发。

1966年,阿尔蒙德在《比较政治学——发展的方法》一书中最先使用"政治发展"一词,他认为政治发展的内涵是由政治系统对国内或国家环境的变迁所作出的反应,特别是对政权建立、国家建立、参与和分配等挑战所作出的反应所构成。亨廷顿在其著作《变化社会中的政治秩序》中强调,政治发展是指发展中国家现代化过程的政治后果和政治方向,是向工业社会所拥有的政治特征发展的过程,是向某种政治体系的目标或状态的进展。奈特尔认为政治发展应该包括四种内涵:政治发展是一组确定的优先顺序,把国家分成发达和欠发展的观念;政治发展是使发展成为需要的价值,而非因为外在驱动的关系才需要发展;发达的社会与欠发展的社会两个概念范畴之间有着密切的联结关系;政治发展应该有阶段次序的划分。

西方学者对政治发展的界定充斥着浓厚的"西方中心论"的价值观,这些著作基本上都有一个共同假设,即在从传统社会向现代社会过渡的进程中,只有一种发展模式,那就是西方国家所经历的资本主义民主政治模式,其主流思想是将寻求发展道路的第三世界国家引向西化的轨道。然而,现实中发展中国家的实际发展历程表明,许多新兴民族国家在政治、经济实践中收效甚微,甚至出现了不同程度的政局震荡、经济停滞等问题。显然,西方学者们的观点是有失偏颇的,其政治发展理论也一直饱受质疑。事实上,西方学者们将西方政治制度看作是全世界最完善的政治制度,并试图为第三世界国家探寻一条普适性的发展道路,这是制约西方政治发展理论的最大弊病。西方国家的现代化进程确实包含着一定程度的历史发展的普遍性,但这并不意味着西方政治发展道路就是完全适配任何一个政治共同体的参照样本。现实是因各国国情的迥异和时代背景的不同,每个国家都面临着不同的政治发展任务,各国的政治发展道路也不会有一种普遍性的发展模式,不顾自身发展条件而盲目照搬西方国家政治发展模式的政治发展必然会失败。

尽管政治发展理论起源于20世纪50年代,但政治发展本身是人类社会普遍存在的政治现象。早在19世纪中叶,马克思主义经典作家从总体上考察了人类社会形态的历史变迁及其发展规律,这实际上就是一种政治发展研究。马克思主义的政治发展观可以总结为四个方面:一是政治发展是一种普遍现象,任何一个国家都无法回避政治发展的问题;二是政治发展具有特殊性,正如列宁在总结俄国革命经验时所言,世界历史发展的一般规律,不仅丝毫不排斥个别发展阶段在发展的形式或顺序上表现出特殊性,反而是以此为前提的;三是政治发展具有内在规律,政治发展必须与经济发展相适应,其最终目的就是为经济发展服务;四是政治发展是人类自觉的政治活动,人们有意识、有目的的政治参与推动着政治发展的进程。

对于政治发展的含义,学术界尚未达成统一的界定。政治发展既是一种客观存在的发展进程,又是一种迈向政治现代化的手段。从广义上讲,政治发展是政治体系向更高级形态演进的过程。这一定义涉及四个方面的具体内涵:一是关于政治发展的主体,任何一个国家都不可避免地存在着政治发展问题,即使是已经实现了现代化的发达国家,为适应经济社会发展的新要求,也需要对其政治制度及其运作模式进行改良;二是关于政治发展的社会环境,经济、文化、历史传统等都对政治发展起着重要的影响与制约作用;三是关于政治发展的实现形式,一种是政治改革,在不根本改变政治制度的范围内对具体的管理形式、组织架构等进行改进与完善,一种是政治革命,彻底废除旧有的政治制度,重新建立更能适应社会发展的政治制度;四是广义的政治发展实质上就是政治体系、政治结构或政治形态从低层次向高层次、从简单到复杂、从低级向高级的演进过程。从狭义角度看,政治发展是政治体系内部结构、体制、功能和运作的科学化、合理化,也就是我们通常所说的政治现代化。这一定义包括以下几方面的内涵:一是政治发展的根本是国家政权的发展,"不论过去、现在,还是未来,政治发展都将在以国家政权为核心的基础上展开"[①],政治体系的更新毫无疑问也是以国家政权为核心的发展;二是政治发展是在国内外多种因素的交互作用下发展演进的,国内新兴政治力量的崛起、公众民主意识的提升,其他国家经济发展和政治发展的示范效应等,都可能迫使执政者进行或多或少的调整与变革;三是政治发展是以本国的历史文化传统为前提的,离开本国的实际国情,照搬其他国家的政治发展模式必然会使本国的政治发展走上歧途,要充分认识和尊重本国的社会、历史、文化传统等,走适合自身国情的政治发展道路;四是狭义的政治发展实质上是传统的政治体系影响力日渐式微,而现代化的政治体系逐步确立并且影响力不断增长的发展过程。显然,不管是从广义上理解的政治发展,还是从狭义上理解的政治发展,它们的定义与内涵都具有很大的关联性,狭义与广义之分只是考虑问题的角度不同、侧重点不一样而已。

三、政治发展的目标

政治发展目标的确定是政治发展实践首先要解决的问题。实质上,政治发展属于目的论概念,从其概念内涵可以看出,政治发展被设定为达到某些目标的运动或过程,衡量一个国家政治发展的程度,也需要在理论上确定若干标准,这实际上就是政治发展的目标。

政治发展的基本目标是指政治体系所要达成的长期目标。在西方政治发展理论中,政治发展目标的确立存在着激烈的争议,美国政治学家罗斯托将政治发展的目标总结为八个方面:一是政府组织高度分化和专门化;二是政府结构高度一体化;三是政治体系通过理性和世俗的程序制定政策;四是政治和行政决策能够广泛吸取社会意见;五是人民普遍认同历史、土地和国家;六是人民对政治体系有着广泛的参与兴趣;七是依成就而不是依身份关系分配政治角色;八是基于世俗和非人情的法律系统行使司法和规范技术。亨廷顿在区分传统政体和现代政体时,为正在经历现代化变迁的社会指明了政治变革的三个关键方向:一是政治现代化涉及权威的合理化,并以单一的、世俗的、全国的政治权威来取代传统的、宗教的、家庭和种族的政治权威;二是政治现代化包括划分新的政治职能并创制专业化的结构来执行这些职能;三是政治现代化意味着增加社会上所有集团的参政程度。我国学者王沪宁将政治发展的目标总结为政治一体化、政治结构化、政治功能化、政治民主化、有效行政、大众参与政治、政治体系的自我变革七个方面。

综合上述观点,我们将政治发展的目标概括为以下四个方面的内容。

一是政治结构分化和专业化。任何现代政治体系都是由众多的政治结构构成。随着生产发展和经济发展的扩大,政治职能不断扩张以满足经济对政治体系提出的要求。这就意味着政治体系必须有完善的分工,形成层次清晰、职责明确、相互协调、运转自如的合理结构。否则,政治体系便会因体制的简单和僵化而在复杂多样的要求面前无能为力,乃至产生紊乱和衰败,更谈不上什么政治发展。

二是政治高效化。政治高效化是指国家政治系统在保证民主政治良性发展的过程

---

① 王沪宁.政治的逻辑——马克思主义政治学原理[M].上海:上海人民出版社,1994:535.

中,其权威性的增强和干预调控能力的改善。政治高效化集中体现在国家政治系统在推动社会现代化方面,应有足够的权威和组织领导能力,包括政治决策高效统一,行政执行高效有力,政治系统推动经济发展高效持续,政治系统维护社会稳定、社会进步高效全面等。可见,政治高效化是维持经济社会快速、健康发展的基本保障。

三是政治制度化。政治制度是人们在长期的政治实践中形成的,以法律、规则、程序、习俗等形式表现出来的,用以规范个人或团体行为,解决社会冲突的基本准则。亨廷顿对制度和制度化有精辟的解读:制度就是稳定的、受珍重的和周期性发生的行为模式;制度化是组织与程序获取价值和稳定性的一种进程。政治系统在运行中需要形成和确立新的制度,使政治运作按照预定的规范程序运行,也可以通过政治制度来解决社会冲突,保证政治系统的稳定、和谐、有序运行。

四是政治民主化。政治民主化是政治发展的根本目标,是指国家政治体系通过民主制度的建设,以实现和保障全体人民以平等的权利参与国家事务和社会事务的管理。民主是人类社会有了政治生活以后一直追求的政治目标,是政治价值的最高体现。作为一种价值形态,民主与公正、平等、自由等描述人的解放状态的概念一样,是人类的政治理想,是人类社会赖以发展进步的精神支柱和精神动力。作为一种制度形态,民主是迄今为止人类所找到的实现和维护人们平等权益最有效的途径和手段。因此,不管作为政治理想,还是作为功能性手段,民主都是人类社会发展进步的走向。

政治发展的四个基本目标并非相互孤立的,他们之间存在着相互依存、相互作用、相互促进的辩证关系,必须将这些基本目标作为一个整体进行考察。然而,值得注意的是,在研究政治发展的目标时,学者们大多围绕政治发展所应达到的状态、程度或标准来展开,却忽视了对这些目标之间优先发展顺序的探讨,这成为困扰正处于现代化进程中的国家特别是发展中国家的一大难题,许多发展中国家的实践呈现出经济增长与政治稳定、政治参与的负相关关系。对广大发展中国家来说,政府难以实现政治发展各基本目标的均衡发展,那么,针对本国实际国情和生产力发展的实际状况,调整政治发展的目标和进程,并且对某个目标或某些目标做优先发展安排就是很有必要的。

■ 第二节 政治稳定与政治发展

政治发展与政治稳定的关系是政治学研究的重要课题。政治稳定一直被认为是政治发展的重要目标和前提条件,也是当代世界各国,特别是发展中国家政治现代化进程中面临的一个难题。然而,从广义的政治发展视角来看,政治发展并非以追求政治稳定为目标的,而是以一系列的政治无序为代价的,"马克思主义把阶级斗争和政治革命作为政治发展的前提和动力,政治稳定完全服从于阶级斗争和政治进步"[①];从狭义的政治发展角度来看,政治发展是政治体系内部结构、体制、功能和运作的科学化、合理化,缺乏基本的稳定的政治环境,政治体系的自我完善和革新将无从谈起,在这里,政治稳定成为政治发展必须考虑的一个重要因素,同时也是政治发展追求的目标之一。

---

① 王邦佐等.新政治学概要[M].上海:复旦大学出版社,1998:298.

一、政治稳定的基本含义

"稳定"从词义上讲是稳固、安定之意,指系统的组成部分保持或恢复到固定关系的一种状态。稳定往往被看作没有根本的或破坏性的变化,或者是把变化看作可以接受的或是被限制在特定范围内的。对于政治稳定的含义,学者们从不同的视角进行了阐释,有代表性的观点可以归纳为以下几种。

杰克·普拉诺认为,政治稳定体现为政治系统的基本运作在相对长的时间里没有大幅度的变动,政府的最高领导层很少发生变化(如议会系统的内阁稳定);或是指在一个相当长的时间里保持相同的宪政形式和过程;或是指在一个国家的政治过程中相对地说没有暴乱和内部骚乱。亨廷顿在《变化社会中的政治秩序》中认为,政治稳定实际上是政治系统能够保持有序性和连续性,政治稳定可以看作发展中国家政治发展的主要目标。他认为,政治稳定这一概念占主导地位的是两个因素:秩序和持续性。第一个因素意味着政治体系相对来说不存在暴力、武力、高压政治和分裂。第二个因素意味着政治体系的关键成分相对来说不发生变化、政治发展不发生中断、社会中不存在希望政治体系来个根本改变的重要社会力量和政治运动。戴维·伊斯顿认为,政治稳定在于政治系统有能力承受外部环境对系统的压力,当一个权威性分配价值的系统受到极其沉重的压力,以至于再也不能承受时,该系统就会崩溃。因此,任何持续的政治系统必须具备两个基本功能:一是能够为一个社会进行价值的权威性分配,一是社会中的大多数成员必须将这种分配作为义务予以接受。

可见,基于不同视角,学者们对政治稳定概念有不同的理解,我们所讨论的政治稳定问题属于政治发展理论的研究领域,不脱离二战后发展中国家由传统社会向现代社会过渡的历史背景。因此,所谓的政治稳定是指一国政治体系的连续性和有序性,它包括政权体系的稳定、国家权力结构的稳定、基本政治价值的稳定、政治生活秩序的稳定、社会政治心理的稳定等多个方面。对于政治稳定的内涵,可以从以下几个方面来理解:一是政治稳定首先体现为政治系统运作的有序性和持续性,政治系统的有序性和持续性表现为国家的根本政治制度、基本政策、政治体制等在相对较长的时间里没有大幅度的变动;二是政治稳定并非指政治系统是静止不变的,而是处于不断变化之中的,且并非政治体系所有成分都不发生变化,而是指政治体系的一些比较基本和主要的成分,不发生变化,而且政治体系的某些变化对政治稳定是必要的,一个政治体系要想保持稳定,就必须为有秩序地改变其参与者、领导人和政策提供有组织的和为大家所接受的手段;三是政治系统稳定与否,可以从政治系统是否能够承担其特定功能得到检验,政治不稳定就意味着政治系统的某些既定功能无法顺利实现,如在政治不稳定的状态下,政治决策功能、利益表达功能、利益协调功能、政策执行功能等既定功能要么被中断,要么被削弱,政治系统难以再继续承担这些功能,政治系统面临崩溃的风险。

影响政治稳定的因素是多方面的,不同的国家产生政治不稳定的因素也有其各自的特点。亨廷顿认为,传统社会和现代社会出现政治不稳定的概率比较小,而由传统社会向现代社会转变的现代化进程,往往是一个相对不稳定的时期,正如亨廷顿的著名论断:现代性产生稳定性,而现代化却产生不稳定。换言之,处于现代化转型中的社会不稳定,是由现代化运动引起的。亨廷顿认为,现代化运动会带来一些显而易见的成果,如工业化、城市化、教育水平提高、大众传播急速增加、社会动员扩大等,这些成果不但带来成堆的社会问题,而且引发人们广泛的政治参与要求,于是加重了政治体系处理社会问题和吸收参政要求的负荷,一旦政治体系不堪重负,必然发生政治动乱。此外,不同的学者对影响政治不稳定的因素有不同的分析和总结。卢西安·派伊认为,政治体系是否稳定受到以下六个方面的影响:政治文化的一体化、政府权威和职责的合法性、政府的有效性、政治的包含性较强、公民参政与政府决策的一致性和社会分配均衡。邓伟志将政治不稳定的因素总结为六大危机:第一,认同危机;第二,合法性危机;第三,贯彻危机;第四,参与危机;第五,一体化危机;第六,分配危机。总结而言,从一般意义上来说,经济落后,贫富分化加剧,政治权威缺失,政治体系能力低下,政治控制机制脆弱,各种政治力量在政治博弈中不遵守游戏规则等,都是导致政治不稳定的主要因素。

■ 二、政治发展与政治稳定的关系

政治发展是在政治稳定中的发展,但在人类历史上,当一个社会遇到新旧两种社会结构转型时,其本身就是一场深刻的革命,出现政治不稳定的现象是不可避免的,这是由其"过渡"的性质决定的。特别是在现代化过程中,现代化的一些主要成果如工业化、城市化、识字率的提高、经济增长、社会动员等,往往加重了政治体系的负荷,使这些政治体系通常面临着一系列严重的矛盾和问题。社会分配严重不公,政治制度化不足,政治权力结构不合理等,一系列问题导致了社会不稳定因素的滋生,引发了政治不稳定和社会动乱,破坏了政治秩序,严重阻碍了政治体系发展的进程。因此,如何将不稳定现象控制在一定范围之内,处理好政治发展与政治稳定之间的关系,就显得尤为重要。

首先,政治稳定是政治发展的前提和保障。一是没有稳定作为前提,政治发展也就失去了可靠依托。政治发展需要基本的体系连续性和秩序性,缺乏连续、有序的政治体系只会处于政治动荡中,政治发展的既定目标和步骤就会因动乱而无法实现,使政治发展失去原来的意义和目的。二是就政治发展的结果来看,离开最基本的稳定因素作为保障,政治发展的结果就难以实现。政治发展要求建立有效的国家制度、民主体制,保障公民权利和政治权利,加强社会的政治认同感等,这些方面无疑要求有一个稳定的环境作为基础予以保障。三是政治稳定不仅是政治体系自身存在和运作的需要,也是经济发展和社会进步的前提条件。如果一个国家长期处于严重的政治动乱和无序之中,经济发展、社会安全和人民生活必然会受到严重影响。没有政治稳定,就没有经济的稳定和社会的稳定,经济发展和社会进步就会成为一句空话。正是因为认识到这一点,所以在中国改革开放和社会主义现代化建设的关键时刻,邓小平指出:中国的问题,压倒一切的是需要稳定。没有稳定的环境,什么都搞不成,已经取得的成果也会失掉。

其次,政治稳定是政治发展的内在目标之一。政治稳定作为政治发展的目标之一,要求政治体系在制定政治发展目标时,必须把政治稳定纳入政治发展目标之中。一方面,作为政治发展的目标,政治稳定不是指政治体系的所有成分都不发生变化,稳定性主要是指政治体系相对的连续性,政治体系的一些基本组成部分,如基本的政治价值、政治文化、主要政治组织结构和基本制度不发生变化,而另一些政治过程如社会集团和民众的政治参与变化、政治领导的更替、政策的改变则是必然的;另一方面,政治稳定的连续性是以政治过程中的有序变革为基础的。值得注意的是,政治稳定必须以服从政治发展为条件,政治稳定所要求的政治价值、政治组织结构和政治制度的连续性,只有在适应政治发展的总体目标的条件下才具有意义,只有在适应社会经济发展的条件下才是有价值的,当政治发展过程中政治体系妨碍了社会经济发展,暴力革命也就成为政治发展进程的必然选择,旧的上层建筑、旧的政治制度也就必须彻底从历史中被抛弃。

再次,政治发展是实现持久政治稳定的根本途径。政治稳定是一个实现动态的、相对稳定的过程,它的实现有一个量的积累和平衡过程,是一个从原有稳定状态向更高层次的稳定状态迈进的过程,而这一过程的实现有赖于政治发展提供动力,有赖于政治发展赋予它新的内容和活力。一方面,政治发展就是实现政治体系制度化的过程,政治发展的过程无不围绕着政治制度的巩固来进行,在社会政治形态既定的条件下,政治体制改革、政治运行机制的完善,都是为了促进政治制度和政治体系的稳定,使政治体系更加适应社会环境的变化,从而使政治稳定从原来的较低层次发展到更高层次;另一方面,政治发展本身也能够减少或消除政治不稳定因素,政治发展的每一个目标,诸如政治结构分化、政治运行的法制化、政治决策的民主化和科学化、公民政治参与的扩大以及政治文化的世俗化等,都是为了调整政治权力关系,解决复杂的社会政治问题,消除政治不稳定的因素,每一个目标的实现都是政治稳定的基石。这也验证了邓小平虽然把稳定置于重要的战略地位,但他同时也认为发展才是硬道理,政治发展是历史运动的基本规律,政治发展所要求的稳定,是动态有序的稳定,是稳定与发展的统一。

最后,政治发展与政治稳定具有两重性,既相互排斥又相互补充。从其相互排斥的关系来看,政治稳定不一定是政治发展的伴生物,它并不一定随着政治发展而自然到来,亦有可能走向政治发展的反面,阻碍政治发展,影响经济、文化、社会的发展进步,最终导致政治不稳定的出现。最鲜明的例子就是二战后获得独立的第三世界国家的现代化进程,不少新兴国家的经济发展实现了大幅飞跃,城市化水平也不断提高,这些国家同时也在政治、社会、文化层面革故鼎新,试图进行根本性的变革;然而,不适当的政治变革超出了现实社会基础所能承受的限度,非但没有进一步推动经济的繁荣发展,反而陷入政治混乱的泥潭无法自拔。从其相互补充关系来看,这种互补性的前提是在确立政治体制目标时,要把政治发展同政治稳定有机结合起来。政治稳定是指有序的政治发展,有序的政治发展也意味着政治稳定,即在稳定中求发展,以政治发展促进政治稳定的深化和巩固。政治发展和政治稳定在内容和目标上都是可以相互补充的,我们决不能对两者有所偏废,不能为谋求政治发展而无视政治稳定,也不能为求得暂时的政治稳定而抛弃政治发展,要用辩证发展的眼光看待政治发展和政治稳定的关系。

第三节 政治革命与政治改革

政治发展的模式是政治主体选择某种方式、途径或策略来推动政治发展,实现某个特定的政治发展目标的形式。任何一个政治体系都不可避免地需要选择政治发展的模式。一般来说,政治发展主要有两种模式,即政治革命和政治改革,前者是政治体系的质变过程,当一种政治制度完全腐朽,只有通过政治革命才能为政治发展开辟新的道路,这种方式通常会引发政治制度的新旧更替;后者是政治体系的量变或部分质变的过程,倘若一种政治制度同经济社会的发展基本相适应,那么就无须用革命的方式将其彻底摧毁,而是通过温和的改革方式推动政治体制的健全和完善,将其蕴藏的积极潜能充分发挥出来。

一、政治革命

(一)政治革命的含义

"革命"一词最早出自《易经》,"汤武革命,顺乎天而应乎人"。这是中国古代神权思想占据统治地位时对革命的一种解读。中西方历史上,许多学者从不同的视角对革命进行了多维度的解释。从政治权力的角度来看,革命是争夺权力、转移权力的过程,美国政治学家杰克·戈德斯通认为,革命就是不同的集团都力争使自己成为中央权力,这种权力斗争可能以各种形式出现,如大规模的内战、政变、漫长的游击战争等,这一观点指明了革命的实质就是权力斗争。从政治现代化的角度看,革命是彻底而广泛的社会突变,是实现从传统社会向现代社会转变的途径,如美国政治学家亨廷顿指出,革命是一个社会的政治制度、社会结构、领导权、政府活动和政策以及社会的主要价值观迅速的、根本的、暴力的全国性改革。列宁也对政治革命有明确的界定:从马克思主义观点来看,革命究竟是什么意思呢?就是用暴力打碎陈旧的政治上层建筑,即打碎那由于同新的生产关系发生矛盾而到一定的时候就要瓦解的上层建筑。马克思主义认为革命的对象是旧的政治上层建筑,目的是重建新的社会制度,是一个阶级推翻另一个阶级的政治统治的暴力行为,是以一种先进的制度替代旧制度的政治过程。在这一过程中,政治制度、政治结构、政治关系、政治权力以及政治价值观等,都迅速发生根本性变革,取而代之的是新的政治体制、政治秩序,从而推动着整个人类政治文明的进步。

通过对经典作家关于政治革命概念内涵的梳理,我们认为政治革命是政治发展的重要组成部分,是以革命阶级为主体,以夺取政权为核心标志,以一种新的政治形态取代旧有政治形态的急剧的政治变革行为,是政治发展过程中的质的飞跃。作为政治形态发生质变过程的政治革命,具有不同于其他政治发展方式的重要特征。

首先,政治革命是革命阶级推翻另一个阶级政治统治的行为。政治革命是以革命阶级为主体的政治活动,它不是少数政治派别、政治人物或政治群体之间的行为,而是社会阶级之间的大规模、有组织的政治较量。其次,政治革命的核心标志是夺取政权。政治革命的本质就是争夺政治权力的斗争,衡量一场革命是否是政治革命,首先要看其是否是为了夺取政权。列宁明确指出,无论从革命这一概念的严格科学意义来讲,还是从实际政治意义来讲,国家政权从一个阶级手里转移到另一个阶级手里,都是革命的首要的基本的标志。任何试图成为统治力量,并试图建立新的政治秩序的革命行动,其首要任务就是夺取政权。再次,政治革命涉及政治体系的全面变革。政治革命与其他政治发展方式的不同在于其变革的全面性与彻底性,政治革命与旧有的一切政治关系、政治价值观、政治结构决裂,并建立一种全新的政治体系和政治制度。正如亨廷顿所言,一场全面的革命意味着对现存政治制度的迅速而猛烈的摧毁,意味着动员新的集团投入政治,意味着新的政治制度的创立,政治革命是对旧有政治秩序的一种彻底的、全面的、根本性的变革。最后,政治革命通常与暴力手段相联系。政治革命往往表现出激烈的暴力行为,恩格斯对政治革命中的"暴力"做出过明确的论述:革命无疑是天下最权威的东西;革命就是一部分人用枪杆、刺刀、大炮,即用非常权威的手段强迫另一部分人接受自己的意志;尽管革命往往伴随着暴力行动,但并不是所有的暴力都是革命,革命区别于暴动、政变、起义、叛乱之处在于,政治革命的任务不仅是为了夺取政权,更重要的是通过全面变革政治关系和政治制度,实现新的生产方式代替旧的生产方式。

(二) 政治革命的条件

政治革命的发生并非偶然,而是社会发展到一定阶段的必然产物。当政治体系中的社会利益冲突达到不可调和的程度,僵化的政治体系无法为新的社会阶层提供进入权力中心的渠道时,政治危机就会发生,进而引发政治革命。尽管政治革命发生有其内在的必然性,但政治革命发生的前提还取决于特定的革命形势。列宁在分析革命形势时指出,没有革命形势,就不可能发生革命,而且并不是任何革命形势都会引起革命,并将革命形势的特征总结为三个方面:一是统治阶级已经不可能照旧不变地维持自己的统治……二是被压迫阶级的贫困超乎寻常地加剧……三是群众积极性大大提高……只有在上述客观变化再加上主观变化的形势下才会产生革命。

由此可见,政治革命的产生需要具备主客观多方面的条件,具体而言包括以下几个方面。

第一,生产力与生产关系的矛盾是政治革命发生的必要客观条件。当生产力发展到一定水平后,必然要求产生与之相适应的生产关系,在生产关系不适应生产力发展时,生产力与生产关系必然产生矛盾。两者之间的矛盾日益尖锐化首先会造成社会经济危机,随之而来便是政治危机。托克维尔在《旧制度与大革命》中深刻指出:稳固的经济增长的繁荣并没有使人民安静下来,相反,无论在哪里,它都促进了不安精神的发展,一般公众越来越敌视一切旧制度,越来越不满意旧制度,其实日益明显的事实是,正是国家推动了革命的出现。当经济危机和政治危机使社会到了不得不采取激烈政治行动时,这种全面的政治危机便造就了客观的革命形势。

第二,社会阶级矛盾不可调和。毛泽东对阶级矛盾引发革命有着精辟的论断:在人类历史中,存在着阶级的对抗……互相矛盾着的两阶级,长期地并存于一个社会中,它们互相斗争着,但当两阶级的矛盾发展到了一定的阶段的时候,双方才会采取外部对抗的形式进而引发革命。在一般情况下,任何社会形态中都存在着相互对立的不同阶级,对立阶级之间的矛盾往往采取斗争和冲突的方式加以解决,但当对立阶级的矛盾发展到不可调和、空前激化的状态时,便会发展为政治革命。

第三,革命意识的形成。纵使革命的客观条件已然具备,但如果革命阶级没有萌发革命意识,形成统一的革命觉悟,那么政治革命仍然不会爆发。戴维斯和戈尔在对革命的政治心理进行研究时发现,只有当人们对生活的期望值升高,相信更美好的生活和命运一定会到来,然而现实社会并不能为之提供实现这种期望的条件时,人们才会不安于现状,才会倾向于剧烈的变革,从而更有可能支持政治革命的发生。亨廷顿在其著作《变化社会中的政治秩序》中早已指出,人们对现代化变革的期望与变革的实际之间总有落差,这种落差造成大众对现存政治秩序的反感,进而引发暴乱、造反,引发革命的意识。由此可见,只有形成自觉的革命意识,才能凝结成推翻统治阶级政权的革命力量。

第四,革命组织的建立。被压迫阶级进行政治革命,不仅需要有革命的精神力量和高度的革命觉悟,更需要有革命的组织领导,建立革命的政治组织。没有先进分子组成革命领袖群体,没有建立革命组织,就难以最大限度地团结革命力量,政治革命就难以发生或持续进行。正如泰利研究发现,在政治生活中,公众预期变化、对政治现状的愤怒以及制度失衡等现象随时都会发生,公众的愤怒和反抗情绪更是常态,其本身很难直接导致革命,只有当作为公众愤怒载体的政治组织能够动用足够的社会资源和有效的组织动员时,政治革命才能产生。因此,革命组织是政治革命的灵魂,它是政治革命的准备者和发动者,肩负传播革命思想、提出革命口号、制定革命纲领和确定革命道路的任务。只有建立革命组织,使革命成为有组织的政治行动,民众才能在革命组织的发动和领导下,最大限度地团结起来掀起政治革命。

(三)政治革命的作用

革命是社会进步和政治发展的强大推动力量,没有革命就没有政治发展质的飞跃,无论是在政治系统自身的发展中,还是人类历史的发展演进中,革命都发挥着不可替代的重要作用。正如亨廷顿所说:一场全方位的革命,包括摧毁旧的政治制度和合法性模式,动员新社会集团参与政治,重新界定政治共同体,确立新的政治价值标准和合法性的新概念,由新的、更有活力的政治精英掌握政权,以及建立新的、更强有力的政治制度。就政治参与的扩张而言,一切革命都包含着现代化;就新的政治秩序模式的建立而言,某些革命还包含着政治发展。具体来看,政治革命的作用主要体现在以下几个方面。

第一,政治革命能够极大地解放生产力。马克思主义认为,生产力决定生产关系,生产关系一定要适应生产力的发展。当生产关系成为生产力发展的桎梏之时,需要通过政治革命推翻旧的上层建筑,改变旧的生产关系,建立适应生产力发展的新的生产关系和上层建筑。历史上的政治革命引发的新旧政权更替必然使旧的生产关系解体,新的生产关系确立,从而获得生产力的极大解放。马克思和恩格斯在《共产党宣言》中充分肯定了资产阶级革命的作用,明确指出资产阶级在它不到一百年的阶级统治中所创造的生产力,比过去一切世代创造的全部生产力还要多,资产阶级能够战胜封建地主阶级的根本原因在于,它打破了已成为束缚生产力发展桎梏的封建所有制关系,代之以资产阶级的生产关系,从而使社会不断发展前进。

第二,政治革命能够更新政治体系。通常来说,国家、政党、社会团体、政府机构及其运行规则等要素构成了一个政治体系。当现有政治体系腐化衰败,难以适应社会发展的需要时就应当进行更新,即政府组织结构、法律法规政策、政治行为规范、政治活动方式、政治价值观念等会发生剧烈的变革,以一种新的政治秩序、新的政治体系替代原有的政治体系。然而,实现这些变革和更替往往会遭到旧的统治阶级的反对和阻挠,所以和平方式是实现不了更替的,只有通过政治革命这种暴力行动进行强制性的更替和变革。暴力革命是社会运动借以为自己开辟道路并摧毁僵化的、垂死的政治形式的工具。人类社会发展史上,各种政治体系的更新几乎都是通过暴力革命实现的,这种变革具有彻底性和根本性。可见,政治革命具有更新政治体系的功能,这是政治革命最主要也最直接的作用。

第三,政治革命能够培植新型政治文化。政治革命是一个破旧立新的过程,它不仅极大地解放了生产力,更新了政治体系,更为重要的是它以新型的政治文化取代旧的传统道德规范,使整个政治体系赖以存在的心理和思想基础得以更新,使新型的政治价值观念随着革命思想的传播而不断确立起来。在革命过程中,旧的政治思想、旧的政治道德习俗和行为规范都进行了全面改造和革新,革命阶级在实践中也逐步认识到社会发展的规律,在政治上不断成熟起来,可以说每一次革命的胜利都带来道德上和精神上的巨大的跃进。

二、政治改革

(一) 政治改革的含义

"改革"是对事物的改造和革新,一场真正的革命意味着政治体系的全面、彻底的革新,而那些在政策、制度等方面变化范围有限且速度和缓的方式则称之为改革。与革命相比,改革显得更为温和、渐进,既包含了量变的过程,也包含了质变的过程,但总体是以维护现有的政治制度为前提的自我调整和自我完善;与改良相比,它不仅是量的变化,而且包含了部分质的变化。政治改革是介于政治革命与政治改良之间的一种政治变革。政治改革比政治改良要更深入、更广泛、更具有变革的性质,但其彻底性和广泛性又不及政治革命,它是通过对政治体制进行局部调整和革新,自上而下以一种温和的方式有计划、有目标、有步骤地对现存政治结构、政治体系进行革故鼎新的改造,以巩固和加强统治者的权力基础。总之,政治改革并非政治形态的根本质变,它是对政治体系的扬弃的过程,是政治发展的量变过程,体现了政治发展的渐进性和连续性。

所谓政治改革,是政治领导集团为适应社会发展要求,根据各阶层的共同利益要求与社会矛盾状况,依靠现有社会制度本身的力量,有计划、有步骤地改进现存政治体制、调节政治关系、完善政治功能,最终实现政治统治的自我发展与自我完善。可见,政治改革主要是调整社会政治利益关系,是政治关系的内部调整和自觉行动。这种利益关系往往在政治权力的分配格局中体现出来,因此,政治改革也就集中表现为调整政治权力关系和政治权利关系,构造新的政治权力格局,从而使某一种形态的政治体系在特定历史阶段得到充分发展。

古今中外历史上发生过形形色色的政治改革运动,如传统社会的商鞅变法、王安石变法,近代中国的戊戌变法、洋务运动,古雅典的梭伦改革,近代俄国的农奴制改革,近代日本的明治维新运动等,这些改革虽然都有其鲜明的时代背景和民族特色,但也表现出共同的特征。

第一,政治改革是基于调整政治利益关系的目的而非推翻现有政治统治。政治改革是以不破坏既有政治统治为限度的一种政治发展方式。伴随社会的发展进步,人民群众的生活方式、分工方式、交换方式、分配方式以及消费方式等的变化,逐渐产生新的利益团体,新的利益团体为维护自身发展不断产生新的利益需求,新的需求同既有社会阶层的利益需求发生冲突。通常情况下,统治阶级为维持政权和旧的生产关系,会主动采取改革措施,通过制定新的政策和新的措施,在利益关系方面作出调整,允许社会各个阶层有限参与政治过程,吸纳新的政治力量,从而缓和阶级冲突和矛盾,避免革命形势的形成。

第二,政治改革是以政治领导阶层为变革主体的一项自上而下的运动。改革与革命的一个重要区别在于变革主体不同,政治革命是由革命主体自下而上发动的具有广泛社会基础的政治变革,而改革则是由政治权力主体所推行的政治革新运动,政治权力主体是改革的主导力量,广大人民群众是改革的积极参与者。两者的主体不同,决定了政治变革的结果也存在很大的差异。与革命者相比,改革者需要对社会政治经济的发展形势有清醒的认识,对现有政治体系及其弊端进行正确的分析,把更多的注意力放在改革的途径、手段和时机方面,有计划地选择改革时期、确定改革目标、制定改革方案,有步骤地、自上而下地推进改革进程;还需要审慎对待各种改革目标之间的关系,不断调整改革的速度和规模,避免因改革处理不当而引发突发性、不可预测性和不可控制性的事件。

第三,政治改革是渐进而缓慢的变革过程。政治改革是一种由政治权力主体严格控制的通过量变的过程达到质变的实质性的变革方法。由于改革涉及几乎所有的社会阶层、利益集团的利益关系调整,并且在改革进程中往往还伴随着新旧观念的激烈碰撞,加之人们对现有政治体制弊端的认识与感受也是一个由浅入深的过程,因此,改革不可能是一蹴而就的,而是在政治权力主体的协调、安排之下有计划、有步骤地缓慢推进的过程。一些成功的政治改革实践,通常先采取增量改革后实施存量改革的方法,在旧的体制因阻力太大而无法改动的时候,先发展出一些新的体制或新的成分,随着新体制、新成分的发展壮大,政治关系和政治结构的不断变化,以及政治改革环境的改善,再逐步改革旧的体制和旧的秩序,通过渐进的量变过程最终达到质变的结果。

第四,政治改革是以和平的方式进行的。政治改革的出发点在于政治利益关系的调整,它是政治权力主体有计划、有步骤、分阶段进行的,基本上排除了大规模的暴力行动方式。与政治革命力求在较短的时间内实现政治制度的根本变革不同,革命暴力的改革过程超越了改革者所能够控制的范围和程度,而且其改革结果无法预期,这是发动改革的政治权力主体极不愿看到的。政治改革是以妥协、和平的方式出现的,表现为一个缓慢的量变过程,可以有效地防止革命情势的出现,从而保证统治阶级原有的统治地位。

(二)政治改革的条件

政治改革是一项艰巨而又复杂的系统性工程,政治改革能否取得预期成功,取决于多方面的主观条件。

一是经济发展是政治改革的首要条件。政治是经济的集中反映和表现,政治改革的深入程度必然受到一定的物质生产方式和生产力水平的制约。一方面,政治改革需要一种稳定的社会环境,经济繁荣发展正是社会稳定的前提条件,因此经济发展为政治改革的顺利进行奠定充分的物质基础;另一方面,政治改革进程中必然面对新旧政治势力的较量,改革者要将政治改革引向深入,必须从经济改革中汲取力量,把政治改革的内容纳入经济生活之中,只有在经济上得到确认和相应体现的政治改革,才是一种稳固的改革,才具有不可逆转的势头。

二是政治改革必须具备稳定的社会环境。政治改革是一种循序渐进的政治活动,稳定的社会秩序既是政治改革成功的重要前提,也是政治改革的结果。一方面,政治改革的顺利进行需要一个稳定的社会环境,很难想象政治改革可以在社会秩序混乱、暴力事件迭起、政策朝令夕改、军事政变频繁的环境中得以顺利推行;另一方面,政治改革是对现存政治利益关系的调整和变革,在这一进程中势必触及某些利益集团的政治经济利益,在客观上造成一种社会利益结构的不稳定状态,只有通过改革者的调整和变革,才能正确处理好变革与稳定的关系,从根本上消除这些不稳定的社会因素,将社会震荡降至最低限度。

三是政治改革必须形成一种"革新"的政治文化。在现实生活中,人们往往习惯了某种政治生活方式,在以往的政治体系中形成了安于现状、求稳怕乱、对新生事物缺乏信心、对改革目标和改革内容缺乏认知等心理状态,这些早已根深蒂固的政治思想、政治价值观等常常成为政治改革难以顺利推行的重要阻碍。这就要求政治改革者通过强有力的政治宣传工具,使社会成员对政治改革达成普遍共识,使改革的必要性、改革的任务、改革的政策措施等深入人心,从而转变社会公众的政治心态和思维观念,为改革创造良好的政治文化氛围。

四是政治改革需要一批勇于创新的改革者。改革是一项系统工程,它涉及社会发展的各个领域与各个层面,要求改革者从实际出发,循序渐进地推动改革的进程。历史的经验表明,成功的改革需要改革领导者具备高度的政治智慧、完备的政治理论素养以及坚忍不拔的政治信念。一方面,改革者需要具备一定的政治理论素养、政治敏锐度和政治鉴别性,能够对社会经济形势的发展变化有清醒的认识,并能够对现有政治体系的各种弊端作出正确分析;另一方面,改革者需要具备百折不挠、坚忍不拔的毅力以及为改革献身的政治信念。此外,为促进改革的成功,改革者还需要获得深厚的社会基础与广泛的社会支持,只有调动广大人民群众的积极性、主动性与创造性,使他们从自身利益出发拥护改革、支持改革,才能使其成为推动改革的力量,促进改革成功。

五是政治改革需要制度合理的目标和配套的实施方案。政治改革涉及政治生活的方方面面,需要中央和地方政府以及各部门之间的相互配合。因此,在政治改革推行之前,一方面,改革者必须制定合理的改革目标,目标的制定既要与现有的政治体制适配,维护现存政治体制的基本框架,又要在当前的框架内有所突破和创新;另一方面,为达到改革的预期目标,还需与之相协调的配套实施方案,改革者既要有整体和全局的观念,把握好改革的力度、速度以及社会成员的心理承受的强度,又要有程序的观念,哪项改革先行,哪项后行,都需要进行通盘考虑,选择合适的改革计划和方案。

(三)政治改革的作用

政治改革同政治革命一样,都是政治发展的强大动力。正如赫希曼所言,改革是一种变化,这种变化导致现存特权集团的权力受到抑制,非特权集团的经济和社会地位则相应地得到改善,这意味着政治改革使社会成员在经济、政治上进一步实现平等,意味着社会成员能够更广泛地参与到政治发展的进程之中。归纳起来,政治改革具有如下的功能和作用。

第一,政治改革能够缓解或消除社会矛盾,保持政局稳定与社会稳定。考察历史上的历次政治改革可以发现,改革的首要作用就是缓解社会利益矛盾。政治改革既是当时社会矛盾发展的必然结果,又是解决社会矛盾的一种重要的政治方式。社会生产力的快速发展使政治体系的不完善之处暴露无遗,这些缺陷严重阻碍了社会发展进步,加深了社会矛盾,甚至威胁政治统治的根基。这就要求改革者一方面通过政治改革来协调不同利益阶层、利益集团之间的利益关系,把社会矛盾消除在萌芽状态;另一方面可以通过调整政治权力关系和政治权力结构,把新生的政治力量纳入自己的政治权力体系中,争取得到其他阶级、阶层和广大人民群众对现有政治格局的认可,从而扩大和加强政治统治的范围和基础,较好地保持政局的稳定和社会的稳定。

第二,政治改革能够革除现有政治体系的弊端。在任何社会政治生活中,由于政治体制的某些环节出现问题,便会呈现出诸如贪污腐败、以权谋私、独断专行、行贿受贿等弊端,这些弊端不仅不适应经济社会发展的要求,而且势必激化社会矛盾。政治改革正是要消除这些与经济社会发展不相适应的弊端,健全、完善或创新一些适应政治发展要求的体制机制,从而增强政治体系的活力,促进社会政治生活健康有序地运行,使政治统治的合法性基础得以强化,以此保证国家和政府的政治生活正常化。

第三,成功的政治改革有利于社会的全面进步和发展。政治改革是在保存现有的政治制度、政治体系的前提下对政治制度、政治体系进行的自我调整、自我完善和自我革新,它的目的不是要彻底改造和根本变革现有的政治制度和政治体系,而是进一步健全和完善现有的政治制度和政治体系,从而消除政治弊端,净化政治环境,推动政治的全面发展。同时,上层建筑对经济基础具有反作用,改革后的政治制度、政治体系以及整个上层建筑能更好地为经济、文化发展服务,进一步解放和发展生产力,从而促进整个社会的全面进步与发展。

第四节 政治体制与运行机制

政治体制是上层建筑的重要组成部分,是社会根本政治制度的具体组织形式的总和。政治体制是根本政治制度在政治生活过程中的具体化,同根本政治制度相比,它具有更大的灵活性,对整个社会政治、经济、文化生活的影响也更为直接。要想在稳定的状态下推进政治体制改革,那么就要特别注意建设稳定的政治运行机制。稳定的政治运行机制是将政治集团的稳定与日常的有效政治活动紧密结合起来,以政治利益关系的基本稳定来确保政治体制的稳定,从而确保国家领导整体的继承性、连续性。

一、政治体制的概念与基本内容

(一)政治体制的概念

"体制"一词,在我国古代典籍中早已有之,如东汉末郑玄著《诗谱·周颂》,孔颖达疏:"然《鲁颂》之文,尤类《小雅》,比於《商颂》,体制又异。"三国嵇康《琴赋》:"历世才士并为之赋颂,其体制风流,莫不相袭。"这里的"体制"是指诗文的体裁。又如《宋书·孝武纪》孝建元年诏:"丞郎列曹,局司有在,而顷事无巨细,悉归令仆,非所以众材成构,群能济业者也。可更明体制,咸责厥成。"这里的"体制"指规定组织的机构和运行的纲领。学界普遍认为"政治体制"一词,最早是由苏联领导人勃列日涅夫于1968年3月提出的,苏共第二十五次代表大会总结报告中提出了"苏维埃社会的政治体制"的概念。1977年的苏联新宪法把"政治体制"列为第一章,它包括的内容主要有机构设置、权力从属、国家和社会生活的法律原则、社会主义民主制度以及马克思列宁主义学说等。

我国政治学界一般把政治体制概括为基本政治制度的具体表现,或体现基本政治制度的组织、结构、管理的具体形式。但在对其内涵的具体表述上又各不相同,大体上分为两种说法。一种说法认为,政治体制包括政党、政府、立法司法等权力机构的组织形式和相互之间权限的划分、中央和地方领导机关之间的相互关系和结构形式,以及组织协调各种机构的管理原则、管理手段和管理方法等。另一种说法认为,政治体制包括四个组成部分,即政治设施的构成、政治权力的配置、政治规范的制定和政治机制的运行。我国官方重要政治文献中首次出现"政治体制"一词,是1982年中国共产党第十二次全国代表大会的政治报告,报告指出,一定要按照民主集中制的原则,继续改革和完善国家的政治体制和领导体制。在此之前,邓小平同志在《党和国家领导制度的改革》等讲话中,经常使用"领导制度""干部制度""组织制度""工作制度""具体制度""政治制度"等概念来论述政治体制改革,实际上已经阐明了"政治体制"这一概念的基本内涵。党的十三大进一步深化了对政治体制的认识,把其内涵表述为具体的领导制度、组织形式和工作方式。这一表述简明扼要、通俗易懂,高度概括了政治体制的内涵。所谓具体的领导制度就是指政治权力的配置和政治规范的制定;所谓组织形式就是指政治设施的构成;所谓工作方式就是指政治机制的运行。

通过上述分析可以发现,政治体制是上层建筑的重要组成部分,是社会根本政治制度的具体组织形式的总和。换言之,政治体制是根本政治制度在政治生活过程中的具体化,同根本政治制度相比,它具有更大的灵活性,对整个社会政治、经济、文化生活的影响也更为直接。由此可见,政治体制的内涵是广泛而丰富的,大体上包含四个层次。

第一层次是指各种政治组织(政党、政治团体)与政权组织之间的关系及其运行制度,这个层次是由政权的性质决定的。我国是工人阶级领导的,以工农联盟为基础的人民民主专政的社会主义国家,这个政权的性质就决定了代表工人阶级领导权的中国共产党在政权中处于领导核心地位,倘若进行政治体制改革,这个政治总格局不能改、不能变,改变了政治总格局就改变了政权性质。第二层次是指国家政权的组织形式,或称政体。政体是体现一个国家如何行使政治权力的权力结构。根本政治制度就是权力结构的表现形式,倘若进行政治体制改革,那么不能改变国家根本的政治制度即人民代表大会制度。第三层次是指政府(行政机关)的机构设置和运行机制。这是对社会进行治理的行政体制,在这个层次上,我国的行政体制要随着经济体制改革的深入和社会主义市场经济的发展所要求的政府职能转变而不断变化。第四层次是指涉及整个政治社会的沟通和互动机制。

(二) 政治体制的类型

自古以来,人们一直试图对纷繁复杂的政治体制类型进行系统概括与分类,但是由于政治学家们对其进行研究时所采用的视角、分类方法等各不相同,因此对于政治体制的分类也一直没有达成统一的意见。大致来说,从不同的划分视角可以将政治体制划分为不同的类型。如从与社会阶级和社会形态相关联的性质上分类,有剥削阶级的与非剥削阶级的政治体制,有奴隶主义、封建主义、资本主义和社会主义的政治体制。从民主与专制的角度分类,有暴君型、专制型、集权型和民主型的政治体制。从文武角度分类,分文官型政治体制和军人型政治体制。根据经济社会发展程度,又分为不发达、半发达和发达社会的政治体制。根据掌握权力人的身份可以分为独裁制、君主立宪制、共和制;根据掌握权力的最高机构可以分为总统制、半总统制、议会制。也有学者按照统治性质将政体分为动员的、神权的、官僚的和和解的;按照现代化程度不同分为英美式的、欧洲大陆式的、前工业化或半工业化式的、集权式的等。从国家立法、行政、司法三权的结构关系分类,人类历史上有过三种权力结构体制。一种是行政权高于其他两权的体制,即行政权高于立法、司法两权,这种权力结构的表现形式就是专制,如中国封建社会的绝对君主制,二战前德国的法西斯制度。第二种是三权平行的体制,即立法权、行政权、司法权交给三个不同的国家机关分别行使,三个机关平行制衡,从而构成三权分立的权力结构,表现形式是西方国家的议会制、总统制等。第三种是立法权高于其他两权的体制,即立法权高于行政、司法两权,而行政权、司法权必须服从立法权。这种权力结构,马克思称之为"议行合一",我国的人民代表大会制度,就是立法权高于行政权和司法权的政权组织形式。

综合上述分类,当代世界具有代表性的政治体制类型有:二元君主制,即君主虽受限于议会和宪法,仍是国家权力中心;议会君主制,即国家权力主要在议会,保留的君主是名义上的国家元首和象征,不拥有国家实权;议会共和制;总统制;委员会制;社会主义国家的人民代表大会制;亚洲、非洲和拉美一些国家的军人政体等。各个国家采取何种政体,与社会各阶层在国家政治经济中的地位有关,也同时受到社会所处的自然环境、历史传统、民族构成的制约。同样是封建制的国家,其政体可能是君主制,也可能是共和制。而不同性质的国家也可能采用相同的政体。值得注意的是,即使是不合法的政府或是无法成功行使权力的政府也有其政体存在,无论其统治品质优劣,一个失败的政府仍然是政府的一种形式。

(三) 政治体制的功能

政治体制在一个社会中的主要作用,就是通过建立一个人们相互作用的稳定的结构来减少社会生活中的不确定性,政治体制承担着与人类息息相关的重要职能。归纳起来,主要表现在以下三个方面。

一是在制约权力的同时,为政治权力的运行提供一个框架。首先,政治权力能否运行取决于政治权力是否合法,政治体制是对权力分配格局的确认,为政治权力运行提供了合法的强制性。其次,权力的运行必须依赖一定的组织结构和规则,政治体制从组织结构和规则两个方面为政治权力提供了运行空间,如果说政治体制所规定的组织结构是规约政治权力赖以存在的静态空间的话,那么,政治体制所规约的各种程序和规则就是政治权力得以运行和发展的动态空间。这两个空间构成政治权力运行的两个基本维度,规约着政治权力运行的方方面面。最后,政治体制规范着政治权力的运行边界,对政治权力的运行形成制约,没有制约的权力必然导致腐败。

二是具体反映和落实政治权利的分配和保护公民的权利行使。一方面,政治权利作为社会不同集团和群体之间的利益和意志在社会法律形式中的体现,是政治权力的延伸,体现着单个成员利益与全体成员的共同利益之间的关系。一个国家内,单个政治成员争取和实现自己利益的重要途径就是行使政治权利,因此,政治成员的政治权利必须以特定的政治权力的确立为先决条件,是政治权力以法律或法规形式对社会成员政治资格的承认。正因为政治权利的分配和落实由政治权力的制约性转化而来,因此,以规定政治权力的分配和运行为核心的政治体制,也就必然具体地反映和落实公民政治权利的分配和行使,并为公民政治权利的行使设立各种保护措施。另一方面,政治体制之所以能为公民行使政治权利提供保护,还在于政治权利作为特定社会成员的政治资格,具有一定的自主性,对政治权力的代表者形成制约。政治体制通过规范政治权力代表者行使权力的范围、内容和方式,进而规范公民的政治活动范围、内容和方式,在权力和权利之间设置一定的边界,在一定程度上避免政治权力侵扰公民政治权利的行使。

三是维护社会秩序,保护和推动经济、社会制度的运转。首先,政治体制将社会不同群体之间的力量对比通过法律、法规确定下来,在此基础上形成特定的政治、社会秩序,从而对社会公共事务进行管理,并通过对确定下来的社会秩序的维护来确保统治的存续。其次,政治体制作为上层建筑的核心部分,自然受经济基础的决定,但它反过来也维护经济基础。同时,由于制度本身是不断演进的,政治体制在自身的不断发展中也推动着经济制度和整个社会制度的运转和发展。

二、政治运行机制的概念与基本内容

(一) 政治运行机制的概念

在对"政治运行机制"进行界定之前,我们还需要厘清与之密切相关的"制度""体制""机制"的含义。《现代汉语词典》指出,"制度"是指在一定历史条件下形成的政治、经济、文化等方面的体系,或要求共同遵守的办事规程或行动准则;"体制"是指国家、国家机关、企业、事业单位等的组织制度;"机制"是指机体的构造、功能和相互关系,或泛指一个工作系统的组织或部分之间相互作用的过程和方式。从政治学的意义来讲,制度是按照统一原则建构的权力机构及其运行的基本规则,涉及权力的产生、运行、配置和继承,制度还可以分解为体制、机制。体制指政权机构的权责配置及其运行;机制是指权力机构行使职权的规则、不同权力机构行使职权的程序流程以及不同权力机构之间的协调与合作活动。从制度、体制和机制三者关系来看,政治制度决定政权的性质和权力结构,一定的政治体制及其运行机制与一定的政治制度相联系,而政治体制决定着政治运行机制的方式。

政治运行机制主要考察的不是政治的性质、政治的目的,而是实现政治目标过程中政治主体的权力如何配置,以及这些政治主体的权力如何运行。如果要对政治运行机制下一个定义的话,政治运行机制就是政治主体的权力配置及其运行的过程。

可见,政治运行机制包括两个方面的内涵:一是政治主体及其权力配置,二是政治主体的权力运行过程。关于政治主体及其权力配置显然又包括两个问题,一是政治权力由谁行使、属于谁。一般说来有两类政治主体:一类是政治团体或政治组织,如政党、国家、社会团体,带有政治色彩的或具有政治性质的组织;另一类是政治个人,它包括政治活动家、政治精英,也包括普通公民。二是权力配置,即政治权力在各政治主体中如何分配,是过分集中在政党手中,或者集中在中央手中,还是权力过分集中在政府及其首脑手中,或者集中在地方手中。也就是说,在各个政治主体及其相对独立的各政治主体不同层面的组织中,为确保政治运行机制的性质,为实现政治运行机制的目的而合理有效地配置权力。政治主体的权力运行过程,是指政治主体活动的形成、推行和实现的过程,是政治主体从其发端、延续到完成的全过程。政治的职能主要是对社会的调控和管理,政治运行则包括政治决策、政治执行、政治监督、政治参与。如果从不同类型政治主体的运行具有不同性质和特点的角度分析,政治运行可分为政党运行、国家政权运行、政治社团运行、经济文化组织在政治方面的运行等。如果从政治主体内不同层面的运行具有不同性质和特点的角度分析,政治运行可分为中央政治运行、地方政治运行、基层单位政治运行等。无论从哪个角度看,每一种政治运行都是一个复杂的系统,是整个政治运行大系统的子系统。所以说,政治运行机制是一个结构复杂、功能齐全、联系紧密、运行有序的巨大系统。

(二) 政治运行的原则

政治运行的总目标是准确高效地实现政治主体的职能,进而实现其利益和意志,所以科学化和高效化是政治运行过程的一般原则。政治运行的具体原则包括以下几个方面。

第一,系统整体原则。政治运行过程是系统的、完整的统一过程,是一个不断动态运行发展的过程,每个政治运行主体,无论是组织、机构还是个人,都是这一过程的有机组成部分。各个政治运行主体虽然发挥的功能不同,但都要服从总体的政治目标,各组织机构的设置要完整统一,各政治运行主体要建立明确的上下隶属关系和彼此制约关系。领导指挥要统一,形成指挥的垂直系统,避免政出多门、多头指挥,同时各机构要不断进行协调,达到互相配合,从而实现整个政治运行过程的统一。

第二,职责权力相对应的原则。在政治运行过程中,任何政治主体都必须具有相应的职能、责任和权力。如果有权无责或权大责小,就容易产生瞎指挥、滥用权力、越级干预的官僚主义;有责无权或责大权小,就会影响和限制该政治主体的积极性和创造性。

第三,发挥人的能动作用的原则。人是政治运行过程的主体,是实现政治运行高效化的决定因素。人的能动作用发挥得如何,直接关系到政治运行过程的成败和效益的高低。因此,要十分注意发挥人的能动作用,制定合理的录用、奖惩、晋升、淘汰等程序和规则,协调人际关系,发挥人的才智潜力,激励人的积极性,从而促进政治运行过程的科学高效。

(三)具体政治运行机制

政治运行过程是决策——执行——再决策——再执行的无限往复的过程。为了确保决策和执行的正确高效,必须辅之以正向的建设性的政治运行过程,即政治参与,以及反向的纠偏性的政治运行过程,即政治监督。由此,归纳起来,具体的政治运行机制包括以下几个方面。

一是健全和完善科学民主的政治决策机制。任何政治运行过程的首要环节是政治决策过程,为保证实现整个政治运行过程的民主、高效这一目标,首先要构建起科学民主的政治决策机制。社会主义政治的本质特征是人民当家作主,它在政治决策过程中主要体现在两个方面:一方面,作为人民利益忠实代表者的无产阶级执政党、社会主义国家政权的政治决策主体,要切实从人民利益出发,以为人民服务为宗旨做出政治决策;另一方面,广大人民群众依据法律赋予的权利有效地参与政治决策。此外,社会主义政治决策要做到正确高效,必须做到科学化,按科学的决策规律办事。在现实社会主义政治决策实践中,科学化在逐渐受到重视,无论是信息收集利用、方案的设计制定及可行性论证,还是领导者拍板定夺,都逐步做到规范化和科学化,逐渐改变着由领导者拍脑袋、想当然决策的局面。

二是健全和完善准确高效的政治执行机制。资本主义政治运行的实践比社会主义历史悠久,形态也比较完备,有许多值得我们学习和借鉴的地方。资本主义政治执行过程中是比较讲究准确和高效的。它们有着较为完备的文官制度,通过公开竞争的择优考试,工作人员具有较高的素质,能很好地适应本职工作,每一个职能部门职责权限、工作制度都规定得十分具体周密,较少出现推诿扯皮的现象,这无疑有利于工作效率的提高。在现实社会主义政治执行过程中,主要存在着党政职能划分不明确的弊端,这容易使本来的政治决策在执行中扭曲变形、效率不高或难以落到实处。

三是健全和完善广泛、有序的政治参与机制。与资本主义政治运行机制相比较,社会主义政治运行机制的政治参与过程具有广泛性和有序性的特点。所谓广泛性,是指社会主义的政治参与的广度和深度明显超过资本主义。当代资本主义的政治参与的广度和深度虽然在逐步拓展,但它归根结底是为统治阶级的利益服务的,是金钱操纵下的政治参与。这种情况下的政治参与带有虚伪性和残缺不全性。社会主义政治参与的另一特征是有序性,即人民群众的政治参与是有组织、有秩序进行的。人民的政治参与同无产阶级政党的领导是一致的。人民的政治参与不是脱离执政党的领导,而是在它的领导下进行,不是无政府状态的大民主,而是有序参与的高度的社会主义民主。

四是健全和完善严密而有效的政治监督机制。社会主义政治运行的目标之一是政治监督过程的严密和有效。政治监督古已有之,但不同社会形态的政治监督的性质、内容、特点是不同的。资本主义社会的政治监督有较为民主的性质,但它仍然是为巩固资产阶级的统治服务的。资产阶级为了社会的稳定和发展,在国家和社会之间,有利益集团对国家和政党的监督、有社会团体对国家和政党的监督,还有社会舆论、公民群众对国家和政党的监督,资本主义政治监督机制有许多值得借鉴之处。在现实社会主义政治监督中,还有许多不完善、不尽人意之处,这主要表现在民主政治运行所必需的一系列经济文化条件很不充分,仍然存在着官僚主义、专制特权等现象,使权力无法制约和缺乏监督、权力被滥用的现象时有发生。

第五节 政治民主与治理创新

政治民主是政治发展的基本目标,也是政治发展的基本内容,高度的民主政治是人类政治生活走向高度文明的重要标志。作为处理社会公共生活领域问题的理想形式,政治民主既体现为一种价值理想,又体现为一种政治制度。政治民主从本质上讲是一种肯定全部社会公民享有同等的权利参与和治理社会政治生活的政治形式,其最大的功能在于它能公平而又充分地维护和实现全体公民的权利。因此,正确理解政治民主的基本内容,对于当前世界各国尤其是发展中国家的现代化建设,具有十分重要的指导与实践意义。

一、政治民主的概念内涵

民主这一概念最初来源于古希腊,它由"人民"和"统治"两个词组合而成。作为一种信念,其基本含义就是"人民的权力"或"人民的政权";作为一种制度,民主是指"多数人执政的政体"。在中国古代典籍中,"民主"一词最早见于《尚书》,"天惟时求民主","乃惟成汤,克以尔多方,简代夏作民主"。中国古代"民主"概念的基本内涵有两种,一种是"民之主",另一种是"为民做主",这与西方民主的含义截然不同。直到我国近代,孙中山对民主的解读才与"人民的统治"这一西方民主内涵相契合。总而言之,政治民主是人类政治发展的一种价值理想,在人类政治学说史上,中外诸多政治思想家对民主的概念做出过解释,其中比较有影响的主要有以下几种。

第一是古典民主论。这一观点认为,民主是按照人民的意志进行政治统治。其代表人物有洛克、卢梭、密尔等人,他们沿袭了古希腊对民主的界定,认为民主的实质就是人民的统治。古典民主论是人类民主思想的基础,它在资产阶级革命时期逐渐形成,并在自由资本主义时期居于主流地位,它对政治民主精神的确立以及政治民主制度的发展产生了重要的影响,具有一定的历史进步性;但其局限性也是十分明显的,它所说的人民缺乏社会历史内容,并且始终将作为社会主体的劳动人民排斥在外。

第二是精英民主论。这一观点认为,在现实的政治生活中,任何一个政治共同体都是由少数政治精英统治和领导的,他们是社会生活中各领域的杰出人物,他们在各个方面都胜过常人,是社会中最有能力的人。社会各个领域的领导权应由这些精英人物所掌控,换言之,整个社会中拥有统治能力的只是少数精英分子,大多数人由于缺乏统治能力只能处于被统治的地位,古典民主所说的"多数人统治"的民主是不可能的。其代表人物有马克斯·韦伯、约瑟夫·熊彼特、维尔夫雷多·帕累托,精英民主理论产生于19世纪末20世纪初,概括了现代西方民主制度的一些重要特征。就其性质而言,精英民主实际上反映了大垄断集团控制社会政治的状况,不过从理论上来说,精英民主理论却是西方民主理论的倒退:一方面,它把民主仅限于政治选择,大大削弱和减少了民主的政治含义;另一方面,它把少数政治寡头控制的社会政治称为民主政治,本身就是对民主的悖逆。

第三是多元民主论。这一观点认为,民主是多种利益集团的相互作用,在民主社会中,人们都生活在各种不同的利益集团中,这种状况使社会公民不可能在政治问题上形成多数,同时也不存在任何可以控制一切的势力,而只存在着以团体为单元的若干个少数之间就某个政治决策的相互复杂作用。其主要代表人物有罗伯特·达尔,他认为民主的决策并不是就某些基本政策事宜统一起来的多数人的庄严进程,它是对相对少的群体的安抚。多元民主论是当代西方学界中影响最大的民主理论,多元民主论取代了过去国家政治生活完全围绕政府展开的单一的政治结构,由此肯定和承认了利益集团的政治作用,但多元民主没有改变资本主义民主的根本性质,只是对传统代议民主制的补充和发展。

第四是参与民主论。这一观点认为民主就是人民参与政治决策,民主仅仅局限于周期性的选举是远远不够的,人民必须拥有其自身的决定权,只有实行分享参与民主,人们才能变成自我的人。参与民主是相对于传统的代议制民主而言的,传统的代议制民主具有间接性,而参与民主则是一种直接民主,参与民主思想的崛起是代议制民主出现危机以及人们长期争取更广泛民主权利的必然产物,其代表人物是乔治·道格拉斯·霍华德·科尔、马尔库塞、帕特曼等。科尔的民主观对当代民主理论影响巨大,如美国政治学家科恩据此明确指出,民主是一种社会管理体制,在该体制中社会成员大体上能直接或间接地参与或可以参与影响全体成员的决策。

综上所述,资产阶级学者关于民主的种种论述,都是为资产阶级民主政治的建立与发展服务的,反映了其民主制度的客观要求,当然,他们都有意无意地掩盖了资产阶级政治统治的实质,其民主理论都存在一定程度上的不足与缺陷。

马克思主义经典作家在无产阶级革命实践和理论研究中,对民主的内涵做了深入探讨和大量阐述,马克思主义并未完全否定前人的研究成果,在遵循民主就是"人民的统治"和"多数人的统治"这一基本内涵的基础上,马克思主义深刻揭示了民主的本质内涵,为我们正确认识和把握民主的含义提供了指南。

一是民主是一种阶级统治。民主的基本含义是"人民的权力"。在阶级社会中,人民自然就是统治阶级,所以,民主实际上就是一种阶级统治形式。马克思、恩格斯指出:工人革命的第一步就是使无产阶级上升为统治阶级,争得民主。那么,只要有不同的阶级存在,就不能说"纯粹民主",而只能说阶级的民主。在阶级社会里,一切民主都是有阶级性的,特别是对统治阶级来说,民主就是用来有效整合阶级的力量以对被统治阶级进行专政的形式。当然,在阶级社会发展过程中,民主也是随着统治阶级的更换而不断变换的。

二是民主是一种国家形式或国家形态。列宁认为民主是国家形式,是国家形态的一种,这里的民主实际上是指作为政体的"民主制",它是以君主制、贵族制、共和制对立物的面目而产生的。关于民主制与其他政体的差异,列宁指出,君主制是一人掌握权力,共和制是不存在任何非选举产生的权力机关,贵族制是很少一部分人掌握权力,民主制是人民掌握权力。可见,民主制是大多数人掌握国家政权的国家形式,在民主制的国家形式下,都承认和遵循少数服从多数的原则。

三是民主意味着公民的平等和参政的权利。列宁强调,民主意味着在形式上承认公民一律平等,承认大家都有决定国家制度和管理国家的平等权利,公民所拥有的平等参与国家政权管理的民主权利,主要表现为公民的选举权、监督权和罢免权等,公民通过行使民主权利来维护和实现全社会及其自身的利益,监督国家政权机关的活动以使其符合人民的意志和要求。由此可见,在马克思主义思想体系中,"民主"概念的基本含义依然是"人民的权力"。

根据马克思主义经典作家对民主本质的基本论述,并综合西方学者对政治民主的理解,我们认为政治民主就是建立在特定的经济关系和利益关系之上的,是为保障公民权利得以平等实现而建立的政治形式。在阶级社会中,它表现为以特定阶级利益为基础,平等实现统治阶级成员政治权利的国家形式。

■ 二、政治民主的类型

关于政治民主的类型,学者们从不同的角度出发,区分出了许多不同的类型。巴里·霍尔把政治民主划分为激进民主、新激进民主、多元民主、精英民主和自由民主。R·达尔把政治民主划分为麦迪逊民主、人民主义民主和多元统治民主。乔·萨托利将民主区分为选举式民主、参与式民主、公民表决式民主以及竞争民主。D·赫尔德从历史的视野出发,将民主区分为古典制民主、保护型民主制、发展型民主制、直接民主制、竞争性精英民主制、多元民主制和合法性民主制等。本节主要从民主政治制度的历史发展视角出发,考察政治民主的基本类型。

一是奴隶社会民主。奴隶社会民主是人类历史上第一种国家形态的民主,但它并非一种普遍现象,只在工商业相对发达的欧洲出现和存在过,其典型代表是古希腊雅典共和国,当地的自然地理条件催生了繁荣的商品经济,商品经济自由平等的原则深深地渗透进奴隶制国家的政治生活中,从而促进了奴隶社会民主政治的形成。雅典的奴隶社会民主已经具备了一定的制度化水平,公民大会是其最高权力机关,由年满18周岁的成年男子组成,选举公职人员,决定重大问题。亚里士多德认为平民群众必须具有最高权力,政事取决于大多数人的意志,大多数人的意志就是正义。雅典共和国城邦民主制奉行主权在民的原则,但是其真正享有公民权的却只有一部分人。雅典法律规定:奴隶、外邦人和妇女不拥有公民权,只有奴隶主和自由民才享有民主权利。因此,奴隶社会民主实质上是少数统治阶层的特权。

二是封建社会民主。在人类社会发展的历史上,封建社会政治制度的主体是以土地私有制为基础的封建专制统治,较少有采用民主政治的国家。但在西欧的一些城市共和国中,古希腊优良的民主传统流传下来,在一些商品经济十分发达的地方,民主政治得以生存下来。这种封建民主制度具有以下基本特点:第一,产生和存在于商品经济发达的城市地区,即工商业的发达和商品经济关系的发展为城市共和国自治提供了条件;第二,其民主仍带有明显的封建社会的特征,控制城市共和国最高权力机关的主要是豪门贵族、工商企业主、银行家这些封建统治阶级中的特殊阶层,他们认为民主政治是调整他们之间利益关系的最佳形式,平民对政治事务的影响力其实很小;第三,这种民主制度仅存在于封建社会中某些局部的特殊区域,并且以不威胁封建国王和封建领主的利益为存在前提,

"共和制试验"只是个别现象,但它确实体现了在封建社会城市共和国中实际蕴含的资本主义民主的萌芽。

三是资本主义民主。资本主义民主是近代资本主义商品经济发展的必然伴随物。商品经济的内在逻辑,即等价交换和自由竞争,在政治上同样要求一种具有普遍形式的平等和自由与之相适应。资本主义民主的理念以自由、平等为旗帜,是新兴资产阶级在反对封建主义的斗争中产生的,这些民主理念是新兴资产阶级反封建的重要思想武器,它对加速封建主义的覆灭起到了重要的推动作用。在资产阶级民主理念的指导下,建立起了资本主义的民主制度,迄今为止,资本主义民主不断自我修复,已经达到了较高水平。资本主义民主是人类发展史上的一个巨大的进步,它把人们从独裁、神权专制主义中解放出来,用理性的眼光看待世界,形成了自由、平等、博爱的观念,是人类精神的一次大解放。同时,资本主义民主确立了法治原则,从根本上排除了人治的存在可能,使公民权利得到了可靠的保障。然而,尽管资本主义民主是人类政治发展史上的一次重要进步,但资本主义民主还是形式上的民主,用形式上的平等掩盖事实上的不平等,资本主义民主是建立在"金钱政治"基础上的,民主的各种制度被资产阶级利用和操纵,经济实力超群的资产阶级在这一民主制度中总是处于绝对的支配地位。归根结底,资本主义民主维护的始终是资产阶级的利益。

四是社会主义民主。社会主义社会的出现,把民主的发展推进到一个新的形态,即社会主义民主。社会主义民主是无产阶级通过社会主义革命,推翻旧的政治上层建筑而建立起来的新的政治形态。社会主义民主是人类文明和社会发展的产物,是人类民主追求达到的新境界。社会主义民主以保障无产阶级及其广大人民的各项政治权利的平等实现为根本目的。任何一种国家形态的民主都是与专政相伴而生的,社会主义民主的实质就是人民民主专政,这是对全体人民的民主和对极少数敌对分子的专政。目前,由于时代发展和现实条件的限制,社会主义民主优越性的体现还需要一个相对长期的发展过程,当今社会主义制度都是在政治、经济、文化相对落后的国家建立起来的,社会主义民主的基础条件还相对薄弱,但是,社会主义民主的本质追求足以决定我们今天所实践的社会主义民主,将对人类社会的民主化发展产生深刻的影响。此外,需要特别注意的是,社会主义制度的建立并不等于社会主义民主一劳永逸地建成了,它只是为社会主义民主的建立和发展提供了最基本的政治前提,还需要进一步完善基本的民主制度,提高公民的民主意识和法制意识,才能达到社会主义民主应有的高度和水平。

三、政治民主建设的基本途径

政治民主的形成和发育是社会政治、经济、文化等相互作用的产物。世界范围内政治民主的实践证明,只有在适应的环境条件下培育起来的政治民主制度才运行得比较健康,在某些外部力量的压制下或在单纯的民主热情的支配下建立起来的民主制度,往往流于形式,成为有民主形式而无民主实质的虚假民主。可见,政治民主建设不能把眼光仅仅局限于系统内部的民主制度和程序的革新,还应该重视政治系统外部的环境问题。相应地,我们可以将政治民主建设的途径概括为两方面的内容:一是在政治系统内部,建立健全政治民主的制度和程序;二是在政治系统外部为政治民主的良好发育创造稳定的政治环境。具体而言,主要包括政治民主的基础性建设、政治民主的制度性建设和参与型政治文化建设三个方面。

一是政治民主的基础性建设。经济发展对政治民主的建设起着重要的影响和制约作用,不可否认,政治民主运行的每一个环节都要付出高昂的成本,没有充足的物质保障,政治民主便难以存续下去,要促进政治民主的健康发展,必须为其创造必要的经济条件。从政治民主的各个类型来看,无论是在古希腊还是在近现代,民主制度的诞生都与商品交换紧密联系在一起,实质上民主政治规则是商品经济规则在政治领域的运用。市场经济和商品交换要求进入经济活动的人们必须享有自主的权利,交换意味着双方以平等的资格出现在市场上,正是商品等价交换原则才衍生出了民主精神,并不断增强人们的自由平等意识,因而商品经济的高度发展必将推进民主政治建设,市场经济的良性运行有着天然趋向民主的动力。总之,任何国家的政治民主建设都只能根据经济发展所提供的现实条件进行,既不能背离经济基础的性质,也不能超越经济发展的水平。当经济条件不具备、不充分时,就必须努力去创造和培养它。

二是政治民主的制度性建设。政治民主制度在政治生活中有着举足轻重的地位,政治民主的制度建设就是将政治民主的原则落实为一系列民主制度并不断发展与完善的过程。政治民主制度有着根本制度和具体制度之分,根本制度是国家活动的基本途径和方式,它一旦确立就具有相对的稳定性,具体制度规定的是各种具体的公民权的维护及实现的途径和方式,具体制度是在根本制度范围内对其进行的延伸、补充和完善。对于根本性的政治民主制度,如人民代表大会制度、共产党领导的多党合作和政治协商制度、人民政协的政治协商与民主监督及参政议政制度、民族区域自治制度、基层的直接民主制度等,需要不断对其进行发展和完善;对于起到补充、完善作用的具体制度而言,必须结合地方民主政治的创新实践,经常性地总结提炼各地民主创新的经验,并进行制度化的升华。绍兴诸暨枫桥经验和台州温岭民主恳谈会是乡镇民主政治发展的典范。发端于20世纪60年代的"枫桥经验"从最开始的"发动和依靠群众,坚持矛盾不上交,就地解决",发展为后来的"小事不出村、大事不出镇、矛盾不上交",再到新世纪淡化防控意识,关注民情、服务民生等,不断引导公民有序参与社会公共治理,形成了多元乡镇综合治理格局。温岭民主恳谈会发端于台州温岭松门镇1999年的"农业农村现代化教育论坛",采取的是干部和民众面对面交流的形式,避免传统的说教式宣传,极大地激发了民众参与热情。温岭民主恳谈会是公民制度化参与公共政策制定、公共事务管理和监督的基层公共治理形式和基层协商民主形式,成为我国基层协商民主的典范。杭州社会复合主体和杭州"我们的圆桌会"是城市民主政治发展的典范。杭州各种社会组织相互联合,成为一个复合型实体,各种决策的制定和执行通过协商民主的形式实现。杭州社会复合主体是由党政界、知识界、行业界、媒体界等共同参与而形成的多层架构、网状联结、功能融合、优势互补的社会复合主体,能推进重大社会项目、发展文化事业、提升特色行业、打造城市品牌,实现社会效益与经营运作相统一。①

三是参与型政治文化建设。政治民主的存在和发展总是和参与型政治文化相生相伴,没有参与型政治文化的广泛传播和影响,政治民主的发展就是一句空话,因此要加大

---

① 王河江,陈国营,巫丽君.协商民主:提升治理能力现代化的路径选择——基于浙江社会治理创新的探讨[J].山西大学学报(哲学社会科学版),2017(5):115-120.

参与型政治文化传播的广度和深度,使参与型政治文化最终内化为人们的自觉意识。推进参与型政治文化的建设,一方面要提高公民自身的政治素质和参政能力。民主政治的主体是公民,民主政治的实行需要公民的积极参与,然而拥有政治参与权的公民是否参与政治,除了政治民主的条件和制度因素的影响外,最主要的决定因素就是公民自身要拥有较高的政治能力和政治素养。一般说来,政治素质高、参政能力强的公民其参政率也较高。另一方面,要培养公民对国家政治体系的认同感和归属感,努力使公民政治权利的实现真正与国家利益、集体利益及自身利益紧密联系起来,培养公民的政治责任感,使他们感受到参与政治生活、实现政治权利的重要意义,形成政治参与的持久动力。

■ 本章小结

政治发展是任何一个政治社会的基本活动和基本现象之一。作为人类社会的一个重要现象,政治形态也并非凝固僵化的体系,而是一个动态的发展过程。从这个意义上说,只要有政治现象的存在,就会有政治发展的问题。迄今为止,西方政治发展理论大体上经历了三个发展阶段:第一个阶段是从20世纪50年代初到60年代初政治发展研究的奠基时期;第二阶段是从20世纪60年代初到70年代政治发展研究的理论体系形成时期;第三阶段是从20世纪70年代至今政治发展研究的稳步发展时期。从广义上讲,政治发展是政治体系向更高级形态的演进过程;从狭义角度看,政治发展是政治体系内部结构、体制、功能和运作的科学化、合理化,也就是我们通常所说的政治现代化。

政治发展与政治稳定的关系是政治学研究的重要课题。在现代化过程中,现代化的一些主要成果如工业化、城市化、识字率的提高、经济增长、社会动员等,往往加重了政治体系的负荷,使这些政治体系通常面临着一系列严重的矛盾和问题。如何将不稳定现象控制在一定范围之内,处理好政治发展与政治稳定之间的关系就显得尤为重要。首先,政治稳定是政治发展的前提和保障。没有稳定作为前提,政治发展也就失去了可靠依托。其次,政治稳定是政治发展的内在目标之一。政治稳定作为政治发展的目标之一,要求政治体系在制定政治发展目标时,必须把政治稳定纳入政治发展目标之中。再次,政治发展是实现持久政治稳定的根本途径。在社会政治形态既定的条件下,政治体制改革、政治运行机制的完善,都是为了促进政治制度和政治体系的稳定,使政治体系更加适应社会环境的变化,从而使政治稳定从原来的较低层次发展到更高层次。最后,政治发展与政治稳定具有两重性,既相互排斥又相互补充。从其相互排斥的关系来看,政治稳定不一定是政治发展的伴生物,它并不一定随着政治发展而自然到来,亦有可能走向政治发展的反面,阻碍政治发展;从其相互补充关系来看,这种互补性的前提是在确立政治体制目标时,把政治发展同政治稳定有机结合起来。

政治发展的模式是政治主体选择某种方式、途径或策略来推动政治发展,实现某个特定的政治发展目标的形式。任何一个政治体系都不可避免地需要选择政治发展的模式。一般来说,政治发展主要有两种模式,即政治革命和政治改革,前者是政治体系的质变过程,当一种政治制度完全腐朽,只有通过政治革命才能为政治发展开辟新的道路,这种方式通常会引发政治制度的新旧更替;后者是政治体系的量变或部分质变的过程,倘若一种政治制度同经济社会的发展基本相适应,那么就无需用革命的方式将其彻底摧毁,而是通过温和的改革方式推动政治体制的健全和完善。

政治体制是上层建筑的重要组成部分,是社会根本政治制度的具体组织形式的总和。政治体制是根本政治制度在政治生活过程中的具体化,同根本政治制度相比,它具有更大的灵活性,对整个社会政治、经济、文化生活的影响也更为直接。要想在稳定的状态下推进政治体制改革,那么就要特别注意建设稳定的政治运行机制。稳定的政治运行机制是将政治集团的稳定与日常的有效政治活动紧密结合起来,以政治利益关系的基本稳定来确保政治体制的稳定,从而确保国家领导整体的继承性、连续性。

政治民主是政治发展的基本目标,也是政治发展的基本内容,高度的民主政治是人类政治生活走向高度文明的重要标志。政治民主是人类政治发展的一种价值理想,在人类政治学说史上,中外诸多政治思想家对民主的概念做出过解释,其中比较有影响的主要有古典民主论、精英民主论、多元民主论、参与民主论。政治民主是建立在特定的经济关系和利益关系之上的,是为保障公民权利得以平等实现而建立的政治形式。在阶级社会中,它表现为以特定阶级利益为基础,平等实现统治阶级成员政治权利的国家形式。从民主政治制度的历史发展视角出发,政治民主的基本类型主要有奴隶社会民主、封建社会民主、资本主义民主和社会主义民主。政治民主的形成和发育是社会政治、经济、文化等相互作用的产物。世界范围内政治民主的实践证明,只有在适应的环境条件下培育起来的政治民主制度才运行得比较健康,政治民主建设的途径可概括为两方面的内容:一是在政治系统内部,建立健全政治民主的制度和程序,二是在政治系统外部为政治民主的良好发育创造稳定的政治环境。

本章重要概念

政治发展(political development)

政治稳定(political stability)

政治革命(political revolution)

政治改革(political reform)

政治体制(political institution)

政治民主(political democracy)

本章重要概念

本章思考题

1. 如何理解政治稳定与政治发展的关系?
2. 政治改革能否成功取决于哪些主客观条件?
3. 具体的政治运行机制有哪些?
4. 从民主政治制度的历史发展视角出发,政治民主有哪些基本类型?

本章思考题

📖 本章推荐阅读书目

1. [美]加布里埃尔·A·阿尔蒙德,小G·宾厄姆·鲍威尔.比较政治学——体系、过程和政策[M].北京:东方出版社,2007.
2. [美]塞缪尔·P·亨廷顿.变化社会中的政治秩序[M].上海:上海人民出版社,2008.
3. 王沪宁.政治的逻辑——马克思主义政治学原理[M].上海:上海人民出版社,2017.
4. 王沪宁.比较政治分析[M].上海:上海人民出版社,1987.
5. [美]戴维·伊斯顿.政治生活的系统分析[M].华夏出版社,1989.
6. [美]卡尔·科恩.论民主[M].北京:商务印书馆,1988.

第六章

政 治 学 说

---**本章导言**---

对于这一章的标题,实在费思量。笔者基本的意思是想在这一章中介绍西方政治思想史上最基本、最重要的几个理论。虽然可以用"政治思想"或"政治理论"作为标题,但广义上的政治思想或政治理论是包括政治理念、政治思想、政治制度等所有政治要素的。"学说"与思想、理论有很多共性,甚至是重复的地方,但学说更强调"有系统的主张或见解"。而政治学说,一般是指政治学发展史上那些有系统性、科学性的理论主张或见解。笔者在这里只是想借一个歧义少的标题,给读者提供一个学习和了解当前西方最基本、最重要的几个理论的机会,姑且使用"政治学说"作为本章标题。

从西方政治思想史来看,具有里程碑意义的政治学说很多。笔者认为,对现代政治和现代政治学影响巨大的有政体学说、主权学说、法治学说、分权与制衡学说、公共服务理论、公共领域理论、合作治理理论,等等。

第一节 政体学说

从亚里士多德以来,如何借助政体的设计来实现美好的生活,一直是政治学研究的核心话题。因而,政体学说是西方政治学中最重要的政治学说之一。

一、政体的概念与分类

从柏拉图和亚里士多德以来,对政体及其分类的探讨,一直是西方政治家研究的核心问题。研究政体就是为了更好地比较各种政体的优劣,从中选择更好的政体,以达到让执政集团长期执政和长治久安的目的。

(一)政体的概念

作为国家最重要的表现形式,政体一般是指国家权力的组织形式,尤其是指中央权力的配置形式,主要体现为国家横向权力结构与权力配置关系。政体集中体现为中央机关对国家权力的分配和执政者对国家权力的分配两个方面。前者指的是国家的最高权力由一个中央机关行使,还是由几个中央机关分工行使;后者是说国家最高权力是由一个人行使,还是由一个集体组织行使。国家的性质(国体)决定着政体,政体是国体的集中反映。

(二)政体的分类

历史上的政体基本上可分为君主制政体和共和制政体两类。君主制政体是指国家最高权力事实上或在象征意义上掌握在世袭的君主一人手里的政体;共和制政体是指行使国家最高权力的机关和个人都由选举产生,并有一定任期的政体。

君主制政体又可根据国家权力运作的具体形态不同,分为贵族君主制、等级君主制、专制君主制和立宪君主制。贵族君主制是指君主由各个拥有独立权力的封建领主或诸侯国共同拥戴,其权力的行使在很大程度上要受到封建领主或诸侯王制约的政权组织形式,它实际上是君主与领主或诸侯王共同享有国家的权力。贵族君主制集中表现为,君主是国家形式上的最高权力代表;而各封建主或诸侯王在自己的封域内拥有着不受君主支配的完整权力。9—12世纪的法兰西王国,13—18世纪的德意志神圣罗马帝国,我国的夏、商、周和以"王与马共天下"为基本特征的东晋就是其中的代表。等级君主制是贵族君主制走向专制君主制的一种过渡形态,一般是指王权借助等级代表会议实施统治的一种政权形式。13—15世纪的英国和法国是等级君主制的典型国家。专制君主制,又称为绝对君主制,一般是指君主掌握着一个国家不受分割与制约的绝对权力的政权组织形式,帝制中国是专制君主制典型的国家。立宪君主制是指君主掌握的最高权力要受宪法和其他法律的严格限制,并受其他国家机关不同程度制约的政权组织形式。立宪君主制,又可根据君主实际权力的大小程度,分为二元君主制和议会君主制两种。

共和制政体是国家最高权力机关和国家元首一般由选举产生并有一定任期的政体。古代共和制包括贵族共和制与民主共和制。贵族共和制一般是指公民大会根据元老院的意见,推选有一定任期的执政官治理国家的政权组织形式;民主共和制一般是指由城邦或国家的公民通过直接或间接选举国家最高权力机关及其有一定任期执政官的国家政权组织形式。现代共和制包括议会共和制与总统共和制两大类。议会共和制是指内阁由议会产生并对议会负责的政权组织形式;总统共和制是指作为国家元首和政府首脑的总统拥有完整的行政权,但其行政权力的行使又要受到立法机关和司法机关分权与制衡的国家政权组织形式。为克服议会共和制与总统共和制彼此存在的固有缺点,1958年后的法国又探索出了半总统制。半总统制的基本特征是:总统是国家的权力中心,由公民直接选举产生,有权解散议会和政府;议会选举产生的内阁同时要对总统和议会共同负责。

政体与国体具有不同步性,同一个政体也可能出现在不同性质的国体里。如奴隶制国家有共和制政体,资产阶级政权和社会主义政权也都有共和制的政体形式;奴隶制国家、封建国家有君主制,英国、日本等现代资本主义国家也有君主制。

二、西方政体学说的形成与发展

1840年前的帝制中国一直实行的是君主专制政体,执政集团和知识精英中几乎没有多少人研究政体问题。而对政体的研究则构成了西方政治学的核心内容。在西方政体理论发展史上,以国家主权学说的出现为分水岭,可以把政体理论分为古代政体学说和现代政体学说。

(一)古代政体学说

在西方,最早进行政体研究的是古希腊历史学家希罗多德。他根据执政者人数的多寡,把当时的政体分为君主政府、贵族政府、民主政府三类。古希腊哲学家柏拉图在《理想国》一书中提出了贵族政体、权门政体、寡头政体、平民政体、僭主政体等五种政体循环理论。在《论政治家》一书中,柏拉图根据最高执政者的人数将政体分为君主政体、贵族政体、平民政体三类。亚里士多德在《政治学》一书中,首先根据最高执政者人数的多少把政体分为君主政体、贵族政体、共和政体三类,然后从这三种政体各自的施政目的推演出僭主政体、寡头政体、平民政体三种变态政体。在亚里士多德看来,以追求共同的善为目的,以共和制为形式,以法治为手段的政体是最好的政体,只有这样的政体才最接近他理想中的中庸政体。古罗马的西塞罗突破了古希腊政治学家政体的城邦限制思想,继承并发展了古希腊的混合政体理论,认为最好的政体应是能够集合君主政体、贵族政体、民主政体三者优点的混合政体。中世纪神学政治的代表人物阿奎那基于亚里士多德的自然哲学,提出了人类社会最好的政体是君主政体,并认为暴君政体是君主政体的腐化形式,是最无道的政权形式。

(二)现代政体学说的形成与发展

在西方政体学说发展史上,布丹的主权理论的出现,标志着西方政体研究发展到了现代政体学说阶段。法国政治学家布丹从国家主权理论出发,基于掌握国家主权的人数多少,把政体分为君主政体、贵族政体和民主政体三类。以此为基础,布丹把君主制又分为王朝君主制、领主君主制和暴君制三种类型,并认为其所处的法国的王朝君主制,是最值得效法的、最好的君主制。

17世纪的霍布斯在《利维坦》一书中,从自然状态的"霍布斯丛林"推导出了"社会契约论",并把政体的研究置于社会契约产生的国家主权之上。霍布斯从社会契约基础上的国家主权理论出发,认为主权由一人掌握的是君主政体,主权"经由指定的或以其他方式使其与旁人有别的某一部分人组成的议会"掌握的就是贵族政体,而由全体臣民大会掌权的政体就是民主政体。霍布斯认为,政体的划分与选择不应以道德为基础,而应在执政者的私人利益与公共利益之间寻求一种平衡,并认为绝对君主制应是当时最好的政体形式。

18世纪的洛克继承了霍布斯政体学说的一些合理成分,他从自然法权和社会契约论出发,强调以掌握国家权力中的"立法权"人数的多寡来划分政体。他认为一个国家的权力应包括立法权、行政权和对外权三种权力,而立法权是国家的最高权力,只能由民选的议会来行使。政体的形式则取决于国家立法权的归属:当社会上的大多数人掌握立法权,并通过委任的官员执行法律时,这种政府形式就是纯粹的民主政体;立法权归少数经由选举产生的人或他们的继承人时就是寡头政体;立法权归一人就是君主政体;立法权起初由大多数人交给一人或数人在其终身期内或一定限期内行使,然后收回立法权,重新交给他们属意的人,组成新的政府形式,这样的政府形式称之为混合政体。

法国18世纪三大启蒙思想家之一的孟德斯鸠在《论法的精神》一书中,一改亚里士多德以来政体分类的标准和名称,他按照国家统治权的归属把政体分为共和政体、君子政体和专制政体三种:共和政体是全体人民或仅仅一部分人民握有最高权力的政体;君主政体是由单独一个人执政,不过要遵照固定的和确定的法律;专制政体是既无法律又无规章,由单独一个人按照一己的意志与反复无常的性情领导一切。孟德斯鸠还认为,不同的政体有着其政体特殊原则:共和政体(民主政体)需要品质;君主政体需要荣誉;而专制政体需要的是恐怖。一个政体的腐化,往往从原则的腐化开始;一个政体的稳定,一般取决于它所处地域的大小。小国适合共和政体,而大帝国更适合专制君主政体。

从人民主权理论出发,法国大思想家卢梭按照政府成员的人数把政体分为民主制政体、贵族制政体和国君制政体三类。民主制是指主权者将政府委之于全体人民或人民中的大部分,从而使做行政官的公民多于个人的单纯的公民;贵族制意味着将政府委托给少数人掌握;而国君制则是将整个政体委托于一个独一无二的行政官,所有其他人都要从他那里获取权力。在卢梭看来,没有任何一个政体能够适合所有的国家,政体的选择在很大程度上要取决于一个国家的自然条件;判断一个政体的好坏也没有绝对的标准,一个政体在某些情况下可能是最好的,在另外一些条件下可能是最坏的。被人们推崇的真正民主制仅仅是一种理想,实现这种理想,既不可能,也无必要。

可以说,自亚里士多德以来,西方政治学家对政体的划分就从来没有停止过。19世纪以来,政体研究与划分的代表人物是美国政治学家帕杰斯与亨廷顿。帕杰斯从"主权机关与政府机关有无区别""国家元首产生方式""行政机关与立法机关的关系""中央与地方事权关系"四个方面,分别提出了政体(政府形式)的四种分类方法。塞缪尔·亨廷顿根据公民政治参与程度的高低把政体分为传统型、过渡型、现代型三类;并在此基础上,根据国家的制度化水平与政治参与比率的高低把政体分为公民型与普力夺型;而以上两种标准的结合又产生了六种政体类型:公民政体中有建制型、辉格型、参与型,普力夺政体则包括寡头型、激进型、群众型。

第二节　主权学说

主权与国家不可分,或者说,主权是国家的本质特征。没有主权就没有国家。随着历史和社会的发展,主权概念的内涵与外延都在发生变化。

一、主权的概念

"主权"一词源于中世纪,一开始是指独裁者统治其王国的权力。后来,伴随着欧洲民族国家的兴起,"主权"一词就用来指民族国家对其领土的控制权。因此,现代意义上的"主权"概念与民族国家是紧密联系在一起的。主权是民族国家的本质特征,丧失主权意味着民族国家的瓦解或消亡。

二、主权学说的形成与发展

现代主权学说是伴随着欧洲中央集权型的民族国家的形成与发展而产生的。中世纪的欧洲处于四分五裂的状态下,各封建领主忙于争权夺利,君主的权力虚弱,其合法性还不得不借助教皇的加冕,以获得所谓"君权神授"的正当性;基督教会凌驾世俗王权之上,成为一切权力合法性的基础。而到了14—15世纪的中世纪末期,封建主义体系走向崩溃,宗教改革后的基督教也四分五裂。这时候,以法国路易十一和英国都铎王朝为代表的欧洲王朝君主,趁机向基督教争夺世俗王国最高权力的归属权,并由此推动国家的统一。

在世俗君主获取世俗王权合法性的过程中,一开始也不得不继续借助"君权神授",但是更强调了世俗君主的权力直接来自上帝的神授,而不是通过基督教的间接神授,世俗君主与基督教实现了"上帝的归上帝,恺撒的归恺撒"的政教分离。在这个背景下,世俗王权就迫切需要寻找自己获得最高权力的合法性新源泉,国家主权的概念也就顺势而出。布丹在《共和六书》中最先提出,国家必须有一个拥有最高权力的合法政府,保护着家家户户及其私有财产,而主权就是一个国家内的绝对的、永久的权力。霍布斯在《利维坦》中提出,每一个国家都必须拥有一个绝对的最高权力,以强制人们遵守为达到和平共处而订立的社会契约。而主权者必须独立并位居众人之上,成为一切法律和权力的合法性源泉,并由此建立一个持久和平的秩序。霍布斯把世俗最高权力的合法性归属到直接从上帝那里获得神圣权力的君主,以此换得所谓的秩序。在霍布斯看来,主权是国家的本质,国家的主权集中在具有主权者人格的君主身上,形成了一种专断的权力。

洛克在继承与反思、批判霍布斯的基础上,彻底否定了"君权神授"理论,认为国家的权力必须受到作为主权者的人民以法律赋予的限制,从而初步奠定了国家的人民主权——而非君主主权——成为国家最高权力的合法性来源。洛克认为,一个合法的政府必须遵循四项基本原则:一是政府的合法性来源于人民的同意,即同意原则;二是政府权力的行使以社会的公众福利为限,即限制原则;三是分权原则,避免给人们的弱点以绝大的诱惑;四是革命原则,意指政府如果违背了人民的意志,人民有权利以革命的方式推翻它。

到了卢梭那里,人民主权被推到一切公共权力合法性的唯一源泉的位置,人民主权学说发挥到了极致。卢梭认为,强力并不构成权力,人们只对合法的权力有服从的义务。在卢梭看来,所谓合法的权力就是人民通过社会契约让渡出来交于政府执行的那一部分公共权力。行使公共权力的政府,只不过是在臣民与主权者之间所建立的一个中间体,以便二者得以相互适合,它负责执行法律并维护社会的以及政治的自由。因此,国家只能永远准备着为人民而牺牲政府,却不是为政府而牺牲人民。卢梭的人民主权学说成为法国大革命的旗帜,并成为推动大革命一浪高过一浪的思想动力。

三、主权的特征

根据布丹、霍布斯,尤其是洛克与卢梭的人民主权观点,我们认为主权是国家的最高权力,具有绝对的、永久的性质,即具有至高无上、不受限制、不受分割的性质。具体而言,主权有如下特征。

(一)主权是人们契约性让渡或同意的结果

依据霍布斯的契约论,国家主权是人们为换得秩序与安全而自愿放弃一切权力,并通过契约交给主权者的结果。在卢梭看来,借助社会契约,全体个人的结合所形成的公共人格,以前叫城邦,现在则称为共和国或政治体(国家);至于结合者,集体性的称为人民,个别的称为公民。卢梭认为,虽然主权权力是绝对的、完全神圣的、完全不可侵犯的,却也不会超出,也不能超出公共约定的界限,并且人人都可以任意处置这种约定所留给自己的财富和自由。

(二)主权是国家的本质,享有国家最高权力

霍布斯认为,作为国家本质的主权,是给予国家"整个机体以生命和运动的灵魂";依据霍布斯的契约论,授权者交出的应是"全部的权力与力量"。因此,主权之所以成为国家的本质,不是因为它最有道德或智慧,更不是因为它代表着上帝,而是因为它掌握了人们订立契约时交出的权力。作为全体个体权力与力量的总和,主权高于任何个人和团体的权力,具有至高无上性。到了卢梭时代,人民主权就成为国家一切公共权力合法性的唯一来源。

（三）主权是不可转让的

在霍布斯那里，人们通过契约让渡出自己的全部权力后，一般是无法收回的。如果要想重新订立约定，必须征得主权者（君主）的同意。卢梭认为，主权是公意的产生，既然公共意志是不可转移的，主权也是不能转让的。主权者是由全体订约者的"公意"而产生的"集体生命"，因此作为主权者的人民只能由自己来代表，根本不需要再找一个统治者。在卢梭看来，转让主权就意味着出卖自由；一旦发生主权转让行为，"人民"就会解体，而不再作为一个主权者的整体形态存在。

（四）主权是不能分开的

霍布斯认为，国家的一切权力都必须由主权者掌握，他反对分权，认为政府的一切必要权力，都应一概委之于主权者。孟德斯鸠提出，为了维护自由，立法权、行政权、司法权不能掌握在一个国家机关手里，但他强调的是对内的分权与制衡，在对外方面，主权同样是一个整体，不能分割。在卢梭看来，代表主权的公共意志本身就是一个整体，这种意志一经宣示就成了一种主权行为。真正代表人民主权的是立法权，行政权、司法权是由立法权派生的，它们不应是并列的，即行政权、司法权不能与主权并列。卢梭认为，洛克、孟德斯鸠的分权思想违背了主权作为国家最高权力的属性，无异于把国家的政治躯体切割为几块，削弱了人民主权。

（五）主权是不能侵犯的

国家主权是国家区别于其他社会集团的最重要属性，是一个国家固有的在国内的最高权力和在国际上的独立自主权利。任何国家都有权按照自己的意愿，根据本国的情况，选择自己的社会制度、国家形式，组织自己的政府，独立自主地决定、处理本国的内部和外部事务，其他国家无权进行任何形式的侵犯或干涉。

东欧剧变、苏联解体标志着冷战的结束及国际格局的重大变化，作为国际法基石的国家主权原则也受到了巨大的冲击，围绕国家主权的争论也再度兴起并且出现了诸如主权演变论、主权可分论、道德相互依存论、主权弱化论、主权让渡论、人权高于主权论等挑战国家主权的新思潮。这些新思潮的出现与我们所面临的国际格局与全球化这一背景是密不可分的。不容否认，全球化乃是我们这个时代的首要特点。全球化对传统意义的主权国家或国家主权产生了极大的影响或冲击。如资本的流动无视边界的阻隔，从而冲淡了传统的领土主权，以领土主权为屏障维护单方面的经济利益已越来越困难；互联网的发展使国家行使主权的能力受到制约，国家已不能以绝对的权威控制信息的传播，干预国际间的交流；环境、疾病、恐怖活动等，已不是一国主权范围内的事，不能由单个国家来承担，需要加大国际权威；一国领土内的动乱往往影响到邻近国家，因而一国政府同人民的关系如何，能否维持法律和秩序，已不能只视为一国的内政。

第三节 法治学说

法治是一个历史的、政治的和社会的概念。在传统国家，法治是君主治理国家的工具，法治表现为人治；在现代国家，法治是人民约束权力，实现人民治理国家和社会的工具，法治凸显为民治。

一、传统中国法治思想

传统中国法家的代表是申不害、商鞅和韩非子等,其中以韩非子为集大成者。韩非子提出建立君主专制主义中央集权思想,主张"事在四方,要在中央;圣人(君主)执要,四方来效"。为此,要厉行"奉公法,废私术",韩非子的法治思想主要表现在"法""术""势"三个方面。韩非子主张,君主要把"法""术""势"有机结合,才能治理好国家。他说,人主之大物,非法则术也,要实现君主专制主义中央集权,除了"法""术"外,还必须高度重视"势","抱法处势则治,背法去势则乱"(《韩非子·难势》)。这里的"势",就是通过"法"和"术"造成的一种权力状态。从总体上讲,韩非子的"法""术""势"实际上就是告诉执政者,管好一个国家的核心问题是权力的问题。"法"是权力的表现形式,"术"是权力的手段,"势"是权力的归属。在韩非子的法治思想中,对治吏思想尤为重视。他的"治吏引纲"观点后来发展为"天子治吏不治民"的思想。以法治为基础,有机运作"法""术""势"以实现君主专制主义中央集权政治,是传统国家法治学说的基本内容。

二、现代国家法治学说

法治是西方政治学和法学中一个非常古老的概念。早在古希腊时,亚里士多德就提出了"法治优于一人之治"的观念。亚里士多德认为,法治应包含两种含义:已成立的法律获得普遍的服从,而大家所服从的法律又应该本身是制定得良好的法律。到了19世纪,法国著名法学家戴雪进一步发展了亚里士多德的观点,他在《宪法精义》中认为,法治应包括:正常的法律具有至高无上的地位;法律面前一律平等;宪法和法律应由法院来实施,法律不是个人权利的来源,而是个人权利的结果。就人民主权理论来说,法治说到底就是人民群众的最终统治,是实现人民主权的有效统治形式。法治的核心是确信法律能够提供可靠的手段保障每个公民免受任何其他人专横意志的摆布。对现代法治国家而言,国家不仅通过法进行统治,而且它本身也为法所支配。在"法治国"一词的意义上,法律不仅是治国的手段,而且是衡量国家行为的标准。基于此,我们认为,"法治"(rule of law)或者说"依法治国",就是相对于传统"人治"而言,按照宪法和法律处理国家政务的治国理政的方式。"法治国家"是政治主体在按照基于正义的宪法、法律进行"依法治国"的基础上形成的国家治理的状态。"法治国家"至少应该包括三个方面的意思:第一,现有的宪法和法律必须得到包括政治领袖、官员、强势利益集团、普通公民大众在内的所有社会行为主体的有效认同和服从;第二,各种社会行为主体所遵守、服从的法律是基于正义的良好且完备的法律;第三政治主体"依法治国"的治理模式要具备使法律得以普遍遵守、体现着分工和制约的国家权力结构形式。如果我们说"法治"或"依法治国"强调的是政治主体依照宪法、法律处理国家政务的这种国家治理运作状态,那么"法治国家"则强调的是对国家、社会进行"依法治理"而形成的结果状态。从世界现代化的进程来看,任何一个国家和民族要想实现国家富强、人民幸福,都毫无例外地走向现代化道路。我国实现现代化的标志就是把我国建设成为一个富强、民主、文明、和谐、美丽的社会主义现代化国家。而一个富强、民主、文明、和谐、美丽的现代化国家首先是建立在现代法治国家的基础上的,离开了法治国家这个平台,国家的富强,社会的民主、文明、和谐、美丽都无从谈起。

中国共产党的领导是我国法治国家建设的最大特色。依法治国,建设社会主义法治国家,最根本的还是要坚持和完善党的领导,把党的领导、人民民主和依法治国有机统一起来。党的领导是实现人民当家作主和依法治国的根本保证,人民当家作主是坚持和完善党的领导,进行现代法治国家建设的本质要求,依法治国是党领导人民治理国家的基本方略。宪法和法律是党的主张和人民意志相统一的体现。执政党在治国理政的实践过程中,必须严格依法办事,任何组织和个人都不允许有超越宪法和法律的特权。

第四节 分权与制衡学说

虽然人们经常把分权与制衡合在一起使用,实际上二者并不完全是一回事。分权与制衡既有密切的联系,也有本质的不同。此外,分权制衡思想与分权制衡制度也不是一回事。

一、分权制衡思想

分权制衡学说是被西方国家普遍运用在政治体制和其他国家管理活动中的重要法理。制衡学说源于分权思想,分权制衡思想溯源于古希腊的亚里士多德。他在阐释"法治应当优于一人之治"的思想时,主张把政府的权力分为讨论、执行、司法三个要素,而权力活动又应当普遍地、严格地遵守制定得完好的法律。英国洛克把国家权力分为立法权、行政权、外交权,并认为这三种权力应由三个不同的国家机构来行使,以达到彼此制衡、防止专断的目的。实际上,外交权也是一种行政权,因而洛克所说的三权实际上只是两权。18世纪中叶,法国启蒙思想家、法学家孟德斯鸠在其名著《论法的精神》中,论述法和政体以及自由的关系时,认为一切有权力的人都容易滥用权力,要防止权力被滥用,保障人民的自由,就必须以权力约束权力。为此,他把一个国家的权力分为立法权、行政权和司法权,并认为只有把三种权力分别掌握在不同的国家机关手里,并让其彼此制衡,才能防止专制权力对自由的戕害。

二、"三权分立"制度

美国独立战争胜利后,孟德斯鸠的三权分立与制衡思想被应用在美国国家权力分配体制上,国会掌握立法权、以总统为核心的联邦政府掌握行政权、最高法院掌握国家司法权,从而确立了美国意义上的"三权分立"制度。

所谓三权分立,是通过法律规定,将国家的立法权、行政权和司法权,分别交给三个不同的国家机关管辖,既保持各自的权限,又要相互制约、保持平衡。在美国,总统行使行政权,代表美国政府;国会行使立法权,代表立法机构;最高法院行使司法权,代表司法机构。三者互不统属,各自代表不同的三种权力,彼此制约。

国会作为立法机构,有权制定和完善包括宪法在内的法律文件;有权在理由充足的前提下,弹劾总统和大法官;国会还掌握着国家的"钱袋子",没有国会批准,联邦政府的一切行为都得不到一分钱的支持。但总统作为国家元首和政府首脑总揽国家的行政权,又是武装部队最高总司令,有权任命一切高级文官。总统还可以行使他对议案的否决权,国会如果坚持,就必须达到三分之二的票数才能通过。相反,总统提出的法案,也必须经过国会的投票,决定是否通过。作为司法机构的最高法院,有权对总统和国会提出的任何法案进行审查,它不仅有对法案的解释权,而且有宣布这些法案是否违反宪法的权力。但是,最高法院本身又没有提出法案和立法的权力。这三个权力分支机构的这种状态,就是权力的平衡和制约。如果形象地比喻,三权分立制度就像三把锁。美国人把权力这个"怪兽"用三把锁关起来,而三把钥匙分别由三个人保管,只有三把锁同时开启,才能行使权力。

实际上,美国的分权制衡,不仅体现在联邦层面上的"三权分立",也体现在"联邦-地方"的分权与制衡方面。广义上的分权制衡在任何一个国家的权力配置上都存在,而狭义上的"三权分立"制度却只为美国所独有。

第五节 公共服务理论

应该说,公共服务理论来源于人民主权理论,在"管理就是服务"理念不断发展的过程中,形成了中国特色的"为人民服务"理论与以美国为代表的西方"新公共服务"理论。

一、中国特色的"为人民服务"理论

"为人民服务"理论源于1944年毛泽东在中央警备团追悼张思德会上的演讲。毛泽东在演讲中说:我们的共产党和共产党所领导的八路军、新四军,是革命的队伍。我们这个队伍是完全为着解放人民的,是彻底地为人民的利益而工作的。后来,他在《论联合政府》一文中再次强调:紧紧地和中国人民站在一起,全心全意为中国人民服务,就是这个军队的唯一宗旨。"为人民服务"或"全心全意为人民服务",体现了社会主义道德的根本要求,是社会主义经济基础的客观需要,是建立和发展社会主义市场经济的要求,是履行职业职责的精神动力和衡量职业行为是非善恶的最高标准。"为人民服务"或"全心全意为人民服务",后来成为中国共产党立党宗旨的高度概括语言。"为人民服务",在中华人民共和国成立后,还被中国共产党各级党政机关及其工作人员作为座右铭和行动口号加以使用。

邓小平早在党的八大上就曾创造性地提出,工人阶级的政党不是把人民群众作为自己的工具,而是自觉地认定自己是人民群众在特定的历史时期为完成特定的历史任务的一种工具。在小平同志看来,执政的中国共产党是而且只能是为人民服务的工具。江泽民继承和发展了邓小平关于党是为人民服务的工具的思想,提出了"三个代表"重要思想,要求全体共产党员要"立党为公""执政为民"。党的十六大后,以人为本的科学发展观、"服务型政府"的理论与实践就是全面落实"为人民服务"思想的新的具体表现。中国特色社会主义进入新时代,习近平总书记提出的"以人民为中心的工作理念""人民对美好生活的向往就是党的奋斗目标""中国梦"等概念、理论,就是"为人民服务"的执政理念在新时代的新发展与新实践。

二、西方"新公共服务"理论

"新公共服务"理论是20世纪80年代,以罗伯特·登哈特夫妇为代表的美国学者在对新公共管理理论进行反思与批判的基础上提出并完善起来的,代表性观点如下:第一,服务公民,而不是服务顾客;第二,追求公共利益;第三,追求公民权胜过企业家精神;第

四,思考要具有战略性,行动要具有民主性;第五,承认责任并不简单;第六,服务,而不是掌舵;第七,重视人,而不只是重视生产率。

"新公共服务"理论中有不少闪光点可为完善中国特色公共服务理论所借鉴。一是人本主义的服务理念,强调作为纳税人的公民是服务的接受者,有权选择和参与公共服务决策。二是公共服务是以公民而非顾客为主导的思想,强调让公民与政府共享政策制定的权力,培养公民的责任和风险意识。三是公共服务提供的竞争性与私营化,强调通过合同外包,让非营利性组织、私营公司等通过投标与竞标的方式参与到公共服务竞争中去。四是公共服务提供中的责任政府和服务意识,强调政府的角色应当是服务者而非掌舵者,应根据公众需求为社会发展提供所必须的公共服务。

"新公共服务"理论对我国坚持以人民为中心的发展导向,不断增强人民美好生活需要的公共服务能力等方面都有重要的指导作用。

第六节 公共领域理论

基于国家和社会二分基础上的公共领域理论,最早是由汉娜·阿伦特提出,经由德国哈贝马斯系统总结,成为现代重要的政治学理论。

一、公共领域的概念与主要内容

德国著名学者哈贝马斯在阿伦特等人的基础上,系统地论述了现代公共领域理论。哈贝马斯认为,由于社会是作为国家的对立面而出现的,它一方面明确划定一片私人领域不受公共权力管辖,另一方面在生活过程中又跨越个人家庭的局限,关注公共事务,因此,那个永远受契约支配的领域将成为一个"批判"领域。公共领域源于国家和社会的相对分离,一方面,它以国家的对立而存在,不为公共权力所左右;另一方面,它又跨越私人领域,关注公共事务。公共领域存在的前提是市民社会对私人领域的公共兴趣不仅要受到政府当局的关注,而且要引起民众的注意,把它作为自己的事情。这种领域包括两种情况:其一,本来是私人领域的,但涉及的是政治领域,如文化沙龙、咖啡馆等场所本来是私人领域,但当人们利用这些场合谈论公共权力问题的时候,这些私域便被赋予了某些公共权力的意义;其二,本来是一些公共权力及其附庸机关,但它们主要涉及的是私人领域的事务,故也具有私域的性质。所以,我们认为哈贝马斯所谓的公共领域是以公民社会为依托,介于国家和社会之间,并力图调整二者关系的那种具有批判精神和监督功能的弹性第三域。该第三领域是一个不纯粹公也不纯粹私的中间体,是私人领域关注公共权力和公共权力中主要涉及私人事务的那一部分。① 现代西方世界公共领域的衰亡是源于西方自由民主国家向社会福利国家的过渡,社会福利国家的出现使国家对社会的干预不断扩展和加深,在一定程度上消解了具有监督批判功能的公共领域。无论是西方发达国家,还是包括中国在内的发展中国家,都面临着现代公共领域的营造或再造的问题。

---

① 史云贵.论哈贝马斯的"公共领域"理论及其对我国政治现代化的启示[J].武汉大学学报(哲学社会科学版),2006(6):780-785.

二、现代公共领域的形塑与功能发挥

现代公共领域的形塑及其功能的发挥,第一要求公民必须具备参与公共事务讨论的意愿和能力。社会公共精神和良好的公民意识教育,是公民在公共领域中能就公共事务问题进行表达、沟通、判断和评价的基本前提。第二,现代公共领域必须以一定的公共平台和制度化渠道作为载体,通过公众的广泛交流形成具有公共性的公众舆论。作为各种社会行为主体平等互动的平台,现代公共领域应该具有开放性、普及性和便捷性等特征。第三,现代公共领域必须以法治国家建设为条件。作为社会领域的一部分,在公共领域中互动的各种社会行为主体必须在国家法律和基本制度范围内运行。同时,现代公共领域也需要依靠国家法律和制度的呵护,以保障其免受公共权力和一些强势利益集团的非法干预。第四,公共领域监督、批判功能的发挥需要国家公共权力领域的支持,除了法律和制度保障以外,最重要的支持是政府要公开公共事务信息,并将公众舆论纳入政府决策系统,使公共领域的监督和批判转化为对政府意志和行为的规制力量,从而提高政府行为的公共性、科学性和民主性。一语概之,民众基础、公共平台、法治保障和政府支持是现代公共领域得以形塑和良好运行的基础,参与性、开放性、公共性是其主要特征,监督、批判和巩固合法性基础是其主要功能。

第七节 合作治理理论

作为治理理论的一个重要流派,基于信任的合作治理是社会治理创新的新趋势,是实现公民治理的桥梁和纽带。

对合作治理理论的把握,应着重从合作治理的概念、合作治理理论的主要观点等方面去体认。

一、合作治理的概念

基于人民主权,走向人民当家作主的社会治理创新历史与现实告诉我们,完全的官治与民治都不是现实所需要的。作为实现民治的桥梁和纽带,基于信任的合作治理在国家与社会的博弈中日益成为世界各国社会治理的共识。泰勒认为,公共政策目标的体系化和复杂化,决定了公共事务不再仅仅是政府的事情,非政府组织正在以多元的模式承担着管理的责任。具体说来,当今组织管理的网络化、扁平化和边界模糊化,公共权力的分散化和公共事务复杂化,公众对公共治理绩效的需求标准多元化,推动了合作治理的产生。安塞尔等将合作治理定义为一个或多个公共部门与非政府部门一起参与正式的、以共识为导向的、商议的、旨在制定或执行公共政策或管理公共事务或资产的治理安排。戈兰·瑟伯恩认为,合作治理就是要让人们积极参与跨政府部门、跨公私团体的公共政策制定和管理的过程和结构,以实现公共目标。

西方语境下的合作治理被认为是一种利用非政府组织的专业性、规模经济性、灵活性和创造性来达到更大的公共行政成本效益的方法。我国语境下的合作治理,更多地体现为在党的领导下,由政府负责,社会组织协同,公众参与的多元治理共同体对公共事务进行共建共治共享的活动或活动过程。合作治理作为社会自治力量成长的必然结果,是为适应我国社会结构的深刻变化,而在治理方式上做出的重大调整。具体说来,合作治理中的主体不会再依靠权力去直接作用于治理对象,多元合作主体之间的关系则更多地取决于它们之间能否拥有信任,通过重建社会信任,变权力整合为信任整合,在此基础上实现对现有参与治理、社会自治两种治理模式的优化。

二、合作治理理论的主要观点

一般来说,我们可以从合作治理主体、前提、过程、核心、形式、前途六个维度去总结提炼合作治理理论的主要观点。

(一)合作治理主体身份是平等的

现代社会作为一个治理的社会,其治理本身就是一种多元参与的治理形态。多元参与式治理走向合作治理,其中的一个重要前提就是社会治理主体身份的平等性。如果各种社会治理主体不能以平等的身份进行参与式治理,就不可能实现真正意义上的合作。由于参与主体身份的不平等,参与式治理的广度和程度也只能停留在较低的层次上,最多是协同式治理。在我国,城乡接合部社会治理滞后、利益冲突和社会矛盾尖锐,固然有很多因素,一个非常重要的原因就在于,城乡接合部居民无法以自由而平等的身份参与社会治理过程,甚至被排除在城乡接合部社会治理之外。

(二)合作治理的前提是信任

作为社会资本的重要组成部分,信任才能促成合作。一个社会主体愿意与另一社会主体进行真诚合作,必然是基于彼此的信任;没有信任,社会治理主体之间就不可能有真正的合作。同时,作为社会资本的信任是一种增量资源,信任促成合作,而各种社会治理主体在合作治理的过程中,也可以进一步增进彼此间的信任,进而实现信任与合作间的良性互动。

(三)合作治理的过程是公开透明的

很多合作活动不能持续下去,很大程度上在于合作的双方或多方信息的不对称。合作治理不仅要求治理主体间是相对自由而平等的身份,而且要求治理过程是公开的。虽然一开始,各社会治理主体间出于利益需要或基本的信任开始合作,但如果在合作过程中某些社会治理主体,尤其是相对强势的社会治理主体,如党委、政府、企业等,直接或间接操纵社会治理过程,就会让其他社会治理主体尤其是大量的弱势群体反感,从而导致社会治理主体间信任降低甚至缺失。没有基本的信任,缺乏社会资本的支撑,各种社会治理主体间将很难合作下去,已有的合作形式也将无法持续下去。

(四)合作治理的核心是合作决策

决策是社会治理中最重要的内容与核心环节。只有基于合作决策的合作治理才是真正意义上的合作治理。在合作治理中,如果一些社会治理主体失去了或者被强行剥夺了决策权,那么所谓的合作治理就可能因为治理主体间地位的不平等而变成协作性治理,甚至会成为完全拒绝弱势群体参与的单向度管控。所以我们说,作为治理的核心环节,合作决策是合作治理最重要的内容和最关键的环节。合作决策决定着合作治理的性质、程度和发展方向。

(五)合作评议是合作治理的初始形式

拥有合作决策的合作治理才是真正意义上的合作治理,或者说理想的合作治理形态。

但是,在推进社会治理实践的过程中,具有合作决策实质的合作治理是建立在彼此完全互信和利益需要的基础上的,是以强大的社会资本为基础和后盾的。出于自身利益,一些公共权力部门也会千方百计设置走向合作决策的障碍,以维护他们在合作治理中的强势地位;同时,当前的公民意识、公民素质、公民能力不足,也在一定程度上构成了一些社会治理主体合作决策的制约条件。现实中的很多合作治理形态,多是合作治理的初始形态。因而,现实中的合作治理多是从公民大众对公共政策评议开始的。既然公共政策是公共的、是人民的,就应该让人民群众满意,而要想让人民群众满意,最好的办法就是接受人民群众对相关公共政策的评议。对公共政策评议,应是走向合作治理的基本内容和初始形态。

(六)合作治理的前途是走向公民治理

当前,合作治理已成为一种一般性的管理模式,走向合作治理应是社会治理创新的大势所趋。在当代社会,无论是西方国家,还是东方国度,基于人民主权的现代国家都必须通过各种政治设计和制度设计去彰显人民主权。在现代社会,一个国家的主权只能属于这个国家的人民,政府只能接受作为行使国家主权的人民赋予它的治理权,而这种政府治理权本质上是属于人民的,人民群众最终可以决定政府的去留。政府在长期行使治理权的过程中,虽然是基于人民主权的,但主权与治权的相对分离,让一些政府在治理的过程中偏离了人民的意志。当前,从管理走向治理,从治理走向合作治理,也正说明了行使治理权的政府并不能总是代表人民群众的意志,政府"为民做主"永远代替不了人民自己"当家作主"。管理也好,治理也罢,其本质都是"服务"。也正因为如此,不管是治理,还是合作治理,都只不过是最终实现公民自己治理的桥梁和纽带而已。西方公民治理与中国基层群众自治,都不能永远停留在基层社会层面。基于官民合作的社会合作治理,就是为了更好地推进公民治理,也是实现人民群众自己当家作主的理性路径。

第八节 公共理性理论

作为一个历史的、哲学的概念,理性在不同的时代有着不同的内涵和外延。一般而言,理性(reason)是人生而具有的一种能力,一种发现什么是真理的能力,这个能力就是理性。换句话说,"理性"是一种使我们了解真理的本领。① 既然理性是人们的一种认知能力,那么,任何真正的理性主义者都必须承认理性是有限的,而不是无限的。哈耶克认为,人之理性既不能预见未来,亦不可能经由审慎思考而型构出理性自身的未来。人之理性的发展在于不断发现既有的错误。既然凡是人和由人组成的组织的理性都是有限的,那么究竟有没有一种相对完美的理性类型,能帮助各种社会主体避免他们自身的理性缺陷呢?在学术界的艰辛探索中,学者们试图以"公共理性"来破解这个思维的困境。

一、公共理性的概念

"公共理性"一词最早是由康德在《何为启蒙》一书中提出的。法国学者托克维尔在论述法国中世纪的"民主专制制度"时说:控制他的是不带机构的公共理性;阻止他的,则是

---

① 林毓生.中国传统的创造性转化[M].北京:生活·读书·新知三联书店,1988:47.

革命而不是法规：在法律上，他是听命于人的执行者；在事实上，他是主人。不过，"公共理性"在相当长的时期内并没有引起人们的重视。现代公共理性是现代市场经济发展的必然结果。在市场经济的熏陶和洗礼下，社会行为主体日益具有现代性，他们更倾向于把自由平等的契约精神作为和谐博弈的前提和基础，这就为行为主体的个体理性走向公共理性奠定重要的基础。当然，在市场经济条件下，行为主体（如国家、政党、利益集团、个人）的理性也会毫无例外地表现为有限的工具理性。理性的有限性，在西方"经济人"理性方面也是如此。美国经济学家赫伯特·西蒙就认为，供个人选择的相关信息是不完备的，个人不可能知道全部的备选方案；环境存在着不确定性；人的认识能力和计算能力是有限的。正是基于有限理性的基本假设，赫伯特·西蒙才创造性地提出了著名的"决策过程"理论。正是由于理性的有限性，人们在决策时，只能达到满意，不能达到最优。诺斯认为，事实上人类行为比经济学家模型中的个人效用函数所包含的内容更为复杂。有许多情况不仅是财产最大化行为，而且是利他的和自我施加的约束，它们会从根本上改变人们实际做出选择的结果。在市场经济社会里，各种利益主体首先是以"经济人"的身份存在的，"经济人"的自利性决定了个人的行为主要受个人利益的驱使；"经济人"参与社会活动的目的就在于追求个人效用的最大化。基于此，"经济人"的理性就集中表现为"经济人"用成本-收益分析模式来衡量其一切行为的正当性，以较少的投入换取最大限度的产出。布坎南认为，人在政治生活中与他在经济生活中一样，也以追求个人利益的最大化为目的，也以成本-收益为依据。即使是以"政治人"自居的国家（政府）和政党，在现实中也不免打上了"经济人"的烙印。可见，"市场经济能实现社会的高效率，但不会自发地实现社会的公正。实现社会公正是社会主义的必然要求，是政府公共性的本质规定"[①]。为了实现公平的正义，现代社会更需要以公共理性来克服各种行为主体"经济人"理性的缺陷。罗尔斯在进一步论证和捍卫公平的正义时，从政治自由主义的角度提出并论证了公共理性。不过，罗尔斯笔下的公共理性是相对于完备性学说所体现的理性和不涉及政治公共事务的私人理性而言的，它是指公民在有关宪法根本和基本正义问题的公共论坛上所使用的推理理性。在罗尔斯看来，一种理性之所以被称为公共理性，主要基于以下三个方面：①它是作为自由平等公民的理性；②它的主题是关系到根本政治正义问题的公共善，即有关宪法根本和基本正义的问题；③其本质和内容是公共的。罗尔斯认为，公共理性是民主国家特有的基本特征；在贵族政体和独裁政体中，人们虽然也会考虑社会的善或公共的善，但那不是通过公共理性的方式，而是通过统治阶级的暴力来实施的。所以，尽管罗尔斯的公共理性概念和理论不是基于现代社会公共领域的批判和监督的，即不是各种社会行为主体在自由、平等、公开、公正的基础上充分批判和博弈后形成的公共约定意识，但是它无疑更接近现代社会行为主体所必需的公共理性。

　　公共理性不是国家（政府）理性，而是横跨国家（政党、政府）、社会、利益集团和个人之间的利益整合的能力。这种能力应是以具有批判精神和监督功能的公共领域为前提的。公共理性不是某个社会行为主体的单向理性，而是社会行为主体关注政治共同体的公共利益、公共价值、公共精神的理性。公共理性的核心在于公共性，本质在于公共的善，或社会的正义，目的在于寻求公共利益。

---

① 陈国权，王勤.论社会公正与政府的公共性[J].政治学研究，2004(4)：95-99.

二、公共理性的价值

作为引导社会主体理性走向公共性的公共理性，具有彰显公共性、维护公共利益、弘扬公共精神、运行共治逻辑、提升政治合法性等正向功能价值。

一是公共理性的基础是公共性。公共性是公共理性的第一价值和本质特征。公共理性至少在三个方面是公共的：第一，理性本身是公共的，任何主体都不能完全脱离公共性而存在；第二，它的目标是公共的善和根本性的正义；第三，它的本性和内部是公共的。

二是公共理性维护的是公共利益。凡是由人和人构成的社会主体，首先都是以"经济人"的形式存在着的。自利性是理性主体无法克服的自身缺陷。而这种自身缺陷本质上在于追求个体利益的最大化。公共理性的目的在于纠正个体理性的狭隘性与自私性，引导社会主体祛恶趋善。

三是公共理性彰显着公共精神。在现实社会中，绝大多数人只关心与他们切实利益密切相关的事情，对于公共的一切往往是最不关心的。公共理性要求公共精神应是人们必备的美德。而公共精神在很大程度上要靠法律制度来形塑。密尔认为，对任何政治制度来说，首要问题就是在任何程度上它们有助于培养社会成员的各种可想望的品质——道德的和智力的，或者可以说（按照边沁更完善的分类），道德的、智力的和积极的品质。所以，一个逐步具有公共理性的好政府，不在于它管多少具体的事情，而在于把提倡公民的公共精神看成是其最重要的任务。

四是公共理性运行的是共治逻辑。理性的自私性在治理层面上容易表现为个人的专治。现代社会是一个多元社会主体以公正求统一的共治社会。公共权力机关只有在共建共治共享中与公民个体进行有效的互动，在"以人为本"的理念下塑造公民的公共性，整个国家和社会才有可能具有现代公共理性。从现代公共治理的角度来看，所谓公共理性是公共管理主体与所处社会实现的高度沟通化并获得社会高度认同的理念和价值。① 在个体理性走向公共理性的过程中，如科恩所言，许多要求能完美地实现都是在长时期中经过一系列的妥协而后取得的，并不是在每一步上都顽固地坚持按自己的方式才取得的。在法治经济下，市场的竞争必然带来阶级、阶层的分化与利益的多元化，不管你是否接受，达成妥协与谅解已经成为世界范围内解决矛盾与冲突的根本方法之一。英国著名历史学家阿克顿说过，妥协是政治的灵魂。中国特色的共建共治共享过程在很大程度上说，也是各种社会主体从个体理性走向公共理性的过程。所以，政府主导、公民参与的现代社会合作治理应是现代政府治理在公共理性层面的基本诉求。

五是有助于巩固和提升执政集团的政治合法性。政治合法性主要表现为社会主体对执政集团的政治认同与政策服从。公共理性应是各种社会主体基于契约的公共精神，在批判与和谐博弈的过程中所形成的关注社会公共权力、公共利益、公共行为和公共的善的理性。现代执政党和政府的任何重大决策，如果不经过社会主体在博弈中的认同过程，它所谓的公共管理实际上是政党理性或政府理性在政治上的强权表现，这是国家治理的任意性，因而也就缺乏事实上的政治合法性。对于那些国家（政府）理性主要通过执政党理性来体现的发展中国家而言，更需要通过公共领域的批判，增加社会主体对执政集团的认

---

① 秦德君.国家公共管理中的公共理性[J].上海行政学院学报,2003(1):47-54.

同度,这有助于执政集团有效整合社会资源,避免社会资源的"内耗",进而进一步巩固和提高执政党和政府的政治合法性。

本章小结

政治学说,一般是指政治学发展史上那些具有系统性、科学性的理论主张或见解。从西方政治思想史来看,具有里程碑意义的政治学说很多,对现代政治和现代政治学影响巨大的有政体学说、主权学说、法治学说、分权与制衡学说、公共服务理论、公共领域理论、合作治理理论等。

从亚里士多德以来,如何借助政体的设计来实现美好的生活,一直是政治学研究的核心话题。因而,政体学说是西方政治学中最重要的政治学说之一。对政体的研究构成了西方政治学的核心内容。在西方政体理论发展史上,以国家主权学说的出现为分水岭,可以把政体理论分为古代政体学说和现代政体学说。可以说,从亚里士多德以来,西方政治学家对政体的研究就从来没有停止过。

现代主权学说是伴随着欧洲中央集权型的民族国家的形成与发展而产生的。在世俗君主获取世俗王权合法性的过程中,一开始也不得不继续借助"君权神授"的主权学说,洛克在继承与反思、批判霍布斯的基础上,彻底否定了"君权神授"理论,认为国家的权力必须受到作为主权者的人民以法律赋予的限制,从而初步奠定了国家的人民主权,而非君主主权,成为国家最高权力的合法性来源。到了卢梭那里,人民主权被推到一切公共权力合法性的唯一源泉的位置,人民主权学说发挥到了极致。

法治是西方政治学和法学中一个非常古老的概念。就人民主权理论来说,法治说到底就是人民群众的最终统治,是实现人民主权的有效统治形式。"法治国家"是政治主体在按照基于正义的宪法、法律进行"依法治国"的基础上形成的国家治理的状态。

分权制衡学说是被西方国家普遍运用在政治体制和其他国家管理活动中的重要法理。法国启蒙思想家、法学家孟德斯鸠在其名著《论法的精神》中,把一个国家的权力分为立法权、行政权和司法权,并认为只有把三种权力分别掌握在不同国家机关手里,并让其彼此制衡,才能防止专制权力对自由的戕害。美国独立战争胜利后,把孟德斯鸠的三权分立与制衡思想运用在美国国家权力分配体制上,国会掌握立法权,以总统为核心的联邦政府掌握行政权,最高法院掌握国家司法权,从而确立了美国意义上的"三权分立"制度。

公共服务理论来源于人民主权理论,在"管理就是服务"理念不断发展的过程中,形成了中国特色的"为人民服务"理论与以美国为代表的西方"新公共服务"理论。"为人民服务"理论源于1944年毛泽东在中央警备团追悼张思德会上的演讲。"为人民服务"或"全心全意为人民服务",体现了社会主义道德的根本要求,是社会主义经济基础的客观需要,是建立和发展社会主义市场经济的要求,是履行职业职责的精神动力和衡量职业行为是非善恶的最高标准。"新公共服务"理论是20世纪80年代,以罗伯特·登哈特夫妇为代表的美国学者在对新公共管理理论进行反思与批判的基础上提出并完善起来的。"新公共服务"理论对我国坚持以人民为中心的发展导向,不断增强人民美好生活需要的公共服务能力等方面都有重要的指导作用。

德国著名学者哈贝马斯在阿伦特等人的基础上,系统地论述了现代公共领域理论。哈贝马斯所谓的公共领域是以公民社会为依托,介于国家和社会之间,并力图调整二者关系的那种具有批判精神和监督功能的弹性第三域。公共领域存在的前提是市民社会对私人领域的公共兴趣不仅要受到政府当局的关注,而且要引起民众的注意,把它作为自己的事情。民众基础、公共平台、法治保障和政府支持是现代公共领域得以形塑和良好运行的基础,参与性、开放性、公共性是其主要特征,监督、批判和巩固合法性基础是其主要功能。

作为治理理论的一个重要流派,基于信任的合作治理是社会治理的新趋势,是实现公民治理的桥梁和纽带。西方语境下的合作治理被认为是一种利用非政府组织的专业性、规模经济性、灵活性和创造性来达到更大的公共行政成本效益的方法。我国语境下的合作治理,更多地体现为在党的领导下,由政府负责,社会组织协同,公众参与的多元治理共同体对公共事务进行共建共治共享的活动或活动过程。

"公共理性"一词最早是由康德在《何为启蒙》一书中提出的。现代公共理性是现代市场经济发展的必然结果。在市场经济的熏陶和洗礼下,社会行为主体日益具有现代性,他们更倾向于把自由平等的契约精神作为和谐博弈的前提和基础,这就为行为主体的个体理性走向公共理性奠定了重要的基础。公共理性不是国家(政府)理性,而是横跨国家(政党、政府)、社会、利益集团和个人之间的利益整合的能力。

本章重要概念

政体(regime)　　主权(sovereign)
法治(rule of law)　　三权分立(separation of powers)
新公共服务理论(new public service theory)
合作治理(cooperative governance)
公共理性(public reason)

本章重要概念

本章思考题

1. 简述主权的概念与特征。
2. 简述法治学说的代表人物与主要观点。
3. 简述美国三权分立制度。
4. 简述新公共服务理论的基本观点。
5. 简述哈贝马斯公共领域学说的主要内容。
6. 简述合作治理的概念与主要观点。
7. 简述公共理性的概念及其价值。

本章思考题

本章推荐阅读书目

1. [古希腊]柏拉图.理想国[M].北京:商务印书馆,1986.
2. [英]约翰·洛克.政府论(下篇)[M].北京:商务印书馆,1996.
3. [法]孟德斯鸠.论法的精神(上卷)[M].北京:商务印书馆,2017.
4. [英]霍布斯.利维坦[M].北京:商务印书馆,2011.

5. [法]卢梭.社会契约论[M].北京:商务印书馆,2017.
6. [德]哈贝马斯.公共领域的结构转型[M].上海:学林出版社,1999.
7. [英]哈耶克.自由秩序原理[M].北京:生活·读书·新知三联书店,1997.
8. [美]道格拉斯·C·诺斯.制度、制度变迁与经济绩效[M].北京:生活·读书·新知三联书店,1994.

第七章

政治制度

——本章导言——

政治制度代表了一个国家的性质和主要特征,世界各国千差万别的历史基础和现实情境造就了不同类型的政治制度。本章主要介绍政治制度的概念与构成要素、国家元首制度、议会制度、政府首脑制度、政党制度和公务员制度。

第一节 政治制度的概念与构成要素

政治制度是国家制度的核心。要了解一个国家,必须要了解它的政治制度。政治制度内容广泛,需要从其概念及构成要素出发,掌握政治制度的体系脉络。

一、政治制度的概念

关于制度的定义,制度经济学给予了充分的关注和界定,道格拉斯·诺斯的《制度、制度变迁与经济绩效》认为,制度是一个社会的博弈规则,或者更规范地说,它们是一些人为设计的、形塑人们互动关系的约束。从而,制度构造了人们在政治、社会或经济领域里交换的激励。制度通过为人们提供日常生活中的规则来减少不确定性。制度有正式与非正式之分。非正式制度有行事准则、行为规范以及惯例等,而正式的制度则包括政治和司法规则、经济规则和契约等。

古往今来,众多的中外学者、思想家从不同视角对政治制度进行过解释。马克思主义从阶级性的角度来定义政治制度,认为政治制度是统治阶级实现和维护其统治的工具,在具体的制度形态上包括政党制度、选举制度和行政制度等。学者王浦劬利用马克思主义的分析方法,将政治制度界定为:政治权力按照不同的利益要求,为实现社会政治的有序运行而对各种政治力量之间的关系和活动方式所做的法定规约,它既包括根本政治制度及其构成原则,又包括具体政治制度及其构成原则;它具有特定范围内的法定性和规约性,同时,又是相对严密和稳定的。浦兴祖认为,政治制度是指政治领域中要求政治实体遵循的各类准则(或规范)。按层次结构分,有核心层(国体)、中层(国家政权组织形式、国家结构形式以及政党、公民等的基本行为准则)、外层(可供政治实体直接操作的各类具体的规则、程序、方式等)的政治制度;按表现形态分,有国家形态(国家政权的行为准则)与非国家形态(政党、公民、群众自治组织等的行为准则)、法内(国家等政治实体所颁定的法律、法规、章程等文本条款)与法外(实际政治生活之中的传统、惯例等)的政治制度。

可见,政治制度是一个广义的范畴,可以将其概括为政治主体在政治活动中所须遵循的各类规则的总和。政治制度与其他社会制度相比,具有以下特征。一是政治制度的核心是权力,政治制度是关于政治权力归属、分配、控制和调节的制度。二是经济制度决定政治制度,政治制度和经济制度是社会制度的重要组成部分,两者既相互独立又相互联系;政治制度决定于经济制度,又对经济制度产生影响,两者相互作用,共同影响社会发展。三是政治制度是政治权力正常运转的保证,政治制度决定了国家机器的基本框架和运转轨迹,而政治权力是在国家机器的基本框架和运转轨迹中存在和运行的,政治制度为政治权力的正常运行提供了保障。

二、政治制度的构成要素

按照政治制度的概念,政治制度是政治主体在政治活动中所需遵循的各类规则的总和,那么政治制度的构成要素主要包括国体、政体、国家结构制度、各类具体政治制度以及基层民主政治制度五个方面。①

一是国体。所谓国体,就是社会各阶级在国家中的地位和相互关系。根据宪法规定,我国国体是工人阶级领导的、以工农联盟为基础的人民民主专政的社会主义国家,人民民主专政的国家制度是我国的根本政治制度。

二是政体。政体是国家政权的组织形式。我国的政体是人民代表大会制度,由人民选举产生的各级人民代表大会为国家权力机关,国家的一切重大问题由它讨论并做出决定。实行这一制度,是我们国家一切权力属于人民的根本标志。从这个意义上说,人民代表大会制度也是我国的根本政治制度。

三是国家结构制度。所谓国家结构制度,是指国家的中央政权机关与地方政权机关、整体与局部之间相互关系的制度安排。按照中央权力与地方权力的不同构成方式,国家结构制度主要可以分为单一制国家和复合制国家。科学、合理地建立中央政权与地方政权、整体与部分的关系,有利于民族问题的解决,有利于国家政权的巩固。在我国,中央权力与地方权力的构成方式有三种情况:中央政府与普通行政区关系实践模式,中央政府与民族自治地方关系实践模式,以及中央政府与港澳台地区关系实践模式。

四是各类具体的政治制度。这里所讲的"各类具体的政治制度",是指为保证国家机器正常运转和社会政治生活有序进行而规定的一些具体运行规则。如政党制度、行政制度、公务员制度、立法制度、司法制度、选举制度、监督制度、军事制度等。这些具体政治制度不包括在国体、政体、国家结构制度的范围之内,但它们都是政治制度的组成部分,是管理国家和社会政治事务的重要方法和政治资源。中国特色社会主义制度分为根本制度、基本制度和具体制度三个层次,作为政治体制范围内的具体政治制度主要包括选举制度、权力分开和制约制度、党政关系制度、党内民主制度、民主决策制度、民主监督制度、阳光政治制度、言论开放制度、基层协商民主制度和官员财产公开十项制度。②

五是基层民主政治制度。如我国企事业单位的职工代表大会制度、农村村民和城市居民自治制度等。就政治制度的结构而言,客观上存在着宏观、中观和微观三个不同的层次。根本政治制度属于宏观层次,具体政治制度属于中观层次,基层民主政治制度属于微

---

① 徐育苗.解读政治制度[J].社会主义研究,2004(2):53-54,111.
② 许耀桐.论中国特色社会主义具体政治制度[J].科学社会主义,2013(1):18-21.

观层次。三个层次的政治制度既相互影响又相互作用,要同步推进,协调发展。

第二节 国家元首制度

国家元首是一国的代表,其权力及行为受到一定制度的规范,这一制度就是国家元首制度。国家元首制度是一项重要的政治制度,是随着国家的产生而产生的,世界各国的元首制度既有同质性,也有异质性。

一、国家元首制度的概念

"元首"作为一种称谓,自古有之。在我国,"元首"一词最早出现在《尚书》中,《尚书·益稷》写道,"元首明哉,股肱良哉,庶事康哉",这里的"元首"就是指君主。在西方,"元首"的称谓最早出现在古罗马时期,屋大维通过共和制的合法程序当选为元老院的首席元老,使用"元首"这一名称,并建立了元首制政体。可见,"元首"在早期均指代国家最高权力的所有者。但是现代意义上的国家元首,主要是指主权国家对内对外的最高代表,不论其是否真正握有实权,都是国家最高权力机关的组成部分。

基于各国的历史和现实情况,各国的国家元首的权限、形式各不相同,但都具有以下基本特征。一是对外代表国家。在国与国的交往中,国家元首享有国家最高代表权,他的行为被视作其国家的行为,他的言论被视作其国家的声音,他做的一切都被看作是该主权国家行使权力的象征。这是国际公认的准则。二是对内是国家机构的首脑。国家元首是国家政权机构的组成部分,不论其是否握有实权,其地位总是处在国家的最高位置,是国家的象征,享有国家的最高威望和荣誉,受到国家机关和国民的尊重和敬仰。三是根据宪法行使国家元首职权。在现代国家中,国家元首的地位和权限都是由宪法规定的。尽管各国宪法对国家元首权力的规定不尽相同,但其基本权力是一致的,如国家元首有权公布法律、发布命令、统帅武装力量、派遣驻外使节、接受外国使节的国书等。拥有国家元首权力,是国家元首的重要特征。四是享有最高礼遇和外交特权。国家元首在国际交往中享有最高礼遇。国家元首出访,一般都受到最高规格的接待,给予特别的保护,享有外交特权与豁免权,如不能遭受诽谤、污辱和怠慢,更不能受到法律的制裁。如果国家元首以元首资格从事的行为给被访国造成危害,其个人也不负责任,而是由其国家承担责任,此谓国家转承责任。国家元首在国内也享有特权,如司法豁免权、免税权以及特殊的物质待遇等。

国家元首制度是一项重要的政治制度,是随着国家的产生而产生的。从西方来说,早在古希腊城邦国家时,最高权力机关民众大会选举产生的十将军委员会的首席将军,就起着国家元首的作用。比较完备的元首制度存在于奴隶制和封建制时代。在"万世一系""父传子续"的奴隶制和封建制社会里,世袭的国王或皇帝等专制君主制,乃是这些国家最主要和最基本的元首制度。在那时候,封建君王在几乎所有国家都是主宰一切的最高统治者,是"上帝"和"神明"的化身,其统治权是任何"草民"所无法获得的血统特权。这种类型的国家元首制的基本特征是:一是世袭制,二是国家元首的地位与国家权力完全合而为一。在我国,从商朝起,君主就已存在,君主为一国之首的观念历史久远,直至清王朝崩溃,君主(皇帝)一直是国家元首。资产阶级革命推翻了封建阶级的专制统治,建立了以资本为基础的资本主义社会,与此同时,在国家元首制度上也打破了封建阶级的血统论。西方国家在资产阶级革命后,建立了资本主义国家,虽然元首的含义已与以前不同,但都设有代表国家最高权力的机构或个人,事实上已形成了现代的元首制度。

二、国家元首制度的类型

按照国家元首的组织结构、国家元首的形式以及国家元首的作用可以将国家元首制度划分为不同的类型,每一大类又可以细分为若干小类。

按国家元首的组织结构来划分,即按照国家元首的组成人员数量来划分,可以将国家元首制度划分为个人元首制、集体元首制或复合元首制、几个国家一个元首制。

按国家元首的形式来划分,即按国家元首以什么样的职务称谓行使权力来划分,可以划分为君主元首制、总统元首制、委员会元首制。

按国家元首的作用来划分,即按国家元首拥有的实际权力大小、在国家决策中能起多大作用来划分,可以划分为虚位元首制、实位元首制。

三、国家元首的产生与任期

国家元首的产生主要分为世袭和选举两种基本方式。其中,世袭方式又分为以下四种情况。一是继承者必须是男性,长子优先。例如,日本宪法第2条规定,皇位世袭,根据国会议决的皇室典范的规定继承之。二是继承者必须是男性,但不一定是长子。如科威特宪法第4条规定,有继承权的人应是达到法定成年年龄,精神健全的、穆斯林父母的合法的儿子。三是继承者不限于男性,但男性优先。如泰国宪法第20条第1款中规定,国王如果没有王子,则国会可同意由公主继承王位。四是继承者男女均可,但必须是长男长女。如荷兰宪法第25条规定,国王去世,王位由国家合法后裔按照长先幼后的次序继承。

而选举方式大体可以分为由公民投票选举产生和非由公民投票选举产生两种类型。由公民投票选举产生的方式又可以分为直接选举和间接选举两种方式。一是公民投票直接选举国家元首。如在法国,总统由公民直接投票产生,以有效票的绝对多数当选。二是公民投票间接选举国家元首。这种选举方式是先由公民投票选出选举人,再由选举人投票选出国家元首。如美国宪法规定的总统选举程序为:由各州选民按照州议会所定程序,选出各州选派到国会的选举人,再由各州的选举人投票选举总统。非由公民投票选举产生的方式又可以分为两种方式:一是议会选举产生国家元首,如瑞士联邦委员会(集体元首)由联邦议会选举产生;二是特别团体选举产生国家元首,如在德国,选举总统时专门组织联邦大会的机构,它由联邦议院全体议员和按人口比例产生的同等人数的各州议会的代表组成,由他们对总统候选人进行投票。

一般而言,西方国家元首的任职期限可以分为终身任职制和限期任职制两类。世袭君主制国家的元首由于王位世袭,元首任期必然是终身的,如英国、瑞典、挪威、荷兰、西班牙等国的国王以及卢森堡大公等都是终身任期。需要提及的是,世袭君主终身任职,但是事实上并非每位君主都终身任职。而限期任职制的国家元首的任职期限不尽相同,如美国的国家元首任职期限为4年,德国的国家元首任职期限为5年,芬兰的国家元首任职期限为6年,法国的国家元首任职期限为7年等。并且,有些国家的国家元首是可以无限制连任的,而有些国家的国家元首只能连任一届。①

四、国家元首的职权

国家元首作为国家的最高代表,其权力大都在宪法中做出了明确规定,但由于各国政体不同,元首的职权范围存在很大差别,但也存在一定的共性,主要如下。

一是公布法律权。这是西方国家元首共同拥有的首要权力。西方国家的法律在议会通过后,一般都由国家元首签署并公布,以体现法律是国家的意志。签署并公布法律是立法过程的最后一道程序,未经国家元首签署和公布的法律,即使议会通过也不能成为法律,不具有法律效力。该权力的行使分为两种情况:一种是仅有签署权而没有否决权,只要是经议会通过的法律,都必须签署公布,如德国总统、意大利总统等;另一种是具有否决权,即国家元首对议会通过的法律如果同意就签署公布,成为法律,如不同意,可不签署并退回议会重议,如美国总统。

二是发布命令权。西方国家的国家元首不论是虚位元首还是实位元首,都有发布命令权。国家元首发布的命令,一般都属于对法律的补充。以命令补充法律的目的是掌握一种灵活的手段,以适应随时的需要,如发布紧急命令、实行紧急状态等。

三是外交权。又称全权代表权,主要是在国际关系中作为国家的最高代表与外国签署国际条约,接受外国来使,派遣驻外使节。一切具有法律意义的国际行为都被看作是国家行为,都由国家元首来代表。

四是统帅军队权。西方国家一般都规定国家元首是军队的统帅,以表明军队是国家的,不是某一党派或某届政府的。元首的统帅军队权包括调动军队权、选择任命将帅权、宣战权、媾和权等。但虚位元首的这一权力不能独立行使。

五是人事任免权。依法在一定范围内任免政府总理(首相)、各部部长(大臣)等高级官员,有些国家的国家元首还具有监督和考核官员的权力。

六是赦免权。国家元首有权以命令的方式赦免罪犯,或给已定罪的罪犯减轻刑罚。但是元首的赦免权一般都规定了某些具体限制,如规定赦免须议会同意、叛逆罪不赦免等,以防止元首滥用权力,偏袒罪犯。

七是荣典权。国家元首有授予荣誉称号、职衔等权力。元首授予的荣誉称号是国家授予的荣誉,是最高荣誉。

此外,在实行议会内阁制的西方国家中,国家元首还拥有依法定程序召集议会或解散议会的权力,这种权力具有久远的渊源,是从等级会议时延续下来的。总统制国家的元首没有这种权力。

五、主要国家的国家元首制度

在英国,英王是民族代表和国家象征,在法律上享有至高无上的地位,享有立法权、行政权、军事权、宗教方面的权力、外交权、司法权和荣典权等,但在权力的实际运行中,英王的权力由内阁行使,英王只是履行形式上的手续,可以说英王是一个"临朝不临政"的君主。

---

① 张立荣.中外行政制度比较[M].北京:商务印书馆,2002:92-93.

英王是终身的而且世袭的,只要是符合"信奉新教"以及"不能与天主教教徒结婚"这两个条件的长子即可继承王位。一般来说,英王是终身制的,无特殊情况不能退位,但是当在位英王的行为不利于国家或者不适合任职时,可以自动退位或者由政府机构迫使其退位。如果英王因未成年或者因其他原因无法履行职务,可以由议会通过摄政案,确定摄政人,再由大法官发给委任状,由摄政人代为履行职务。

美国实行总统制,总统既是国家元首又是政府首脑。美国宪法既赋予美国总统国家元首的权力,又赋予其行政权力。具体而言,美国总统具有外交权、军事权、司法权、人事任免权、行政领导权、执行权、立法权(立法倡议权、立法否决权和委任立法权)等。美国总统是任期制,一般任期为4年。美国总统除了本人自动辞职外,不能无故被免职,只有在对其进行弹劾并被定罪的情况下,才可以免除其职务。美国宪法规定,总统因免职、辞职、死亡或不能执行职务而去位时,由副总统继任总统。

法国的元首制既不同于英国的元首制也不同于美国的元首制,而是二者的结合,被称为半总统制的元首制。根据法国宪法规定,法国总统具有人事任命权、颁布法律权、军事权、外交权、司法权、发布咨文权、提请全民公决权、解散国民议会权以及宣布紧急状态权等。其中,提请全民公决权、解散国民议会权和宣布紧急状态权是宪法赋予总统的特殊权力。在法国政府体制中,内阁既对国民议会负责,又对总统个人负责,并直接受制于总统。当总统缺位或者因故不能履行职务时,其职务由参议院议长代替,并在30天内进行新总统选举。

中华人民共和国主席是中华人民共和国的国家元首。按照宪法规定,中华人民共和国主席、副主席由全国人民代表大会选举产生。中华人民共和国主席每届任期同全国人民代表大会每届任期相同。中华人民共和国主席缺位的时候,由副主席继任主席的职位。中华人民共和国副主席缺位的时候,由全国人民代表大会补选。中华人民共和国主席、副主席都缺位的时候,由全国人民代表大会补选;在补选以前,由全国人民代表大会常务委员会委员长暂时代理主席职位。中华人民共和国主席根据全国人民代表大会的决定和全国人民代表大会常务委员会的决定,可以公布法律,任免国务院总理、副总理、国务委员、各部部长、各委员会主任、审计长、秘书长,授予国家的勋章和荣誉称号,发布特赦令,宣布进入紧急状态,宣布战争状态,发布动员令等。中华人民共和国主席代表中华人民共和国,进行国事活动,接见外国使节;可以根据全国人民代表大会常务委员会的决定,派遣和召回驻外全权代表,批准和废除同外国缔结的条约和重要协定。

第三节 议会制度

议会具有悠久的历史,议会制度是一项重要的政治制度,世界各国的议会制度各有不同,但一般都在国内享有较高的行政权力和决策权,是学术界研究的重点之一。

一、议会制度的起源与发展

议会又称国会,其英文为"parliament",原意为"谈话""辩论",引申为"议会",意思是谈话、辩论的会议。议会是西方国家的代议机构,西方国家的宪法一般都规定议会是国家的最高立法机关。议会制度是西方民主制度的核心和标志,具有使国家权力合法化、使阶级意志国家化和使权力运作程序化的作用。

议会最早起源于英国,英国有"议会之母"之称,其渊源可追溯到古代的御前会议和"大会议"。公元7世纪,西撒克逊王国的国王埃格伯特便指派主教、贵族和宫廷大臣组成御前会议,协助国王处理立法、行政上的重大事项,史称"贤人会议"。这个会议可以说是议会的最早胚胎。此后,诺曼底王朝为了巩固其统治,保留了"贤人会议",并增加了人数,称为"大会议"。这样,御前会议就有两种形式,即"小会议"和"大会议"。这两种会议在职能上基本相同,都是国王用以履行司法审判、行政、立法等职能的综合性咨询机构。但大会议人员较多,比较规范,召开的时间、地点相对固定,很多政治活动都在大会议中进行,如任命主教、册封贵族、分封土地、接受封臣效忠宣誓等都在大会议中进行,大会议逐渐就成了国王政府的中枢机构,由此也成为议会的萌芽。议会的直接渊源是英国中世纪的等级会议。等级会议由不同等级的公民参加,还获得了监督国王财政收支的权力与影响国王制定政策的权力,因此,等级会议已具有国家代表会议的形式,已是资产阶级议会的雏形了。资产阶级国家的议会就是由此发展起来的。而现代西方国家的议会制度是资产阶级革命的产物,是指由法律规定的以议会作为行使国家权力机关的制度。自议会制度建立之后,其大致经历了从鼎盛到相对衰落的发展历程,具体如下。

一是议会鼎盛时期,或叫议会至上时期、议会主权时期。议会鼎盛时期主要存在于19世纪中叶以前,是与自由资本主义发展同步的。这一时期的特点是:议会在国家政权体系中居于核心地位,享有高度的独立性,拥有广泛和强大的权力,主宰一切。这主要表现在两方面:一方面是议会立法权在国家权力体系中处于最高地位,行政权与司法权从属于立法权,并对议会负责;另一方面是议会有权监督行政权的行使,有权调动和更换行政机关,如实行议会内阁制的国家,议会经常可以"倒阁"。

二是议会相对衰落时期,或叫议会削弱时期。议会的相对衰落时期是从19世纪末20世纪初开始逐步形成的,与自由资本主义过渡到垄断资本主义同步。这一时期的主要特点是:议会地位下降,失去了政权中心的地位;议会权力虚化,即形式上议会的权力还存在,但实际上很多权力受到限制或不起决定作用;议会的决策和立法效能萎缩,有些决策权和立法权转由政府行使,行政权力膨胀进而侵蚀议会权力。

现在西方有的学者认为,西方的议会制度已出现了危机,应进行议会改革,通过改革使议会适应不断变化的环境,重新焕发政治活力。目前,呼声比较高的是提出以共同参与民主制改造代议制,具体内容是由公民直接行使创制权、复决权和罢免权来体现社会对国家的制约、民主对专权的限制。但是,共同参与民主制是一种直接民主制,不能作为国家政权的组织形式,不能取代代议制,而且从实践来看也很难实行。

二、西方国家议会的构成、内部组织与议事规则

西方国家的议会在结构上一般采用两种形式,即一院制和两院制。从各国的实际情况来看,大国一般都实行两院制,而小的国家则多实行一院制。此外,议会发展史上还出现过三院制和四院制,但都时间不长,也只限于个别国家。

西方国家的议会,不论是实行一院制还是实行两院制,内部都设有一定的组织机构,这种组织机构概括起来主要有四种。一是领导机构,主要有两类:一类是个人性质的,由个人担任,如议长、副议长,主持议院工作;一类是集体性质的,如议会主席团、议长会议、理事会等,由选举产生的集体机构负责领导议院工作。二是工作机构,即由议员组成并在

其中进行工作的机构。这种机构主要是议会中的各种委员会。西方国家的议会,一般都以各政党在议会中所占议席的比例为原则,将议员分别组成各种委员会,议员在这些委员会中审议议案、提出建议、从事调查、进行咨询等。三是政党组织,这主要是指议会党团。议会党团是由议会中属同一政党的议员或几个利益观点相同的政党的议员组成的政党集团,也有一个政党的议员分别组成几个议会党团的。议会党团必须是体制内的政党,并且在议会中达到法定数量的议员才能组织。议会党团的主要任务就是分析形势,提供议案,统一本党议员的思想和行动,组织指挥本党议员的活动,保证本党提出的议案得以通过,参与议会领导等。四是事务性的服务机构,这主要是指为议员服务的机构,如图书馆、警卫局、行政局等,西方国家的议会都设有这类组织。

西方国家的议会是通过会议进行活动、行使权力的。只有按规定举行的会议才有议事和立法决策的能力。因此,西方国家的议会都规定了会期,定期开会行使权力。西方国家议会的会议一般分为例行会议和非常会议两种。例行会议又称常会,其会期和召开都是固定的,履行正常职能。非常会议是在例行会议以外,为了解决特殊需要而召集的,包括临时会议、特别会议和紧急会议。在议事过程中,议会需要遵循一定的议事规则,如法定人数原则、会议公开原则以及一事不再议原则等。西方国家议会都有一定的任期,任期届满进行换届选举,产生新一届议会。而在议会内阁制国家中,内阁可宣布解散议会。

■ 三、西方国家议会的职权

由于政体不同,西方国家议会的地位也就不完全相同,其职权也不尽相同,但作为国家的立法机关,一般都有下列权力。

一是立法权。这是议会的首要权力。立法权即制定和修改法律的权力,具体包括立法创议权、通过法律权和修改法律权。随着西方国家陆续过渡到垄断资本主义,特别是第二次世界大战后,西方国家议会的立法权逐渐萎缩、虚化,主要表现在:议会已不是唯一的立法机构,立法创议权更多掌握在政府手里,法案的通过或法律的修改常常受政府限制或牵制,议会的立法功能削弱。

二是财政权。又被称为"钱袋"权力或管理国库的权力。财政权是议会最古老的权力,早在等级会议时议会就具有这一权力。财政权主要是指由议会掌控国家收支的权力,具体包括批准政府提出的财政预算和决算。这一权力从20世纪初,特别是二战后也受到削弱,如:原先财政案只能由议会下院提出,现在一般都由政府提出;原先议会经常对财政案做出修正,现在一般都照单通过,已很难起到监督作用。

三是监督权。即议会有对政府的行政行为进行监督的权力。这是议会作为主权者人民的代表对政府进行经常性控制的一种手段,它体现了主权在民思想。对政府的监督是议会的重要权力之一,这种监督权具体包括质询权、调查权、倒阁权。

四是弹劾权。这是议会对违法、失职的政府首脑和高级行政官员及法官进行控告并追究其法律责任的权力。资产阶级革命后,随着议会内阁制的完善,弹劾权已被倒阁权所取代。现在,只有实行总统制的国家的议会还保留这一权力,最为典型的是美国。在美国,弹劾权成为议会监督政府的一种重要形式。

五是缔约权。主要是指政府与外国签订条约必须经议会批准才能生效,目的是防止政府权力滥用,同时也体现主权在民的原则。

六是人事权。这有两种情况：一是在议会内阁制的国家，政府首脑必须是议会多数党的领袖，也就是说，政府首脑必须得到议会多数人同意；二是总统制国家，总统任命政府高级官员时，也必须经议会一院或两院的同意，否则也不能任命。

第四节　政府首脑制度

政府首脑是一国主要领导人的称谓，依法行使最高国家行政权力，与国家元首有一定的区别，世界各国的政府首脑制度亦不完全相同。

一、政府首脑的概念

政府首脑是中央政府主要领导人的通称。在不同的国家，政府首脑的称谓也不同，一般称为"总理"，在实行君主立宪制的国家多称为"首相"，某些国家的政府首脑也是国家元首，如美国总统。还有一些国家称之为内阁总理大臣、部长会议主席、政府执行委员会主席等。在我国，政府首脑即国务院总理。

政府首脑行使国家最高行政权，其产生、任期及职权由各国宪法和法律具体规定。政府首脑在对外关系中可以直接进行外交谈判、参加国际会议、签订条约、发表宣言或公报等。在出席重要国际会议和参加国际谈判及签订某些条约和协定时，无须出示全权证书。并且，根据国际习惯，政府首脑在外国享有尊荣权，也享有完全的外交特权与豁免。

尽管在某些国家，国家元首与政府首脑由一人承担，但国家元首和政府首脑还是有一定区别的，主要表现在：一是两者的代表对象不同，国家元首是国家的最高代表和象征，而政府首脑仅仅是国家最高行政机关的代表，是国家最高行政机关的组成人员，而不是国家机构的组成部分；二是两者的责任和义务不同，法律赋予政府首脑管理国家的权利，相应地其必须履行对国家进行有效管理的义务，并承担相应的法律责任和政治责任，而国家元首只是形式上或名义上的国家象征，不具备管理国家的义务和责任；三是两者的地位不同，国家元首是国家的最高代表，其地位是高于政府首脑的。

政府首脑一般都居于国家权力系统的核心地位。与不同的国家政治体制相适应，西方国家的政府首脑主要有总统制国家的政府首脑、内阁制国家的政府首脑、总统-内阁混合制国家的政府首脑，以及委员制国家的政府首脑四种类型。

二、政府首脑的产生

从各国的政治实践来看，政府首脑产生的方式基本上可以划分为任命制、轮换制和选举制三种。①

一是通过任命制产生政府首脑。通过议会大选，由国家元首根据议会选举的结果，任命议会中占多数议席的政党领袖担任。如果政府内阁是由几个政党联合组成的，则一般任命其中议席较多的政党领袖担任内阁总理。如英国是按照惯例在每届议会大选以后，英王召见在下院竞选中所得席位最多的政党领袖，任命他为首相，并授权组织内阁；法国第五共和国宪法规定，共和国总统任命总理；意大利1947年宪法也规定，总统任命内阁

---

① 张惟英.政体比较研究[M].长春:吉林人民出版社,2005:246.

总理。

二是通过轮换制产生政府首脑。通过轮换制产生政府首脑的代表国家是瑞士。瑞士联邦委员会作为国家最高行政机关,由7名委员组成,这7名委员轮流担任政府首脑。

三是通过选举制产生政府首脑。选举制分为由选民选举产生和由代议机关选举产生两种。政府首脑由选民选举产生的典型是美国。由代议机关选举政府首脑的国家主要有德国、朝鲜、中国等。德国宪法规定,联邦总理由联邦议院不经过讨论而选举产生。我国宪法规定,全国人民代表大会根据国家主席的提名,决定国务院总理的人选。

从西方国家的政府首脑类型来看,总统制国家的政府首脑一般通过直接或间接选举产生,国家元首即总统,由总统兼任政府首脑;内阁制国家的政府首脑一般是通过议会大选,由国家元首根据议会选举的结果进行任命;总统-内阁混合制国家的政府首脑是由总统任命的;委员制国家的政府首脑则是由联邦委员会的委员轮流担任的。

政府首脑产生的程序主要有三项:一是提名,二是选举,三是任命和就职。① 一般来说,在实行任命制的国家,政府首脑的提名和任命是同一的。如英国的国王提名议会中的多数党领袖出任政府首脑,这本身就是任命。法国总统任命总理,也无提名程序。在实行选举制的国家,一般先提名再进行任命。如德国的总统提名总理,交由议会选举。我国国务院总理由国家主席提名,全国人民代表大会选举后,再由国家主席任命。在政府首脑产生的程序上,无论任命制国家,还是选举制国家,政府首脑大都由国家元首提名,最后由国家元首任命。

三、政府首脑体制

政府首脑体制是指现代各国最高行政权力的代表者与其实际承担者之间权力关系的制度。也就是,在不同的国体和政体中,国家元首与政府首脑之间的最高行政权力的配置关系。在我国是指作为国家元首的国家主席与作为政府首脑的国务院总理之间的最高行政权力的配置关系。② 根据各国国家元首与政府首脑的关系及人数状况,政府首脑体制主要有一元制、二元制和多元制三种不同的模式。

一元制亦称单头制,是指一个国家的国家元首职位与政府首脑职位由一人兼任的制度。采用一元制政府首脑体制的典型国家是美国,美国总统既是国家元首又是政府首脑。实行一元制政府首脑体制,政府首脑职责专一,层次较少,有利于提高效率。特别是在国家处于存亡关头,客观情势要求当机立断时,其优点尤为显著。但这种制度存在滥用权力、个人专断的危险。

二元制亦称双头制,是指一个国家的国家元首职位与政府首脑职位,分别由不同的个人担任的制度。采用二元制政府首脑体制的一般是君主立宪制国家和内阁制的共和制国家。采用该体制的君主立宪制典型国家是英国和日本,既保留世袭的国家元首国王,又设置执掌实权的政府首脑首相;采用该体制的共和制典型国家是印度,既有选举产生并有一定任期、一般称为总统者担任国家元首,又有由议会产生并对议会负责的政府及其首脑执

---

① 张惟英.政体比较研究[M].长春:吉林人民出版社,2005:247.
② 夏骥,芮明春,徐云波.机构编制管理手册[M].北京:中国人事出版社,1989:20.

掌行政实权。但无论是君主立宪制国家还是共和制国家，政府实权都掌握在政府首脑总理或内阁首相手中，国家元首大都是礼仪性的。

多元制亦称多头制，是指一个国家的国家元首职位与政府首脑职位，由几人小群体担任的制度。采用多元制政府首脑体制的典型国家是瑞士。在瑞士，联邦议会选出7名委员组成最高行政机关——联邦委员会，并从这7名委员中每年选出两人为联邦总统、副总统，兼任联邦委员会主席、副主席，但这些成员都是平等的，轮到当总统的那位委员，仍然是与其他委员平起平坐的，在进行决议时也只有一个投票权，这就是7名委员集体行使国家元首的权力与最高行政权力。多元制政府首脑体制有助于避免国家权力滥用和个人独断专权的危险，有助于国家政策的连续性和行政管理的稳定性，有助于发挥集体的智慧和力量。但是，如果流于形式，没有明确的职责相配合，容易使整个集体陷于软弱无力的状态，甚至陷于相互扯皮、严重内耗的状态。

我国实行的是以主席为代表的集体元首制。国家元首职权由全国人民代表大会选出的全国人民代表大会常务委员会和中华人民共和国主席结合行使。国家主席对外代表国家。全国人民代表大会根据中华人民共和国主席的提名，决定国务院总理的人选。

四、主要国家的政府首脑权力

在英国，按惯例英国首相由议会多数党领袖担任，但形式上要由英王任命。首相名称是1878年第一次出现在官方文书上的。从1905年起，英王给首相发委任状。首相只能由下议院议员担任，并已成惯例。英国首相既是政府首脑，又是执政党党魁，还是议会的实际领袖，具有较高的权力，如掌握重大人事权、掌握最高决策权、领导内阁和政府权、代行"王权"、通过议会党团控制议会的运作、领导和控制执政党的行为和宣布国家处于紧急状态，以及采取非常措施权等。

在美国，总统既是国家元首又是政府首脑。美国宪法既赋予美国总统国家元首的权力，又赋予其行政权力。具体而言，美国总统具有外交权、军事权、司法权、人事任免权、行政领导权、执行权、立法权（立法倡议权、立法否决权和委任立法权）等。

在法国，由于实行行政权二元化的政府体制，法国总理名义上是政府首脑，但仅是掌握最高决策权的总统的辅佐者，特别是政府总理与总统同属一个党派时，政府总理实际上成为总统的"大管家"。法国总理的权力主要有二：与总理职务共生的权力施政权，与总统和议会互动关系中产生的权力。其中，与总理职务共生的权力施政权主要包括人事任命权、对国防负有责任、条例规章制定权及发布命令权等；与总统和议会互动关系中产生的权力主要包括：全民公决、修宪和召开临时议会的提案权和副署权，对总统发布的命令有副署权，立法创议权，召集议会两院同等人数参加混合委员会会议，提出议会讨论的法律条款的唯一文本。

在我国，国务院即中央人民政府，是最高国家权力机关的执行机关，是最高国家行政机关。国务院实行总理负责制，总理领导国务院的工作。总理具有召集和主持国务院全体会议和国务院常务会议，签署国务院发布的决定、命令和行政法规，向全国人民代表大会或者全国人民代表大会常务委员会提出议案，任免人员等权力。

第五节 政党制度

政党制度是国家政治制度的重要组成部分。对于政党制度的界定,学者们有不同的理解,世界各国的政党制度存在一定的差异。

一、政党的概念

"党"字在我国古代早已有之。最开始,"党"是地方单位的名称。《周礼》中说,五族为党,"注曰:五百家",由于这五百家大抵都是亲族姻戚,遇事互相协助,故党的引申是"党助"。"党助"本非坏事,但是人与人之间的关系是分亲疏的,亲者相互协助,疏者、恶者相互攻击,所以"党"又有"党同伐异"的意思。与"党"字有关联的另一个字是"朋","朋"有聚集、串联的意思,后来就引申出"群""类"的意涵。在封建社会,有"朋党"之称,是指追随一位领袖,在政治上相互协助、党同伐异的一批人。封建社会的朋党主要是指统治阶级内部具有不同政治背景和经济利益的对立的政治集团。在古代,"党""朋党"都不是受人欢迎的名词。《诗经》中有"王道荡荡,无偏无党"之说,因此"党"字在一般人的观念中,多少含有不受欢迎的意思。而"朋党"当然就变成了一个贬义词,尤其是欧阳修的《朋党论》中所谓君子有朋而小人无朋之说,似已认定君子所结合者为朋,小人所结合者为党,于是更普遍地造成了对"党"字的偏见。孙中山害怕受这一说法的影响,专门对"党"字做了一番说明:不知今日之政党的党字,在英文名词为"party",在中国文字别无与"party"相当之字,只有此党字较为近似,并无别字较党字确当者,故用此党字,究竟与古时所用之党字大有区别。

尽管从古希腊、古罗马到中世纪欧洲,曾先后出现过一些被人们称为"党"的政治派别或集团,如古希腊、古罗马的贵族党和平民党,15世纪意大利的教皇党、皇帝党等,但是这都不是现代意义上的政党。直到17世纪,欧美等国才开始在政治生活中使用这一词汇。当时政党与派别同义,并且同时使用,指社会上一部分政治观点和利益相同的人组成的政治集团。到19世纪,政党与派别才分开。在全世界范围内,最早形成现代意义政党的是英国,而且是在资产阶级革命并建立了代议制政府以后,在比较广泛推行普选权的基础上才逐渐形成了政党。

政党的概念在不同国家和不同学者的理解中是不同的,如表7-1所示。

表7-1 政党概念

政 党 概 念	代 表 人 物
政党是基于大家所一致同意的某种特定主义,以共同奋斗来促进国家利益而结合的团体	柏克(E. burke)
政党是一种自愿结社,经常关心政府职权与公共政策,并为自由政府提供如何组成其所需多数的方法	赫南奇(D. J. Hitchner)
政党是一个由个人基于自愿所组成的政治团体,为政府提供一般措施、建议,或者制定政策,选举与支持领导人物为公职候选人,以作为实现其主义与政策最有效的方法	布洛克斯(R. C. Brooks)

续表

政 党 概 念	代 表 人 物
政党是指一定阶级、阶层或集团的积极分子为维护本阶级、阶层或集团利益,围绕着夺取政权、巩固政权或影响政府而结合起来采取共同行动的政治组织	马克思(K. H. Marx)

资料来源:周淑真《政党和政党制度比较研究》,人民出版社,2001,第3-4页。

从学者们的定义可以看出,一般西方学者与马克思的主要区别在于,他们忽略或者无视政党的阶级属性。受马克思主义的影响,我国学者一般认为,政党是具有相同政治主张的人为了执掌和参与国家政权,维护其利益而建立的、有政治纲领的政治组织。与其他国家组织或者其他政治团体相比较,政党具有以下特征:一是政党具有阶级性,它是一定阶级、阶层的政治组织;二是政党有自己的政治纲领,政治纲领即根据其代表阶级的利益及宗旨而规定其奋斗目标和行动路线;三是政党有明确的政治目标,这是政党区别于社会政治组织和其他政治团体的最重要特征;四是政党具有组织纪律性,政党主要是通过成文或不成文的组织纪律来约束其成员的行为。

二、政党制度的概念与类型

政党制度是国家政治制度的重要组成部分,但是对于政党制度的界定,学者们有不同的理解。比如,王韶兴认为政党制度的基本含义是一个国家关于政党结构及其活动规范的总称。曹沛霖认为政党制度是指国家法律规定或实际生活中形成的有关政党的社会地位和作用,特别是政党执掌、参与或影响国家政权的具体体制和运行机制。这一制度还包括政党与其他政党的相互关系制度。以一国之内的政党数目为划分标准,政党制度三分法是较为普遍的分类形式,主要分为一党制、两党制和多党制。

一党制,又称无竞争性的政党制度,是指一个国家长期由一个政党执掌政权的政党制度。一党制又可以细分为以下几个层次:一是一党权威制,主要是指国家权力为一个独占性并有意识形态定向的政党所掌握,在该党统治之下,虽然不允许其他政治团体存在,但是政治尚未达到极权的阶段;二是一党多元制,即国家权力虽然为一党所独占,但是该党在组织上是多元的,政治上能容忍不同的意见存在,对其他政治团体也采取比较宽容的态度,而不是采用无情的手段摧毁;三是一党极权制,即国家权力不仅为一党所独占,而且该党又利用一切手段,包括从温和的说服到有组织的恐怖,以达到其政治目的,维护其绝对的统治地位,如法西斯政党。

两党制,是指在一个国家中虽然存在许多政党,但是其中只有两个居于垄断地位的政党,这两个政党通过定期选举,长期有组织地轮流控制国家机器。这两个政党,一个称为执政党,另一个则称为在野党。两党制的特点为:一是在一个国家有两个以上的政党,但居垄断地位的政党只有两个;二是两个大党势均力敌,长期轮流执掌政治权力;三是两党通过竞选,夺取议会多数席位组阁或当选总统执政;四是其他小党没有希望掌权,但在政治上有一定影响。

实行两党制的典型国家有英国、美国和加拿大,两党制在不同的国家中又可以分为三种模式,一种是英国议会制的两党制,一种是美国三权分立的两党制,还有一种是澳大利亚等英联邦国家的两党制。

多党制,指一个国家中三个及以上政党并立,互相争夺政权的政党制度。实行多党制的国家主要有两种情况:一种是某一国内存在着三个以上的政党,其中没有任何一个政党长久地维持其绝对优势地位,只是与其他政党形成联盟来共同掌握国家政权,这以法国最为典型;另外一种是在许多政党并存的情况下,有一党处于压倒优势的地位,一直单独掌握政权,如日本。多党制的特点如下:一是具有三个及以上的活跃政党,一国之内存在三个以上的政党,并在政治上比较活跃,在议会拥有议席;二是在议会选举中采取比例代表制,根据参加竞选的各政党候选人所得选票数按比例分配议席;三是允许多党联合执政,在法律上和制度上政党都可以单独或联合参加竞选并在占议会多数席位的情况下单独或联合执政,实际上,由于实行比例代表制或少数代表制的选举制度,议席分散,很少有一个政党能取得议会多数席位而单独执政;四是联合政府,政党联盟在多党制的情况下是常见的政党参与竞选和执政的组织形式,通常是政党联盟取得议会中过半数席位而上台执政,多党制必然导致联合政府;五是政权更替频繁,由政党联盟组成的联合政府不稳固,经常出现政权更替的情况,这是多党制最重要的特点,也是多党制最大的缺点;六是选民缺乏发言权,选民在决定由谁来组成政府方面没有直接发言权,政府组成主要取决于政党之间的博弈和联盟。

三、主要国家的政党制度

(一) 英国的政党制度

英国是现代政党制度的发源地。托利党(保守党的前身)和辉格党(自由党的前身)是现代政党的雏形。从19世纪末到20世纪初,随着资本主义发展到垄断阶段,两大政党所代表的利益越来越趋于一致,两党轮流执政的两党制也逐渐走向完善。但是在20世纪初,工党取代自由党,成为与保守党争夺执政权的英国两大政党之一,英国的两党制成为保守党与工党轮流执政的政党制度。

英国两党制是议会制的两党制,其主要特点如下。一是英国两党制中的两大政党不是始终如一而是有变化的。英国两党制一开始是保守党和自由党,20世纪以来是保守党与工党。二是英国的选举制度是与英国的两党制相适应并为它服务的。这不仅体现在政府在竞选经费、选举的舆论宣传上有利于两大党,而且在选举方式上,实行单名选区制,即每一选区的议席由获得相对多数票的政党获得,这完全有利于两大党而不利于其他小党。三是英国议会的上院、下院两院中,只有下院与政党制度有关。英国上议院的议员由贵族世袭或国王任命,当然,上院中两大党均有议会党团。而在其他国家,无论是实行两党制还是多党制,政党都要通过选举争夺国会两院的多数席位。四是英国在议会下院选举中获得多数席位的政党为执政党,党的领袖担任首相,在选举中得票居第二位的为法定的在野党,反对党组织一套准备下届上台的班子,称"影子内阁"。五是英国的两大党在党内均采取集中制,党的领袖掌握大权,党内民主很少。

(二) 美国的政党制度

美国是实行两党制的典型国家,美国的两大政党主要是民主党和共和党。其中,民主党的前身是民主共和党,是美国最早建立的资产阶级政党。共和党成立于1854年,成立后就成为美国大党并于1860年执政。从共和党成立至今,美国始终维持了民主党和共和党两大政党轮流执政的政党制度,并保持了美国内部的政治稳定。

美国两党制是总统制的两党制,其主要特点如下。一是不存在执政党与在野党的严格区分。美国实行的是总统制,总统选举与国会议员选举是分别进行的。总统选举获胜的政党是执政党,失败者为在野党。二是政党与政府之间的联系并不是很密切。在美国,政党组织同政府之间的关系远不及英国等国家那样密切。执政党通过总统对政府可以施加一定的影响,总统也需要通过他所在的政党组织的力量进行施政,但总统作为执政党的领袖,所依靠的不是政府成员对党的忠诚而是对他个人和国家的忠诚来领导政府活动的。三是政党之间竞争的主要目标并不是国会的多数议席,而是总统职位。英国政党选举争夺的首要目标就是在议会中获得多数席位,成为多数党。四是各政党间意识形态色彩淡薄,两大政党均走中间路线,不偏向极端。由于美国政党的首要目标是赢得选举,为了争取多数选民的支持,两大政党都在意识形态上尽力保持中间状态,避免标新立异和极端主义。五是政党政治与宪政制度相互作用。在美国,宪法既没有规定应该建立和实施政党制度,也没有明确的条文反对和禁止政党制度,这种模棱两可的态度反而给政党政治提供了无限的发展空间,使美国的政党制度成为美国的"第二宪法"。美国现实的政治形态是两个"宪法"相互作用的结果。六是政党领袖的权力和作用微弱。美国实行联邦制和总统制,两党领袖的权力和作用远远比不上实行责任内阁制的英国等国家那么重要。无论是执政党还是在野党,均无长期而又稳定的全国性领袖。七是美国政党的组织松散,党权比较分散,党内凝聚力弱。美国的两大政党都不制定统一的党章和党规,也没有统一的组织原则和管理法规,对党籍管理方面没有任何具体规定。

(三) 法国的政党制度

法国是现代典型的多党制国家,参选政党众多。在法国大革命期间,当时的国民议会议员分为雅各宾派、山岳派和斐扬派三个派别,这一区分对现今的法国政党制度产生了深远影响。在第三共和国时期,法国的多党制最终形成,并延续至今。20世纪50年代末,戴高乐实行"半总统半议会"的多党制改革,克服了政府更迭频繁的局面,形成了四个主要政党并存的多党制,这四个主要政党是保卫新共和联盟、法国民主联盟、法国社会党和法国共产党。

法国政党制度是半总统半议会的多党制,其主要特点如下。一是法国政府体制内政党两极分明。保卫新共和联盟和法国民主联盟形成右翼极,法国社会党和法国共产党形成左翼极。二是多党联盟执政。法国从现代政党产生以来至今,基本上没有一个政党能够依靠自己的力量在选举中取得议会多数席位或当选总统。而且,政党的名称也经常变化。三是法国的多党制是与半总统半议会的体制密切联系的。在这种体制下总统由普选产生,内阁总理由议会中多数党产生,这就可能出现两种情况:一种情况是总统、总理都从同一政党中产生;另外一种情况是总统和总理分别从对立的两大党中产生。四是政府更迭频繁。法国的政党制度的实践表明,在议会权力过大和多党激烈竞争的情况下,经常造成政府频繁更迭的局面。

(四) 中国的政党制度

中国特色社会主义政党制度是指中国共产党领导的多党合作和政治协商制度,是当代中国的一项基本政治制度。正如《中共中央关于坚持和完善中国共产党领导的多党合作和政治协商制度的意见》所指出的:我国实行的共产党领导、多党合作的政党体制是我国政治制度的特点和优点。它根本不同于西方资本主义国家实行的一党制或两党制，也有别于一些社会主义国家实行的一党制。它是马克思列宁主义同中国革命和建设相结合的一个创造，是符合中国国情的社会主义政党制度。

中国共产党领导下的多党合作制度有如下特点。① 一是坚持共产党的领导是多党合作制的基本前提。共产党的领导是历史形成的，并经受了时间的检验。共产党是执政党，其他各民主党派是参政党，它们接受共产党的领导并与其通力合作，参与国家大政方针的协商，参与国家的管理，是中国共产党的亲密友党，而不是反对党。二是协商和监督是多党合作的主要内容。中国共产党和各民主党派是"长期共存、互相监督、肝胆相照、荣辱与共"的关系，具体体现这种合作关系的是政治协商制度。通过这种制度化的形式，中国共产党与各民主党派共商国是，共同决定国家的大政方针，就重要的人事安排征求民主党派的意见。民主党派的参政议政，特别是民主党派对执政党的监督对中国民主政治的建设具有重要意义。三是宪法和法律是各党派活动的基本准则。各政党包括执政党都必须尊重宪法的权威。各民主党派享有宪法规定的权利和义务，享有宪法所保障的政治自由、组织独立和法律地位平等，并自主地管理内部事务、独立地开展活动。四是中国共产党领导下的多党合作制度是领导与合作的统一。在我国，除了中国共产党之外，还有其他民主党派存在。但是中国共产党是领导核心，其他民主党派是在中国共产党的领导下，与中国共产党长期共存，荣辱与共，共同合作，服务于社会主义事业的。

中国共产党领导的多党合作和政治协商制度是适合我国国情的政党制度选择，具有独特的政治优势。中国的政党制度与国外的政党制度相比较，两者在政党起源、政党组织与国家政权关系、政党间关系、执政党的合法性来源、政党内部组织、政党运行机制、参政党的参政内容和方式等方面存在较大差别。

一是政党起源不同。议会是国外政党的发源地，政党是由于国家的允许和国家政权运作的需要才产生和发展起来的，国家的地位高于政党。并且政党的活动是围绕着政党领袖的活动展开的，政党是政党领袖竞选的附庸和工具。而中国共产党是在马克思列宁主义的指导下产生和成长起来的，当代中国政权是共产党在推翻帝国主义、封建主义和官僚资本主义的统治以后，按照自己的理想结合我国的国情建立的。

二是政党组织与国家政权关系不同。在国外，政党组织不掌握任何国家权力，不具有国家机构的职能，政党组织的主要职能是通过选举将其领袖送入政权机构，而中国共产党的组织与国家政权的关系比较密切，各级党组织对国家政权实行领导，对国家政权机构负有监督保证作用。此外，在国外，政党组织不直接参与国家的行政事务，从中央到地方的各级党组织都必须在国家权力机构的控制下活动，政府机构不需要向党组织负责。而在我国，中国共产党处于领导地位，中国共产党的主张和政策，通过法定程序，由全国人民代表大会决定，变成国家的政策和意志，政府处于执行者的地位，政府对人民代表大会负责。

三是政党间关系不同。在国外，政党之间是零和博弈的关系。政党之间存在竞争和对立关系，在多党制国家中，不同政党间还会根据利益需要进行联盟和重组，以便在选举中获取胜利。而在我国，执政党是中国共产党，中国国民党革命委员会、中国民主同盟、中国民主建国会、中国民主促进会、中国农工民主党、中国致公党、九三学社、台湾民主自治

---

① 朱光磊，郭道久.政治学基础[M].北京：首都经济贸易大学出版社，2007：221.

同盟八大民主党派是参政党,执政党与参政党以合作、非竞争和互利共赢、稳定发展为基本价值取向,长期共存、互相监督、肝胆相照、荣辱与共,共同致力于建设中国特色社会主义,形成了"共产党领导、多党派合作,共产党执政、多党派参政"的基本特征。

四是执政党的合法性来源不同。在国外,执政党合法性来源于赢得选举。普通政党成为执政党的唯一途径就是在选举中取得胜利。在我国,中国共产党的领导权来自历史的选择、人民的选择以及党的自觉追求,而党的执政权的合法化一方面来源于党的领导地位,另一方面来源于通过选举使执政权合法化。

五是政党内部组织不同。国外政党组织的内部结构总体一般呈现松散状的特征,没有严密的组织体系、严格的组织纪律,没有"核心性"的领袖群体,上下级组织关系总体上并不紧密。而中国共产党是紧密型政党,有较固定的"核心性"的领袖群体,其组织的内部结构总体呈现紧密状,从上下级结构来看,上级组织与下级组织联系紧密,上下级组织存在着较强的制约关系。

六是政党运行机制不同。国外政党制度的运行机制,是使各政党间及其派系、政党联盟之间进行竞争与对抗、合作与联合,以达到全部政治权力的获得、行使和维持的最终目的。西方政党制度运行机制主要发挥维持社会稳定、政党协调统一、监督和维持国家机器正常运转、决策机构组织化、利益表达和利益综合五种功能。而中国共产党领导的多党合作制度的运行机制是中国共产党同八个民主党派之间相互联系、相互作用、相互制约,推动整个政党系统正常运转,发挥团结合作、政治协商、民主监督、咨询服务和协调五种功能。

七是参政党的参政内容和方式不同。在内容上,我国各民主党派参政是指参加国家政权,参与国家大政方针和国家领导人选的协商,参与国家事务的管理,参与国家方针、政策、法律、法规的制定、执行。这比西方联合执政中政党的参政内容要丰富、广泛得多。西方政党参政是参与执掌国家政权,而且主要是国家政权中的一部分行政权,一般只限于中央国家政权,不延伸到地方政权。我国各民主党派既参与行政权,又参与立法、司法权,同时从中央延伸到地方。

第六节 公务员制度

公务员制度是政治制度的重要组成部分,是关于国家政府工作人员的管理制度。世界各国对公务员的概念界定以及具体的管理制度均有所不同。

一、公务员制度的概念

公务员是国家政府工作人员的通称。"公务员"一词是从法文(fonctionnaire)翻译过来的,英文为 civil service、civil servant 或 public servant,它与英国的"文官"(civil servant,原意为文职服员)和美国的政府雇员(governmental employee)是同义词。在我国,1993 年初推行国家公务员制度之前,习惯上将 civil service、civil servant 或 public servant 称为文官。之后为了使之与我国的公务员称谓相统一,而将相应的英文翻译为公务员。

在国外,公务员的概念有大有小,范围不尽一致,大体说来有三种类型。① 一是将公务员限定在行政系统内,并排除选举制和任命制。公务员仅指中央政府系统中非选举产生和非政治任命的事务官,不包括由选举或政治任命产生的内阁成员及各部政务次官、政治秘书等政务官。英国及许多英联邦国家基本属于此类型。按照这一划定,公务员一般是指政府中事务次官以下的所有工作人员,有的国家称之为"常任文官"或"事务官"。这一类型以英国最为典型。在英国,文官是指那些不与内阁共进退、经过公开竞争考试、无过失即可长期任职的常任文职人员,其范围上至常务次官,下至清洁工。二是将公务员范围扩大到整个行政系统的所有工作人员,包括选举产生和政治任命的政务官在内。美国属于这一类型。美国是实行"三权分立"较为典型的国家,行政部门的文职官员统称"政府雇员"("公务员"),包括部长、副部长、助理部长、独立机构的长官等政治任命官员和行政部门的其他文职人员,而立法部门的参议员和众议员、国会雇用的职员以及司法部门的法官均不属于文官。三是将所有国家机关,包括立法、行政、司法三大系统的工作人员,以及公共企事业单位的人员(如邮局职工、公共汽车司机等)统称为公务员。法国属于这一类型。在法国,公务员包括中央、大区、省、市镇及其公务法人的行政组织中的文职人员、议会工作人员和司法部门的法官、军事人员,以及工商业性质的国家管理部门、公用事业和公立公益机构的人员。在此基础上,将公务员分为中央政府公务员与地方政府公务员,"特别职"与"一般职"公务员。"一般职"公务员是指政府系统中非选举产生和非政治任命的但适用于公务员法规的工作人员。日本基本属于此类型。

在我国,"公务员"一词最先出现在党的十三大报告中,当时公务员被界定为政府中行使国家权力、执行国家公务的人员。在《国家公务员暂行条例》中,"公务员"成为法律术语,是指各级国家公务机关中除工勤人员外的工作人员。在2006年1月1日实施的《公务员法》中,公务员被界定为依法履行公职、纳入行政编制,并由财政负担工资福利的工作人员。我国公务员的范围,共有以下七类机关的工作人员。② 一是中国共产党机关的工作人员。包括中央和地方各级党委、纪委的专职领导成员;中央和地方各级党委工作部门和纪检机关的工作人员;街道、乡、镇党委机关的工作人员。二是人大机关的工作人员。包括全国人大常委会委员长、专职副委员长、秘书长、专职常委,地方各级人大常委会主任、专职副主任、秘书长,乡镇人大专职主席、副主席;各级人大常委会工作人员。三是行政机关的工作人员。包括各级人民政府的组成人员,各级政府工作部门及派出机构的工作人员。四是政协机关的工作人员。包括政协各级委员会主席、专职副主席、秘书长;政协各级委员会工作机构的工作人员;政协专门委员会办事机构的工作人员。五是审判机关的工作人员。包括最高人民法院、地方各级人民法院的法官、审判辅助人员和行政管理人员。六是检察机关的工作人员。包括最高人民检察院、地方各级人民检察院的检察官、检察辅助人员和行政管理人员。七是民主党派机关的工作人员。包括八个民主党派和地方各级委员会主席、专职副主席、秘书长;中央和地方各级委员会职能部门办事机构工作人员。

---

① 吴春华,温志强.中国公务员制度[M].天津:南开大学出版社,2008:3.
② 吴春华,温志强.中国公务员制度[M].天津:南开大学出版社,2008:5-6.

二、公务员制度的概念与特征

中国是世界文官制度的创始国。中国的文官制度始于公元587年隋朝的"开科举士"制度。到了元朝,我国这种公开考试择优任官制度经由外国商人、学者、传教士传向欧洲。西方国家正是在吸收了古代中国的公开考试择优任官制度以后,才在17世纪开始建立和发展文官制度的。最早借鉴中国经验的西方国家是德国。1700年,德国开始在军队法官中实行公开考试择优任用制度。1713年,德国把考任制范围扩大到律师和其他法官。以后,德国规定政府各级行政官员都实行考试任用制度。继德国之后,法国、英国、美国等西方国家在参考中国经验的基础上,结合本国需要,实行公开考试择优任官制度,建立了近代文官制度,并进行了多次改革,最终形成现代公务员制度。

所谓公务员制度,就是对行使国家行政权力、执行国家公务的人员等依法进行科学管理的一系列法规体系和管理体制的总称,它是现代民主政治发展和行政管理科学化、法制化、高效化的基本要求和重要保障。作为国家政治与行政制度的重要组成部分,公务员制度包含了公务员管理机构、公务员权利与义务、分类制度、录用制度、考核制度、职务升降制度、奖惩制度、培训制度、交流与回避制度、薪酬福利制度、退出制度、申诉控告制度等一系列具体制度。

尽管国内外公务员制度的概念与内容大致相同,但是国内外公务员制度具有鲜明的不同特征。就国外公务员制度而言,其特征主要表现为法治化、政治中立、政事分开、职务常任、功绩考核、统一管理、任人唯贤和重视职业道德等方面,具体如下。

一是法治化。西方各国的文官制度,立法较完备。文官的职位、地位、待遇均由法律来保障,有关文官的考试、录用、奖惩、晋升、考核、培训、退职、退休,以及分类管理等一系列制度,都以法律形式加以固定。公务人员行使权力、执行公务必须以法律为依据,一切有关文官的规定及其修订、更换和重新确认等,都必须由法定机关经法定程序审理决议后才有法律效力。

二是政治中立。政治中立是19世纪英、美等国建立文官制度时期的产物,是西方文官制度的基本原则之一。实行政治中立,既有政治上的意图,又有技术上的考虑。为了保持政府工作的连续性、稳定性,也为了保证文官不受党派纷争的影响而公正地履行职责,西方各国都对文官的政治倾向予以严格限制,如规定文官不得以公职身份参加某些政治活动,不得任议员,不得参加竞选,不得参加政党或工会,不准罢工,不得接受政治捐款等。这些规定,一方面是为避免文官受到党派政治斗争的影响,"与内阁共进退";另一方面,也是西方国家行政、立法、司法三权分立原则的重要体现。

三是政事分开。严格区分政务官与事务官,是西方文官制度的重要特点之一,也是西方文官制度建立的重要标志。一般来说,政务官是通过选举或政治任命产生,有任期,随选举胜负而进退,主要负责政策的制定。事务官则是通过公开考试而择优任用,实行"无过失不受免职处分"的职务常任制,不与内阁共进退,主要负责政策的执行。两类官员在范围、性质、产生、职责和管理办法等方面明显不同,事务官属于文官法的调整对象。

四是职务常任。即把公务员从事的公务工作当作一种职业性工作,把公务员看成如工程师、医生、教师一样,是一种职业性工作人员,他们不随政党选举的更迭而进退,无过失即可长期任职,不得被随意辞退。文官职业化和职务常任制是西方文官制度的一个基本原则和重要特征，也是文官的一项身份保障权利。其目的主要是为了稳定政府工作人员队伍和吸引优秀人才为政府服务，同时也与现代政府管理的专业化密切相关。

五是功绩考核。功绩制是各国文官制度的重要原则之一。对文官的考核，英国、美国叫"考绩"，日本称"勤务评定"，法国叫"鉴定"，名称不一，但内容和作用却是一致的，都注重考核工作业绩，严格按照工作任务等较为客观的标准来确定公务员的工作成效，并以此作为决定公务员升降和奖惩的参考。

六是统一管理。为了把庞大的文官队伍有机地组织起来，西方各国都分别建立了符合本国特点的文官管理体系，有统一的文官机构，严格的考试录用制度、培训制度、晋升方式，合理优厚的福利保障制度。并且对各部门的工作人员实行综合管理，使他们在各部门之间，甚至在中央和各级地方单位之间可以互相转调、轮换、流动。

七是任人唯贤。贯彻任人唯贤原则，即用人根据才能，而不是依据个人背景和人际关系，保证人们具有均等的任官机会，公开竞争考试，按考试成绩择优录用。这样彻底否定了"政党分肥制"倡导者所谓的"政府工作人人皆可为之"的理论，把是否具有现代公务职位所需要的专门知识和技能作为录用公务员的重要标准。

八是重视职业道德。现代公务员（文官）作为常任的政府工作人员，对外以官方代表的身份出现，这要求他必须忠于国家，为国家的总体利益服务。对此，各国都做了相应的规定。这些规定一般包括依法行事、廉洁奉公、遵守纪律、严守机密、不得经商、不得参加与本部门有关的营利活动、不得兼职等。

我国公务员制度是在原来干部人事制度的基础上建立的，它既保持了原来干部人事制度中的很多优良传统，如坚持党管干部、任人唯贤、德才兼备等原则，坚持为人民服务的宗旨，强调廉洁奉公、勤政为民等，同时又对管理方式方法进行了重大改革，吸收和突出了市场经济、民主政治中人事行政普遍遵循的原则和基本要求。我国公务员制度体现了党的组织路线是为党的政治路线服务的。这一点与西方国家的公务员制度有着本质不同。具体而言，相较于国外的公务员制度，我国公务员制度的特征主要体现在公务员范围广泛、公务员非"政治中立"、坚持为人民服务的宗旨、分类管理和统一领导有机结合、坚持德才兼备的用人标准、法定参考作用等方面，具体如下。

一是公务员范围广泛。从公务员范围的界定来看，它不仅包括行政机关的工作人员，而且包括中国共产党机关、人大机关、政协机关、审判机关、检察机关和民主党派机关的工作人员，这种范围界定充分体现了我国现行政治制度的基本特点，因为中国共产党机关、人大机关、政协机关、各民主党派机关，同行政机关、审判机关、检察机关一样，都是我国政治制度中不可缺少的主体，这种界定与一些西方国家从"三权分立"的基本政治架构出发所规定的公务员范围，有着很大的不同。

二是公务员非"政治中立"。这是中国公务员制度与西方文官制度的根本区别。中国实行的是共产党领导下的多党合作制的政治协商制度。各民主党派都是参政党，拥有参政议政的权利。在管理国家事务上，同中国共产党进行协商、共议大政。因而，公务员没有必要"政治中立"。

三是坚持为人民服务的宗旨。公务员作为社会公共利益的执行者和维护者，是社会中一支特殊的政治力量。我国《公务员法》第十四条规定：公务员应全心全意为人民服务，接受人民的监督。公务员的晋升和调任也都要听取群众的意见。这与西方国家有着明显的不同,西方国家的公务员队伍是一些具有单独利益的个体或集团利益的代言人。

四是分类管理和统一领导有机结合。我国公务员制度的建立,本身是对干部队伍实行分类管理的结果,而公务员法又对公务员队伍实行了更加细致的分类,进一步把公务员划分为领导成员和非领导成员两个组成部分,划分为综合管理、专业技术和行政执法这三个类别,划分为选任制、委任制和聘任制三种任用方式。在坚持分类管理的同时,我国公务员法还强调坚持党对公务员队伍的统一领导,而没有像一些西方国家那样,实行"两官分途"。我国对公务员的管理坚持"党管干部"的原则,从根本上说"党管干部"是我国人事制度中不可动摇的根本原则。实行公务员制度,也是为了加强和改善党对政府机关人事工作的领导。坚持统一领导下的分类管理,是贯彻党的干部路线和方针、坚持党管干部原则的重要体现和有力保障,是我国公务员制度的又一个重要特色。

五是坚持德才兼备的用人标准。在西方国家,政府与公务员是雇主与雇员的关系,作为公共部门的雇员,公务员常常就自己的利益与政府进行谈判。中国是个儒教文化影响深远的国家,对公务员的录用和晋升坚持德才兼备的原则。公务员的考核坚持"德、能、勤、绩、廉"的标准,而西方国家在某种程度上会根据需要,强调"通"和"专"的人才。中国公务员制度中这种既要有德、又要有才的全面用人标准,成为我国公务员管理的一个特色。

六是法定参考作用。我国公务员制度对其他政党组织、群众团体等具有法定参考性作用,按照我国有关规定,共产党和各民主党派中央、全国人大和政协、妇联以及全国总工会、共青团中央等组织均参照国家公务员制度执行。而国外公务员制度没有这个适用功能,相比较而言,这是我国公务员制度一个较明显的特色所在。

三、国内外公务员制度的比较

国内外公务员制度都是在适应本国国情的基础上建立的,是国家政治制度的重要组成部分。除却两者所具有的鲜明特征,两者在公务员的权利和义务、分类制度、录用制度、考核制度、奖惩制度、职务任免与升降制度、培训制度、交流与回避制度、工资福利与保险制度、退出制度、申诉控告制度等方面也存在一定的差别,具体如下。

一是公务员权利和义务的不同。我国公务员规定不遵循政治中立,并且享有参加政治理论学习和对国家行政机关及其领导人的工作提出批评和建议的权利。国外强调公务员权利和义务一般有地区范围的限定,而在我国,从中央到地方的公务员,享受的权利和义务相同,并不受地区范围的限制。

二是分类制度的不同。国外公务员制度的职位分类主要有职位分类法和品位分类法两种,英国注重品位分类,而美国注重职位分类。我国不存在政务官和业务官的分类,我国公务员制度兼顾职位分类和品位分类,根据公务员产生和任免方式的不同划分为领导职务公务员和非领导职务公务员两类。

三是录用制度的不同。各国的录用制度主要有四种:选任制、委任制、聘任制、考任制。其中,考任制又是适用范围最广的。我国公务员考录是在党委领导下由政府人事部门负责组织的,考录范围是主任科员以下的非领导职务公务员,在强调公务员职业素养的基础上强调公务员的政治素质。而国外公务员的考录是由政府之外的专门机构负责的,并且可以直接录用高级公务员,没有对政治素质的特别要求。

四是考核制度的不同。我国公务员考核制度借鉴了美国的功绩制,形成了以绩为主的德能勤绩考核制,采取领导和群众相结合的民主评议以及平时和定期相结合的述职评议等考核方式。而国外各国公务员考核侧重点与我国不同,如英国侧重考勤,美国侧重功绩等,注重采用定量和定性结合的考核方式。

五是奖惩制度的不同。在奖励制度方面,国外往往以行政首长个人名义给予公务员奖励,或国家设立某种奖励等级,例如美国政府专门有"节约奖"的设置。而我国的奖励职能以县级以上部门的名义实施,审批原则性很强,具体奖励的种类、范围、对象等方面也不如国外丰富。在惩戒制度方面,国外进行了较为细致的分类,而我国对公务员的处分只是笼统分为警告、记过、记大过、降级、撤职、开除六种。

六是职务任免与升降制度的不同。我国坚持党管干部的原则,重要的公务员职务升降(包括任免)需要通过党委组织部门的决定,并且我国没有把降职列入惩戒的种类。而国外高级公务员可以由国家元首或主管部门的行政首长直接任免,并将降职作为公务员的惩戒之一。

七是培训制度的不同。我国公务员培训由人事部门综合管理,除了职业技能和工作能力的培训之外,强调党的路线方针政策以及政治理论等方面的培训。而国外公务员培训由专门的培训机构负责,培训的主要内容与公务员的职业技能相关。

八是交流与回避制度的不同。在交流制度方面,国外公务员交流仅限于政府系统内部,交流的形式主要是调任、转任和轮换。而我国公务员的交流范围不仅仅限于政府系统内部,还可以到相关的企事业单位进行交流,且交流的形式相较于国外增加了挂职锻炼。在回避制度方面,我国公务员回避制度较国外全面,我国公务员需回避的亲属关系包括夫妻关系、直系血亲关系、三代以内旁系血亲关系、近姻亲关系、拟制亲关系等五种,而国外一般只回避前四种。

九是工资福利与保险制度的不同。我国公务员的工资保险福利水平和调整幅度取决于社会生产力发展水平和国家财政收支情况,公务员工资水平参照对象是国有大中型企业平均水平。而国外公务员的工资保险福利水平一般是由法律规定的,公务员工资参照的是私营企业平均水平,一般略高于私营企业职工。我国公务员的福利和保险制度还处于发展和完善阶段,与国外有一定的差距。

十是退出制度的不同。公务员退出制度包括辞职、辞退和离退休制度。在辞职、辞退制度方面,国外更多的是使用撤职、免职等处罚手段,并不经常使用辞职、辞退,甚至有些国家还没有辞职、辞退的规定,而我国对此则有区别性对待的规定。在退休制度方面,各国大致相差不多,只是我国专门针对新中国成立前参加革命工作的老干部设置了一种离休形式,具有中国特色。

十一是申诉控告制度的不同。国外公务员申诉控告一般由专门委员会受理,申诉控告的范围较广,如对考核结果不认同或受到歧视等。而我国公务员申诉控告的范围仅限于行政机关或领导侵犯其合法权益的行为,申诉控告受理机构一般为上级行政机关、行政监察机关或同级政府人事机关。此外,如果我国公务员对考核结果不认同,需要在原处理机关进行复议后,才能进行申诉或控告。

本章小结

政治制度是一个广义的范畴,可以将其概括为政治主体在政治活动中所须遵循的各类规则的总和。政治制度与其他社会制度相比,具有以下特征:一是政治制度的核心是权力,政治制度是关于政治权力归属、分配、控制和调节的制度;二是经济制度决定政治制度,政治制度和经济制度是社会制度的重要组成部分,两者既相互独立又相互联系,政治制度决定于经济制度,又对经济制度产生影响,两者相互作用,共同影响社会发展;第三,政治制度是政治权力正常运转的保证,政治制度决定了国家机器的基本框架和运转轨迹,而政治权力是在国家机器的基本框架和运转轨迹中存在和运行的,政治制度为政治权力的正常运行提供了保障。按照政治制度的概念,政治制度是政治主体在政治活动中所需遵循的各类规则的总和。这些政治制度的内容主要包括国家本质、国家政权组织形式、国家结构制度、各类具体政治制度以及基层民主制度五个方面。

国家元首是指主权国家对内对外的最高代表,国家元首制度是一项重要的政治制度,是随着国家的产生而产生的。按照国家元首的组织结构、国家元首的形式以及国家元首的作用可以将国家元首制度划分为不同的类型,每一大类又可以细分为若干小类。国家元首的产生主要分为世袭和选举两种基本方式。一般而言,西方国家元首的任职期限可以分为终身任职制和限期任职制两类。世袭君主制国家的元首由于王位世袭,元首任期必然是终身的,而限期任职制的国家元首的任职期限不尽相同。元首的职权范围存在很大差别,但也存在一定的共性,比如公布法律权、发布命令权、外交权、统帅军队权、人事任免权、赦免权、荣典权等。

议会最早起源于英国,是西方国家的代议机构,西方国家的宪法一般都规定议会是国家的最高立法机关。议会制度是西方民主制度的核心和标志,具有使国家权力合法化、使阶级意志国家化和使权力运作程序化的作用。西方国家的议会在结构上一般采用两种形式,即一院制和两院制。议会内部都设有一定的组织机构,概括起来主要有领导机构、工作机构、政党组织和事务性的服务机构四种。由于政体不同,西方国家的议会的地位也就不完全相同,其职权也不尽相同,但作为国家的立法机关,一般都有立法权、财政权、监督权、弹劾权、缔约权和人事权。

政府首脑是中央政府主要领导人的通称,在不同的国家,政府首脑的称谓也不同。政府首脑行使最高国家行政权,其产生、任期及职权由各国宪法和法律具体规定。与不同的国家政治体制相适应,西方国家的政府首脑主要有总统制国家的政府首脑、内阁制国家的政府首脑、总统-内阁混合制国家的政府首脑,以及委员制国家的政府首脑四种类型。从各国的政治实践来看,政府首脑产生的方式基本上可以划分为任命制、轮换制和选举制三种。政府首脑产生的程序主要有三项:一是提名,二是选举,三是任命和就职。根据各国国家元首与政府首脑的关系及人数状况,政府首脑体制主要有一元制、二元制和多元制三种不同的模式。在我国,国务院是最高国家权力机关的执行机关,是最高国家行政机关。国务院实行总理负责制,总理领导国务院的工作。

政党是具有相同政治主张的人为了执掌和参与国家政权,维护其利益而建立的、有政治纲领的政治组织。与其他国家组织或者其他政治性团体相比较,政党具有以下特征:政党都具有阶级性、政党都有自己的政治纲领、政党都有明确的政治目标、政党都具有组织纪律性。政党制度是国家政治制度的重要组成部分,政党制度的类型一般以一国之内的执政党数目为划分标准,分为一党制、两党制和多党制。英国两党制是议会制的两党制,美国两党制是总统制的两党制,法国政党制度是"半总统半议会"的多党制,我国的政党制度是中国共产党领导的多党合作和政治协商制度。中国的政党制度与国外的政党制度相比较,两者在政党起源、政党组织与国家政权关系、政党间关系、执政党的合法性来源、政党内部组织、政党运行机制、参政党的参政内容和方式等方面存在较大差别。

在国外,公务员的概念有大有小,范围不尽一致。在我国,公务员被界定为依法履行公职、纳入行政编制,并由财政负担工资福利的工作人员。公务员制度,就是对行使国家行政权力、执行国家公务的人员等依法进行科学管理的一系列法规体系和管理体制的总称,它是现代民主政治发展和行政管理科学化、法制化、高效化的基本要求和重要保障。公务员制度包含了公务员管理机构、公务员权利与义务、分类制度、录用制度、考核制度、职务升降制度、奖惩制度、培训制度、交流与回避制度、薪酬福利制度、退出制度、申诉控告制度等一系列具体制度。尽管国内外公务员制度的概念与内容大致相同,但是国内外公务员制度具有鲜明的不同特征。就国外公务员制度而言,其特征主要表现为法治化、政治中立、政事分开、职务常任、功绩考核、统一管理、任人唯贤和重视职业道德等方面。相较于国外的公务员制度,我国公务员制度的特征主要体现在公务员范围广泛、公务员非"政治中立"、坚持为人民服务的宗旨、分类管理和统一领导有机结合、坚持德才兼备的用人标准、法定参考作用等方面。国内外公务员制度都是在适应本国国情的基础上建立的,是国家政治制度的重要组成部分。除却国内外公务员制度各自所具有的鲜明特征,两者在公务员的权利和义务、分类制度、录用制度、考核制度、职务任免与升降制度、培训制度、交流与回避制度、工资福利与保险制度、退出制度、申诉控告制度等方面也存在一定的差别。

本章重要概念

政治制度(political system)
国家元首(head of state)
议会制度(parliamentary system)
政府首脑(head of government)
政党制度(political party system)
公务员制度(civil service system)

本章重要概念

本章思考题

1. 简述政治制度的概念及其构成要素。
2. 简述国家元首的概念与类型。
3. 简述议会制度的类型与职权。
4. 简述政府首脑的概念与类型。

本章思考题

5. 简述政党的概念以及中西方政党制度的区别。
6. 简述公务员的概念与类型。

本章推荐阅读书目

1. 孙德超.公务员制度导论[M].北京:中国人民大学出版社,2016.
2. 唐晓,等.当代西方政治制度导论[M].2版.北京:中国人民大学出版社,2016.
3. 徐红,等.比较政治制度[M].3版.上海:同济大学出版社,2015.
4. 张创新.中国政治制度史[M].3版.北京:清华大学出版社,2009.
5. [法]卢梭.政治制度论[M].北京:华夏出版社,2013.
6. 李松玉.制度权威研究:制度规范与社会秩序[M].北京:社会科学文献出版社,2005.
7. 张小劲,景跃进.比较政治学导论[M].北京:中国人民大学出版社,2001.
8. 曹沛霖,徐宗士.比较政府体制[M].上海:复旦大学出版社,1993.

第八章

政 治 生 态

——本章导言——

"政治生态"是习近平总书记创造性地对我党自身建设提出的高度概括,也是中国特色社会主义理论的新概念、新发展。2013年1月,习近平总书记在第十八届中央纪律检查委员会第二次全体会议上的讲话中指出:改进工作作风,就是要净化政治生态,营造廉洁从政的良好环境。这是习近平总书记首次提出"政治生态"。此后这一具有系统性的概念成为中国政治生活的重要表述,也受到学界的广泛关注和研究。

第一节 政治生态的概念与构成要素

"政治生态"一词源自政治生态学的学术术语,后发展为炙手可热的政治话语,现在又面临着从政治话语向学术话语的转型。要加强对政治生态的学术研究,对其概念和构成要素进行剖析是最为基础性的工作。

一、政治生态的概念

生态就是指一切生物的生存发展状态,以及它们之间、它们与环境之间环环相扣的关系。生态学英文为"ecology",是德国生物学家海克尔(E. Haeckel)于1866年在《有机体普通形态学》一书中首先提出的。它由希腊文字根"oikos"和"logos"组成。"Oikos"的意思是"住所"或"家",也寓意着生物的存在,"logos"意为研究或讨论。海克尔把生态学的大意解释为研究生物有机体和无机环境相互关系的科学。由于生物与环境的关系主要通过能量与物质的交换来体现,因而,也可以说生态学是研究生物与环境之间能量与物质的收支规律和相互作用机理的科学。1935年,英国生态学家坦斯利提出了生态系统的概念,认为有机体与它们的环境形成了一个自然生态系统,强调了系统中各要素间功能上的统一性。所以,生态概念的提出,表明生态不是以某一主体为中心,而是强调包括生物和非生物等各种要素之间的相互联系、相互作用的关系及其构成的系统。

生态学最早从研究生物个体开始,如今"生态"一词涉及的范畴越来越广,生态学已经渗透到各个领域。20世纪60年代起,西方一些发达国家基于对生态危机的思考发起了绿色运动,推动了生态学和政治学的联姻,从而形成了生态政治学、政治生态学等交叉学科。生态政治学和政治生态学虽然词义和词形较为相近,有些辞典甚至将两者等同起来,但两者其实存在较大不同。生态政治学是指遵循生态学原理和系统科学方法论,针对人类面临的以生态环境、自然资源等危机状态为主的各种危及人类生存的重大问题,寻求战略层次的根本性、长远性解决。而政治生态学是用生态学的观点和方法,研究政治现象及其与周围环境的关系的学问。它关注的焦点是政治体系及其行为的环境影响,以及环境变化的政治影响。可见,生态政治学是借助政治手段解决生态问题的科学,而政治生态学则是运用生态学的理论和方法研究政治现象和政治生活的科学。

政治生态的概念源于政治生态学和现实政治的结合,但是学者们对政治生态的概念解读却并未达成一致,大致可以分为主体论、环境论和综合论三种途径。持主体论的学者强调政治主体是政治生态的核心,认为政治生态是指政治主体在一定的政治环境下的生存方式,以及在此政治环境下养成的政治习性,同时也指政治主体在一定的政治环境下生存和发展的状态。持环境论的学者强调政治过程的内在关系和外在环境,如有学者从广义的视角认为政治生态是一个地方政治生活现状和政治发展环境的集中反映,折射出一个地方政治生活的大环境和大趋势,也有学者从狭义的视角认为政治生态主要是指政治生活的环境和状态,尤其是指从政环境。还有学者将主体论和环境论的政治生态概念进行了结合,从中观意义上提出政治生态是指特定政治系统内各政治行为主体相互联系、相互作用而生成的总体性状态,这种状态也受政治系统外部环境的影响,并会在政治系统内部生成一种环境和氛围。

基于综合论的政治生态概念既突出了政治主体的地位和相互之间的联系,又突出了政治主体与环境之间的互动关系,但这种界定将政治生态限定在政治系统内部,而忽视了政治系统与环境之间的互动关系。因而,可以将政治生态界定为由特定政治系统内各政治行为主体相互联系、相互作用以及特定政治系统与所处环境之间的互动关系生成的总体性状态。它既包含政治行为主体之间、政治行为主体与特定政治系统之间、政治行为主体与特定政治系统外部环境之间的关系,也包含特定政治系统与其所处环境之间的关系,是这些关系互动作用下生成的总体性状态。

二、政治生态的构成要素

政治生态是由特定政治系统及其所处的环境组成的具有系统性、整体性、开放性和平衡性的体系,由一系列要素和要素间关系构成。学者们对政治生态的构成要素从主体、结构、内容、过程和系统等视角进行了较为深入的研究,具体如表8-1。

表8-1 政治生态的构成要素

研究视角	政治生态的构成要素
主体	政治生态由政治主体的静态要素和政治主体的动态要素构成。其中,政治主体在一定的政治环境下的生存方式,以及在此政治环境下养成的政治习性,属于政治生态的静态要素;政治主体在一定的政治环境下生存和发展的状态,属于政治生态的动态要素
结构	政治生态由纵向结构要素和横向结构要素构成。从纵向来看,政治生态的分析单元从国家到县域可以划分为国家、省域、市域和县域四个层次;从横向来看,政治生活以政治行为为中心轴,以制度和价值为两翼,政治行为体在制度和价值的双轮驱动下发生互动关系,因此政治生态包括制度、行为、价值三个要素

续表

研究视角	政治生态的构成要素
内容	政治生态是党风、政风、社会风气的综合体现。其中,党风是指党内政治生态,政风是指国家机关政治生态,社会风气是指社会政治生态。党风正则政风清,政风清则民风淳。党内政治生态、国家机关政治生态和社会政治生态,三个层面应协同进化和改进,在"破"与"立"中不断地实现平衡循环
过程	政治生态是由"三清政治"目标、政治主体领导、公权运行法治轨道、刚性管用监督体制及科学的干部制度等构成。其中,"三清政治"是指干部清正、政府清廉、政治清明,这是政治生态建设的目标;领导主体是营造政治生态的根本,党纪党规是营造政治生态的关键,监督体制是政治生态的保障,干部队伍建设维度是政治生态的组织力量
系统	优良政治生态是系统各要素之间在一定的结构基础上有序联系的结果,主要包括时空要素、权力要素、结构要素、制度要素、主体要素、文化要素、生产力(经济)要素、生命要素和法理要素

学者们基于自身对政治生态的理解和界定,对政治生态的构成要素进行了解读,只是各有侧重,难以展示政治生态要素的全貌。因而,有必要按照政治生态的概念——由特定政治系统内各政治行为主体相互联系、相互作用以及特定政治系统与所处环境之间的互动关系生成的总体性状态,从主体、结构、内容、过程和环境等方面分析具体的要素构成。从主体来看,政治生态的主体是指参与政治过程的政治行为主体,主要包括政党(中国共产党和民主党派)、政府、社会组织和公民等。从政治生态的结构来看,在纵向结构上,按照政治生态研究的范围,可以划分为国际政治生态和国内政治生态,而国内政治生态又可划分为国家政治生态、省域政治生态、市域政治生态、县域政治生态、基层(乡村)政治生态等;在横向结构上,按照政治生活的内涵,政治生态包括价值理念、制度和政治行为等。从政治生态的内容来看,主要包括国家(政府)政治生态、党内政治生态和社会政治生态等。从政治生态的过程来看,政治生态既包含政治行为主体、价值和制度等静态要素,也包含党的领导、法治、民主协商、监督等动态要素,还包含政治生态从诞生到消亡的演变过程要素。从政治生态的环境来看,主要包括特定政治系统所处的政治、经济、文化、社会和生态环境。政治生态的构成要素就是以上各维度内容以及各维度内部和各维度之间关系的总和。

第二节 国家(政府)政治生态

国家(政府)政治生态是一国政治生态的核心,是国家(政府)合法性的重要来源,对其他类型的政治生态具有领导和引导作用,是当前我国政治生态建设的重中之重。

一、国家(政府)政治生态的概念及其构成要素

按照生态学理论,任何生命有机体都不可能孤立存在,都必须依赖周围的生物或无机物,并且同周围的环境进行物质与能量的交换。将国家(政府)视为一种生命有机体,意味

着其同样需要依赖相应的环境,并与所处的环境进行互动。国家(政府)生态可以看作是运用生态学的理论和方法研究国家(政府)及其运行、国家(政府)系统内部各要素互动,以及国家(政府)系统与环境互动关系的结果。

哈佛大学约翰·高斯教授是最早提出政府生态研究的学者,他在《美国社会与公共行政》一文中,提出了行政管理与行政环境之间的关系问题,并在其后来发表的《政府生态学》中强调了研究公共行政不能仅限于政府系统本身,外部生态因素对政府系统有重要影响,应将政府置于整个社会大系统进行考察。其后,弗雷德·里格斯对政府生态的内涵进行了进一步阐述,并成为政府生态理论的集大成者。弗雷德·里格斯认为将生态学引入政府行为研究,就是研究制度与其环境之间的交互行为形态,政府生态就是自然以及人类文化环境与公共政策运行之间的积极互动情形。他认为,影响一个国家行政的生态要素是多种多样的,其主要要素包括经济要素、社会要素、沟通网、符号系统和政治构架五种。其中,经济要素是最重要的要素,决定着国家的行政模式;社会要素包括家庭、家族等以血缘关系为纽带结成的自然团体,和政党、工会等以利益关系为纽带结成的"社团";沟通网包括社会的文化水平、使用语言的状况、社会舆论的力量,以及通信和交通状况等使整个社会互相"沟通"的手段;符号系统是指包括政治神话、政治法则、政治典章在内的一整套政治符号系统;在政治架构上,里格斯赞同古德诺提出的政治与行政两分的观点,政治与行政应是相对分离的,政治是决定政策的过程,行政是执行政策的过程,政治与行政实际上存在着一种"功能依存关系",这种依存关系决定了政治结构也是影响行政生态的一个重要因素。

受西方政府生态理论的影响和启发,20世纪80年代后期,我国开始出现政府生态相关的著作。其中,学者王沪宁的《行政生态分析》是国内出版的第一部政治生态学著作,该书主张借用生态学研究生命主体与其环境的相互关系的理论与方法,来研究行政系统与社会圈层的相互关系,即通过生态系统的模拟来研究行政系统。刘京希的《政治生态论:政治发展的生态学考察》,是国内目前研究政治生态问题颇具影响力的一部著作。该书对政治生态的基本概念和政治生态学的学科体系、内容结构进行了探讨,形成了以政治体系为核心、政治—社会—自然三位一体的政治生态理论体系。近年来,还有不少学者运用政府(行政)生态的分析框架对我国的政府体制改革、服务型政府建设、和谐社会建设等问题进行深入研究。

政府生态研究的是政府与其所处的环境之间的互动情形,政府政治生态则侧重于将政府的政治行为作为考察对象,研究其政治行为主体、特定政治系统以及所处环境之间复杂的相互关联和相互制约的互动情形。按照政治生态的概念——由特定政治系统内各政治行为主体相互联系、相互作用以及特定政治系统与所处环境之间的互动关系生成的总体性状态,所谓国家(政府)政治生态可以界定为国家行政机关在治理过程中形成的国家行政机关内部互动关系以及国家行政机关与所处环境之间互动关系生成的总体性状态。国家(政府)政治生态的构成主要包括以下要素以及要素间的关系:从主体要素来看,国家(政府)政治生态的主体是政府及其工作人员,以及参与政府治理过程的其他参与者;从结构要素来看,国家(政府)政治生态包含了不同层级的政府政治生态;从过程要素来看,主要包括政治目标、政治价值理念、政治制度、政治行为等;从环境要素来看,主要包括政府所处的政治、经济、文化、社会和生态环境。

二、我国国家(政府)政治生态建设的有利条件

国家(政府)政治生态与国家的战略方针、治国理政的策略、国家治理的实践等有着密切的关系,在塑造我国优质的国家(政府)政治生态上,"五位一体"中国特色社会主义事业总体布局、"四个全面"的治国理政思想、共建共治共享的治理格局、基于"善治"的政府治理改革实践,以及反腐倡廉的政治生态风气等都提供了有利条件。

一是"五位一体"中国特色社会主义事业总体布局。党的十八大报告指出:必须更加自觉地把全面协调可持续作为深入贯彻落实科学发展观的基本要求,全面落实经济建设、政治建设、文化建设、社会建设、生态文明建设五位一体总体布局,促进现代化建设各方面相协调,促进生产关系与生产力、上层建筑与经济基础相协调,不断开拓生产发展、生活富裕、生态良好的文明发展道路。这表明,"五位一体"中国特色社会主义建设事业总体布局基本形成,在这一总体布局中,政治、经济、文化、社会和生态文明在相互影响、相互促进和相互联系的辩证关系中共同推进。这就为我国国家(政府)政治生态的建设提供了国家战略层面的指引。

二是"四个全面"的治国理政思想。2014年底,习近平总书记在江苏调研时提出了"全面建成小康社会""全面深化改革""全面推进依法治国"和"全面从严治党"的"四个全面"治国理政思想,作为我国治国理政的总体理论框架和实践指南,其内涵覆盖了国家治理、政府治理、社会治理以及执政党依法执政的所有领域和方面。2015年2月2日,习近平总书记在省部级主要领导干部学习贯彻十八届四中全会精神全面推进依法治国专题研讨班开班式上的讲话中,集中论述了"四个全面"战略布局的逻辑关系:全面建成小康社会是我们的战略目标,全面深化改革、全面推进依法治国、全面从严治党是三大战略举措。要把全面推进依法治国放在"四个全面"的战略布局中来把握,深刻认识全面推进依法治国同其他"三个全面"的关系,努力做到"四个全面"相辅相成、相互促进、相得益彰。因而,全面依法治国是治国理政的"核心思想"。依法治国在政府治理中具体体现为,要"深入推进依法行政,加快建设法治政府"。这就为政府政治生态建设提供了制度基础。

三是共建共治共享的治理格局。按照十八大报告,我国的社会治理是在"党委领导、政府负责、社会协同、公众参与、法治保障"的总体格局下运行的中国特色社会主义社会管理。十八届三中全会的《中共中央关于全面深化改革若干重大问题的决定》,在全面深化改革的意义上进一步指出,我国的社会治理主要关节点在于:坚持系统治理,加强党委领导,发挥政府主导作用,鼓励和支持社会各方面参与,实现政府治理和社会自我调节、居民自治良性互动。党的十八届五中全会在关于加强和创新社会治理的论述中,又提出了"推进社会治理精细化,构建全民共建共享的社会治理格局"的战略部署。全民共建共治共享治理格局的初步形成,为政治主体之间的联系和互动创造了条件,激发了政府政治生态的内在活力。

四是基于"善治"的政府治理改革实践。善治是指使公共利益最大化的社会管理过程。善治的本质特征就在于,它是政府与公民对公共生活的合作管理,是政治国家与市民社会的一种新颖关系,是两者的最佳状态。俞可平认为,善治主要包含合法性(legitimacy)、法治(rule of law)、透明性(transparency)、责任性(accountability)、回应性(responsiveness)、有效性(effectiveness)、参与(civic participation/engagement)、稳定

(stability)、廉洁(cleanness)和公正(justice)等要素。新中国成立以来,我国历经多次行政体制改革,并进行了服务型政府、透明政府、责任政府等创新实践和理论探讨,为优质政府政治生态的形成提供了场域。

五是反腐倡廉的政治生态风气。2012年以来,中共中央先后颁布了"八项规定""六条禁令"以及坚决反对干部群众反映强烈的形式主义、官僚主义、享乐主义和奢靡之风的反"四风"运动,有效地改善了政府工作人员和领导干部的工作作风,净化了政府政治生态。

三、国家(政府)政治生态建设路径

从我国历史经验和其他国家政府政治生态建设的经验来看,国家(政府)政治生态建设需要从坚定理想信念、法治建设、民主参与、文化建设、公职人员管理等方面进行。

一是坚定理想信念。当前我国国家(政府)政治生态建设面临诸多困境,最根本的原因在于部分政府机关工作人员自身的理想信念不坚定。理想信念是一种信仰和追求,是政府工作人员洁身自好、勤奋工作的内在动力。习近平曾指出:理想信念是共产党人精神上的"钙",没有理想信念,理想信念不坚定就容易缺"钙",就会得软骨病。坚定政府公职人员的理想信念,需要将教育和奖惩有效结合起来,一方面通过定期或者不定期的思想教育培训和国家大政方针的宣讲,提升政府公职人员的政治觉悟,坚定理想信念;另一方面通过奖惩制度的完善,既对违规违法行为严格问责,又对德才兼备、兢兢业业、信仰坚定的公职人员进行奖励,双管齐下坚定公职人员的理想信念。

二是法治建设。法治是现代社会有序运行的必要基础,是一切向现代市场经济和民主政治转型的国家所面临的现实选择。1999年,我国将"依法治国,建设社会主义法治国家"写进宪法,意味着我国治国之道的重大转向和建设法治国家的新起点。建设法治国家,在行政领域要求实行行政法治,这构成了依法治国、建设社会主义法治国家的关键与核心。法治的政治生态,首先要有一个崇尚法律的文化氛围。其次,要建立健全法律体系。诚如孟德斯鸠说:一切有权力的人都容易滥用权力,这是万古不易的一条经验;有权力的人们使用权力一直到遇到界限的地方才休止。因而,需要通过健全的法律体系,设定权力的边界。再次,在具体实践中,要运用法治加强对权力的有效制约,以实现良好的政治生态。最后,要普及公民法治观念,提升反腐新常态的群众基础。

三是民主参与。民主参与是国家(政府)政治生态的重要互动方式,在党的领导下,国家(政府)政治生态主体通过民主参与的方式产生相互联系,形成国家(政府)政治生态。当下中国,"私民意识""顺民意识"和"官本位意识"等严重制约了民众政治参与的积极性,并产生了不利于政治生态建设的消极影响。作为一种公众"在场"的参与型民主政治,公共领域就是要使决策者接受公众的审视,让权力在阳光下运行。

四是文化建设。政治生态的形成是由多种因素决定的,特定的历史文化传统、民族特性、意识形态传承等,对形成政治生态起着不可忽视的作用。相较于政治制度的刚性约束,文化具有柔性的特点,通过个体认同而内化为个体的行动,对国家(政府)治理的文化风气、治理质量和工作绩效具有较大意义。具体而言,影响国家(政府)政治生态的文化主要包括以下几种。第一,政治文化。政治文化是一个民族在特定时期流行的一套政治态度、信仰和感情,要以风清气正的政治文化引导主流文化。第二,公民文化。培育具有公共精神和公共理性的公民文化,锤炼公民品格。第三,规矩文化。摒弃原有的"官本位"和特权文化,通过塑造风清气正的组织文化和制度文化,"从严治党""从严治吏",加强公职人员的作风建设。

五是公职人员管理。在国家(政府)政治生态中,政治生态主体作为行动者参与国家(政府)政治生态建设、形成、发展乃至消亡的全过程。在国家(政府)政治生态中,国家机关的公职人员特别是领导干部,是主体中的重中之重。在权力结构中,"一把手"是"关键的少数",因此对"一把手"的监督制约是监督和制约权力的关键。应从构建分权制衡机制、加大对圈子腐败的治理力度、锻造社会廉洁价值观、抓住用人和决策腐败两大关键因素等举措来加强对"一把手"的管理。

第三节 党内政治生态

中国共产党是我国社会主义事业的领导核心,党内政治生态建设关系人心向背和共产党执政的合法性,净化、优化党内政治生态是当前党中央依法从严治党的重要举措,风清气正的党内政治生态是现代国家治理的重要保障。

一、党内政治生态的概念及其构成要素

党内政治生态就是党员干部队伍的动机、行为、作风、规范、制度形成的氛围和社会舆论评价的总和,集中体现了一个阶段、时期的党风、政风和社会风气,关系国家治理和执政绩效。党内政治生态主要反映党内风气,尤其是领导干部的作风。党内政治生态可以看作是执政党在执政过程中形成的党组织内部互动关系以及党组织与所处环境之间互动关系生成的总体性状态。党内政治生态主要包含了党员、政党活动、党纪法规、政治文化等要素,其中党员是党内政治生态的主体,政党活动是党内政治生态形成和发展的载体,党纪法规和政治文化是党内政治生态在意识层面的体现。

中国特色社会主义最本质的特征是中国共产党的领导,中国特色社会主义制度的最大优势是中国共产党的领导。坚持和完善党的领导,是党和国家的根本所在、命脉所在。党风、政风和社会风气是政治生态的主要内容,其中,党风处于最核心和最重要的位置,对政风和社会风气具有引导和规范作用。因而,要塑造良好的政治生态,必须首先塑造良好的党内政治生态。

二、我国党内政治生态的发展历程

净化党内政治生态虽然是近几年的热点政治话题和学术研究焦点,但追溯中共百年历史,我党从未停止过净化党内政治生态,形成了从思想建党到作风兴党,再到制度建党的典型路径,为现阶段净化我党党内政治生态提供了范本、经验和启示。

一是古田会议的思想建党。大革命失败后,中共的活动被迫从城市转移到农村,当地群众以农民为主,工人阶级较少,马克思主义政党面临理论和实践的挑战。以毛泽东为代表的一批共产党人开始探索如何在农村环境中保持党的工人阶级性质,于是有了1929年12月的古田会议——党的历史上一次重要的思想建党会议。古田会议通过的《中国共产党红军第四军第九次代表大会决议案》蕴含着丰富的思想建党内容。

二是延安整风的作风兴党。从土地革命时期到国共第二次合作时期,"左"倾和右倾错误主张占据着党中央的统治地位,党内政治生态遭到严重破坏,为了突破这种错误局面,将马克思主义真理与我国的革命实践真正结合起来,我党开展了一场彻底清除主观主义、宗派主义、党八股等错误思想的延安整风运动。

三是十八大以来的制度治党。延安整风运动虽然使党内生活摆脱了教条主义、宗派主义和党八股的束缚,有力地改善了党内政治生态,推动了党建事业的发展,但随着党自身地位和所处环境的变化,我党政治生态建设又面临着"四大考验"(执政考验、改革开放考验、市场经济考验、外部环境考验)和"四大危险"(精神懈怠的危险、能力不足的危险、脱离群众的危险、消极腐败的危险)等新的挑战。十八大以来,在以习近平同志为核心的党中央带领下,再次进行了净化党内政治生态的实践,将思想建党与制度治党结合起来,构建了一套严密、严格、严谨的管党治党制度体系。第一,从严管党治党,将思想建党与制度治党相结合。第二,从严立规立纪,完善党规党纪体系。第三,从严依规依纪,理顺党纪国法关系。第四,从严执规执纪,完善党内监督体系。第五,综合运用重点监督和普遍监督、党内监督和党外监督手段,完善监督体系。

三、我国党内政治生态优化路径

党的十八大以来,习近平总书记着眼于新形势、新任务,围绕全面从严治党、净化党内政治生态发表了一系列重要讲话,初步形成了科学系统的政治生态净化观。在建设和优化党内政治生态中,要坚持普遍规律与特殊规律相结合、思想建党和制度治党相结合、党内政治生活和政治规矩相结合、集中教育和经常性教育相结合、人民监督和追究责任相结合、党内治理与干事创业相促进的基本原则,从党员理想信念、党的纪律规矩、党内政治生活、"关键少数"的管理、党内政治文化建设、评价指标体系等方面着手。

一是坚定党员理想信念。理想信念就是共产党员的"钙",没有理想信念或理想信念不坚定,精神上就会缺钙,就会得"软骨病"。因而,要塑造良好的党内政治生态,必须加强对党员的理想信念教育,维持、巩固和强化党员的政治本色。首先,应当将党员理想信念教育纳入常态化的培训之中。通过马列主义、社会主义理论、国家大政方针的理论学习,树立中国特色社会主义的道路自信、理论自信、制度自信和文化自信。其次,深度开展群众路线教育活动。"从群众中来,到群众中去"的群众路线是我党带领全国人民取得抗战胜利的制胜法宝,也是党的执政合法性的重要来源。群众路线教育活动的开展,使"为人民服务"的宗旨更加深入党员的行为自觉。再次,创新党员思想政治建设的方式方法。党员思想政治建设重在成效,因而可以在建设过程中采取党员更加喜闻乐见和易于接受的方式方法,比如利用新媒体平台、微课程等。最后,强化对党员思想政治建设的评价。以评促建,将党员自评、组织评价以及组织外评价相结合,规范和引导党员的行为。

二是加强党的纪律规矩。加强党的纪律规矩实际上就是制度治党。当前,我国制度治党存在着制度不健全、执行力不足等问题,急需加强党的制度建设。首先,要注重党的纪律规矩的顶层设计,建立健全具有针对性和可操作性的相互衔接的制度体系。在加强顶层设计的同时,通过科学、合理、明确、严格的规范和程序强化党的制度的执行力。其次,纪法协同。纪法协同是指党的纪律规律必须与国法保持内在一致性,加强党内立规与国家立法协同、党纪处分与国法制裁有效协同、党委主体责任与党的纪检监察机关监督责任协同、党内执法与国家执法的协同和违纪追究与违法惩处的协同。再次,制度治党必须增强制度执行力。受利益驱使、"潜规则"作怪、讲关系遵旧俗的陋习等影响,制度在执行中可能会出现严重乏力、走样变形、差强人意等现象。增强制度执行力是反腐倡廉建设和提升政府公信力、获得群众信任与拥护的必然要求,也是加强制度建设的重要途径。最后,制度治党必须坚持依规治党与以德治党相统一。以德治党是依规治党的思想基础,依规治党是以德治党的有力保障,将纪律与道德有机统一起来。

三是严肃党内政治生活。党的十八大之后,为了加强执政党建设,我党提出了"全面净化党内政治生态"的创新思想。追根溯源,创新的源头是党在革命战争年代提出的"党内的生活"。"党内的生活"的概念最早出现革命战争年代,《古田会议决议》提出要教育党员,使党员的思想和党内的生活都政治化、科学化。其后,"党内政治生活"一词首次出现在党的十一届五中全会通过的《关于党内政治生活的若干准则》中。准则明确提出,党要管党必须从党内政治生活管起,从严治党必须从党内政治生活严起。严肃党内政治生活,就是要尊重党内政治生活的基本规范,将正确的价值观通过党内政治生活的方式,内化为党员的思想意识和行为自觉,从而构建良好的政治生态。

四是重视"关键少数"的管理。"关键少数"主要是领导干部。习近平总书记在党的十八届四中全会上提出,全面依法治国,必须抓住领导干部这个"关键少数"。在中国共产党十八届中央纪委六次全会上,习总书记强调全面从严治党,重点是抓住"关键少数";要抓住"关键少数",破解"一把手"监督难题;各级领导班子"一把手"是"关键少数"中的"关键少数";领导干部责任越重大、岗位越重要,就越要加强监督。要加强对"关键少数"的管理,一方面,坚持人性与党性的并重,党内政治生态建构既要立足于人性缺陷的客观性,同时也不能忽视人类社会有着美好的人性追求;另一方面,需要重视"关键少数"的家风,作为党内政治生活主体中的"关键少数",领导干部的家风具有政治性、先进性、示范性特征,其家风败坏是党内政治生态局部恶化的重要诱因。

五是加强党内政治文化建设。党内政治文化是融入党员干部血脉的精神标识,发挥着凝神聚气和旗帜引领作用,是新形势下推进党的建设新的伟大工程的必然要求。"加强党内政治文化建设"是习近平总书记在党的十八届六中全会上明确提出的全面从严治党的深层次问题,是指包括党员在内的社会主体对政党普遍认同的宗旨理念、意识形态、行为规范、制度形态、行为作风等一整套观念体系。党内政治文化是党内政治生活的灵魂,是政党性质的根本体现,表现为政党为之奋斗的价值理想、党员行为方式的价值标准和党内政治生活的价值原则等。加强党内政治文化建设,必须以先进性建设为引导、以服务型执政党建设为根本、以中国梦为中心、以执政能力建设为主线,厚植党内政治生态文化,以制度为根本、以纪律规矩为手段,着力构建"不想腐、不敢腐、不能腐"的制度文化体系与显性规则文化体系,是进一步加强党内政治文化建设以及建设学习型、服务型、创新型马克思主义执政党的理性路径。

六是构建评价指标体系。党内政治生态是通过一定的组织形式和运行机制产生的可以予以评判的党内外关系和存在状态的整体反映,是一个政党内部政治生活的大气候、大环境的综合显现。依据一定的理论及原则,可以构建一套科学的党内政治生态评价指标体系,据此可以得出某一时期党内政治生态状况的结果性认定。如果党内政治生态出了问题,就需要进行修复和优化,这种优化本质上是一种唤醒党员党性自觉的系统工程,其出发点是通过全面从严治党,唤醒广大党员干部的党性觉悟,并通过党的规章制度的建设、政党文化的厚植、党内政治生活的规约、党内外各种政治关系的梳理、党内外监督体系的构建,最终生成风清气正的良好党内政治生态环境。

第四节 社会政治生态

随着我国公民意识的觉醒,以批判和监督为基本特征的公共领域得以发展,社会组织和公民的政治参与日益广泛和深入,作为政治生态的重要组成部分的社会政治生态亦应引起学术界的关注。

一、社会政治生态的概念

人是社会动物,是依赖群居生活、组成某种共同体而生存的,社会就是其组成的共同体的一种类型。"社会"一词不是外来语。在我国的古籍中,"社"是指用来祭神的一块地方。《孝经·纬》记载:"社者,土地之主也。土地广博不可遍敬,故封土为社,以报功也。"我国宋朝的程伊川在《二程全书》与《近思录》内有"乡民为社会"之说,这便是汉字"社会"一词的出处。在我国古代,"社会"是指许多人为了一个共同的目的,聚集在一个地方进行某种活动。在西方国家,"社会"被界定为许多人的集合,包括人类行为习惯、情操、民俗在内的文化遗产,人们交互作用的过程,一种建立在个人意识上的独立实体等。马克思主义则给出了反映社会本质特征的界定:社会是一个关系的范畴,是人们相互交往的产物,是各种社会关系的总和。目前,我国在"社会"一词的使用上沿袭了两种传统。一种是继承我国历史上的传统用法,表示群居会合的机构。另一种用法来自国外,即把社会作为一种高度抽象的概念来使用。社会的基本要素包括自然环境、文化、人口等,其中:自然环境是人类生存与发展所依赖的各种自然条件;文化是指人创造出来的全部精神财富;一定数量的人口是社会构成的基本要素,并且人类有别于一般的生物,具有学习潜能,对社会的发展产生深远影响。

政治生态学是政治学与生态学的交叉学科,意在从生态学的视角研究政治现象。关于"政治生态"的概念,学者们进行过研究。但在 21 世纪初期之前,我国学者对"政治生态"的关注并不多。2013 年 1 月,习近平总书记在第十八届中央纪律检查委员会第二次全体会议上的讲话中首次提出"政治生态",强调改进工作作风,就是要净化政治生态。这是中国特色社会主义理论的新概念和新发展。此后,"重构政治生态""政治生态也要山清水秀"以及"为经济社会发展营造良好政治生态"等要求的提出,促进了"政治生态"从政治话语向学术话语的转变,成为我国学者研究的热点。有的学者从主体论的视角将政治生态界定为政治主体在一定的政治环境下的生存方式,以及在此政治环境下养成的政治习性,同时也指政治主体在一定的政治环境下的生存和发展状态;有的学者从环境论的视角将政治生态界定为一个地方政治生活现状和政治发展环境的集中反映,折射出一个地方政治生活的大环境和大趋势;也有学者从综合论视角将政治生态界定为特定政治系统内各政治行为体相互联系、相互作用而生成的总体性状态,这种状态也受政治系统外部环境的影响,并会在政治系统内部生成一种环境和氛围。三种视角的政治生态定义各有侧重但都不够全面,综合三种视角,可以将政治生态界定为由特定政治系统内各政治行为主体相互联系、相互作用以及特定政治系统与所处环境之间的互动关系生成的总体性状态。

社会政治生态，简言之就是社会的政治生态。学者们对社会政治生态的界定是不同的，有的学者认为一定社会的政治生态主要表现为社会的政治主体状态、政治行为状态、政治关系状态、政治制度状态、政治文化状态和政治发展状态，同时也表现为自然环境特别是社会环境对人的政治行为的影响状态，还表现为政治系统对社会环境和自然环境的影响状态等。这种概念界定，强调了社会政治生态的要素，也强调了社会政治生态系统与环境的交互作用，但没有给出明确的概念界定。也有的学者认为，社会政治生态指政治系统中以公共权力为核心的诸要素，在运行和互动中所形成和显示出来的整体状态。其中，公共权力的运行模式和配置结构对政治生态的形成具有决定性影响。中国社会政治生态表现为权力主导下的渐进改革。这种概念界定强调了社会政治生态的系统性，但在一定程度上模糊了国家（政府）政治生态与社会政治生态的界限，将社会政治生态等同于国家政治生态。结合社会、政治生态以及学者们的界定，可以将社会政治生态定义为社会组织和公众在政治参与过程中形成的内部互动关系以及社会政治系统与所处环境之间的互动关系生成的总体性状态。社风是社会政治生态的表现，是民风、家风等的集合。

二、社会政治生态的构成要素

按照社会政治生态的概念，社会政治生态主体、社会政治主体的政治行为，以及社会政治行为发生的环境是社会政治生态的基本要素，社会政治主体的政治行为发生的场域是公共领域，核心是社会权力，且与民风、家风、风俗等相互影响。因而，社会政治生态的要素主要包括社会政治生态主体、社会权力、公共领域、政治参与、社风等，具体如下。

一是社会政治生态主体。社会政治生态主体是广义的，是指与社会政治生态构建相关的组织和个人，具体而言包括政党、政府、社会组织和公众。但在这些主体中，政党和政府所起的是领导、引导和指导作用。社会政治生态的核心主体是社会组织和公众。社会组织是指执行一定的社会职能，完成特定的社会目标，构成一个独立单位的社会群体，既包括大中小型企业、学校等事业单位，也包括志愿者组织等各类非政府组织。社会组织在社会政治生态建设中的作用主要体现了搭建社会多元利益主体利益诉求表达、架构政府与社会之间的沟通、维持社会和谐稳定的作用。公众是社会的基本组成部分，是社会政治生态建设的重要力量。在社会政治生态形成的集体行动中，既有积极的公众，也有消极的公众。积极的公众主动地进行政治参与，监督政党执政和政府治理行为，是政治生态净化的重要动力来源；消极的公众则对政治参与持冷漠态度，被动地参与政治活动或者热衷于"搭便车"。而社会政治生态构建需要的是积极的公众。

二是社会权力。权力是政治系统的核心要素，权力的运行模式和配置结构对政治生态的形成具有决定性影响。在国家（政府）政治生态领域中，公共权力是其核心要素，而在社会政治生态范畴内，社会权力是其核心要素。相较于政府所具有的公共权力，社会权力是指社会主体以其所拥有的社会资源对国家和社会形成的影响力和支配力。社会资源主要包括物质资源、精神资源、社会群体、社会组织、社会特殊势力等。具体而言，物质资源主要是指人、财、物、资本、信息、科技、文化产业等；精神资源主要是指人权与法定权利、道德习俗、社会舆论、思想理论、民心、民意等；社会群体主要是指民族、阶级、阶层、各种利益群体等；社会组织主要是指政党、人民团体、各种社团组织、企业事业组织、各种行业协会等非政府组织;社会特殊势力主要是指宗教、宗族、帮会等。① 社会政治生态主体运用这些资源形成社会权力,进而影响社会政治生态的构建。

三是公共领域。良好的政治生态离不开社会的监督和批判,而社会主体进行监督和批判的场域就是公共领域。一般认为,"公共领域"(public sphere)是美籍德裔杰出的女思想家汉娜·阿伦特最早提出来的重要政治概念。她建立了以古希腊城邦政治生活为典范的共和主义古典式公共领域模式。此后,哈贝马斯在阿伦特的基础上进一步思考了如何使公共领域与现代性接壤,并社会历史性地考察了公共领域在资本主义代议制民主制度内部如何实现的过程,从而构建出一个自由主义代议制民主条件下的资产阶级公共领域类型。泰勒认同哈贝马斯的公共领域理念,但是他显然更加关注公共领域在现代社会条件中如何建制化的问题。他试图挽救哈贝马斯式的已然瓦解的公共领域,引入了"社会想象"的概念,另辟蹊径,以社会讨论的议题为维度去重新定义公共领域,并且把公共媒介作为现代公共领域构成的基本要件。而现代公共领域是指介于国家和社会之间,并力图调整二者关系的那种具有批判精神和监督功能的弹性第三域。这是社会政治生态主体行使社会权力、影响和塑造政治生态的场域。

四是政治参与。社会政治生态与政治参与紧密联系,政治参与是社会政治生态的外在表现,而政治参与受社会政治生态的影响并重塑着社会政治生态。政治参与是我国公民的合法权利。我国宪法规定,中华人民共和国的一切权力属于人民。我国公民有言论、出版、集会、结社、游行、示威的自由。我国公民除了依照法律被剥夺政治权利的人之外都有选举权和被选举权。在现代国家(政府)治理过程中,多元治理主体已基本达成共识,我国提出要构建"党委领导、政府负责、社会协同、公众参与、法治保障"的社会治理体制,因而,社会组织和公众不仅可以通过选举与被选举权、言论自由、集会自由、结社自由等来参与政治活动,还可以直接通过政策制定与执行参与国家(政府)治理,发挥其政治影响力。

五是社风。社风,即社会风气,是社会生活的风貌和气氛,指在一个社会中占据主导地位的价值导向及由此形成的社会主流意识的集中体现。社风主要包括民风和家风。所谓民风,是社会民众待人接物、行为做事的态度、习惯和风格,是民众精、气、神整体风貌的集中展示。② 民风是社风的集中体现,民风淳则社风正,社风正则党风、政风清明。家风则是作为社会基础细胞的家庭传统作风和风尚,是家庭在长期生活中形成的,包括家庭成员的处事原则、行为习惯、生活方式等。③ 家风是一个家庭的精神内核,也是一个社会的价值缩影,良好家风能对社会、家庭、个人施加良性影响。家风不仅是社风的组成部分,对党风、政风也会产生重要影响,如习近平就明确指出,领导干部的家风,不是个人小事、家庭私事,而是领导干部作风的重要表现。

三、社会政治生态构建路径

改革开放以来,特别是随着社会主义核心价值观的提出,我国的社会风气较之前有较大改观,为我国政治生态的净化和优化创造了良好的社会氛围。但是,历经几千年的封建

---

① 郭道晖.社会权力与公民社会[M].南京:译林出版社,2009:54.
② 王汝洋.以制度约束从严治党——以优良党风促政风带民风[J].重庆社会科学,2016(12):113-115.
③ 常立飞.我国德育资源配置现状、原因和对策[J].北京大学学报(哲学社会科学版),2004(S1):149-155.

统治以及相对落后的经济发展水平,我国的社会组织和公民素质还有待进一步提升,且对国家(政府)政治生态和党内政治生态的支撑力和互动还不够,需要从加强党风引导、发挥党员带头作用、践行社会主义核心价值观、推动公共领域建设、加强舆论监督与引导等方面来塑造社会政治生态。

一是加强党风引导。党的十七大要求全党切实改进党的作风,着力加强反腐倡廉建设,以优良的党风促政风带民风。党风正则政风清,政风清则民风纯。党风对政风、民风具有十分重要的示范和引领作用。优良的党风是引领社会风气的导航仪,以优良的党风促进社风,是我国政治生态建设的基本要求,也是塑造良好的社会政治生态的必然要求。

二是发挥党员带头作用。党员是优秀群众的代表,是群众模仿的对象,也是群众借以评价政党和政府的重要中介。党员特别是作为"关键少数"的党员领导干部的作风,对全社会具有很强的示范性和导向作用。一方面,加强党员的素质建设,依法从严治党,提升党员素质,坚持党员主体地位;另一方面,树立党员模范典型,对表现突出的优秀党员进行表彰,并将优秀党员事迹进行推广。

三是践行社会主义核心价值观。核心价值观是一定社会形态社会性质的集中体现,在社会思想观念体系中处于主导地位,决定着社会制度、社会运行的基本原则,制约着社会发展的基本方向。党的十六届六中全会第一次提出了建设社会主义核心价值体系的战略任务,有力地统一了全党思想、凝聚了社会共识。党的十八大报告则明确提出了"富强、民主、文明、和谐、自由、平等、公正、法治、爱国、敬业、诚信、友善"的社会主义核心价值观。对社会主义核心价值观的认知具有内化和强化认同的意义,有助于促使社会主义核心价值观真正内化于心、外化于行,从而抵御西方各种社会思潮的冲击,促进社会政治生态的塑造。

四是推动公共领域建设。社会组织和公民对公共事务治理的批判和监督均发生在公共领域。公共领域是社会政治生态建设的重要抓手和着力点。公共领域与社会组织和公民意识的觉醒是密切相关的,社会组织和公民的政治成长促进了公共领域的建立和完善,而公共领域为社会组织成长和公民意识觉醒提供了温床。在我国,公共领域的建设背景与西方社会是不同的,我国公共领域意在提升执政党和政府的合法性,在多元治理主体共建共治共享中提升国家(政府)治理质量,提升人民群众的获得感和满意度。

五是加强舆论监督与引导。社会舆论既有积极作用,也有消极作用。积极的社会舆论有助于公众了解事实真相,促进良好社风、民风的形成,进而推动党风、政风建设;而消极的社会舆论则有可能误导公众对党和政府产生信任危机,甚至危害社会稳定。由此,加强舆论监督与引导也是社会政治生态建设的重要路径。

第五节 绿色政治生态

2014年6月,习近平同志在主持中共中央政治局第十六次集体学习会议时指出,加强党的建设要有一个好的政治生态。2015年2月,习近平同志在陕甘宁革命老区脱贫致富座谈会上强调,要建设一个正气弘扬、歪风邪气没有市场的政治生态。2015年3月,习近平同志在参加十二届全国人大三次会议吉林代表团审议时指出,必须有一个良好政治生态。良好的政治生态就是绿色政治生态。

一、绿色政治生态的概念

从习近平同志对政治生态的描述中可知,良好的政治生态对加强党的建设、提升执政党合法性、促进政府治理质量提升都具有重要意义。绿色是一个颜色词,是人们对客观世界的一种认知。但是颜色词的意义不仅在于描述事物色彩的物理属性,还能够折射特定时空中的社会属性和时代特征,有着丰富的文化内涵,从而具有一定的引申、隐喻或象征意义。从"绿色"一词的社会应用情况而言,除却作为颜色词描述色彩的基本义项外,绿色还具有植物、自然界、环保、生态、低碳、无污染、民主、责任、非暴力、廉洁、安全、健康、畅通、和平、希望、美好、优渥的生活等派生意义。政治生态是指由特定政治系统内各政治行为主体相互联系、相互作用以及特定政治系统与所处环境之间的互动关系生成的总体性状态。在绿色化潮流席卷全球的现代形势下,政治生态建设也应当具备绿色化的特征。

结合绿色的修辞意义和政治生态的概念,绿色政治生态是良好的政治生态的一种表达方式,具体是指由特定政治系统内各政治行为主体相互联系、相互作用及特定政治系统与所处环境之间的良性互动关系生成的促进政治系统稳定和发展并互动良好的党风、政风和社风的总体性状态。它具有以下内涵。一是绿色政治生态是一个系统。系统论视角将政治生态视为一个系统,并认为应当对政治生态进行系统的整体的思考。二是绿色政治生态具有良好的结构。一方面,从结构-功能的视角来看,政治生态作为一个系统,其内部是由相对稳定的结构组成的;另一方面,作为一个系统,其内部的结构是具有层次性的,既表现在不同的政治主体具有不同的功能,又表现在党风领导政风和社风,政风是党风在国家(政府)治理中的具体体现,社风促进党风和政风。三是绿色政治生态是基于权力和权利的良性互动产生的。不良政治生态集中表现为权力的滥用,因而,绿色政治生态中的权力应当是受到严格约束的权力,而对权力的有效约束源于法律和制度建设。四是绿色政治生态是由党风、政风和社风构成的共同体。绿色政治生态既表现为风清气正的党风、廉洁公正的政风和崇德正义的社风,又表现为党风、政风和社风相互关联、相互促进构成的整体状态。

二、绿色政治生态的构成要素

绿色政治生态是由一系列相互关联和互动的要素构成的,并且这些要素又可以视为次级系统,从而延伸出次级的要素。基于绿色政治生态的概念和内涵,绿色政治生态的要素主要包括绿色政治主体、绿色政治制度、绿色政治结构、绿色政治行为和绿色政治风气,具体如下。

一是绿色政治主体。绿色政治生态与政治活动相互影响,绿色政治生态影响政治活动的开展和趋势,政治活动又可以维持、巩固或促进现有政治生态的改善,而政治活动是由人或者组织开展的。一方面,绿色政治主体是多元的,既包括政党、政府,又包括社会组织和公众,并且这些主体是具有明确的职能分工且有序互动的。其中,作为中国社会主义事业领导核心的中国共产党承担着绿色政治主体的领导角色,领导其他绿色政治主体参与政治生态建设。另一方面,政党、政府、社会组织和公众都在法律规定的框架内依法行使自身权利、维护自身利益、实施政治行为,促进良好的党风、政风和社风的形成。

二是绿色政治制度。制度是指具有约束力的规则及其构成的体系。制度有广义和狭义之分。广义的制度是指在一定条件下形成的政治、经济、文化等方面的体系,如政治制度、经济制度、社会主义制度、资本主义制度等。从狭义上来讲,制度是指一个系统或单位制定的要求成员共同遵守的办事规程或行动准则,如工作制度等。此外,制度可以分为正式制度和非正式制度。正式制度主要是指社会或国家以编码形式存在的法律、法规、政策等;非正式制度是指以非正式形式存在的共同行为准则、价值观、信仰和文化等。绿色政治制度既包括规范绿色政治主体的权责利配置、政治结构和政治行为的法律、法规等正式制度,也包括诸如价值观、文化在内的非正式制度。

三是绿色政治结构。结构是系统的内部框架,绿色政治结构是绿色政治主体实施绿色政治行为的组织依托。绿色政治结构包含两方面含义:一方面,绿色政治结构是由绿色政治主体的角色和职能构成的,以实现特定目标为目的,绿色政治主体依据自身利益诉求和资源情况,承担特定角色并履行相应的职能,这些角色和职能按照一定的行为逻辑构成,具有整体性、关联性和功能性,且能实现整体效应大于各部分效应之和的协同效应;另一方面,绿色政治结构包含了政党的组织体系、政府的层级结构和社会环境结构,政党的组织体系包括中央政党组织、地方政党组织和基层政党组织,政府的层级包括中央政府、地方政府以及村级自治组织等,社会宏观结构包括政治、经济、文化、社会和自然环境情况。

四是绿色政治行为。首先,按照亚里士多德的观点,人类是天然的政治动物,政治学应当研究人的政治行为。政治行为可以是正向的、积极的,推动政治系统稳定和发展、促进人类社会进步的,也可以是负向的、消极的,破坏政治系统稳定和发展、阻碍人类社会进步的。而绿色政治行为首先指向前者。其次,绿色政治行为具备生态环保性。绿色政治主体在实施政治行为时采取无纸化办公等方式,尽量减少政治行为对自然生态环境的消极影响和破坏。最后,绿色政治行为是高效率和高效益的行为,在合理的投入-产出比中,尽可能在保障政治行为质量的前提下,通过物尽其用的方式降低行为成本。

五是绿色政治风气。政治生态和自然生态一样,可以被污染,成为污化的政治生态。绿色政治生态是指未受污染或者被有效"去污"的政治生态,集中体现在绿色政治风气上。绿色政治风气是绿色党风、绿色政风和绿色社风的综合体现。绿色党风,即风清气正的党风,是指中国共产党坚持为人民服务的宗旨,兢兢业业领导全国人民实现中华民族伟大复兴的行为方式,以及党员政治品质和道德素养的外在表现形态。绿色政风,即廉洁公正的政风,是指政府及其公职人员在权力运作中所表现出来的行为方式,是政权机关和公务人员从政之德和世界观的外在表现形态。绿色社风,即崇德正义的社风,是指在崇尚社会主义道德和维护正义的价值取向的引导下,社会公众表现出的一种普遍流行的行为方式,是公众道德素质和文明程度的外在表现形态。

■ 三、绿色政治生态的构建路径

同很多国家一样,我国在社会主义现代国家建设中面临着信仰缺失、公权力滥用、腐败屡禁不止等问题,总结韩国、新加坡等国家的经验,建设良好的政治生态需要重视国家建设,形成强烈的国家和公共利益认同,进而培养出良好的职业精神;重视道德建设,形成辨别是非对错的普遍价值观;重视"关键少数",高级领导干部发挥带头引领作用;根本途径在于民主与法治,在于制度建设。为了加强党的建设,提升国家(政府)治理能力,党中央提出建设良好政治生态的要求。为了塑造良好的政治生态,我国已采取一系列措施,如开展群众路线教育活动、反"四风"、完善党的纪律、促进社会组织发展、保障公众政治参与等,但我国政治生态污染仍然存在。结合国外政治生态建设经验,以及我国政治生态建设实践经验,构建和完善绿色政治生态可以从提升绿色政治主体能力、完善绿色政治制度、调整绿色政治结构、规范绿色政治行为、塑造绿色政治风气五个方面着手,具体如下。

一是提升绿色政治主体能力。"能力"指的是行动者解决问题的知识、技术和策略。具体到绿色政治生态中,绿色政治主体能力是指多元绿色政治主体建设绿色政治生态所应具备的意识、知识以及将有可能实现的、各种可能的功能性活动进行组合所体现出来的综合素质。具体而言,一方面,绿色政治主体应当具备绿色政治生态意识。这里的绿色政治生态意识对政党和政府而言,就是指坚定的理想信念和政治本色以及为人民服务的宗旨,对社会组织和公众而言,则主要是指积极的政治参与意识。另一方面,绿色政治主体应当具备专业的知识和能力。中国共产党应当具备领导全国人民实现中华民族伟大复兴的领导能力和执政能力;政府应当具备高效的执行能力和提升政府治理质量的能力;社会组织应当具备参与政治活动、表达社会组织利益诉求和维护社会组织利益的能力;公众则需要具备积极的公民能力,即批判、监督以及政治参与能力。

二是完善绿色政治制度。制度可以约束和规范行为主体的行为,依法治国、依法治党、依法行政,以及"党委领导、政府负责、社会协同、公众参与、法治保障"的社会治理体制,都强调了制度特别是法律法规的重要性。绿色政治生态的建设、绿色政治行为的发生都需要制度的规范。首先,梳理现有制度。对有关绿色政治生态建设的制度进行梳理,一方面,将已经过时的、明显不适应现在政治情境的制度进行废止或完善;另一方面,梳理现有制度,重点清理缺乏操作性的制度以及具有相互矛盾的规定条款的制度。其次,加强党的纪律建设,完善相关法律制度,对绿色政治生态主体的权、责、利进行明确界定,对违法乱纪行为进行法律追究。中国共产党是我国的领导核心,全面领导我国社会主义建设的各项工作,且政府的公职人员中党员占据相当大的比例,因而,加强党的纪律建设对于绿色政治生态建设具有重要意义。最后,强化制度执行。静态的制度需要通过制度执行才能取得预期成效,仅仅完善制度本身虽然重要,将这些制度真正贯彻执行更为重要。

三是调整绿色政治结构。要促进绿色政治生态建设,调整绿色政治结构势在必行。首先,明确各主体的角色和职能,构建"党委领导、政府负责、社会协同、公众参与、法治保障"的政治生态共同体,并促进这些主体的角色和职能通过相应的结构形成整体的、关联的体系,实现整体效应大于各部分效应之和的协同效应。其次,加强基层党组织建设。一方面,在党的组织体系内,加强对基层党组织的关注和支持,为其在基层发挥党组织的领导核心作用提供保障;另一方面,正确处理基层党组织与村民自治的关系,不能因为强调村民自治而人为地虚化、弱化农村基层党组织的作用。另外,要提升基层党组织及其成员的自身素质,形成基层党组织的"人格魅力",使村民愿意追随党组织。最后,要正确处理政治、经济、文化、社会和自然环境之间的关系。人类与其所处的环境是一个整体,在构建政治生态的同时需要维持政治生态、经济生态、文化生态、社会生态和自然生态之间的平衡。

四是规范绿色政治行为。十八大以来,通过全党上下的努力,"不敢腐"已经初见成效,但是在"不能腐""不想腐"上还缺乏实质性进展,需要进一步规范绿色政治行为。首先,权力制约的适度。绿色政治生态要求科学构建中国特色的既相互制约监督又相互协调合作的政党权力结构与运行机制。既要达到权力相互制约监督以防范权力滥用与腐败,又要避免因权力相互制约监督造成权力运行不畅和效率不高的现象。其次,重视"关键少数"。习近平总书记在党的十八届四中全会和中国共产党十八届中央纪委六次全会上,都强调了要抓住"关键少数",而各级领导班子"一把手"是"关键少数"中的"关键少数"。领导干部是党的路线方针政策的执行者,是政治生态的风向标,营造良好政治生态就要从领导干部抓起。再次,提倡贤能政治。在我国的政治生态建设中,出现了"贤能政治"研究热潮。"贤能政治"主张通过选拔优秀的人才来进行符合道义的政治决断。最后,把好用人关。政治行为、政治生态建设都不离开人,人是政治生态建设中最重要的因素。必须要严格按照"德能勤绩廉"的标准选拔任用党员领导干部和公职人员。

  五是塑造绿色政治风气。绿色政治风气是风清气正的党风、廉洁公正的政风和崇德正义的社风的综合体现。但在现实中,无论是党风、政风还是社风,都还存在一定的不如人意的地方,比如还存在着"潜规则"、贪污腐败、社会不文明等现象。因而,要塑造绿色政治风气,首先,要重视政治文化建设。一方面,加强党内政治文化建设,以党内政治文化促进政治生态的净化;另一方面,需要以社会主义核心价值观引导建设公共文化,进而优化政治生态。其次,要重视社会资本的培育。净化政治生态是一项系统工程,不但需要宏观的制度建构、微观的角色规制,而且需要社会文化与民情风俗方面的综合治理。最后,要塑造积极的心态。积极心态是维系政治生态环境的活力基因。这就需要绿色政治主体塑造爱岗敬业、奋发有为的敬业精神,不畏艰难、顽强奋斗的意志品质,责任担当心、感恩快乐心、组织忠诚心、利他关爱心、积极进取心、自尊自信心等乐观向上的心理状态,以此来应对绿色政治生态在构建和完善过程中可能遇到的困境和障碍,推动绿色政治生态目标的实现。

■ 本章小结

  政治生态是指由特定政治系统内各政治行为主体相互联系、相互作用以及特定政治系统与所处环境之间的互动关系生成的总体性状态。它既包含政治行为主体之间、政治行为主体与特定政治系统之间、政治行为主体与特定政治系统的外部环境之间的关系,也包含特定政治系统与其所处的环境之间的关系,是这些关系互动作用下生成的总体性状态。其要素主要包括:从主体来看,政治生态的主体是指参与政治过程的政治行为主体,主要包括政党(中国共产党和民主党派)、政府、社会组织和公民等;从政治生态的结构来看,在纵向结构上,按照政治生态研究的范围,可以划分为国际政治生态和国内政治生态,而国内政治生态又可划分为国家政治生态、省域政治生态、市域政治生态、县域政治生态、基层(乡村)政治生态等,在横向结构上,按照政治生活的内涵,政治生态包括价值理念、制度和政治行为等;从政治生态的内容来看,主要包括国家(政府)政治生态、党内政治生态和社会政治生态等;从政治生态的过程来看,政治生态既包含政治行为主体、价值和制度等静态要素,也包含党的领导、法治、民主协商、监督等动态要素,还包含政治生态从诞生到消亡的演变过程要素;从政治生态的环境来看,主要包括特定政治系统所处的政治、经济、文化、社会和生态环境。政治生态的构成要素就是以上各维度内容以及各维度内部和各维度之间关系的总和。

  国家(政府)政治生态可以界定为国家行政机关在治理过程中形成的国家行政机关内部互动关系以及国家行政机关与所处环境之间互动关系生成的总体性状态。国家(政府)

政治生态的构成主要包括以下要素以及要素间关系：从主体要素来看，国家（政府）政治生态的主体是政府及其工作人员，以及参与政府治理过程的其他参与者；从结构要素来看，国家（政府）政治生态包含了不同层级的政府政治生态；从过程要素来看，主要包括政治目标、政治价值理念、政治制度、政治行为等；从环境要素来看，主要包括政府所处的政治、经济、文化、社会和生态环境。国家（政府）政治生态与国家的战略方针、治国理政的策略、国家治理的实践等有着密切的关系，在塑造我国优质的国家（政府）政治生态上，"五位一体"中国特色社会主义事业总体布局、"四个全面"的治国理政思想、共建共治共享的治理格局、基于"善治"的政府治理改革实践，以及反腐倡廉的政治生态风气等都提供了有利条件。从我国历史经验和其他国家政府政治生态建设的经验来看，国家（政府）政治生态建设需要从坚定理想信念、法治建设、民主参与、文化建设、公职人员管理等方面进行。

党内政治生态可以看作是执政党在执政过程中形成的党组织内部互动关系以及党组织与所处环境之间互动关系生成的总体性状态。党内政治生态主要包含了党员、政党活动、党纪法规、政治文化等要素，其中党员是党内政治生态的主体，政党活动是党内政治生态形成和发展的载体，党纪法规和政治文化是党内政治生态在意识层面的体现。追溯中共百年历史，我党从未停止过净化党内政治生态，形成了从思想建党到作风兴党，再到制度建党的典型路径，为现阶段净化我党党内政治生态提供了范本、经验和启示。党内政治生态建设需要从党员理想信念、党的纪律规矩、党内政治生活、"关键少数"的管理、党内政治文化、评价指标体系等方面着手。

社会政治生态是指社会组织和公众在政治参与过程中形成的内部互动关系以及社会政治系统与所处环境之间的互动关系生成的总体性状态。社风是社会政治生态的表现，是民风、家风等的集合。社会政治生态的要素主要包括社会政治生态主体、社会权力、公共领域、政治参与、社风等。需要从加强党风引导、发挥党员带头作用、践行社会主义核心价值观、推动公共领域建设、加强舆论监督与引导等方面来塑造社会政治生态。

绿色政治生态是指由特定政治系统内各政治行为主体相互联系、相互作用及特定政治系统与所处环境之间的良性互动关系生成的促进政治系统稳定和发展并互动良好的党风、政风和社风的总体性状态。它具有以下内涵：一是绿色政治生态是一个系统；二是绿色政治生态具有良好的结构；三是绿色政治生态是基于权力和权利的良性互动产生的；四是绿色政治生态是由党风、政风和社风构成的共同体。绿色政治生态的要素主要包括绿色政治主体、绿色政治制度、绿色政治结构、绿色政治行为和绿色政治风气。结合国外政治生态建设经验，以及我国政治生态建设实践经验，构建和完善绿色政治生态可以从提升绿色政治主体能力、完善绿色政治制度、调整绿色政治结构、规范绿色政治行为、塑造绿色政治风气五个方面着手。

本章重要概念

政治生态（political ecology）
国家政治生态（national political ecology）
党内政治生态（inner-party political ecology）
社会政治生态（socio-political ecology）

本章重要概念

绿色政治生态(green political ecology)

本章思考题

1. 简述政治生态的概念及其构成要素。
2. 简述国家(政府)政治生态的概念、构成要素及构建路径。
3. 简述党内政治生态的概念、构成要素及构建路径。
4. 简述社会政治生态的概念、构成要素及构建路径。
5. 简述绿色政治生态的概念、构成要素及构建路径。

本章思考题

本章推荐阅读书目

1. [美]弗兰克·J.古德诺.政治与行政[M].北京:华夏出版社,1987.
2. 刘京希.政治生态论——政治发展的生态学考察[M].济南:山东大学出版社,2007.
3. [德]汉斯·萨克塞.生态哲学[M].北京:东方出版社,1991.
4. [法]莫里斯·迪韦尔热.政治社会学——政治学要素[M].北京:华夏出版社,1987.

第九章

政治文化

——本章导言——

政治文化的研究由来已久。亚里士多德曾将政治文化描述为促成政治稳定或变革的心态。伯克则认为习惯凝聚会影响政治机构的运行。托克维尔、戴西和白哲特都将政治价值观和情感置于他们政治稳定和变革理论中的显著位置。政治文化作为支持社会成员政治行为的心理因素,几乎作用于政治体系的方方面面。

第一节 政治文化的内涵与构成要素

政治文化的概念最早是由德国学者赫尔德提出的,但由于当时的历史背景,政治文化的概念并没有引起足够的重视,直到20世纪60年代加布里埃尔·阿尔蒙德明确提出"政治文化"的概念,政治文化的研究才逐渐成为政治学研究的重要内容。政治文化的研究起源于20世纪50年代至60年代,70年代衰落,直到80年代末90年代初又出现政治文化研究的复兴。

一、政治文化研究的缘起

政治文化研究的兴起与欧洲社会学术发展史,以及当时美国的政治发展现实密切相关。概括来说,政治文化概念的提出与战后社会心理学、人类文化学、精神分析学、系统理论等综合性、跨学科的知识生产密切相关。

第一是社会心理学和精神分析人类学,特别是弗洛伊德的著作和人类学家马林诺夫斯基和本尼迪克特的观念。这些学说采用儿童的社会化模式、潜意识动机和心理机制等概念来解释政治文化的特性。

第二是欧洲社会学的研究进展。以韦伯、孔德、帕累托、杜克海姆的研究为代表的欧洲社会学,对政治文化的研究具有重要影响。韦伯以"文化的"根据向马克思提出挑战,他认为宗教和价值观对经济活动和政治结构具有决定性影响。孔德认为社会实质上是由共同的道德理念构成的体系。帕累托的逻辑行动与非逻辑行动概念、剩余与引申概念,实质上是社会政治结构与社会变化的心理学理论的组成部分。杜克海姆把他的社会团结概念建立在集体良知或社会成员共同的价值、信念和情感系统之上。

第三是调查研究以及抽样、访问和数据分析等使研究者们得以摆脱对某一文化的空泛的印象主义论述,而去搜集特定集团或民族与政治有关的心理-文化倾向方面的数据。

第四是政治现实也是促使人们去认识政治文化的重要因素。两次世界大战期间欧洲大陆的事态变化(特别是德国、意大利、西班牙合法政权的崩溃)使那些致力于渐进传播自由民主制度和开明价值的人放弃了幻想。在 20 世纪 50 年代和 60 年代,许多新独立的"第三世界"国家宪政的垮台,再次强烈地提醒人们注意政治制度、政治行为和政治文化之间的复杂关系。

第五是比较政治学的发展与政治文化概念的提出密不可分。政治文化的研究出现于美国比较政治学领域,美国比较政治学主要通过观察发达社会和经济相对落后、信息闭塞、政治体制缺乏一致性与共同性的不发达社会之间的差异并进行分析,其学术成果直接服务于美国国际政治战略和商业利益。

二、政治文化的概念

政治文化是由美国学者加布里埃尔·阿尔蒙德最早提出的,阿尔蒙德的政治文化概念为国内外政治文化的研究奠定了十分重要的理论基础。1984 年,他在《当代比较政治学:世界展望》中指出政治文化是各种政治态度、价值、感觉、信息和技能的独特分布,政治文化通过政治制度影响政治共同体成员的政治行为。他对政治文化的解释是通过政治制度的三个层次,即制度、过程和政策的态度进行的。制度倾向是指政治共同体成员对政治制度所保持的价值和组织倾向。过程倾向是指政治共同体成员参与政治过程的倾向。政策倾向是指政治共同体成员对公共政策的倾向。《政治学分析辞典》将政治文化定义为每个社会内由学习和社会传递得到的关于政治和政治的行为模式的聚集,政治文化通常包括政治行为的心理因素,如信念、情感和评价意向等。

我国学者从不同的角度对政治文化进行了阐释。学者王沪宁认为,政治文化是政治活动中的一种主观意识领域,包括了社会对政治活动的态度、信仰、感情和价值。学者王浦劬认为,政治文化是政治关系的心理的和精神的反映,它是人们在社会政治生活中形成的对于政治的感受、认识和道德习俗规范的复杂综合。学者俞可平认为,政治文化是社会总文化的一部分,任何社会的文化中总有某些方面特别地关系到人们的政治行为和社会的政治生活,这部分文化就是政治文化。学者徐大同从政治文化的构成要素的角度出发,将政治文化的概念分为三个层次:一是狭义政治文化的概念,即政治文化仅包括政治心理;二是广义的政治文化,即政治文化包括政治心理、政治理论、政治思想以及政治制度;三是中观层面的政治文化,即政治文化主要是指人们在长期的社会生活和实践中所形成的各种政治理论、思想、价值观念的总积淀。

可见,依据政治文化内容的不同,政治文化可以分为狭义政治文化和广义政治文化。狭义政治文化是指政治共同体成员在政治活动中形成的政治心理、政治思想、政治价值、政治道德等构成的体系。广义政治文化是人们在政治活动中形成的政治心理、政治思想、政治价值、政治道德、政治制度和政治行为的总和。政治文化的内涵包括以下三个方面:一是政治文化是在政治实践活动基础上产生的主观意识形态,是政治活动在人脑中的能动反映;二是依据主体的不同,政治文化可以分为宏观、中观和微观三个层次,宏观政治文化是国家层面的政治文化,中观政治文化是不同社会组织形成的政治文化,微观政治文化是不同公民形成的政治文化;三是政治文化是政治体系的核心和灵魂,对政治体系维系和发展具有重要的功能,其基本功能包括变革政治体系、维持政治关系和指导政治行为三项。

三、政治文化的构成要素

根据政治文化的概念,政治文化系统是由相互联系、相互作用的要素组合而成的具有综合性政治功能的有机整体。政治文化的要素包括政治心理、政治思想、政治价值、政治道德等。

一是政治心理。政治心理是指政治共同体成员在政治活动过程中和政治社会化过程中形成的对政治体系的主观心理取向,是政治文化中最易发生变迁的方面,处于政治文化的最外层,具体表现为政治认知、政治情感、政治动机、政治态度、政治性格、政治信念等。政治认知是政治共同体成员对政治体系的知识;政治情感是政治共同体成员对政治文化的爱憎和亲疏程度;政治动机是促进人们参与政治生活的重要因素;政治态度是政治共同体成员对政治文化认同程度的重要因素,分为积极的政治态度和消极的政治态度;政治性格是政治心理中相对较为稳定的因素,代表政治文化主体形成的相对稳定的行为模式;政治信念是政治共同体成员对政治文化的遵从和信仰程度,是政治心理中最为重要的因素。政治心理是政治认知、政治情感、政治动机、政治态度、政治性格和政治信念的综合反映。政治心理可以分为群体政治心理和个体政治心理。政治心理影响政治权力和政治权利的形成和发展,是产生政治行为的中介环节,是社会政治形势的晴雨表和政治权力作用的依据。

二是政治价值。政治价值是政治文化的核心部分,它构成政治理论中的规范性内容,对整个政治活动具有导向性作用。政治价值是人类价值系统中的一个子系统,是指产生于一定历史条件的那些能够论证某种政治制度安排、政治活动的合法性、合理性,能够为理想的社会政治生活设计和计划指出方向,又能为所有的政治现象、政治关系和政治过程建立规范、提供评价批评标准和解释的意义系统。

三是政治道德。政治道德是指调节、调整人们的政治关系及政治行为的道德规范和准则,是人们评价政治行为好与坏、对与错的准则,是政治共同体成员在政治社会化过程中形成的评价政治行为善恶的道德规范。政治文化与政治道德紧密相关。一方面,政治文化决定政治道德;另一方面,政治道德也会对政治文化的发展和变化产生影响。随着社会发展和文化变迁,以及人们政治意识的变化,政治道德也会在价值取向和行为规范上发生变化,从而促进政治文化的演变和发展。

四是政治思想。政治思想是政治文化的重要内容,支配或代表着一定的政治学说、理论、思想等,代表着一定的政治文化观念体系的全貌,规定了政治文化的内容和范围,处于政治文化结构的深层,是人们在政治实践活动中由政治理论家提出的包括为何分析政治、怎样分析政治、实然政治是什么、应然政治是什么的系统的理论体系。政治思想在现实政治生活中具有极大的作用,能够反映特定的利益要求并论证其政治合理性,能够维护或破坏特定的政治统治,引领人们的政治意识,并对人们认识政治现实具有重要作用。

第二节 政治文化的结构、类型与功能

政治文化是由不同的要素构成的有机整体,这些要素的不同排列组合会形成不同的政治文化结构。

一、政治文化的结构

关于政治文化结构的研究一直是政治文化研究的重要内容。依据结构功能主义理论,结构是根据一定的规律联系在一起的各种关系的特定的总和。学者公丕祥等认为,包括政治文化在内的整个上层建筑,属于思想的社会关系的范畴,而政治文化有着其独特的内在结构,政治文化的结构可以分为制度形态的政治文化和观念形态的政治文化。制度形态的政治文化需要借助物质载体而存在,观念形态的政治文化彰显了社会政治精神世界的复杂活动。学者姜涌认为,政治文化的结构包括内涵要素和亚文化结构。学者刘丽敏认为,政治文化是一个由从低到高的认识序列互相联结而成的精神体系,并将其简约为一个由政治心理、政治思想和意识形态构成的三位一体的结构。学者佟德志从狭义政治文化概念出发,将政治文化结构分为层次结构和内容结构,层次结构由政治认知、政治态度、政治信仰、政治情感和政治价值构成。

可见,政治文化的结构是由政治文化各要素以及各要素按特定的结构整合在一起的具有系统功能的整体。从政治文化主体来看,政治文化可以分为国家政治文化、组织政治文化和公民政治文化。从政治文化的发展时态来看,政治文化可以分为传统政治文化、现代政治文化和后现代政治文化。从政治文化的要素来看,政治文化结构是由政治心理、政治思想、政治价值和政治道德构成的。

二、政治文化的类型

政治文化内涵与外延的广泛性,决定了政治文化的多样性和多层次性,也就决定了政治文化类型的多样性。以政治文化主体为标准,可以分为大众政治文化和统治政治文化;以政治文化内容为标准,可以分为同质政治文化和异质政治文化;以政治文化的形式为标准,可以分为专制政治文化、极权政治文化和民主政治文化;以社会发展阶段为标准,可以分为传统政治文化和现代政治文化。

一是按政治文化主体不同来划分的政治文化类型。这种类型的政治文化包括大众政治文化和统治政治文化。大众政治文化包括政治共同体中一般成员对政治现象、政治体系、政治活动、政治治理、政治关系的态度、情感、价值和信仰;而统治政治文化则是政治领导阶层对这些政治对象的态度、情感、价值和信仰。

二是按政治体系功能来划分的政治文化类型。政治文化研究的奠基人加布里埃尔·阿尔蒙德提出,政治文化是特定政治系统下国民的政治取向模式。政治系统可以分为系统、过程和政策三个层次,因此任何一个政治系统都包括系统文化、过程文化和政策文化。系统文化由对政治权威和政府官员、政权、制度结构及国家的认识、情感和评价组成。同时,当我们谈论一个政治系统的合法性时,我们必须详细说明,我们谈的是否是对政府官员、政权、国家,或者对这些方面的综合的认识、情感和评价。过程文化包括一个政治系统

的成员对自身作为一个政治行动者和对其他的政治行动者（包括政党和利益集团，以及既定的政治领袖人物）的认识、情感和评价。政策文化包括政治系统的成员对系统的输出，系统的对内政策（吸收的、调节的、分配的）和对外政策（军事的、外交的、经济的）的认识、情感和评价。

三是按照历史阶段来划分的政治文化类型。政治文化研究的奠基人加布里埃尔·阿尔蒙德在《公民文化》中根据人们的主观心理导向把政治文化划分为三种基本类型，即地方型政治文化、从属型政治文化和参与型政治文化。地方型政治文化对政治体系、政治输入、政治输出和个人参与取向都没有取向。从属型政治文化对政治体系和政治输入已有取向，对政治输出和个人参与取向近乎为零。参与型政治文化包括了对政治体系、政治输入、政治输出和个人参与的取向。依据英国、美国、西德、意大利和墨西哥等五个民主政治国家的政治文化特征，阿尔蒙德又区分出三种混合型政治文化，即地区-从属型政治文化、从属-参与型政治文化和地区-参与型政治文化和公民文化。

四是按照政治认同程度不同来划分的政治文化。以政治认同程度为标准，政治文化可以划分为不完整的政治文化和完整的政治文化。维尔特·A·洛森堡将政治文化分为不完整的政治文化和整合的政治文化。不完整的政治文化是指人民对于指导政治生活的方法没有普遍认同，地方政治忠诚超过对中央的政治忠诚；欠缺解决冲突并能普遍接受的、可行的文明程序；社会团体之间政治不信任泛滥，中央政府为了维持社会秩序和政府权威，除了使用武力外别无良策，中央政府在形式上和持续时间上不稳定，导致政局的不稳定。在整合型的政治文化中，人民普遍地接受中央政府的制度，并承认其合法性，甚至认为政治运作的方式是一种既定的程序，是一种不容争辩的基本的社会现实。

此外，从垂直和水平两个角度还可以划分不同的政治文化类型，垂直角度的政治文化有特殊的职业和角色文化、不同年龄层的不同政治文化、不同的政治或社会团体具备的不同的亚政治文化体系；水平角度的政治文化是由政治共同体中不同的种族和语言集体形成的政治文化类型。

三、政治文化的功能

不同的政治文化结构具有不同的政治文化结构功能，而政治文化结构功能是不同政治文化要素相互作用而整合成特定结构所产生出来的功能，合理的政治文化结构可以推动政治文化体制升级转型和政治文明发展。依据政治文化与政治生活的关系，以及政治文化主体结构的不同，政治文化的功能具体表现在以下四个方面。

一是政治文化对政治体系的功能。政治文化对促进政治体系变革具有重要作用。政治文化是影响政治体系变革的无形的强大力量。政治体系的变革可以分为三种形式，即维持性变革、损伤性变革和变迁性变革。与此相应，政治文化对政治体系变革的功能也表现为三种类型：一是政治文化在维持性变革中具有以固有的政治价值观和政治认知维持现有的基本政治体系，以相应的文化价值观与文化认知吸收维持性变革发生的变化，形成相应规范维持变革的功能；二是政治文化在损伤性变革中具有以政治文化的形式力量缓冲这种损伤性变革的损伤，以政治文化的固有价值消除损伤性变革的不利方面的功能；三是政治文化在变迁性变革中具有以固有的政治价值系统起惯性抵抗作用，在与政治变迁的互动中促进双方的磨合或更新的功能。

二是政治文化对政治制度的功能。政治文化对政治制度的影响主要表现在两个方面。首先是政治文化对政治制度建立具有引导功能。新建立的政治制度必须反映理论形态的政治信仰,在一定程度上是政治文化的具体化。其次,政治文化还对政治制度的变革具有重要影响。政治系统需要有与之相适应的政治文化。政治文化的变迁可以使原有的政治系统陷入某种危机状态,在或近或远的将来总要促成政治系统的变迁,政治系统的变迁必然要求对原有的政治制度进行变革和创新。一方面,政治文化的创新必然引起政治制度的变迁;另一方面,政治制度的变革与创新又会对政治文化产生影响,进而推动政治文化的变迁。

三是政治文化塑造政治行为的功能。政治文化塑造政治行为的功能主要有导向功能、规范功能和调节功能。首先,政治文化既可以通过法律制度、政治、政府等强制力量规定人们的政治行为,又可以通过对政治成员价值取向和价值判断标准的引导进而影响政治成员政治行为的选择。其次,政治文化通过政治价值取向和政治评价活动来影响政治行为的性质、类型和倾向,进而规范政治成员的政治行为。最后,政治文化可以通过政治价值取向调整政治成员的政治行为,使之符合其所隶属的政治系统所应有的政治信念。具体来说,政治文化对政治行为的影响可以分为对个体政治行为层面的功能和社会政治行为层面的功能。政治文化对个体政治行为层面的功能表现为内化功能、维持功能和调适功能。政治文化对社会政治行为层面的功能包括直接反映社会大系统各部分的互动、为社会政治生活建立规则与规范、为社会政治活动提供桥梁、协调大众政治行为的功能。

四是政治文化具有政策功能。政治文化构成决策制度的环境,对社会的决策制度具有直接影响。一是政治文化构成决策制度的文化环境。特定的决策制度的存在是由与之相适应的政治文化环境决定的,政治文化对决策制度的存在和变革具有支持作用、导向作用甚至阻碍作用。二是政治文化制约决策制度的运行过程。公民的政治取向是决策制定获得合法性的重要前提,对决策系统的良性运行具有直接的制约作用,离开了公众的支持,决策系统难以有效运转。三是政治文化决定决策者的行为方式。通过对决策者的政治心理、政治情感、政治思想、政治价值、政治道德的影响,政治文化直接影响决策者对政治系统的认知,进而直接决定决策者的政治行为。总之,政治文化对决策制度具有规范、引导和调整的功能。

■ 第三节 政治社会化

政治文化是通过学习和传播而形成、发展和变化的,政治文化的学习和传播过程就是政治社会化。政治社会化理论的研究起源于20世纪二三十年代的公民政治教育讨论和研究;20世纪50年代初,人们在对公民的政治教育研究中引进了政治社会化的概念,50年代末60年代初对政治社会化进行直接研究,赫伯特·海曼的《政治社会化:政治行为的心理研究》首开政治社会化研究的先河。此后,阿尔蒙德将政治社会化的概念引入政治文化的理论范畴中,认为政治社会化是政治文化形成、维持和改变的过程,每个政治体系都有某些执行政治社会化功能的结构,它们影响政治态度、灌输政治价值观念,把政治技能传授给公民和精英人物。

一、政治社会化的定义

政治社会化是政治文化研究的重要内容。政治社会化研究的早期代表人物理查德·道森和肯尼斯·普雷威特认为,政治社会化是政治标准和信仰代代相传的方式。国内很多学者也对政治社会化进行了研究。学者王沪宁认为,从高度抽象的视角来看,政治社会化指的是一个政治共同体内部传播政治文化的过程。政治社会化所要分析的就是这个过程以及与其相关的各种机制和机构。学者王浦劬认为,政治社会化是人们在特定的政治关系中,通过社会政治生活和政治实践活动,逐步获得政治知识和能力,形成和改变自己的政治心理和政治思想的能动过程。学者李元书指出,政治社会化是社会个体在社会政治互动中接受社会政治文化教化、学习政治知识、掌握政治技能、内化政治规范、形成政治态度、完善政治人格的辩证过程,是社会政治体系的自我延续机制和功能运行机制。从社会成员个体角度来看,政治社会化是社会个体通过学习实践获得政治知识、价值、规则和规范,进而转变为一个具有政治认知、政治情感、政治态度和政治倾向的社会政治人的过程;从社会整体的角度来看,政治社会化是通过适当的途径传播政治文化进而使社会成员的政治认知、政治情感、政治态度和政治倾向传递给下一代的过程。

可见,政治社会化可以促进政治文化的形成、传递和发展。政治社会化过程和机制的健全程度影响政治文化传递的有效性。政治社会化的特点包括以下四个方面:①政治社会化是人们进行政治实践的过程;②政治社会化是人们成长为政治人的过程;③政治社会化是人们认识政治和政治文化的传习过程的统一;④政治社会化是人们主客观相互作用和不同政治社会化阶段相互作用的过程。

二、政治社会化的过程

政治社会化是个人和社会政治文化形成、发展和变化的过程,贯穿个人的整个人生。然而,现代政治文化是以个人心理取向为基本分析单位的,因此就个人来说,政治社会化开始的过程是很早的,但由于人在一生中不同年龄阶段的认知能力和知识积累程度不同,因此在不同年龄段,政治社会化具有不同的特性。概而言之,依据政治社会化的主体不同以及政治社会化运行过程的不同,政治社会化可以分为个体政治社会化过程和政治社会化的一般过程。

个体政治社会化过程包括三个阶段,即儿童时期政治社会化、青年时期政治社会化和成年时期政治社会化。

关于政治社会化一般过程,学者李元书认为政治社会化的一般过程包括政治文化信息传播、政治观念内化、政治态度演进和贯穿个体一生的阶段性发展四个层面,并按照其内在的逻辑顺序渐次递进,构成一个连续统一的动态发展过程。首先是政治文化信息传播的过程。政治文化信息的传播过程是政治共同体内的不同政治社会化媒介以特定的方式、通过特定的渠道向社会成员传递政治文化的过程。其次是政治观念内化的过程。政治观念内化是社会个体通过加工、转化政治文化信息传播过程中所获得的政治信息,完善政治人格,充实政治自我,更新政治观念的过程,这个过程可以具体化为政治文化信息的认知、结构化和繁殖的过程。再次是政治态度演进的过程。政治社会化是政治态度产生的直接动因,政治态度的演进过程伴随着政治社会化的全过程。最后是个体政治化的阶段性发展过程。个体政治化可以分为形成政治自我、积累政治知识和完善政治人格三个具体过程。

三、政治社会化的方式

政治文化作为政治社会化的内容,是以信息形式存在的,这些信息通常表现为文字、语言、符号等,因此政治社会化必须以特定的方式进行,依据政治文化的表现形式可以采取不同的社会化方式。阿尔蒙德认为,所谓社会化方式指的是结构执行社会功能的方式。当然,我们可以接触互相不同的许多种方式类型,但是在社会化分析中强调得最多的是政治社会化暗示方式和明示方式之间的区别。学者周平指出,政治社会化有直接的和间接的实施方式,前者是指直接传播政治文化,后者是指非政治性内容的传播能影响政治文化的形成。学者江秀平指出,直接的政治社会化的方式包括强制型和明示诱导型。强制型方式包括舆论控制、信仰控制和法律控制,政治参与是明示诱导型的有效方法,间接的方式包括文化、娱乐、礼仪、习俗等。由此可见,政治社会化的方式可以分为两种方式。

一是直接的社会化方式。直接的社会化方式是指直接公开交流与政治对象有关的信息、价值观、感情等。直接的社会化方式可以分为强制型和明示诱导型两种。强制的社会化方式是借助政权力量,通过舆论、信仰和法律控制等控制政治文化。明示诱导型的社会化方式是采用公开的直接以政治教育为目的诱导形式的方式,这种方式主要有象征方式,政治参与方式等。象征方式是适合于青少年早期社会化的方式;政治参与是最常见的诱导型政治社会化方法。

二是间接的社会化方式。间接的社会化方式是指采用间接的、暗示型的、不以直接教育为目的而又能够达到政治社会化目的的方式。这些间接的社会化方式主要有文化、娱乐、礼仪、习俗等,使人们在轻松愉快的环境下接受政治社会化。

四、政治社会化与政治文化的关系

政治文化与政治社会化是一个统一体,是一个统一的过程,二者相互补充,缺一不可。概括来说,政治文化与政治社会化之间的关系是内容和形式的关系,目的与过程的关系,目的与手段的关系。政治文化是政治社会化运行过程的目标,政治社会化是政治文化形成和传播的过程;政治文化是政治社会化的目的,政治社会化是政治文化的手段。具体来说,政治文化与政治社会化的关系表现在以下三个方面。

首先是政治文化与政治社会化相互影响、相互决定。一方面,政治文化是政治社会化学习和传播的内容,通过政治社会化的过程形成基本的政治取向模式;另一方面,政治文化对政治社会化具有相当大的影响,一定的政治文化要求一定的政治社会化过程来保障其传播。此外,在政治文化的传播过程中,政治一体化的过程也渗透着社会化的功能作用。具有相同或相近政治文化内容的政治单位之间才能达成政治一体化的过程,这一过程的持续发展标志着共同利益和价值观的发展,由此可以看出,政治单位之间的政治文化的横向传播是通过政治社会化实现的。

其次是政治文化的维持和创新与政治社会化密切相关。不管政治文化的维持还是政治文化的灭亡,都要通过政治社会化的过程来实现。在政治制度和政治文化更替时期,政治社会化作为一种手段和过程都在为实现一定的政治文化服务,或者维持旧的政治文化,抵制新的政治文化；或者反对旧的政治文化，支持新的政治文化。这种政治社会化，既是一定政治文化的要求，又是促进和形成新的政治文化的动力和外部环境。在非政治变革的情况下，政治文化的继续存在，也必须利用政治社会化过程维持大多数社会成员基本政治取向不变，既有的与政治系统相适应的政治文化可以得到保留，政治系统也有了保持稳定的外部文化环境。

最后从政治文化的继承过程来看，两者也密不可分。政治文化并不会随着社会成员的更替而中断其延续过程，通过政治社会化，两代社会成员之间的政治文化得以传递。由此可见，政治文化借助政治社会化的过程代代相传，相隔数百年甚至数千年仍然能够找到政治文化的同质性联系。

第四节 政治文化的变迁与发展

政治文化变迁是指传统政治文化在政治文化系统内外部影响因素的共同作用下，通过传统政治文化内部的整合而发展形成的既与传统文化相区别，又为人们所共同认同的政治文化形态。

一、促使政治文化变迁的主要因素

促使政治文化变迁的主要因素涉及政治、经济、社会、文化，以及生态环境等各方面的因素。具体来说，促使政治文化变迁的因素主要有社会经济因素、社会政治发展和政治变革、社会文化变迁、网络政治发展以及全球化的推动作用。

一是社会经济因素的影响。社会经济因素对政治文化变迁的影响，主要包括生产力发展对政治文化变迁的影响和生产关系结构调整对政治文化变迁的影响两个方面。[①] 首先，生产力发展对政治文化变迁的影响表现在，随着生产力的发展，社会财富增加，人民生活水平普遍提高，公众参与政治生活的频率和能力逐步提高，因而促进了政治文化的更新。生产力的发展还引起生产关系的变革，进而引起政治体制的变动，而政治体制的相应变化又会引起政治文化的变迁。其次，由于生产关系是整个社会经济关系的典型表现，生产关系中几大要素的配置及特性鲜明地展现了社会的特征和类型，并构成了社会政治结构和意识形态的基础。因此，生产关系的结构和变化对政治文化的变迁也有重要影响。

二是社会政治发展和政治变革对政治文化变迁的影响。社会政治发展和政治变革对政治文化变迁的影响主要在政治输出、政体改革、政治体制更替三个方面。[②] 首先，政治输出是指人们所能观察到与认识到的政府运行过程中的政策输出和行政执行过程，是在政府决策过程中经过了多重环节后直接对社会生活产生影响的最终结果，因此政治输出是影响政治文化变迁的第一层重要的政治要素。其次，所谓政治改革是指渐进或激烈地变革现有政治体系结构和运作方式的政治发展方式。当前世界各国都面临着全球性战略关系调整和国家经济利益发展的迫切要求，许多国家都采取了政治改革的方式，不同程度地对现有政治制度进行改革。最后，所谓政治体制改革是指一种政治体制取代另一种政

---

① 王卓君.文化视野中的政治系统——政治文化研究引论[M].南京：东南大学出版社，1997：246-247.
② 王卓君.文化视野中的政治系统——政治文化研究引论[M].南京：东南大学出版社，1997：249.

治体制的体制变迁方式。政治体制更替从根本上改变了社会的政治结构,这必将导致政治文化的全方位变迁。

三是社会文化变迁对政治文化变迁的影响。社会文化变迁对政治文化变迁的影响是指与政治文化变迁相关的并涉及全社会的文化事件或文化潮流对政治文化变迁的影响。具体来说,社会文化促进政治文化变迁主要表现为两种方式,一种是自觉发起的政治文化运动,一种是非自觉的政治文化运动。首先,自觉发起的政治文化运动依据发起主体的不同,又可以分为主流政治文化变迁和非主流的政治文化变迁。所谓主流的政治文化变迁是指由执政党或政府依靠国家政治体系和政治行政力量通过政治社会化的基本途径和基本手段,对相应群体进行集中灌输而推动政治文化变迁的过程,这种政治文化变迁具有规模大、涉及面广、渗透力强的特点,能够较容易对政治体制和政治输入、输出的方式产生影响。非主流的政治文化变迁是指由非统治阶级甚至反政府的民间团体发动的政治文化变迁,这种政治文化的变迁方式一般总是与主流政治文化相反,因而对占统治地位的政治文化系统具有销蚀和破坏作用,但是这种政治文化变迁方式是推动主流政治文化变迁的重要动力。其次,非自觉的政治文化变迁是指没有明确的组织者或运动目的,也没有非常大影响力的在特定群体范围内起作用的社会文化运动所引起的政治文化变迁。尽管非自觉的政治文化变迁的作用没有自觉的政治文化变迁的作用强,但非自觉的政治文化变迁对整体性的宏观政治文化影响的作用也是不容小觑的。

四是网络政治发展对政治文化变迁的影响。网络政治就是以网络为媒介和空间体系展开现实政治现象和政治过程的新型政治。首先,网络参与的便捷性、开放性和互动性、平等性、可匿名性、多中心性为公民政治参与创造了良好的条件,极大地调动了公民政治参与的积极性和主动性。其次,尽管网络政治能够影响公民的政治参与进而引起政治文化的变迁,但同时也要看到网络政治是一把"双刃剑"。一方面,网络政治与现实政治是密切相连的,因此它在很大程度上就是现实政治的反映和延伸,进而能够推动现实政治的发展;另一方面,由于网络政治的特殊性带来了网络政治管理方式的新挑战,这也将要求旧政治文化进行调整以应对这种新挑战。概言之,网络政治的发展必将对政治文化变迁产生影响。

五是全球化对政治文化变迁的影响。随着经济发展的全球化,全球化对经济发展的效应逐渐扩展到政治、文化和社会等其他领域,这必将对政治文化的变迁产生重要影响。总之,在全球化的进程中,价值多元化和文化多样化的发展必将引起不同国家社会思潮和价值观念的变迁,而这些变迁又会进一步引起公民的价值观念、思维方式的变化,并最终反映到政治文化中。

二、政治文化变迁的主要方式和方向

政治文化体系是在特定的历史背景和社会环境下进行的,因此政治文化的变迁是以特定的方式进行并具有特定目标的。

一是政治文化变迁的主要方式。政治文化变迁的方式是多种多样的,其中最主要的有创造、传播、潜移、强迫性改变、中断或消亡等几种方式。

首先,创造是政治文化变迁最基本的形式。人们在政治社会化的过程中不会固守于旧有的文化体系而总要不断创造新文化,这就是政治文化的创造形式。政治文化的创造主要有两种形式:一种是根据新的政治系统要素和文化要素创造出与传统政治文化系统不同的态度、情感和评价取向;另一种是将经济社会政治发展中的特征融入政治文化体系中,经过新旧政治文化体系的互融互通实现政治文化的创造。其次,传播也是政治文化变迁的重要方式。任何一个国家都无法割断与其他国家文化的交流,传播成为除创造以外形成文化新质的重要源泉。其原因就在于,在民族文化圈子内的创造,因受传统思维的束缚,其创造性相当有限,只有传播才能将本质上不同于原先体系的新质移入自己的民族文化中,促进文化系统的更新。最后,是政治文化变迁的潜移方式。政治文化潜移的特征主要有以下三个。一是政治文化潜移的多向性。同一地区不同国家政治体制的碰撞和多种政治文化的相互影响,且每个国家的政治文化追求是不一样的,这就导致了政治文化潜移的多向性。二是政治文化潜移的隐蔽性。政治文化潜移是在潜移默化中发生的,因而多发生于普通大众的层面上,很难见之于政府层面的政治文化变迁中。三是政治文化潜移的包容性。政治文化潜移表现为政治文化之间的差异让位于相同的方面,因而具有较强的包容性。此外,政治文化变迁的方式还包括强迫性改变、中断或消亡等方式。强迫性改变是指一个民族或国家的政治文化体系受到外力的作用而发生大规模的、突然的变迁。中断或消亡是指因为某种突然的原因或是外力的强迫性改变,或是大规模战争之后政治系统的坍塌,或是民族的消亡,政治文化系统会在其变迁中出现中断或消亡的情况。

二是政治文化变迁的方向。任何政治文化的变迁都具有特定的目标导向。一般来说,政治文化变迁的方向是指从零散的政治文化向整合的政治文化发展。

所谓零散的政治文化指的是缺乏主导性的政治文化,在社会群体中经常引起隔离与分歧感,破坏有关政治基本要素的一致性,阻碍了形成和发展成真正的民族社区而需要准备的必要条件。整合的政治文化是相对于零散的政治文化而言的,即指在社会政治生活中,人们保持着对政治生活进行方式的相对一致性。从零散的政治文化向整合的政治文化发展需要具备四个条件。一是要解决传统和现代的问题。现代化的过程既是改造传统的过程,又是破坏和打击传统的过程,如何使人们从传统的乡土方式的忠诚转向现代民族的、世界的政治文化观念,这是在政治文化变迁中各国当权的政治家们需要考虑的重大问题。二是要解决乡村和城市的问题。以乡村为代表的零散的政治文化与以城市为代表的政治文化具有不同,但它却可以在整合的政治文化中继续存在下去,甚至在某些地区,它在渗透程度上会超过城市中存在的整合的政治文化,并以一定的方式销蚀整合的政治文化。三是必须解决民族、宗教、语言等多种影响文化整合要素存在的分歧问题。民族和地区分割、宗教、语言、习俗等社会的多重隔离性因素,是造成政治文化零散的主要源泉。要解决这样的分歧,必须长期持之以恒地用标本兼治的方法,通过相对稳定的社会化的过程,经过一个时期之后,化解矛盾,消除隔阂,达到整合。四是必须解决精英和大众的问题。在政治文化的变迁过程中,精英总是起着带头作用的,起着破坏传统,引导走向现代化的过程。而大众一般具有较为浓厚的传统文化的表现,坚守着原先的价值观和生活方式,不大愿意在根本上触动这种生活方式,由此导致了精英和大众在政治文化变迁过程中步伐的差异。为了达到民族国家的发展和壮大,精英统治层在必要的时候会采取一些较为强硬的手段,促进政治文化体系的变迁,但是政治文化决不能脱离整个国家的政治体制、经济发展和文化传统单枪匹马地改变自己,而必须在民族国家的土壤中,根据自己所能运用的条件有序地进行下去。

三、政治文化变迁的机制

政治文化的变迁机制主要包括有序化机制、惯性抵抗和文化滞后机制,以及渐变、突变和意识形态的超越机制三种。

一是政治文化变迁的有序化机制。政治文化变迁的有序化机制是指政治文化的变迁与社会发展相适应,有序向上发展的态势。政治文化有序化变迁机制表现在三个方面:一是政治文化变迁的有序化机制的发展程式为社会经济政治结构先动,然后波及政治文化系统的变迁,接着以政治文化系统先变的内容来影响社会文化系统的变迁,最后是社会文化系统与政治文化协同进化体系的共生物;二是政治上的变革与政治文化变迁直接相应,虽然政治文化总是滞后于政治变革,但政治变革是政治文化变迁的直接致动因素,政治体系变革之后,总是要采用各种方法,或迫使、或带动政治文化体系的变迁;三是随着社会经济、政治条件的改善,政治文化的变迁会呈现一种明确的发展方向,这种发展方向总体上讲是上升的、进步的、吻合于社会发展要求的(也会有反例),基本趋势表现为从零散的向整合的、从传统的向现代的进化过程。

二是惯性抵抗和文化滞后机制。惯性抵抗和文化滞后机制是指政治经济的变革是显性的、直接的、易于为人们所感知、接受或拒绝的,而政治文化导向是深藏于人们心理深层的对政治系统的一种反映,不易为人们所直接感知。在这种意义下所发生的政治文化方面的变迁,是否会被接纳为政治文化系统中的基本要素,会受到原先政治文化系统惯性运行的抵抗,必须经过相当长的一段时间才能真正被接受。这样,整个政治文化系统虽然有序地反映或接受政治经济的变革作用力,却显现出一定的滞后性。

三是渐变、突变和意识形态的超越机制。在民族国家形成之后,作为民族感情凝聚点的爱国主义是一个永恒的情结。但作为民族政治凝聚的民族认同感,却会因政治体制的变革或更替而发生变化,它是与国家政治体制相关联的。因此,在政治文化的体系变迁中就存在着渐变和突变的问题。政治文化变迁的正常通道是由这种渐变经过长时期的演化,形成数量上的积累,最终达到政治文化体系的基本更替和平滑过渡。但是有时候也会发生突变,它可能发生于一个完全与传统政治文化体系相对立的新的政治体系上升为统治性的体系之时,这时就有必要采取大规模再社会化的方式来重建政治文化体系,清洗旧社会留下的对旧的政治系统的导向痕迹。此外,从根本上来说,政治文化作为一种独特的社会意识形态,它具有某种意识形态的超越作用,其超越主要表现在三个方面。一是在某个特定的历史阶段,以某种亚文化为代表的政治文化体系,超越了主流文化的发展水平,有望成为代表整个社会发展的新的政治文化体系的象征。二是指在传播或潜移的过程中,由于相互的影响,政治文化体系中的某些内容会在原有的基础上发生变化,而这种变化并无相应的政治或经济的条件作为先导,它是超越的。三是指政治文化体系超越了当时政治结构的限制,单独发生了相应的变化,反过来又促进了政治体制的变革,或大或小地成为政治体制变革的重要推动因素。

第五节 绿色文化

生态问题已日益凸显为全球性问题,并威胁到人类社会的可持续发展,对人类社会发展模式提出了严峻的挑战。绿色文化正是在这一背景下形成的,代表着当代文化发展的新方向,彰显着人类对生态文明认知的新高度。绿色文化的形成和发展,必将对各国政治文化产生重要影响,必将成为各国政治文化变迁的重要动力。

一、绿色文化的兴起与发展

伴随着现代工业文明而来的全球性生态危机,已超越了国家间的界限,成为当代人类必须面对和亟须解决的共同难题,正是在人类探索解决这些共同难题的进程中,一种全新的文化形态应运而生,这种文化就是绿色文化。蕾切尔·卡逊《寂静的春天》、罗马俱乐部《增长的极限》等著作的发表,引起了人们绿色意识的觉醒,标志着绿色文化的萌芽。解决生态环境危机是绿色文化产生的实践基础,西方环境哲学的发展、我国传统文化中的生态智慧,以及马克思恩格斯自然观中的绿色文化意蕴构成了绿色文化研究兴起的理论渊源。

一是绿色文化兴起的实践背景。生态环境问题是 21 世纪人类共同面临的时代问题,主要表现在全球气候问题、臭氧层问题、酸雨污染、土地沙漠化、水资源污染、森林面积减少、生物多样性危机、海洋生态危机、化学污染、空气污染等相关方面。生态环境问题的发生并不是孤立的现象,而是与人类的世界观、价值观、道德观等方面存在着深层次的因果关系。因此,在人们解决生态环境问题的生动实践过程中,绿色文化也应运而生。

二是绿色文化的西方环境伦理基础。西方环境伦理学将人与自然的关系作为哲学的基本问题,反映了当代哲学研究的新变化和新趋向,代表了人类与自然和谐共生的根本愿望。西方环境哲学的流派包括利奥波德大地伦理生态主义、布克金生态有机主义、泰勒生物中心主义、罗尔斯顿自然生态主义、卡普拉有机系统生态主义等理论。其共同特征是以人与自然和人与人的平等关系为原则,强调敬畏一切生命,反对屠杀动物,反对为了人类的利益掠夺自然,提倡绿色和平等。西方环境伦理学的发展,丰富了人与自然关系问题研究的内容,为人类社会发展与环境保护提供了绿色文化的理论基础和精神动力。

三是绿色文化的中国智慧。我国儒家、道家、中国化的佛家的传统思想和人文精神中蕴含着丰富的绿色意蕴。① 一是儒学中蕴藏着"天人合一"的生态哲学,包含着"仁爱万物"的生态伦理,具有"致中和"的思想。"天人合一"主张世界是"自然-经济-社会"复合生态系统,与现代生态学思想完全吻合。"仁爱万物"的思想充分说明人们已经认识到过早宰杀动物是不合理的。"致中和"要求遵循客观规律,使万物各得其位,生长并与不相害。二是道学中的"道法自然""中和之道",体现了人与人、人与自然之间的协调关系;万物平等、尊道贵德的理念体现了"天地与我并生,万物与我为一"的绿色理念。三是佛学强调"以佛性等故,视众生无有差别"以及"依正不二"的整体观,这种整体观体现了众生平等以及人与自然、环境与生命不可分割的绿色理念和绿色价值观。

四是马克思恩格斯自然观的绿色文化意蕴。在《1844 年经济学哲学手稿》中,马克思

---

① 杨玉珍.绿色文化的理论渊源及当代体系建构[J].河南师范大学学报(哲学社会科学版),2018(6):64-69.

提出,自然是人类的无机身体——那是就自然本身不是人类躯体而言。"人类依靠自然生活"意味着自然是他的躯体,如果他要活着,他就必须保持与它不断地交流;人类的物质与精神生活和自然相联系,仅意味着自然和它自身相联系,因为人类是自然的一部分。这足以可见,马克思恩格斯自然观中具有深厚的现代生态立场。马克思恩格斯的自然观的生态立场告诉我们,"人是自然的一部分","人与自然是同性共体"。另外,"人的自然界本质"和"自然界人的本质"也启示我们要正确地认知人与自然之间的对立统一关系。人的社会属性是在改造自然的过程中形成的,人的全面自由解放也只能在尊重规律、积极顺应自然的基础上才能实现,这是对"把征服自然当作价值追求目标"的否定,是对"把自然作为满足膨胀欲望的功利工具"的否定。人类社会的发展应该实现向"非功利化""人本化""向善化""和谐化"的价值转向,这样才能从根本上保护人类自身生存空间,保证人类长远的、持续的发展。①

二、绿色文化的概念

绿色文化具有丰富的意蕴。学者潘峰在对我国传统绿色文化义位进行系统研究的基础上指出,传统绿色文化义位是在绿、青、翠、碧等在内的绿色文化词中汉民族在长期实践中所积淀的物质成果、制度规约、生活习俗、精神心理、价值取向以及语言思维方式等因素综合形成的具有词汇性的文化义位。它与现代以生态观为核心要义的现代绿色文化义位相对立。由此可见,绿色文化一方面在中国传统文化中是指以色彩为核心要义的文化观,另一方面在现代文化中绿色是以生态观为核心要义的文化观。我国学者郭因早在20世纪90年代就从绿色文化和绿色美学的角度提出,绿色文化与绿色美学就是为使人类社会蓬勃生机、旺盛活力、绵延生命,有理解、宽容、善意、友爱、和平与美好,从而使人类愈来愈好于生存和发展而进行设想、设计、创造并产生积极成果的一种文化。学者纪连祥提出,绿色文化是人类社会建立在先进文化观点上,对大自然的生态环境的研究和认知以及在此过程中创造出来的物质财富和精神财富的总和。学者聂莉认为,绿色文化是人们在创建与自然和谐共处社会的各种社会活动中所产生的、能为人们所感知和接受的、影响人们可持续发展行为的精神现象的总和。学者周鸿认为绿色文化包含广义和狭义的概念:从狭义来看,绿色文化是人类适应环境而创造的一切以绿色植物为标志的文化;从广义来看,绿色文化是人类与自然环境协同发展、和谐共进,并能使人类可持续发展的文化。

由此我们可以看出,绿色文化是指在人类生活实践中形成的关于人与自然关系的全新的文化观,绿色文化以生态学理念为引导,以生态环境问题为导向,以实现人与自然和谐共生为目标。绿色文化的内涵包括以下三个方面:一是绿色文化是门具有极大包容量的边缘性学科,它涉及人类社会学、生态学、环境学、哲学以及文学艺术等众多的人文的、自然的科学内容;二是研究绿色文化的最根本目的只有一个,这就是从人本主义出发,通过对大自然内在本质的完美揭示,规范人与自然的关系,为人类文明的发展注入新的活力;三是对绿色文化的认识,不是凭空的理念,绿色文化深深扎根于我国几千年来"天人合一"思想基础之上。我们的任务,是要使"天人合一"思想、人与自然的和谐相处,在充分理解的基础上、在新的条件下加以发扬,这就是绿色文化之所以值得且必须加以研究的深刻

---

① 周玉玲.生态文化论[M].哈尔滨:黑龙江人民出版社,2008:92.

现实意义。

三、绿色文化的特征

绿色文化具有时间、空间、主体的超越性、和谐性、包容性、传承性、时代性、高效性的特征。[①] 一是绿色文化的时间、空间和主体超越性。绿色文化的时间超越性，意味着能够世代相传、生态不息。它是在相当长历史时间内，由精英人物超越自身，体悟人与自然、人与社会、人的物质世界与精神世界的过程中形成的，又经过世世代代的互动进一步为全社会甚至全人类共享，超越时间和空间，没有代际的偏见，没有区域壁垒，能够修正政府和市场的短视，具有超越政府和市场等主体的性质。二是绿色文化的和谐性。绿色文化的和谐性是绿色文化的重要特性，绿色文化是人、自然、社会和谐的真、善、美的文化。三是绿色文化的包容性。绿色文化是一种广泛包容的文化，涉及生态学、绿色美学、绿色文学艺术等多个学科，是融合社会科学的人文文化与自然科学的自然文化于一体的新型文化形态。四是绿色文化的传承性和时代性。绿色文化具有深远的理论渊源，因此必须传承优秀的传统文化，形成绿色发展理念和绿色生产、生活、生态理念。绿色文化也是适应生态文明的新型文化，具有鲜明的时代性，是人类当代及未来的文化形态，在相当长时期内将对历史发展产生主导作用，必须立足时代，面向未来。立足时代要求绿色文化烙上全球化、信息化、后工业化的印记，针对当代人们的思想和行为特点构建绿色文化体系，使其富有鲜明的时代特征，兼顾传承性和时代性。五是绿色文化的高效性。绿色文化旨在实现绿色发展，发展必然讲求高效益，这种高效益不仅指经济效益，而且指经济效益、社会效益、生态效益的兼顾和协调。

四、绿色文化的构成要素

关于绿色文化的构成要素，不同的学者从不同的角度出发有不同的看法。总的来说，绿色文化的构成要素包括绿色精神文化、绿色制度文化和绿色行为文化三个方面。[②]

一是绿色精神文化。绿色精神文化有绿色世界观、绿色价值观、绿色科技观和绿色教育观。绿色世界观和绿色价值观主张将地球视为活的系统，以一种参与式的、综合的、整体的方法认识自然和人，将人化自然和自然化的人统一为一体。绿色科技观要求科技创新必须以绿色为前提，将绿色的观念贯穿于科研工作者、科研团队的研究过程，明确科研的最终目标不是增进一部分群体的利益，也不是急功近利地短期内增进人类利益，而是推动社会进步。绿色教育观是在教育全过程中融入绿色思维、绿色意识、绿色理念，形成教育者的绿色世界观和绿色价值观，树立绿色环保观念，将绿色意识渗透到行为中。

二是绿色制度文化。绿色制度文化就是以公正和平等原则建立新的人类社会共同体，使社会具有自觉保护所有公民利益的机制，具有自觉保护环境和生态的机制，实现社会的全面进步。绿色制度文化主要包括绿色综合决策机制、绿色法规政策体系、绿色公民参与机制、绿色文化培育机制、绿色发展考核评价机制、环境保护责任追究制度等六个方面。一是要建立绿色综合决策机制，规定政府决策时必须从环境效益而不是经济效益出

---

① 杨玉珍.绿色文化的理论渊源及当代体系建构[J].河南师范大学学报(哲学社会科学版),2018(6):64-69.
② 邓燕雯,吴声怡.构建绿色文化[J].管理与财富,2004:(8):18-20.

发,从生态价值而不仅是经济价值出发来确定其政策制定的思路和出发点。二是要建立健全绿色法规政策体系。绿色法规政策体系是由绿色发展市场调节机制、生态补偿和资源有偿使用制度等具体制度构成的。三是要建立绿色公民参与机制。绿色公民参与机制对生态建设和环境保护具有重要作用。对于重大规划、政策及重大项目,应实行环境影响评价和专家咨询论证制度及公众听证制度,形成政府、专家与社会相互配合的民主决策机制。四是要完善绿色文化培育机制。通过形式多样的教育、培训和宣传渠道,促进所有受教育者绿色文化观的形成和发展,塑造新一代共生型生态社会建设者。五是要建立健全绿色考核评价机制。涵盖环境污染、资源耗费、生态价值等的区域发展综合评价指标体系,发挥生态指标的约束作用,全面提高生态环境指标权重。六是要建立健全环境保护责任追究制度。实施党政干部领导生态环境损害的问题追溯及责任终身追究办法。对环境污染控制不力导致突发性、群体性事件的官员要实行一票否决制。

三是绿色行为文化。绿色行为文化主要包括倡导绿色精量消费和绿色生产体系建设。首先是绿色精量消费的倡导。绿色精量消费是合理的消费结构、适度增长的消费水平、资源节约的消费方式,以及健康科学的消费观念之间的有机统一,是充分保护生态环境、合理有效利用资源的新型消费模式。其次是推进绿色生产体系建设。在生产过程中应推进循环发展、低碳发展和生态发展。循环发展包括三个层面,即企业内部小循环、企业间关联性、社会整体大循环。低碳发展要求第一产业大力发展绿色有机、生态农业,第二产业大力发展战略性新兴产业,节能环保、可再生能源、资源回收利用等绿色新兴产业,第三产业中大力发展商贸物流、电子商务、生态旅游、金融保险、信息会展等现代服务业,形成低碳产业体系。生态发展的运作方式首先要发展企业层面的生态系统,要求企业在生产过程中履行社会责任;其次是多个企业之间建立起结合型生态经济,促进产业层面的生态化发展;最后建立复合型生态经济,要求经济社会活动均要贯彻生态化理念,发展生态新业态,培育生态消费新观念。

■ 本章小结

依据政治文化内容的不同,政治文化可以分为狭义政治文化和广义政治文化。狭义政治文化是指政治共同体成员在政治活动中形成的政治心理、政治思想、政治价值、政治道德等构成的体系。广义政治文化是人们在政治活动中形成的政治心理、政治思想、政治价值、政治道德、政治制度和政治行为的总和。根据政治文化的概念,政治文化系统是由相互联系、相互作用的要素组合而成的具有综合性政治功能的有机整体。这些政治文化的要素包括政治心理、政治思想、政治价值、政治道德等。

政治文化的结构是由政治文化各要素以及各要素按特定的结构整合在一起的具有系统功能的整体。从政治文化主体来看,政治文化可以分为国家政治文化、组织政治文化和公民政治文化。从政治文化的发展时态来看,政治文化可以分为传统政治文化、现代政治文化和后现代政治文化。从政治文化的要素来看,政治文化结构是由政治心理、政治思想、政治价值和政治道德构成的。不同的政治文化结构具有不同的政治文化结构功能,而政治文化结构功能是不同政治文化要素相互作用而整合成特定结构所产生出来的功能,合理的政治文化结构可以推动政治文化体制升级转型和政治文明发展。政治文化有促进政治体系变革、促进政治制度优化和创新、塑造政治行为,以及规范、引导和调整政策等四大功能。

政治文化是通过学习和传播而形成、发展和变化的,政治文化的学习和转播过程就是政治社会化。政治社会化可以促进政治文化的形成、传递和发展。政治社会化过程和机制的健全程度影响政治文化传递的有效性。依据政治社会化的主体不同以及政治社会化运行过程的不同,政治社会化可以分为个体政治社会化过程和政治社会化的一般过程。政治社会化的方式包括直接的方式和间接的方式。政治文化与政治社会化之间的关系是内容和形式的关系,目的与过程的关系,目的与手段的关系。

政治文化变迁是指传统政治文化在政治文化系统内外部影响因素的共同作用下,通过传统政治文化内部的整合而发展形成的既与传统文化相区别,又为人们所共同认同的政治文化形态。促使政治文化变迁的因素主要有社会经济因素、社会政治发展和政治变革、社会文化变迁、网络政治发展以及全球化的推动作用。政治文化变迁的方式是多种多样的,其中最主要的有创造、传播、潜移、强迫性改变、中断或消亡等几种方式。政治文化变迁的方向是指从零散的政治文化向整合的政治文化发展。政治文化的变迁机制主要包括有序化机制、惯性抵抗和文化滞后机制,以及渐变、突变和意识形态的超越机制三种。

绿色文化的形成和发展,必将对各国政治文化产生重要影响,必将成为各国政治文化变迁的重要动力。解决生态环境危机是绿色文化产生的实践基础,西方环境哲学的发展、我国传统文化中的生态智慧,以及马克思恩格斯自然观中的绿色文化意蕴构成了绿色文化研究兴起的理论渊源。绿色文化以生态学理念为引导,以生态环境问题为导向,以实现人与自然和谐共生为目标。绿色文化具有时间、空间、主体的超越性,和谐性、包容性、传承性、时代性、高效性的特征。绿色文化的构成要素包括绿色精神文化、绿色制度文化和绿色行为文化三个方面。绿色精神文化有绿色世界观、绿色价值观、绿色科技观和绿色教育观。绿色制度文化主要包括绿色综合决策机制、绿色法规政策体系、绿色公民参与机制、绿色文化培育机制、绿色发展考核评价机制、环境保护责任追究制度等六个方面。绿色行为文化主要包括倡导绿色精量消费和绿色生产体系建设。

本章重要概念

政治文化(political culture)

政治心理(political psychology)

政治思想(political thought)　　政治价值(political value)

政治道德(political morality)　　绿色文化(green culture)

本章重要概念

本章思考题

1. 简述政治文化的概念及其构成要素。
2. 简述政治文化的结构和功能。
3. 简述政治社会化的概念与途径。
4. 简述绿色文化的概念与构成要素。

本章思考题

本章推荐阅读书目

1. [美]加布里埃尔·A.阿尔蒙德,西德尼·维巴.公民文化——五国的政治态度和民主[M].杭州:浙江人民出版社,1989.
2. 王乐理.政治文化导论[M].北京:中国人民大学出版社,2000.
3. 丛日云.西方政治文化传统[M].哈尔滨:黑龙江人民出版社,2002.
4. 孙正甲.政治文化:心态·观念·价值及其演进[M].哈尔滨:北方文艺出版社,1992.
5. 王卓君.文化视野中的政治系统:政治文化研究引论[M].南京:东南大学出版社,1997.
6. 纪连祥.绿色文化情缘[M].北京:解放军文艺出版社,2001.

第十章 国际政治

---**本章导言**---

现代政治学是一门将国家和政府作为主要研究对象的学科,始终把国家或政府间的政治关系作为其研究的重要内容之一。因此,如何与时俱进地把握纷繁复杂的国际政治变化规律,是政治学研究的重要任务。只有对国际政治进行全面的了解和认识,才能正确分析和判断国际政治现象和问题,从而把握国际政治发展变化的规律。本章主要对国际政治的内涵与特征、行为主体、影响因素、发展演变、基本问题、中国角色、未来议题与发展趋势进行阐释。

第一节 国际政治的基本概述

何为国际政治?国际政治具有何种基本特征?国际政治主要包括哪些行为主体?影响国际政治的基本因素有哪些?本节将对这些问题进行简要阐释。

一、国际政治的含义与特征

"国际政治"一词是相对于"国内政治"而言的,作为学科的名称,国际政治通常与"国际关系""国家间政治""世界政治""全球政治"等概念相互使用。国际政治主要是指国家与国家之间的政治关系,同时还研究与此密切相关的国际社会、国际组织、国际政治运动、战争与和平等一系列问题。

关于国际政治的含义,《国际关系辞典》将国际政治定义为:一种复杂的、处于运动形态中的国际范围的社会现象,它反映了国际社会中各种政治力量在不同情况下的对峙、组合、分化、矛盾和斗争。《国际政治大辞典》将国际政治定义为:国际社会行为主体(主要是国家)的对外战略和相互作用形成的政治关系和政治现象,是世界范围内战争、和平、强权、民主、竞争、共处等政治活动的总称。国际政治有广义与狭义之分,狭义的国际政治主要是指国家之间的政治关系,其主要突出国际政治的行为主体是国家。广义的国际政治则不仅包括国家间的政治关系,还包括国际政治舞台上其他行为主体以及人类共同关注的全球性问题,诸如和平与发展问题、全球气候环境问题、难民问题、恐怖主义问题、全球化问题,等等。

综上而言,本书主要从广义的视角来界定国际政治,亦即国际政治是指国家与国家之间、国际组织与国际组织之间、国家与国际组织之间,以及其他政治共同体之间,为了实现各自的利益和目标或者解决某一国际性问题而进行的政治性活动和发生政治关系的总和。因此,国际政治是一个范围广泛、内涵丰富、纷繁复杂且不断变化的现象。从国际政治的内涵出发可以概括出以下基本特征。

一是国际政治是一种特殊而复杂的政治现象。国际政治首先表现为一种政治现象,是国际社会成员之间的权利和利益关系。国际政治的主要表现形式为各主权国家及其政府对外制定与实施政策,但是,现代国际政治行为主体的多元化发展,打破了传统狭隘的国家间政治关系,如联合国、国际集团、权威国际组织等的出现,使国际政治不仅仅单纯地表现为主权国家间的政治关系互动。又由于在国际政治关系中,任何一个主权国家做出决策行动,其行为往往要受制于其他行为主体制约与限制,国际政治关系并非各个主权国家政治行动的简单相加,也不是按照某一个国际成员的意志建立起来的。因此,国际政治互动过程是国际社会成员之间相互竞争、冲突、合作、妥协等一系列复杂过程的总和。

二是国际政治最基本的参与者是各主权国家。由于国际政治主要的参与者为主权国家,因此,与国内政治生活相比,国际政治生活是没有公共权威的,也就不存在围绕公共权威所产生的社会阶层、政党以及其他政治性社团。国际政治的结构主要是以各主权国家相互之间的政治关系为纽带而形成的有机整体,由于主权国家要求其主权不受外来力量的干预与支配,因而相互尊重各国家之间的主权是国际政治关系互动的基本准则之一。同时,随着国际交往的扩大,一国要实现其政治、经济、军事等目标,仅仅依靠自身是很难实现的,因此主权国家之间为实现共同利益而结成的国家集团便应运而生,这些国家集团可以参加不少政治活动,但是却不能凌驾于各民族国家的主权之上,其成立的目的也是为了巩固和维护主权国家的地位。

三是国际政治的基本出发点是国家利益。一切国际政治的根本行为都是为了实现各主权国家的国家利益。国家利益是各主权国家参与国际政治活动的基本驱动力,其不但设定了一个国家对外交往的基本目标,而且也决定了一国国际政治行为的规律。在各个主权国家对外交往的活动中,国家之间在利益上的相似、平行、互补、冲突是国家间联合、协调、妥协、对抗的根本动因。

四是国际政治呈现出某种"无政府状态"。在正常国家内部,政府是有特定公共权威的,各种法令的颁布与实施是有保障的,军队、法院、警察、检察院和各级政府等,好似维护国家政令畅通的有效机器。而在国际政治活动中,由于各主权国家的历史、文化、政治、经济等方面的迥异,国际社会很难产生出一套全体成员都能接受的价值系统或者国际道德,因此,对某些国际行为很难用某一国际道德标准去评判。尽管在国际社会中也存在为大多数主权国家所认可的"国际准则",但是并不存在一个类似国内政治中的那种公共权威机构来负责实施这些准则并对违规者进行惩罚与制裁,这无疑为国际强权政治与暴力干涉留下了很大空间。总而言之,国际政治活动既有一些效力有限的国际准则或国际道德存在,同时又存在着强权、无序和混乱的无政府状态。

二、国际政治的行为主体

国际政治的行为主体主要分为两大类:一类是国家行为主体;一类是非国家行为主体。

(一)国家行为主体

国际政治的国家行为主体主要是指主权国家,其是国际政治最基本的行为主体。主权国家一般包括领土、主权、人口、政府这四大要素,只有具备了这四大要素才能成为现代的主权国家。主权国家产生以后,就成为国际舞台上国家间交往的基本主体。现代意义上的国际政治就是从主权国家之间的交往互动开始的。

从国际政治的发展历史来看,国际政治首先表现为主权国家之间的关系。在国际政治发展很长一段历史时期内,主权国家是唯一的参与主体,即使到了今天,主权国家之外又出现了其他国际政治行为主体,但主权国家仍然是国际政治舞台上的主角。主权国家的这种地位主要体现在:首先,主权国家是国际政治领域唯一享有充分主权的行为体,主权国家的这一特点决定了其在国际政治中能够充分发挥能量,借助国家主权实现对利益的追求,这是其他国际政治行为主体所不能企及的;其次,主权国家之间的关系状态和内容决定了国际政治的状态和内容,国际政治领域的矛盾、斗争、冲突、合作主要存在于主权国家之间,而国际政治最终所追求的也主要是国家的利益;最后,国际政治的其他行为主体也大多为主权国家的派生物,如国际组织等,要么是国家之间的组织,要么是从属于主权国家的行为体之间的联合。

主权国家之所以在国际政治中扮演着如此重要的角色,主要是因为国际政治最终追求的仍是国家利益。国家利益是指满足国家生存和发展所必需的条件,包括国家安全、领土完整、社会制度和经济繁荣等。国家利益是决定国家外交政策和对外行为的基本动因,只要这个世界在政治上由国家组成,国家利益在世界政治中就具有决定意义。对各国来讲,不存在完全一致的国家利益,国家利益总是具体的,并随着时代的发展而变化,但是在整个国家政治领域,国家利益又存在一定的普遍性,即国家利益是普遍性与特殊性的统一体。对具体国家而言,除了追求本国的特殊利益之外,还要考量其普遍性意义。①

(二)非国家行为主体

虽然主权国家是国际政治舞台上的主要行为主体,但是这并不意味着排除其他主体的存在与重要性。非国家行为主体是指那些超越国家之外的、能够单独地参与国际政治事务的政治或经济实体。在国际政治中,主要存在着以下几种非国家行为主体。

一是政府间国际组织。政府间国际组织主要是指两个主权国家为了实现共同的目的而设立的国家间组织。政府间国际组织作为跨越世界多国的机构,既可以是区域性与专门性的,如东盟国家组织、非洲统一组织、北约,也可以是综合与多功能性的,如联合国等。它们不受任何一个国家的权力管辖,在共同目标基础上采取共同的行动,它们符合国际政治行为主体的基本特征,能够成为影响国际政治关系的一种独立的力量。

二是非政府间国际组织。非政府间国际组织是各国的民间团体、联盟或个人,为了促进在政治、经济、科学技术、文化、宗教、人道主义及其他人类活动领域的国际合作而建立的一种非官方的国际联合体。② 其数目由20世纪初的一百多个发展到现在的上万个。虽然从国际法的角度来看,非政府间国际组织并不具有国际法的主体资格,但是这并不影响非政府间国际组织在国际关系中发挥重要作用。同时,随着全球化的进一步加深,非政

---

① 朱光磊,郭道久.政治学基础[M].北京:首都经济贸易大学出版社,2007:374.
② 夏安凌,戴轶,王学军.国际政治学导论[M].武汉:武汉出版社,2007:51.

府间国际组织将会在国际关系中发挥越来越重要的作用。从非政府间国际组织在国际社会中的活动来看,影响比较大的主要是国际政党组织与世界宗教组织。国际政党组织是政党的跨国联合或者联盟,如二战后建立的社会党国际、基督教民主党国际、国际民主联盟等。世界三大宗教都建立了自己的国际组织,随着国际关系的发展,宗教组织也深深卷入了国际政治生活,其政治影响十分广泛。

三是跨国公司。跨国公司是全球化背景下资本与生产国际化的结果,其与国家之间的关系也比较复杂。跨国公司一方面与国家主体有着千丝万缕的关系,另一方面也被看作是导致国家地位与作用下降的重要因素。在国际社会运作的跨国公司不仅是一个经济实体,也是一个政治实体,尤其是在政治经济密不可分的现代国际关系中,跨国公司可以将经济权力转化为一种政治权力,并能够深深地介入到国际关系中来。可以说,跨国公司正是通过对生产技术、金融资本、市场这三个经济生活的基本资源的日益加强控制,从而有效地改变着世界的经济与政治面貌。

三、影响国际政治的基本因素

为了进一步理解与把握国际政治,有必要对国际政治的基本影响因素进行分析和概括。从客观上来讲,影响国际政治的因素有很多,既有宏观的因素,也有微观的因素,既有显性的因素,也有隐性的因素,具体来讲主要包括以下几方面。

一是地理环境。一个国家的地理环境主要包括地理位置、领土、领海、领空、人口数量与质量等一系列物质形态的因素。地理环境对一个国家在国际上的地位影响是多方面的,这些影响主要表现在:影响一国对外政策的制定与实施、影响国际结构体系、影响国际权力的获取以及决定着一国的外交重点。这说明了地理环境对一国在国际关系中的地位与作用有重要的影响。

二是时代的性质与特征。任何时期的国际政治都是一定时代内的国际政治,不存在超脱时代之外的国际政治。因此,时代的性质及其特征直接影响了国际政治的基本走向,随着时代性质的变化,国际政治关系也会随之发生相应的变化。21世纪以来,随着全球化的快速发展,国际政治格局出现多元主体和平、合作、共同发展的主要趋势。因此,不同的时代性质与特征对国际政治格局会产生十分重要的影响。

三是国家利益。国家利益是决定国际政治的核心要素,是各主权国家对外交往的基本动因,也是调整国家对外行为的根本点。国家利益历来是一国政府对外行为的关键,因而,国家利益是决定国际政治关系的核心要素,具体表现为:首先,维护国家利益是一国对外交往政策的最高目标;其次,国家利益是一国制定对外政策的根本依据;再次,国家利益决定了国家之间相互关系的性质,这也印证了"没有永久的朋友也没有永久的敌人,只有永久的利益"这句话;最后,国家利益是解释和证明国家对外政

[拓展阅读]如何理解"没有永恒的朋友也没有永恒的敌人,只有永恒的利益"这句话?

策合理性的重要工具。可见,国家利益是影响国际关系的关键变量。

四是综合国力。国际关系的变化与发展都是以一定国家的综合国力对比为基础的,任何国际关系的格局总是由综合国力强大的国家所主导。综合国力主要分为有形的综合国力与无形的综合国力两方面。有形的综合国力主要包括人口、地理条件、军事、经济、科技等力量;无形的综合国力主要包括社会制度、政治制度、政治局势、民族凝聚力、国际声望等。综合国力是一个国家国际地位高低的重要尺度。如果说国家利益决定了国家对外战略的目标,那么综合国力就提供了达成这些目标的基础与手段。由此可见,综合国力在决定国际关系主要内容、状态以及发展趋势方面具有重要的作用。

五是文化与意识形态。文化与意识形态是影响国际政治关系的重要因素,对国际关系有一定的制约与影响作用。它是在一定的历史和现实的政治、经济、社会中形成的思想、意识、心理、情感、道德与价值观等。在当今世界,文化与意识形态对国际政治的影响越来越大。一方面,文化与意识形态的传播加强了各国的交流与了解,促进了文明的碰撞与交融,有利于国际社会的和平与发展;另一方面,一些别有用心的国家利用文化与意识形态进行不正当的渗透,以达成其不可告人的目的。这说明文化与意识形态对国家政治关系有重要的影响。

六是科学技术。当今世界,科技正在以迅雷不及掩耳之势改变和影响着世界。同时,科技与国际政治的互动关系也越来越密切。今天,科技对国际政治的影响变得越来越深刻,主要表现为:首先,高科技以全新的手段与技术推动着国际政治的转型与改组;其次,高科技也在不断地通过先进的沟通方式、交通等要素推动国际间的交流与合作,深化了国际和平与发展的世界潮流;最后,高科技也导致了传统国家主权范围的重建和国际政治的公开化与民主化进程。

七是民族问题。在当前的世界格局中,和平与发展是主流,但是也存在着由民族问题引起的不和谐现象。尤其是由民族问题引起的民族冲突、种族纠纷、宗教纠纷、恐怖主义等明显在加剧。可以说,民族问题已经成为当今世界动荡不安的重要根源,民族关系已经成为影响国际政治与国际关系的重要变量。当今世界,因民族矛盾而诱发的国际冲突已经成为影响国际和平与发展的重要负面因素。基于不同民族文化的民族仇视、民族敌意、民族偏执、民族狂热,大大增加了国际冲突通过政治谈判解决的难度。尤其是民族问题引起的恐怖主义阴云正在笼罩全世界,成为影响国际社会安全与稳定的重要因素。

八是全球性问题。全球性问题主要是指全球范围内所有国家面临的关系人类生存与发展的、涉及人类前途与命运的共同问题。诸如生态问题、难民问题、恐怖主义问题、粮食安全问题、和平发展问题,等等。随着世界经济一体化的不断加深,全球性问题已经成为影响国际政治的重要因素之一。一方面,全球性问题不断涌现,使任何一个国家不可能通过"单打独斗"的方式来解决问题,这就推动、加深了政治全球化的趋势;另一方面,全球化问题导致了世界政治与经济的不断渗透,也进一步加深了世界经济政治化与国际政治经济化的趋势。同时,不同全球化问题的涌现使其对现有的国际关系形成强烈的冲击,并不断地拓宽国际关系的内容,使国际关系进一步复杂化。

■ 第二节 国际政治格局的发展演变

国际政治格局主要是指世界各主要政治行为主体在一定历史时期内形成的相互联

系、相互作用的稳定结构。国际政治行为主体由于力量对比关系上的差异，而在一定的结构中居于不同的地位，发挥不同的作用。国际政治格局的发展演变是在第二次世界大战后各种政治力量对比的基础上形成的，当今国际政治格局的发展演变主要分为以下四个阶段。

一、美苏两大阵营对立的国际关系格局

第二次世界大战后，反法西斯力量取得了胜利，国际政治力量对比发生了重要的变化，当代国家关系出现了重大历史性的变革。德意日三个法西斯国家战败，英法等老牌资本主义国家在战争中被严重拖累与消耗，欧洲诸强国已经不能够直接、有效地掌控国际政治格局，而苏美在战时形成的反法西斯同盟没有在战后得以保留。美国以"共产主义威胁"为由，竭力推行侵略与扩张政策，对主要的社会主义国家进行经济封锁。同时，美国凭借其军事与经济实力，通过"马歇尔计划""杜鲁门计划"等援助，在欧洲建立了"北大西洋公约组织"，形成了以美国为中心的资本主义国家阵营。苏联以社会主义国家意识形态、经济社会结构方面的相似性以及共同的政治利益，针对美国的措施采取了针锋相对的政策，通过《华沙条约》的签订，成立了与资本主义国家相对抗的社会主义国家阵营。至此，以美苏两国为首的两大阵营的对抗，标志着二战后两极国际政治关系格局的形成。

二、三个世界并存的国际关系格局

世界反法西斯战争胜利后，广大亚非拉地区的一系列国家先后取得了独立，并成立了一系列新兴独立的民族国家。从20世纪50年代中期到70年代末，新独立的国家达到100多个，新兴独立国家通过召开亚非会议和开展不结盟运动，与一些社会主义国联合，形成了第三世界国家，成为反霸权主义、维护世界和平的主要力量。虽然第三世界国家的出现没有从根本上改变美苏两极格局，但是对美苏两极格局形成较大的冲击。与此同时，西欧和日本等国家从20世纪60年代开始，逐步摆脱美国的控制，开始谋求独立自主发展。欧洲共同体的成立，以及《日美共同合作与安全条约》的签署标志着资本主义阵营出现了严重的分化，西欧与日本构成了国际关系结构中的第二世界国家。在社会主义阵营方面，随着苏联从社会主义大国转变为实行霸权主义的超级大国，社会主义阵营内部团结遭到了严重的破坏，最终导致了社会主义阵营的解体。但是，美苏两国仍然凭借其经济地位与军事优势对国际政治关系产生重要影响，这样美苏就构成了第一世界国家。第二世界与第三世界国家的出现，制约了美苏两国对世界的影响，使战后世界格局逐渐趋于分散化。至此，三个世界并存的格局基本形成。

三、"东西南北"的国际关系格局

随着美苏对外政策的逐渐调整，世界范围内和平与发展逐渐成为重要议题，整个世界逐步从对抗转为合作。在三个世界并存的格局下，世界面临多种多样的矛盾与问题，最终导致了东西南北关系格局的形成。东西南北关系是带有地理特征的政治、经济概念。东西关系主要是指资本主义国家与社会主义国家的关系，既表现为两种不同制度的国家在军事方面的竞争与对抗，又表现为其他领域的竞争、交流与合作。在国际关系较为缓和时期，东西矛盾冲突主要表现为两种制度在经济、文化、政治等领域的相互渗透与反渗透斗

争。南北关系主要是指处于南半球的第三世界国家与大多数位于北半球的资本主义国家的关系。南北关系不仅影响第三世界国家主权完整与经济发展,也制约了资本主义国家经济的可持续发展,这就需要南北各个国家通过相互交流与对话来解决彼此之间存在的问题。东西关系与南北关系是与和平与发展的世界潮流相联系的,东西关系实质是指和平问题,南北关系实质是指发展问题。

四、多极化的世界新格局

20世纪90年代国际格局发生了一系列重要变化,1989年东欧社会主义国家剧变,1990年东西两德统一,1991年苏联解体,这标志着第二次世界大战后形成的美苏两极格局已经崩溃,国际关系正在重新分化与组合,新的世界多级化格局开始慢慢形成。新的国际关系形成主要取决于以下力量的发展状况。美国在世界两极格局瓦解之后仍然是具有强大的经济、军事与政治力量的超级大国,在国际政治舞台上依然是不可忽视的主要政治力量。日本与西欧的快速发展使其凭借雄厚的经济力量,在世界政治舞台上发挥着越来越重要的作用。苏联分离成15个独立国家,需要重新在国际政治格局中寻找新的定位,尤其是俄罗斯复兴与发展成了世界政治、军事强国,成为国际政治舞台上又一重要力量。第三世界国家通过成立各种联盟发展组织,进一步推动了其政治、经济、社会的发展,并逐渐发展成为世界重要的政治力量。在现存的社会主义国家中,中国通过改革开放在政治、经济、社会等方面取得了令世界瞩目的成就,中国在国际关系中发挥着越来越重要的作用,尤其是在多边外交、推动和平解决国际性事务中发挥了举足轻重的作用。中国提出的"一带一路"倡议,极大地推动了世界各国经济、社会、文化的发展,有力推动实现了"共建、共享、共赢"的世界格局。因此,中国在推动世界和平与稳定、促进世界经济的复苏与发展方面发挥了十分重要的作用,是世界多级格局中积极而又重要的中坚力量。

第三节 当代国际政治面临的基本问题

[拓展阅读]疫情如何深刻影响国际关系格局

当前国际政治面临着十分复杂的局势,世界秩序出现了一些十分棘手的危机,尤其是英国公投、美国特朗普主义、恐怖主义持续、欧洲难民潮和极端政治力量勃兴、亚洲地缘政治之争等,表明世界秩序出现了大问题。当今世界,许多国家无论是内政还是外交,都面临秩序与治理危机,内部治理危机导致了许多国家政治权威的衰落。由于当前的国际秩序危机和内部危机是一体的,内部危机可以外延成为世界危机。由此可以看出,当前国际社会诸多问题使国际社会面临严峻的秩序危机,国际政治与国际关系表现出诸多的不确定性。当前影响国际政治与国际关系的主要问题有以下几方面。

一、全球化问题

全球化问题是国际政治中常提常新的问题,今天全球化本身已经成为世界性公共品。全球化(globalization)一词,是冷战结束后国际政治中使用频率最高的术语,全球化告诉人们,世界正在发生变化,人类进入了一个新的时代,各国政府和公众不论自觉与否都得适应这种变化。全球化最早的含义主要是指经济的全球化,主要强调经济要素在世界范围内更加广泛和不受约束地流动,各种经济资源在全球范围内更加合理地有效配置,如国家间自由贸易、全球各地的资本流动、大量的跨国经贸活动与技术转移、随着经济需求出现的专业服务与移民趋势,乃至各国在经济领域使用规则的通用化。随后,这一概念逐渐扩大到其他领域,如政治全球化、安全威胁全球化、文化与消费方式的全球化,等等。全球化问题的研究,最早可能始于 20 世纪 60 年代末 70 年代初"罗马俱乐部"发表的两份报告——《增长的极限》与《人类处在转折点》,"罗马俱乐部"报告在历史上占有十分重要的地位,开启了全球化问题研究的新时代。

[拓展阅读]全球化的利弊

推动全球化的因素主要有以下几方面。一是信息与思想的传播。全球化的重要推动力之一就是交通、互联网以及通信手段的日益发达。这些手段代表着对信息的掌握。掌握了这些关键信息,就意味着掌握了资源、财富与权力。信息不仅传播得更快、穿透力更强,也为更多的人所共享。由于采用了通信卫星、光缆等先进的通信手段和数字化通信等新技术,加上飞机、轮船、高速铁路等的投入使用,世界之间的距离大大缩短了。尤其是互联网的普及,使世界变得更小,人们的全球化意识更加强烈。这表明信息的传播过程越来越具有全球化性质,当今各种全球化问题之所以会引起国际关注,主要在于信息的传播。二是市场与跨国公司。市场经济的全球化,也许是全球化的最大动力。世界经济的全球化,不仅包括技术的全球化和电信及运输手段的全球化,还包括贸易的全球化、金融的全球化以及生产的全球化。跨国公司在推动经济全球化的过程中扮演了十分重要的角色。跨国公司的出现使许多参与经济全球化的国家不再像以前那样控制经济,跨国公司运作的全球资本主要听令于银行与董事会,很难说属于某个政府与国家。各式各样的跨国公司、行业基地、生产网络,变成市场经济走向全球化的中介。三是全球性问题。全球性问题的日益严重,也是推动全球化进程的动力之一。当今许多国家面临着共同的问题,如人口问题、粮食问题、能源问题、环境问题、债务问题、核扩散问题、国际恐怖主义问题、贸易保护主义问题,等等。这些问题的恶化所产生的负面影响与后果均是超国界的,解决这些问题需要各主权国家在"全球村"的意识下,开展相互交流与合作,共同推动全球性问题的解决。

二、民粹主义与逆全球化

从词源学的角度看,"民粹主义"(populism)以"人民"(populace)为词根,可译为"人民主义"或"平民主义"。民粹主义是一种政治哲学,其主要强调普通民众的权益,相信普通群众的智慧。民粹主义主要相对精英主义而言,它认为掌权政治、经济、文化的精英建立的制度以及实施的政策损害了普通民众的利益。因此,民粹主义往往都是反精英与反建制的。在当今全球化大背景下,民粹主义还有一个显著的特征就是反全球化,民粹主义认为全球化对精英有利,对普通大众不利,精英从全球化获得了大量的经济利益,而普通底层民众没有享受到全球化的利益,因此,民粹主义也反全球化。民粹主义一般在普选制国家会有较大的发展,对这些国家的普通民众而言,只有通过选票才有可能改变他们反对的政府及其政策,但是许多国家的政治家往往利用民粹主义来达到其政治目的,从而助长了民粹主义的发展。如英国的"脱欧公投"、法国的"极右翼政党国民阵线"、美国的"特朗普主义"、菲律宾的"杜特尔特主义"等,表明当今世界尤其是发达资本主义国家民粹主义爆发,逆全球化势力开始抬头,已经严重威胁到全球化发展。同时,在发展中国家,由于历史上长期受西方的殖民和压榨,民粹主义的另一个表现是反西方,这与反精英、反全球化是一致的。

  民粹主义在当今世界的兴起有十分深刻的原因。普通民众受到了统治精英不公平的对待,或者普通民众没有享受到经济社会发展带来的成果,在这种情况下,通过某一政治家、利益集团或者技术工具的推动,很容易爆发大规模的民粹主义思潮与运动,从而影响国家稳定与世界秩序的稳定,阻挠全球化进程。当前影响和推动民粹主义发展的因素主要有以下几方面。一是经济全球化产生的社会不公平现象。经济全球化使收入差异越来越大,社会越来越不公平,富者愈富、穷者愈穷的现象屡见不鲜,许多国家的资本家获取了全球化的巨大利益,而底层的普通民众却很少享受到全球化的成果。二是政治精英与民众的分离。在西方,许多国家进入"一人一票"的大众选举政治之后,许多政治精英仍然将大部分精力聚焦于全球性政治事务与国际会议,忽视了本国底层民众的利益,使精英政治家与民众处于较大的分离状态。三是中产阶级的衰落。中产阶级是一国稳定的重要基石,而许多西方国家的中产阶级,由于政府福利保障不到位、全球化带来的财富分配不均、就业压力骤增等因素开始逐渐衰落。四是互联网的推动。互联网的发展使社交自媒体发展十分迅速并对政治产生重大影响,社交自媒体以其超越时间和空间的优势迅速传播各种信息,也能够很快地聚集各种人群,如"特朗普现象"首先就是社交媒体现象,其次才是"特朗普现象"。五是政治家的政治利用。民粹主义的兴起和某一特定的政治家利用一定的政治手段操纵民众情绪有一定的关系,特朗普能够当选美国总统很大程度上就是操纵了民众对社会不公、移民问题、就业问题等的不满情绪。

  民粹主义在全球的兴起会产生严重的负面影响,最直接的影响就是阻挠全球化进程,出现"逆全球化"的全球化倒退现象,具体表现为贸易保护主义、劫富济贫、孤立主义等错误国家行为。如贸易保护主义将会导致跨国贸易与投资的萎缩,孤立主义的一味排外容易产生民族主义情绪。因此,民粹主义的兴起将会不利于全球化的推进,世界经济风险增加,各国不信任程度上升,国家公共产品供给不足,这些因素将使稳定的国际关系与国际政治受到极大的威胁,同时也给国际恐怖主义留下了很大的发展空间。

■ 三、欧洲难民潮危机

  当前,许多欧洲国家正在经历二战以来最大规模的难民潮危机,来自中东国家的难民源源不断地通过偷渡的方式涌入欧洲大陆。数据显示,2013 年涌入欧洲的难民约为 6 万人;2014 年,联合国难民署统计有 21.8 万人通过地中海涌入欧洲;2015 年,大约有 50 万人进入欧洲,大部分是为了逃离叙利亚的战火。面对如此庞大的难民移民潮现象,欧洲正在面临一场前所未有的难民危机,正如德国总理默克尔接受媒体采访时指出,难民问题将成为欧盟严峻挑战,甚至比希腊债务危机更严重。欧洲此次难民潮主要具有如下特征:一是难民数量庞大,偷渡过程中惨案众多;二是难民多为战争难民,而非经济难民;三是难民危机波及欧盟多国。

导致欧洲国家难民潮危机的主要原因是中东国家内部秩序危机与外部国家秩序危机的交互影响。在中东国家内部秩序方面,中东国家政治一直以来都受到宗教的重要影响,但是这些国家一直没有找到适合本国宗教的政体形式,这就使中东国家宗教与世俗政治之间的不适应状况一直存在,中东国家内部宗教派系纠纷、部落斗争、对现代化的不适应等因素也使这些国家面临严重的内部秩序危机。在外部秩序方面,中东国家之间的宗教冲突以及建立在主权国家之上的区域与国际秩序不适应等因素,使中东国家面临非常不稳定的外部环境,但是更主要的因素是大国之间的地缘政治的竞争。中东国家无论是内部秩序,还是外部国家秩序,都受制于西方国家的干预。尤其是美国在中东推行的"大中东民主计划",试图通过中东国家效仿美国民主国家的形式使中东成为美国地缘政治的一部分。但是"大中东民主计划"很快走向了反面,产生了一系列严重的后果,许多中东国家演变成了失败的国家,许多国家政权失去了统治的能力,出现了无政府状态的局面,更为严峻的是这种无政府状态为恐怖主义提供了崛起的机会。在当今的中东国家,各种冲突(内战、宗教、民族等)连绵不断,人民的家园被摧毁,基本生存环境不存。这便是难民危机的根源。

欧洲难民危机的持续发酵,将对欧洲国家尤其是欧洲共同体产生严重的负面影响。欧洲难民危机将会对欧洲的政治、经济、社会、安全等方面产生一系列负面影响,主要表现在以下几个方面。首先,难民危机将会进一步改变欧洲版图,使欧洲极右政党势力进一步扩大。难民危机使欧洲极端右翼政党迅速发展,极右翼政党在难民和移民方面主张排外,禁止一味地以人道主义的方式接受难民入境。其次,难民危机将会进一步加剧欧盟的认同危机。随着难民的不断涌入,欧盟内部出现了开放欧洲还是封闭欧洲的争论。难民危机直接推动了英国"脱欧公投",2017 年初,英国下议院投票通过英国政府提交的"脱欧"法案,并授权首相特雷莎·梅启动"脱欧"程序。再次,难民潮危机使欧盟国家不堪重负,申根区的存在面临威胁。虽然欧盟有共同的边界,但是没有统一的移民政策,这就使欧盟在难民问题上处理不当,缺乏有效的边界控制体制。许多国家在难民危机的形势下,纷纷主张实施边界控制,申根区的持续性备受挑战,人员的自由流动与商品的自由流通将会受到影响。最后,难民潮将会给欧洲经济社会带来一系列问题。难民的涌入将会进一步加剧欧洲社会的种族歧视,同时恐怖主义势力利用难民的问题不断抬头,这将对欧洲安全造成十分巨大的威胁,欧洲不断发生的"独狼式"恐怖袭击已经证明了这一点。同时,难民涌入还会对欧洲财政、就业、社会保障产生巨大的压力与不利影响。因此,欧洲未来将会因难民问题面临一系列挑战,也将对国际政治格局产生十分重要的影响。

四、恐怖主义危机

恐怖主义自古有之,但在全球化、信息化、各国相互依存的现代,其心态和特点都发生了重大的变化,对世界政治格局产生了十分重要的影响。自从美国"9·11"事件之后,恐怖主义似乎已经成为各国社会的常态。当前,世界上绝大多数国家都面临严峻的恐怖主义危机,恐怖主义者以不同的手段和形式在世界各地制造各种残忍的恐怖袭击事件,严重威胁了和平、稳定的国际秩序。尤其是最近几年,欧洲国家已经取代美国成为国际恐怖袭击的重点目标与高发地区。2015 年,巴黎、阿姆斯特丹、哥本哈根、苏塞、里昂等主要欧洲城市发生多起恐怖袭击事件,一共有 100 多人丧生;2016 年,布鲁塞尔、尼斯、慕尼黑、安斯巴赫、柏林、科隆、开塞利、苏黎世等主要城市发生多起恐怖袭击事件,共有 200 多人丧生;2017 年上半年,伦敦、圣彼得堡、斯德哥尔摩、巴黎、曼彻斯特发生多起恐怖袭击事件,共有 40 余人丧生。在这些恐怖袭击中,恐怖主义的形式不断发生变化,由原来的群体式袭击转为"独狼式"个人袭击,这也彰显了恐怖主义强大的生命力。欧洲恐怖袭击事件频发,表明欧洲以及国际的安全形势不容乐观。

恐怖主义之所以能够在欧洲甚至世界范围内快速蔓延与发展,主要有内外两方面原因。从外部原因来看,恐怖主义之所以频频发生,与美国等西方国家的地缘政治干预分不开。"9·11"事件之后,美国开始推行软、硬两大方面的反恐计划。在"硬"的方面,美国用暴力摧毁和清除其认为的恐怖主义基地、基点与主要人员。同时,美国一方面发动或幕后推动了阿富汗战争、伊拉克战争,另一方面又积极干预利比亚以推翻卡扎菲政权,图谋推翻叙利亚阿萨德政权,这使诸多中东国家处于动荡不安的状态,为恐怖主义滋生提供了温床。在"软"的方面,美国积极在中东推行的"大中东民主计划"的失败,使许多中东国家处于无政府状态,这也为恐怖主义的蔓延与发展提供了可能。从内部原因来看,欧洲一体化使诸多国家之间取消了边界的管制,这有效便利了人员、商品的流动,但是也给其社会管理带来了巨大的压力。欧洲各国在司法、内务、情报分享方面存在严重的脱节,在难民处理方面缺乏有效的沟通与合作,各自为政。同时,欧盟国家在吸纳、同化移民方面面临巨大挑战,不同种族、宗教的移民在欧洲社会往往受到一定的歧视,很难融入欧洲社会,他们随时面临失业,处于社会保障的边缘,极易成为恐怖组织网上招募的"独狼式"袭击分子。

恐怖主义的产生与发展将对国际社会产生极为严重的负面影响。恐怖主义造成的最为严重的负面影响,就是对公众造成心理创伤。这种心理的创伤是很难治愈的,尤其是恐怖主义在国际上的频繁发生,以及在"独狼式"恐怖袭击的新形势下,许多国家往往束手无策,民众会产生一种挥之不去的恐慌心理,十分不利于一个国家甚至国际社会的和平与稳定。恐怖主义在很大程度上是无形的,美国可以摧毁伊拉克那样的政府,但是很难消灭一个个网络复杂的基地组织与"独狼式"的个体恐怖分子。因此,未来全世界面临的反恐形势还十分严峻,各国在反恐过程中必须认识到,安全是综合的、共生的、构建的、可变的,甚至是一种"大政治",真正地从综合、多维的思路去应对国际恐怖主义危机。

五、民族主义

民族主义是国际政治中最容易引发流血冲突与情感矛盾的一种现象。当今世界,特别是冷战以后,各式各样的民族主义引起了越来越多的关注。民族有其客观性,如地域、语言、宗教、公共的祖先等,但是也有主观性的一面,即民族成员的民族意识与激情,它们表现为一种至高无上的忠诚,促使民族成员不惜为民族的生存而献身。这就容易形成民族主义。民族主义作为一种意识形态与价值体系,主要在于培养民族成员的民族自我意识、态度与行为取向,从而以推进和保护民族利益为己任,从这一点上来说,民族主义具有强烈的政治性。不管其表现形式如何,任何一种类型的民族主义的目标都是为本民族在国际政治舞台上找到一种政治表达,即使其民族成为国际政治中独立的一员。

民族主义产生有较为复杂的原因。民族主义既是一种政治现象也是一种意识形态,无论是作为政治现象还是意识形态的民族主义都有其复杂的产生原因。纵观历史与现实,产生民族主义的原因主要有以下几方面。一是政治历史原因。历史上很多因为国家利益而发动的战争是推动民族主义产生的重要原因。尤其是国与国之间的利益之战,或者侵略之战,为各国今后的发展埋下了深深的民族仇恨。二是民族问题本身的属性。民族问题本身就具有综合性、多样性、复杂性特征,这使民族主义的表现形式也多种多样,如文化民族主义、政治民族主义、经济民族主义、宗教民族主义、极端民族主义,等等。因此,民族问题是复杂的,不能仅将其看成是一个政治问题、经济问题或者文化问题。其产生的原因是多方面的,有人群的地方就有民族,有民族就会产生民族差别与民族意识,民族差别会导致民族矛盾,而民族意识滋生的民族情感则会对民族矛盾产生民族情绪,若不采取有效的措施就会产生民族主义。三是民族问题的特殊性,主要表现在四方面:一表现为大国、强国对小国、弱国的欺凌,使二者民族矛盾激化;二是大国利用某国或者某区域的民族冲突来干预他国或地区的政治事务,如科索沃战争;三是某些国家为了解决本国或本地区的矛盾,利用民族问题来解决民族问题,如俄罗斯对格鲁吉亚、乌克兰民族问题的政策;四是移民问题也是引起民族主义的重要原因。许多国家通过大量的移民逐渐发展成为多民族国家,这必然会产生一系列矛盾,使外来移民的民族受到排斥、歧视,导致民族矛盾异常尖锐。如美国作为全世界最大的移民国家,经常出现对黑人、亚裔的歧视与排斥等民族主义现象。

归根结底,被称作"民族主义"的东西不过是一种认识和发现自我的意识,是一种在群居的各部分中发现异同的政治符号,是一种使"你"区别于"他"的文化符号。人类舞台上,这种意识、符号或者标识,随时代场地和布景的变化而发挥着不同的功能。民族主义是站在不同的视角看待现实过程的族群意识,其有各自的文化、历史、宗教和背景,有大相径庭的血缘、地缘、利害关系与政治立场,但它们终将在历史发展的长河中经历激荡与筛选的过程,并深刻地影响国际政治格局的变化与发展。

六、地缘政治冲突

冷战结束以后,地缘政治(geopolitics)一词,无论在政治家嘴里,还是在学者或者记者的笔下都显得十分流行,人们似乎发现各种国际事务中都存在地理因素的作用。地缘政治主要是一种以地理因素作为国家政治行为的决定性因素的政治理论。它根据国家的各种地理要素和国际政治格局的地理形式,分析和预测国际形势和国家行为。近年来,地缘政治问题逐渐升温为国际政治的重要焦点问题,中东变局、英国的苏格兰独立公投、俄罗斯与西方在乌克兰问题上的冲突、日韩地缘冲突、中国与周边各国在西藏的边界问题、钓鱼岛问题、南海问题,以及中俄与韩美之间的萨德问题等,表明当前国际地缘政治问题越来越突出,由地缘政治引起的地区性冲突的威胁也越来越大。随着今天地缘政治环境的变化,国际政治秩序也面临着前所未有的危机,与此同时,随着地缘政治的变迁,政治秩序的重塑也变得可能。

当今中东、欧洲、东亚地缘政治问题突出的主要原因是大国间的利益博弈。当今地缘政治的变动主要涉及中国、美国、俄罗斯三个大国之间的博弈,尤其是在美国与西方相对衰落的情况下,中国的崛起与俄罗斯的复兴使世界地缘政治开始发生重要的变迁。在中东地缘政治方面,美国与欧洲国家对中东国家的政治干预,以及大规模实行"大中东民主计划",使中东出现了许多"失败国家",无政府状态使中东地缘政治发生了较大的变化,不同地区的持续冲突使"伊斯兰国"(IS)等恐怖组织崛起,威胁世界政治安全与稳定。在欧洲,乌克兰问题以及黑山加入北约,表明了美国与俄罗斯在欧洲的利益博弈。苏联解体以后,美国等西方国家乘机入侵了俄罗斯的地缘政治利益,随着俄罗斯的相对复苏,其必然要求重建之前的政治利益,甚至考虑从西方国家夺回其原来属于自己的地缘政治利益。乌克兰的例子说明,俄罗斯在从西方手中收回自己的地缘政治利益方面具有十分强硬的态度与决心。在东亚,中国的崛起导致东亚地缘政治利益环境发生变化,无论是南海问题还是东海问题,都表明了中美两国在地缘政治利益方面的博弈。中国在近代经历了很长一段时间的屈辱历史,改革开放以来中国经济社会取得了重大的发展,一跃成为世界第二大经济体,中国的崛起必然要求重建其地缘政治利益,尤其是近年来中国与周边国家在陆地与海洋方面的领土争端,背后其实是中美两国在地缘政治利益方面的较量。尽管中美两国并没有直接的地缘政治利益冲突,但是作为"世界警察"的美国实施的"亚太再平衡"战略,早就将其地缘政治利益扩展到中国的周边国家,直接威胁到中国的国家安全与核心利益,中国在维护自身国家核心利益方面,也做出了强硬的决心与姿态,导致了与美国的间接性冲突,这也使中美关系在未来面临巨大挑战。

综上而言,当今世界正面临着自冷战以来地缘政治变迁的关键时期,随着中国的崛起、俄罗斯的复兴,美国及西方国家的逐渐衰落,世界地缘政治格局也将发生重要的变化,这种变化主要是重建世界地缘政治秩序。当然,这种秩序的重建也必将影响各国政治形势的变化。由此可见,今后的地缘政治之争,不仅是地缘政治利益之争,更是国际政治秩序之争,世界将进入一个国际政治秩序与内部政治秩序变动的时代。

七、朝核问题

东北亚地区是当今世界利益关系较为复杂的地区之一,也是军事力量部署最为密集的地区。中、俄、美、日等国家的战略利益在此交汇,大国关系错综复杂。从地理位置来看,该地区处于亚欧大陆东南边缘,同时又濒临太平洋,是陆权与海权相互碰撞的着力点。当前,朝鲜半岛核危机问题已经成为东北亚政治与安全秩序关注的焦点,同时也使东北亚成为世界政治与安全秩序的焦点。朝核问题主要是朝鲜开发核应用能力而引起的周边安全与外交等一系列问题。朝核问题不是最近几年才出现的,早在 20 世纪 50 年代朝鲜就开始了核技术的理论研究与试验,这给周边国家以及东北亚地区的安全造成了严重的威胁。

朝核问题有深刻的根源。朝核问题源于朝鲜追求拥有核武器。朝鲜对核武器的渴求与其所处的政治、安全环境及朝鲜对这一环境的评估与判断密切相关,既有现实的考量,又有战略用意,核心问题是要保障朝鲜的政治、军事与经济安全。[①] 朝鲜执意发展核能力主要有以下几方面原因。一是保持韩朝均势,获取对韩威胁的手段。朝鲜半岛自朝鲜战争结束以后,半岛南北双方以"三八线"为军事界线,一直维持着军事对峙,双方长期不承认对方主权国家的身份,军事摩擦时有发生。虽然双方都有一定的合作,但是仍然以对抗为主。二是应对美国的威胁。美国在朝鲜半岛的定位除帮助韩国维护其国家安全之外,还有与朝鲜正面冲突的国家安全利益。对朝鲜来说,美国单方面的威胁要比韩国的威胁大得多,面对美国的军事威胁,朝鲜凭借其常规力量无法对抗,只有通过核威慑来瓦解美国的侵犯意志。三是应对日本的威胁。除了美国的威胁之外,朝鲜还面临着日本的威胁,日本作为美国的盟国,很可能对美国在东北亚的任何军事行动提供帮助,包括打击朝鲜。随着日本右翼势力的不断壮大,尤其是安倍晋三为谋求日本的某种正常国家地位,先后修改宪法,允许自卫队出国作战,同时日本也热衷于炒作"朝鲜威胁",这令本来就有矛盾的朝日关系蒙上了更大的阴云。四是在未来半岛统一过程中占据有利的主动地位。朝鲜核计划在半岛范围内,一方面是为了在朝韩军事对峙中处于主导地位,另一方面也是着眼于在未来半岛统一的进程中争取主动地位。五是在东北亚大国政治利益博弈中争取独立的政治地位。东北亚大国林立,大国在利益博弈中充满了安全的不确定性,如何在复杂的地缘政治环境中生存、发展以及保持自身的独立与安全,从而在东北亚政治格局中争取独立的政治地位?朝鲜选择通过发展核战略威慑力量,谋取其在东北亚复杂的地缘政治格局中的绝对安全与独立的政治地位。

当前朝核问题将何去何从,令世界尤为关注。从当前的发展趋势来看,朝核问题主要有三种可能的结局。一是继续"制裁—试验—再制裁—再试验"的恶性循环。目前这种可能性并不小,朝鲜在国际社会如此严厉的制裁下仍然实行了多次核试验;二是朝鲜金正恩政权垮台,这是美国和韩国最愿意看到的结局,美国在很大程度上对朝鲜实施"只压不谈"的策略,就是希望朝鲜政坛内部发生变化,但是这种可能性并不大;三是恢复各方对话与认真谈判,使朝核问题得到缓解甚至是解决。对话谈判是解决朝核问题最为有效的方式,也是各方共赢的范式。只有坚持对话,用安全换安全,才能走出东北亚安全局势的"怪圈"和"死结",避免让东北亚成为一片"黑暗森林"。

■ 第四节 国际舞台上的中国角色

中国是21世纪全球政治格局的重大变量之一。当今世界千变万化的国际关系,离不开中国及其在世界舞台上扮演的重要角色。随着中国的快速崛起,美国等西方国家的进一步衰落以及民粹主义的崛起,中国已经成为全球化自由贸易的重要推动者。从某种意义上来讲,理解中国在国际政治、经济中的角色,也是理解今日国际政治、经济不可或缺的一部分。

---

① 黄凤志,高科,肖晞.东北亚地区安全战略研究[M].长春:吉林人民出版社,2006:116.

一、中国国际角色的历史演变

在一个世纪以前,中国还是近代国际体系中受压迫、剥削的一个主要对象,是欧美列强竞相宰割的贫弱国家。然而改革开放以来,中国已经崛起并跻身世界主要大国行列,成为世界第二大经济体,占全球五分之一人口的中华民族在复兴的道路上正释放出令国际社会惊异的能力。没有人怀疑,中国已经成为国际政治、经济发展的最大动能与变量。而中国之所以能够有今天的发展成就,主要是经历了以下历史演变历程。

(一) 新中国成立以来我国的国际角色与地位

中华人民共和国建国的前 30 年,也是中国共产党执掌政权的前 30 年,是以革命战争年代的思路与做法发展新中国的对外交往关系,定位中国在当代国际关系中位置的"初级阶段"。此时,第三世界国家的外交努力,使我国取得了一定的国际地位。在这一时期,中国提倡和平共处五项原则,与许多新兴独立的发展中国家建立了友好的外交关系,并在国际事务中发挥了一定的作用。但在美苏两大强国对峙的冷战时期,美国对中国的封锁以及中苏关系的恶化,使中国在国际上的地位与作用并不明显,影响也十分有限。

总的说来,新中国建立的前 30 年,是既有成就也有失败的一段时期,这段时期中国结束了长期的内战,粉碎了列强支配中国、用资本主义制度统一天下的梦想。独立自主的新中国屹立于世界东方,给几百年来由资本主义发达国家主宰的当代国际体系以强烈的震撼。但是,这一时期由于国际、国内形势的复杂性,中国的外部交往并不多,获益甚少。中国在这一时期与外部世界的关系是斗争大于合作、猜忌压倒协调、对峙多于对话的关系。这一时期的中国像是一个不断抗争、孤独的革命巨人,站在国际体系圈子之外,在世界经济与全球化发展的格局中相对落后、边缘化。

(二) 改革开放初期我国在国际上的角色与地位

改革开放以来,中国与世界的关系发生了重大的变化,尤其是改革开放到 20 世纪末这段时期,中国破除了以阶级斗争为纲的政治运动,转而走以经济建设为中心的发展路径。中国所有领域、所有工作都服务并服从于发展、有利于民生、着眼于提高综合国力的方向,一切不适合这一重心的观念与体制都在进行改革。因此,对外开放,尤其是对西方发达资本主义国家经济体系的开放与借鉴,成为中国经济发展的题中之义,这些改革与挑战使建国初期革命意识形态的色彩逐渐减弱。随着中国的对外开放与发展,中国的外交也逐渐适应了开放的主题,努力营造新的对外交往方针与新的氛围,为国内变化"保驾护航"、创造条件。因此,这一时期的基本航向,就是努力使中国人民在"站起来"的基础上实现温饱,并逐步富裕起来,利用改革开放的手段推进市场经济在中国的建立,激发劳动者的积极性与创造性。经济的快速发展使中国的综合国力和人民的生活水平不断提升。

上述大背景决定了中国的外交方向,也决定了中国与世界关系的改善。改革开放以来,世界感受到了一个充满活力的新兴大国,那些对中国抱有成见与敌意的国家,越来越无法压制中国的声音,无法把中国排斥在各种全球或者地区问题的解决方案之外。在世界范围内,这段时期恰好是经济全球化、区域一体化与集团化迅猛发展的时期,中国在与国际紧密联系、相互协作的过程中,逐渐成为世界最大的新兴市场,成为全球经济的重要拉动力量,成为初具全球意识和影响力的大国。中国日益成为现今国际体系的重要参与者、建设者与维护者。

（三）改革开放中后期我国在国际上的角色与地位

21世纪以来,世界在发生着重要变化,中国也在发生着重要变化,中国在世界上发生的变化已经明确地表明,中国正在成为全球舞台上的重要角色之一。中国同外部世界的关系,已经从过去很长一段时期内那种单纯的被动适应状态朝着大力参与、主动发声、积极引导的方向转变。自2008年北京奥运会以后,中国的全球地位与影响不知不觉地发生了从量变到质变的飞跃。2010年以来,中国已经成为世界上第二大经济体和第二大军费开支国,中国的海外利益迅速而显著地扩展至世界各地,中国正在成为国际关系的主角。如中国把握的气候和生态谈判的能力、影响全球贸易与金融革新的手段、改善全球贫困与难民问题的效果、供应联合国会费以及出兵维和的意愿,均陆续达到或接近全球大国的层级。因此,中国越来越多地接近国际舞台上的主角位置。

总体而言,21世纪是中国在世界舞台上大有作为的世纪,中国已经成为世界范围内助推经济发展的重要动力。奥运会与世博会的顺利举办,标志着中国自身实力的有效提升,同时中国也积极推动着全球化进程。例如,中国最早推动建立上海合作组织（SCO）、亚太经合组织（APEC）等区域性国际组织,推动召开20国集团峰会（G20）、世界互联网大会,推动哥本哈根进程、全球贸易谈判进程等。尤其是最近一段时期,中国的角色愈发引人注目。2013年以来,中国提出了推动实施"一带一路"以及成立亚洲基础设施投资银行。"一带一路"倡议由中国提出,秉持共商共建共享原则,让沿线国家和地区共同参与,可以说是中国为自己和其他国家的共同发展和繁荣而精心打造的。在全球经济疲软、逆全球化思潮愈盛的背景下,"一带一路"倡议对于推动经济全球化、改善全球治理、促进共同繁荣起到重要作用。这表明中国已经走在了国际舞台的中心,并发挥着核心、积极、建设的作用。因此可以说,今天的国际制度与规范如果缺少全球五分之一的中国人参与,缺乏世界第二大经济体的认同,其合法性与公信力都会大打折扣。可以预测,未来很长一段时间内,在不发生大国全面对抗的前提下,只要中国国内的改革、发展、稳定保持可持续性,将没有任何外力能阻挡中国的发展与崛起,中国将在世界政治经济、环境保护、军事安全等各个领域发挥积极的、建设性的领导作用。在当前复杂的国际局势以及"逆全球化"的大背景下,中国无疑将成为全球化进程的重要推动者与维护者。

二、中国在全球化过程中面临的重要机遇

在当今国际格局中,经济与政治的关系尤为密切,尤其是在全球经济低迷的时期,经济对政治的影响尤为突出。因此,中国在全球经济发展中的表现与面临的机遇,对国际政治格局的发展演变有着十分重要的影响。当今世界发展面临十分复杂的局势,其中最为棘手的问题是"逆全球化",全球化正处于最不确定的时刻。自2008年金融危机爆发以来,世界经济一直处于不平衡的发展状态。全球化与技术进步导致了贫富悬殊、社会分化、就业流失等问题,也导致了西方国家贸易保护主义的迅速抬头。美国民粹主义代表特朗普的当选、英国脱欧、意大利宪政改革公投失败等事件表明,西方民粹主义与民族主义已经开始阻碍全球化进程。如今,全球化已经成为世界性公共产品,而大国有独特的责任来维持公共产品的供给。当前,美国已经不能有效地推动全球化发展,而中国作为全球化的受益者,又是世界第二大经济体,在推动全球化方面起到了重要的作用。因此,中国面临领导推动全球化,提升其国际政治地位的重要机遇。

第一,中国自身优势使中国能够扮演好推动全球化的重要角色。首先,中国自身的经济发展为世界经济增长注入了重要动力。中国经过40多年的改革开放,已经成为世界第二大经济体、最大的贸易国,从2008年世界金融危机以来,中国为稳定世界经济与推动世界经济持续发展做出了重大的贡献。尽管近年来中国经济发展进入"新常态",但是中国经济基数仍然庞大,只要中国维持国家规划的经济发展水平,那么中国就能够有效推动世界经济的发展。其次,中国为世界的发展提出了有效的"中国方案"。中国近年来提出的"一带一路"倡议以及主导成立的亚洲基础设施投资银行,积极地配合了现有的国际经济体系,为世界经济发展注入了新的活力,也有力地推动了世界政治的发展。最后是中国内部的有效治理。当前西方国家的发展困境在于,不能形成一个有效的政府,精英之间没有一致的共识,党派之间相互否决,造成了体制内外困境重重。而中国因其体制优势,建立了一个有效的政府,通过各种方法有效地解决了经济、社会方面的问题,从而为国内经济、社会发展创造了一个非常安定的环境,更为中国推动世界政治与经济发展提供了坚强的后盾。

第二,美国等西方国家的"逆全球化"现象推动中国成为全球化的重要推动者与维护者。从当前国际局势来看,西方国家出现了民粹主义与"逆全球化"现象,尤其是美国特朗普上台以及随后做出退出跨太平洋伙伴关系协定、巴黎气候协定等一系列决定,同时英国也通过全民公投退出了欧盟。这些表明美国和西方国家出现"向内发展"的趋势,全球化与世界政治格局发展面临一定的困境。当前,全球化已经成为一种世界性公共产品,大国具有推动全球化的重要责任,小国虽然也从全球化中获益,但他们仅仅是一种"搭便车"的行为,很难对全球化产生实质性的贡献。因此,维持全球化的运转需要大国来担负起责任,如果全球化公平产品出现了短缺,没有大国来推动其继续有效地运转,那么世界政治、经济发展将面临难以想象的灾难。当前,全球化的领头羊美国已经很难再引导和推动全球化的发展。在美国国内,特朗普的当选表明右派民粹主义与经济民族主义战胜了自由贸易主义,美国不再扮演全球化的领头羊,反而开始扮演起"逆全球化"的角色。同时,欧盟也面临诸多问题。欧盟诸多成员国债务危机严重,国内社会问题不断;难民危机、恐怖主义危机的影响使欧盟国家自顾不暇;同时,英国的"脱欧"表明欧盟内部出现了一定的问题。这也说明欧洲国家很难担当起全球化的领导者。在这种背景下,中国凭借自身的发展优势与积极推动自由贸易的姿态,受到世界的关注。因此,中国要利用世界政治、经济的变化,抓住这一机遇充分发挥其在国际政治与经济发展中的重要作用,从而有效地提升自身的国际地位。

三、中国在全球化过程中面临的挑战与选择

尽管中国在国际政治、经济格局演变中面临十分重要的机遇,但是机遇背后也有诸多挑战。尤其是美国等西方国家对中国崛起与发展抱着敌视的态度,这使中国在主导推动世界政治与经济发展中面临不小的挑战。应对这些挑战需要中国对内推动改革与发展,对外积极融入世界政治、经济体系,从而发挥中国在推动经济全球化、维护和平与稳定的世界政治格局等方面的核心、积极、建设性作用。当前中国在国际政治、经济方面主要面临以下挑战与选择。

第一，中国要汲取西方国家推动全球化的经验与教训。全球化最重要的方面莫过于财富的合理分配，全球化虽然在世界各地创造了大量的财富，但是也容易造成地区间、国与国之间，甚至是一国内部财富分配不平等的现象。如果全球化的财富流入少数资本家手里，广大底层群众没有享受到全球化的好处，那么就容易出现民粹主义、贸易保护主义的现象。这些现象往往会极大地影响民主政治，甚至是影响世界政治格局的发展。当前，美国和欧洲的民粹主义崛起就很好地印证了这一点。因此，中国要推动全球化继续发展，就需要推动更具包容性的发展体系，推动缩小国与国之间的发展差距，同时要有效地推动各国政府之间的合作，有效节制资本毫无制约的状态，在经济发展与民生建设方面实现有效的平衡，从而使世界政治与经济秩序良性互动。

第二，中国需要与其他国家合作寻找全球化的新动力。当前，全球经济发展乏力，各国经济处于缓慢增长阶段，急需新的增长动力支撑。要推动经济增长新的动力，需要主导构建共同的发展平台。当前，中国正处于全球化面临困境时期，要积极推动区域性新的全球化。如中国的"一带一路"倡议、以亚洲国家为主的区域经济全面伙伴关系（RCEP）、美国主导的跨太平洋伙伴关系协定（TPP）与跨大西洋贸易与投资伙伴关系协定（TTIP）等都是类似的尝试。但是，特朗普上台以后，美国退出了 TPP，而将更多的精力放在国内发展上。因此，在美国区域性贸易伙伴关系遭遇困境时，中国可以抓住机会和世界各国推动自由贸易的发展，如中国可以对双边自由贸易进行升级，或者将双边贸易发展为多边贸易。同时也可以围绕"一带一路"倡议与周边各国发展新型贸易关系。

第三，中国需要更为深度的内部开放。当前，中国的"一带一路"倡议已经取得了初步的成效。随着"一带一路"倡议的深入发展，中国将有更多的资本流向国外，促进沿线国家的经济发展，这对推动世界经济再平衡具有十分重要的意义。但是，"一带一路"不是单向的资本流动，而是双向的资本流动，不仅中国的资本要流出，国外的资本也要流入中国。这就需要中国进行深度的内部开放。为此，中国政府在诸多省份设立了自由贸易区，但是自由贸易区的发展还存在诸多问题，如负面清单过长、自由贸易停留在内部交易等，这就需要有更大程度与更高层次的内部开放，更多地接纳外资，从而将中国的"走出去"战略与外资的"引进来"战略有效地结合起来。

第四，中国需要处理好现存世界贸易体制与规则的关系。中国自改革开放以来就融入了西方主导的国际贸易体制与规则。当前，当西方国家已经很难再扛起自由贸易这面大旗的时候，中国可以扛起这面自由贸易的大旗。中国不应该将自由贸易意识形态化地认为是西方的，从而另起炉灶建立新的贸易规则与体系，这是不现实的。中国只有将自由贸易制度与规则视为人类共同的遗产，在发展过程积极创新与补充，才能处理好与现存自由贸易制度与规则的关系。

综上而言，中国在全球化过程中的机遇与挑战，不仅是世界经济发展问题，更是一个国际政治问题，在当前国际经济牵动国际政治发展的大背景下，中国能否有效推动世界经济发展，能否扮演好全球自由贸易的主导推动者与维护者角色，不仅关系到经济全球化成果的巩固与未来的发展，也关系到未来国际政治格局与政治秩序的和谐与稳定。

第五节　当代国际政治未来议题

当前,不确定性已经成为国际政治格局的常态,在国际政治、经济发展面临民粹主义、民族主义、恐怖主义、难民潮、逆全球化、朝核危机、地缘政治冲突等一系列问题的情况下,未来国际政治发展将何去何从,关系到国际政治秩序的稳定与发展。本节根据当前国际形势面临的基本问题,提纲挈领地介绍国际政治未来的议题与可能的发展趋势。

一、西方与伊斯兰的冲突将会如何演进

当前,美国及其同盟与伊斯兰抵抗阵线(包括伊朗、哈马斯势力、基地组织、伊斯兰国)之间的较量,成为国际政治与国际关系的重要关注点,他们之间的较量也在很大程度上决定了未来国际范围内热点冲突的基本走向。当今国际冲突的热点主要发生在这两大系统之间,而主要地点则是在从北非到西亚、中东到中亚乃至东南亚连为一体的"伊斯兰弧带"。美国及其同盟的欧洲国家对伊斯兰国家采取软硬兼施的措施,迫使其朝着西方期待的方向发展,而伊斯兰国家则用强硬、极端的方式反抗西方的改造企图与打压政策,并基于此形成了松散的统一战线,从而构成了今后相当长时期国际政治的对抗与紧张之源。在当前恐怖主义快速蔓延以及美国中东政策失败的情况下,人们很难对西方与伊斯兰的关系做出准确的方向性预测,无法预测这种关系是会越来越紧张,具体的麻烦点与冲突事件会更加层出不穷,还是会逐渐缓和、增加合作,共同遏制存在于双方的极端主义思潮与势力。但是无论如何,对于世界各国和国际制度,对于国际安全形势与国际热点的消长,对于核扩散问题和国际反恐斗争,这一关系的动向与发展趋势十分重要。

二、全球化与民族主义、民粹主义对抗趋势如何发展

20世纪后期,经济全球化进程以势不可挡的趋势迅速延伸至世界各个角落。首先,经济全球化使世界经济一体化和国际经济规则得到了大力推广,形成了市场化与投资贸易自由化的国际经济发展格局;其次,全球化使各国政府在经济自由贸易与市场化的浪潮下积极推进对外开放,包括对传统产业的调整与新兴产业的激发、企业和个人自主性的扩大,以及民营部门地位的上升;最后,全球化推动世界各国之间经济交流的同时,也实现了文化方面的趋同追求,尤其是在营销的推动下,各国年轻人都有着相似的时尚追求。全球化所带来的这一切产生了某种"政治外溢"效应,即弱化了民族自豪感和国家意识形态,不断缩小政府的权力运行空间与合法性,从不同方向对各种民族主义倾向形成约束。然而,全球化所产生的负面影响,也使各种反主流的非政府组织和新社会运动更加活跃,它们对全球自由贸易造成的贫富分化、市场逐利引发的恶性竞争、自然生态环境遭受的破坏、少数族裔的边缘化,以及主要大国及跨国公司垄断政治经济权力的现象,提出了严厉批评与反对。尤其是美国民粹主义代表特朗普的上台以及英国公投"脱欧",表明全球化的负面影响又重新激发了许多国家的民族主义与民粹主义,它们开始联合起来反对全球化进程。因此,当前全球化呈现出一种反向、双轨的运动迹象,亦即全球化与反全球化进程同时出现,很难确定它们之间复杂的较量及其后果对国际制度与全球化有何政治影响。如果全球化持续发展并走强,现有国际组织与规范将继续扩展,国际政治秩序也将更加稳定。如

果民族主义与民粹主义推动的反自由贸易的全球化运动持续发酵,哪怕只是暂时与局部的,也可能使一些国际协议与合作受挫,带来一些脆弱区域的结构失范和某些冲突的加剧。

三、主要政治体制的较量将走向何处

当前世界政治体制之间仍然存在隐性或者显性的较量,尤其是世界范围内"民主体制"与"集权体制"之间的较量。一方面,在东欧、亚洲、非洲的一些国家出现了"第三波"民主化浪潮,这些国家根据自身情况进行了一系列民主化改革,媒体的开放、公众的参与、社会的活跃达到了前所未有的水平,同时在国家与社会结构方面,社会的声音和影响处于上升趋势,而政府的决策及其行为则受到了一定监督与约束,国家治理能力得到了较大的提升;另一方面,民主化进程出现的各种紊乱让民主的推广者始料不及,几乎所有被民主化浪潮席卷的国家都出现了不同程度的转型"阵痛"与困境。很多国家开始思考照抄照搬西方民主国家的模式是否适合。以新加坡、中国、俄罗斯为代表的以国家强力主导转型与发展的权威主义模式受到了更多的青睐。而传统西方民主国家,如欧洲、日本与美国等,不仅受到金融危机的严重冲击,也面临政客欺骗引起的政治混乱和政客软弱无能导致的低效率。同时,过多的福利和社会保障造成许多西方国家政府面临大量的财政赤字,这就使这些国家的政治体制和战略无法适应国际中长期的挑战和新兴国家崛起的压力。这种情况也使非西方国家对欧美模式产生焦虑与质疑,而对新权威主义政治转轨道路好奇乃至效仿。然而,虽然民主制度并非"历史的终结",但是民主制度也不是最坏的制度,其具有一定的持续性与稳定性。因此,未来多数国家的民主化进程不会停止,但是民主实现的方式、各种体制与制度对民主的塑造、具体道路的竞争,却是一个复杂、充满变数的进程。

四、国际政治、经济领导权是否会发生转移

随着中国、印度等一批非西方新兴大国的崛起,非西方国家挑战西方国家的努力终于获得了回报,国际关系与世界战略再平衡过程出现了史无前例的深刻变化,国际力量与天平开始朝着东方转移。随着债务危机、就业问题、社会分化问题产生了民粹主义与民族主义,尤其是美国的"特朗普主义"与英国"脱欧",西方国家逐渐丧失了金融货币信用与政治社会信用;同时,随着中国等非西方大国成为国际舞台与区域集团化的焦点与活跃者,尤其是随着改革开放,中国已经成为世界第二大经济体,并积极通过"一带一路"倡议推动区域与全球自由贸易进程,国际政治、经济发展的领导权有从西方向东方转移的趋势。但是,这个权力的转移过程充满了分叉与不稳定的路径。正如学者所言,非西方国家的崛起主要是搭了西方国家发起的经济全球化快车,新兴国家表现出的力量仅仅是西方已有框架下的"增量",而非全新的选择与文明的贡献;而西方的"衰落"也是相对的,并非持续地一落千丈,资本主义发达国家仍然拥有先进的科技与前沿产业。美国作为世界上唯一的超级大国的地位尽管有所衰落,但其仍然处于"全能冠军"的高位,国际制度、国际货币、国际话语仍然主要在西方手中。此外,新兴发展中国家还有一大片落后区域,自身还存在诸多发展问题,并不能有效、快速地接管领导权。因此,世界政治未来几十年的权力转移是不确定的,即使会出现权力的实质性转移与交接,这一过程也一定不是一帆风顺的。

五、如何构建人类命运共同体

[案例]人类命运共同体案例分析

2015年,习近平在第七十届联合国大会上指出,当今世界,各国相互依存、休戚与共。我们要继承和弘扬联合国宪章的宗旨和原则,构建以合作共赢为核心的新型国际关系,打造人类命运共同体。2017年,习近平在联合国日内瓦办事处发表了题为《共同构建人类命运共同体》的主旨演讲,强调为了"让和平的薪火代代相传,让发展的动力源源不断,让文明的光芒熠熠生辉",中国给出的方案就是"构建人类命运共同体,实现共享共赢"。党的十九大报告明晰了构建人类命运共同体的主要内容,涉及政治、安全、经济、文化和生态等诸多领域,阐发了建设持久和平、普遍安全、共同繁荣、开放包容、清洁美丽的世界的美好愿景。"人类命运共同体"理念的提出,立足于当今中国和世界共同发展的现实背景,是对全球美好生活蓝图的一种现实探索,是指引人类创造未来的重要力量。

进入新时代,各种高度不确定性因素使人类生存发展的命题更显紧迫。一方面,经济全球化、政治多极化、信息社会化的深入发展,为世界各国扩大交往关系提供了客观物质基础,不断推动各国形成相互依存、休戚与共的命运关联,各国对和平发展、合作共赢的诉求也愈发强烈;另一方面,人类社会也处于前所未有的风险时代,传统安全威胁与非传统安全威胁层出不穷,全球经济增长乏力、发展鸿沟日益扩大、强权政治长期存在,日益严峻的生态危机、恐怖主义、传染病疫情等不断影响着全球各国的战略走向。如何能够突破国家制度和意识形态的桎梏,"人类命运共同体"理念的提出回答了"人类将走向何方"的时代之问。构建人类命运共同体就是立足于世界现实,勾勒出人类新的文明形态的共同理想,以共同理想去塑造美好生活,以新的文明范式指引人类在时代变革中克服一切艰难险阻,实现人们对未来美好生活的向往。构建人类命运共同体代表着全人类的共同利益和发展趋势,是一个长期的过程,需要各国、各民族在明确共商共建共享的共同原则基础上,达成"和平、发展、公平、正义、民主、自由"的共同价值,并从建立伙伴关系、营造安全环境、谋求经济发展、促进文明交流以及构筑生态体系五个方面做出共同行动,促进人类命运共同体的实现。①

六、国际政治与国际关系的其他重要议题

未来国际政治与国家关系发展除了以上重大议题值得重新审视与讨论之外,还有一系列其他重大问题也值得关注。第一,随着全球公域的凸显,如何确保它们的公用性与持续性是一大挑战。当今世界各国和

---

① 黄天罡,栾淳钰.人类命运共同体的共同价值意涵与构建[J].理论建设,2020(3):44-49.

国际社会都在开始关注并探讨哪些属于全球的公共领域,以及如何保护它们更加公平合理和持续为整个人类服务的问题。如大洋洋底、宇宙空间等问题将会在科技快速发展的背景下受到持续的关注。第二,全球和区域公共产品如何界定、如何提供,也成为未来国际政治与国际关系尤为迫切的问题。当前许多小国很难涉足全球公共领域,而是一味地听凭少数大国、强国主宰全球公域的分配与规则制定,但是随着新兴大国的崛起,关于国际公共产品的讨论与竞争变得更为突出了。第三,有关全球治理的议题将会引起更多争议。冷战结束以来,有关全球治理的议论日益增多,但是也存在诸多的挑战需要未来进行讨论与解决,亦即全球化治理是谁来治理(是少数大国强国还是国际社会和多数国家)、全球治理依靠什么治理,显然,全球治理的原则与实现、公义与私利、意愿与能力等方面还存在较大的差距。因此,未来全球治理仍然任重道远。第四,技术主宰还是人的进步,在信息化时代和科技进步的时代日益成为世人关注和争论的话题。原子弹的发明与使用,以及爱因斯坦等科学家对科技进步可能给人类造成危害的担心,是众所周知的历史故事,围棋界的"人机大战"结局以及"人工智能"威胁加剧了人们对这方面的担忧。但是不管怎样,科技的重大发明和实际应用,增加而非减少了人与人、国家对国家互动的不确定性和复杂性,也提出了更多改变国际关系的手段与议题。

■ 本章小结

国际政治是指国家与国家之间、国际组织与国际组织之间、国家与国际组织之间,以及其他政治共同体之间,为了实现各自的利益和目标或者解决某一国际性问题而进行的政治性活动和发生政治关系的总和。国际政治的行为主体主要分为两大类,一类是国家行为主体,一类是非国家行为主体。国家行为主体主要是指主权国家,其是国际政治最基本的行为主体。虽然主权国家是国际政治舞台上的主要行为主体,但是这并不意味着排除其他主体的存在与重要性。非国家行为主体是指那些超越国家之外的、能够单独地参与国际政治事务的政治或经济实体。从客观上来讲,影响国际政治的因素有很多,既有宏观的因素,也有微观的因素,既有显性的因素,也有隐性的因素,具体来讲主要包括地理环境、时代特征、国家利益、综合国力、文化与意识形态、科学技术、民族问题、全球性问题等。

国际政治格局主要是指世界各主要政治行为主体在一定历史时期内形成的相互联系、相互作用的稳定结构。国际政治行为主体由于力量对比关系上的差异,而在一定的结构中居于不同的地位,发挥不同的作用。国际政治格局的发展演变是在第二次世界大战后各种政治力量对比的基础上形成的,当今国际政治格局的发展演变经历了美苏两大阵营对立、三个世界并存、"东西南北"格局、多极化格局四个阶段。

当今世界,许多国家无论是内政还是外交,都面临秩序与治理危机,内部治理危机导致了许多国家政治权威的衰落。由于当前的国际秩序危机和内部危机是一体的,内部危机可以外延成为世界危机。由此可以看出,当前国际社会诸多问题使国际社会面临严峻的秩序危机,国际政治与国际关系表现为诸多的不确定性。当前影响国际政治与国际关系的主要问题有全球化问题、民粹主义与逆全球化、欧洲难民潮危机、恐怖主义危机、民族主义、地缘政治冲突和朝核问题。

随着中国的快速崛起,美国等西方国家的进一步衰落以及民粹主义的崛起,中国已经成为全球化自由贸易的重要推动者。21世纪以来,世界在发生着重要变化,中国也在发生着重要变化,中国在世界上发生的变化已经明确地表明,中国正在成为全球舞台上的重要角色之一。中国同外部世界的关系,已经从过去很长一段时期内那种单纯的被动适应状态朝着大力参与、主动发声、积极引导的方向转变。因此,中国在全球经济发展中的表现与面临的机遇,对国际政治格局的发展演变有着十分重要的影响。尽管中国在国际政治、经济格局演变中面临十分重要的机遇,但是机遇背后也有诸多挑战。尤其是美国等西方国家对中国的崛起与发展抱着怀疑的态度,这使中国在主导推动世界政治与经济发展中面临不小的挑战。应对这些挑战需要中国对内推动改革与发展,对外积极融入世界政治、经济体系,从而发挥中国在推动经济全球化、维护和平与稳定的世界政治格局等方面的核心、积极、建设性作用。

国际政治与国家关系发展的不确定性已经成为国际政治格局的常态,还有一系列重大问题值得关注,如西方与伊斯兰的冲突将会如何演进,全球化与民族主义、民粹主义的对抗趋势如何发展,主要政治体制的较量将走向何处,国际政治、经济领导权是否会发生转移,如何构建人类命运共同体等,都是在未来研究中值得重点关注和审视的关键命题。

◆ 本章重要概念

国际政治(international politic)
民粹主义(populism)
民族主义(nationalism)
人类命运共同体(community of common desting for all mankind)

本章重要概念

本章思考题

1. 简述国际政治的主要特征,并分析影响国际政治的基本因素。
2. 简述国际政治发展的基本演变历程。
3. 简述当代国际政治面临的几大基本问题。
4. 论述中国在当今国际政治、经济格局中面临的主要机遇与挑战。

本章思考题

📖 本章推荐阅读书目

1. [美]约翰·罗尔克.世界舞台上的国际政治(第9版)[M].北京:北京大学出版社,2005.
2. 李少军.国际政治学概论[M].4版.上海:上海人民出版社,2014.
3. 陈岳.国际政治学概论[M].4版.北京:中国人民大学出版社,2020.
4. 刘中民,左彩金,骆素青.民族主义与当代国际政治[M].北京:世界知识出版社,2006.
5. 郑永年.全球化与中国国家转型[M].杭州:浙江人民出版社,2009.
6. 郑永年.中国国际命运[M].杭州:浙江人民出版社,2011.

参考文献
References

[1] 王浦劬.政治学基础[M].北京:北京大学出版社,2018.
[2] 陈振明.政治学——概念、理论和方法[M].北京:中国社会科学出版社,2007.
[3] 孙关宏.政治学概论[M].上海:复旦大学出版社,2015.
[4] 杨光斌.政治学导论[M].北京:中国人民大学出版社,2011.
[5] 王惠岩.政治学原理[M].北京:高等教育出版社,1999.
[6] 朱光磊.当代中国政府过程[M].2版.天津:天津人民出版社,2002.
[7] 周平.民族政治学导论[M].北京:中国社会科学出版社,2001.
[8] 王乐理.政治文化导论[M].北京:中国人民大学出版社,2000.
[9] 王沪宁.政治的逻辑:马克思主义政治学原理[M].上海:上海人民出版社,2004.
[10] 王沪宁.比较政治分析[M].上海:上海人民出版社,1987.
[11] 李少军.国际政治学概论[M].3版.上海:上海人民出版社,2009.
[12] 陈岳.国际政治学概论[M].3版.北京:中国人民大学出版社,2010.
[13] 谭融.美国利益集团政治研究[M].北京:中国社会科学出版社,2002.
[14] 李路曲.政党政治与政治发展[M].北京:中央编译出版社,2016.
[15] 王明生.当代中国政治参与研究[M].南京:南京大学出版社,2012.
[16] 林尚立.当代中国政治形态研究[M].天津:天津人民出版社,2000.
[17] 胡伟.政府过程[M].杭州:浙江人民出版社,1998.
[18] 刘京希.政治生态论——政治发展的生态学考察[M].济南:山东大学出版社,2007.
[19] 丛日云.西方政治文化传统[M].哈尔滨:黑龙江人民出版社,2002.
[20] 鲁尔克,宋伟.世界舞台上的国际政治[M].北京:北京大学出版社,2005.
[21] 刘中民,左彩金,骆素青.民族主义与当代国际政治[M].北京:世界知识出版社,2006.
[22] 郑永年.全球化与中国国家转型[M].杭州:浙江人民出版社,2009.
[23] 郑永年.中国国际命运[M].杭州:浙江人民出版社,2011.
[24] 俞可平.政治与政治学[M].北京:社会科学文献出版社,2003.
[25] 亨利·艾伯斯.现代管理原理[M].杨文士,译.北京:商务印书馆,1980.
[26] 西奥多·A·哥伦比斯,杰姆斯·H·沃尔夫.权力与正义[M].白希,译.北京:华夏出版,1990.
[27] 罗德里克·马丁.权力社会学[M].陈金岚,陶远华,译.石家庄:河北人民出版社,1992.
[28] 罗伯特·A·达尔.现代政治分析[M].王沪宁,陈峰,译.上海:上海译文出版社,1987.
[29] 让-马克·夸克.合法性与政治[M].佟心平,等译.北京:中央编译出版社,2002.
[30] 赫伯特·西蒙.现代决策理论的基石:有限理性说[M].杨砾,徐立,译.北京:北京经济学院出版社,1989.

[31] 查尔斯·林德布洛姆.决策过程[M].竺乾威,胡君芳,译.上海:上海译文出版社,1988.
[32] 詹姆斯·麦格雷戈·伯恩斯.领袖论[M].刘李胜,等译.北京:中国社会科学出版社,1996.
[33] 詹姆斯·R·汤森,布兰特利·沃马克.中国政治[M].顾速,董方,译.南京:江苏人民出版社,2004.
[34] 塞缪尔·P·亨廷顿.变化社会中的政治秩序[M].王冠华,刘为,译.北京:华夏出版社,1989.
[35] 戴维·伊斯顿.政治生活的系统分析[M].王浦劬,等译.华夏出版社,1999.
[36] 哈贝马斯.公共领域的结构转型[M].曹卫东,刘北城,等译.上海:学林出版社,1999.
[37] 哈耶克.自由秩序原理[M].邓正来,译.北京:生活·读书·新知三联书店,1997.
[38] 道格拉斯·C·诺斯.制度、制度变迁与经济绩效[M].刘守英,译.上海:上海三联书店,1994.
[39] 弗兰克·J·古德诺.政治与行政[M].王元,杨百朋,译.北京:华夏出版社,1987.
[40] 汉斯·萨克塞.生态哲学[M].文韬,佩云,译.北京:东方出版社,1991.
[41] 莫里斯·迪韦尔热.政治社会学——政治学要素[M].杨祖功,王大东,译.北京:东方出版社,2007.
[42] 加里布埃尔·A·阿尔蒙德,小G·B·鲍威尔.比较政治学:体系、过程和政策[M].曹沛霖,等译.上海:上海译文出版社,1987.
[43] 加里布埃尔·A·阿尔蒙德,西德尼·维巴.公民文化——五国政治态度和民主[M].马殿君,等译.杭州:浙江人民出版社,1989.
[44] 莱斯利·里普森.政治学的重大问题——政治学导论[M].刘晓,译.北京:华夏出版社,2001.

后记
Postscript

本教材以习近平新时代中国特色社会主义思想为指导,以"立德树人"为中心,坚持"问题导向"和"过程导向",聚焦新时代高素质、复合型的公共管理人才培养。

思想引领,铸魂育人。本教材坚持以习近平新时代中国特色社会主义思想为指导,始终坚持立德树人,用社会主义核心价值观净化学生"灵魂",积极推进专业课"育"人的思政功能,充分彰显了正能量。

方法引导,学生中心。本教材坚持"以学生为中心",在重"教"的同时,更加重"学"。教材通过课前预习—课堂研讨—课后复习—知识拓展—实践领会等学习环节,帮助学生形成完整的学习链条。

学术引领,知识更新。本教材把绿色文化、公共理性、公共领域等政治学前沿理论有机融合到政治学知识体系中,充分发挥学科前沿理论引导知识体系更新的功能,帮助学生用最新的政治学理论指导政治实践,通过反思政治实践深刻领会政治学理论。

因势利导,潜移默化。教材充分结合最新案例和形势政策,运用中国特色社会主义理论引导学生对政治实践进行政策分析,比较中外治理利弊,彰显中国特色治理的制度优势,引导学员思考如何在中国特色社会治理实践中把中国特色社会主义制度优势转化为中国特色治理效能,进而充分彰显中国特色国家治理的"四个自信"。

本教材共分为十章,史云贵教授负责教材的整体设计、布局谋篇、协同推进、校对、润色等工作,并集中撰写了绪论、第三章、第六章、第九章。四川大学公共管理学院孟群老师参与了第四章、第五章的编写,并协助主编完成了教材的校对工作。四川大学公共管理学院刘晓燕老师参与了第七章、第八章的编写,倪端梅博士参与了第九章的编写。西华大学社会发展学院冉连老师参与了第二章和第十章的编写。本教材是在参考政治学前辈学者相关专著、教材的基础上编撰而成的。教材在编写过程中参考和借鉴了一些政治学教材的知识和方法,在这里向各位前辈学者表示衷心感谢。因时间仓促和能力有限,教材可能还存在着这样那样的不足,敬请学界同仁和各位读者批评指正!

2021 年 1 月 31 日于四川大学

与本书配套的二维码资源使用说明

  本教材部分课程及与纸质教材配套数字资源以二维码链接的形式呈现。利用手机微信扫码成功后提示微信登录,授权后进入注册页面,填写注册信息。按照提示输入手机号码,点击获取手机验证码,稍等片刻收到4位数的验证码短信,在提示位置输入验证码成功后,再设置密码,选择相应专业,点击"立即注册",注册成功。(若手机已经注册,则在"注册"页面底部选择"已有账号? 立即注册",进入"账号绑定"页面,直接输入手机号和密码登录。)接着提示输入学习码,需刮开教材封面防伪涂层,输入13位学习码(正版图书拥有的一次性使用学习码),输入正确后提示绑定成功,即可查看二维码数字资源。手机第一次登录查看资源成功以后,再次使用二维码资源时,只需在微信端扫码即可登录进入查看。